주희 시 역주

지은이 **주희**(朱熹, 1130~1200)

자는 원회(元晦) 또는 중회(仲晦)이며, 호는 회암(晦庵), 회옹(晦翁), 운곡산인(雲谷山人), 창주병수(滄洲病叟), 둔옹(遯翁) 등이 있는데 회암으로 가장 널리 알려졌다. 복건성(福建省) 우계(尤溪)에서 출생했다. 14세 때 부친이 죽자 유언에 따라 적계(籍溪) 호헌(胡憲), 백수(白水) 유면지(劉勉之), 병산(屛山) 유자휘(劉子翬)를 사사하였으며, 24세 때 연평(延平) 이동(李侗)을 사사하면서 정자(程子)와 양시(楊時), 나종언(羅從彦)과 이동의 학맥을 잇는 정자의 사전제자(四傳弟子)가 되었다. 19세에 진사시에 급제하여 71세에 생애를 마칠 때까지 여러 관직을 거쳤으나, 약 9년 정도만 현직에 근무하였을 뿐, 그 밖의 관직은 학자에 대한 일종의 예우로서 반드시 현지에 부임할 필요가 없는 명예직이었기 때문에 학문에 전념할 수 있었다. 서원운동을 펼쳐 강서성(江西省) 남강(南康)의 관리로 근무할 때 백록동서원(白鹿洞書院) 등을 수복하기도 했다. 주요 저서로는 『사서집주(四書集注)』, 『주역본의(周易本義)』, 『시집전(詩集傳)』, 『근사록(近思錄)』, 『초사집주(楚辭集注)』, 『자치통감(資治通鑑)』, 『이락연원록(伊洛淵源錄)』 외에 다수가 있다. 이외에 그가 남긴 글은 문인들에 의해 『주문공문집(朱文公文集)』과 『주자어류(朱子語類)』 등으로 편찬되었다.

옮긴이 **장세후**(張世厚)

경북 상주에서 태어나 영남대학교 중어중문학과를 졸업하고, 같은 대학 대학원에서 석사학위와 박사학위(《주희 시 연구》)를 취득하였다. 영남대학교 겸임교수와 경북대학교 연구초빙교수를 거쳐 지금은 경북대학교 퇴계연구소의 전임연구원으로 재직하고 있다. 2003년 대구매일신문에서 선정한 대구·경북지역 인문사회 분야의 뉴리더 10인에 포함된 바 있다.
저서로는 《이미지로 읽는 한자》(연암서가, 2015), 《이미지로 읽는 한자 2》(연암서가, 2016)가 있고, 역서로는 《한학 연구의 길잡이(古籍導讀)》(이회문화사, 1998), 《초당시(初唐詩 *The Poetry of the Early T'ang*)》(Stephen Owen, 中文出版社, 2000), 《퇴계 시 풀이·1~6》(이장우 공역, 영남대학교 출판부, 2006~2011), 《고문진보·전집》(황견 편, 공역, 을유문화사, 2001), 《퇴계잡영》(공역, 연암서가, 2009), 《唐宋八大家文抄·蘇洵》(공역, 전통문화연구회, 2012), 《춘추좌전·상》(을유문화사, 2012), 《춘추좌전·중》(을유문화사, 2013), 《춘추좌전·하》(을유문화사, 2013), 《도산잡영》(공역, 연암서가, 2013), 《주자시 100선》(연암서가, 2013), 《국역 송계선생문집(竦溪先生文集)》(공역, 보고사, 2015), 《사기·열전 상·중·하》(연암서가, 2017)등이 있다.

朱熹 詩 譯註 제3권·제4권

초판 발행 2017년 12월 15일

지은이 주희
옮긴이 장세후
펴낸이 서길수
펴낸곳 영남대학교출판부

출판등록 1975년 9월 5일 경산 제16-1호
주소 경북 경산시 대학로 280
전화 053) 810-1801~3
FAX 053) 810-4722
홈페이지 book.yu.ac.kr

ISBN 978-89-7581-542-3 94820

값은 표지 뒷면에 있습니다.
잘못 만들어진 책은 바꾸어 드립니다.

주희 朱熹

시역주 詩譯注

3권 4권

주희 지음

장세후 옮김

영남대학교출판부

머리말

중국 문학을 전공으로 하여 공부한 지가 어언 35년째 접어들었다. 더구나 석사과정에서 시를 전공으로 논문을 제출하였으니 무려 30년 이상을 시에 매달려 온 셈이다. 석사 때 제출한 논문의 주제는 초당사걸初唐四傑 중의 하나인 왕발王勃의 시였다. 그러나 박사과정에 진학하고 나서는 초당의 시인을 가지고 계속 논문을 쓰기에는 한계가 있어 보였다. 아직 논문의 주제도 결정하지 못한 상태에서 박사과정을 수료한 시점에 당시 지도교수였던 이장우 선생님께서는 역자에게 《퇴계학보》에 연재하던 퇴계시의 역주를 함께 해보지 않겠느냐고 제안하셨다. 아울러 차제에 퇴계에게 절대적인 영향을 끼친 주희朱熹, 朱子의 시를 가지고 박사학위 논문을 준비하면 어떻겠느냐고 말씀하셨다. 달리 뾰족한 대안이 없었던 나로서는 선생님의 말씀을 수용할 수밖에 없었다.

불과 2년 만에 전공의 시대적 범위가 약 500년을 뛰어넘게 된 결정이었다. 이때부터 주희의 시에 관한 국내외의 자료를 모으기 시작하였다. 그 결과 논문을 나름대로 준비하여 1996년에 《주희 시 연구》라는 제목으로 박사학위를 제출하게 되었다. 그로부터 약 4년이 지난 시점인 2000년 가을부터는 영남대학교 중문학과에서 발간하는 《중국어문학역총》(제13집)에 주희의 시를 역주하여 연재하기 시작하였다. 이렇게 시작한 주희의 시는 보유에 해당하는 부분을 빼면 작년 봄호에서 연재가 끝이 났다. 무려 15년에 걸친 대장정이었다. 이번에 출간하게 된 이 책은 그간 연재한 것을 처음부터 다시 손을 보아 엮은 것이다.

15년은 결코 짧은 세월이 아니다. 우리의 속담으로 친다면 강산이 한 번 반 바뀔 정도의 시간이다. 그 기간 동안 연재를 하는 과정에서 많은 일이 있었다. 연재를 시작한 지 얼마 되지 않은 2002년부터 3년간은 경북대학교 퇴계연구소에서 연구초빙교수라는 직함으로 활동했다. 그 과정에서 학술진흥재단(지금의 한국연구재단)에 '주희 시 역주'라는 주제로 연구비를 타서 이미 2권까지의 책을 그 결과물로 제출한 적이 있다. 이듬해부터는 대구한의대와 전남대학교에서 공동으로 진행했던 '주자대전 번역'팀에 참여하였다. 거기서 4년간 연구원으로 종사하면서 한 일도 번역이었다. 이 기간에 역자는 다른 2명의 연구원과 함께 시 부분의 번역을 모두 마무리 지었다. 그때는 이미 3권까지는 번역이 완료된 상태였고 4권의 번역에 들어간 상태였다. 그 뒷부분에서는 권5와 권10에 이어 나머지 부분의 시를 모두 맡아서 번역을 하였다. 늘 그렇듯이 연구비를 타서 하는 작업은 '시간'을 요구하는 작업이어서 거의 《주자대전차의집보》의 주석만을 참고로 하여 기간 내에 마치도록 하는데 주력하였다. 질보다는 양에 초점을 맞춰야 했고, 공동연구원들끼리 각자 작업한 분량을 제대로 돌려 읽을 시간적 여유조차 없었다. 이런 과정에서 번역의 편차가 발생하는 것은 불가피하였다. 기존에 연재를 하면서 완성한 원고들은 분량이 너무 많다는 이유로 오히려 일부 내용을 덜어내기까지 하였다. 반면에 전역全譯 과정에서 부수적인 작업으로 먼저 주희의 대표적인 시 100수만을 뽑아서 선역본을 내기도 하였다.(《주자시 100선》, 연암서가, 2013) 돌아보면 아쉬움이 많이 남는 시간이었지만, 다행히 그 뒤에도 내가 해

오던 방식을 고수하며 계속 일관성을 유지하여 연재를 하여 무사히 역주 작업을 끝낼 수가 있었다.

주희朱熹는 1130년에 태어나서 1200년에 생을 마감하였다. 자는 원회元晦 또는 중회仲晦라고 하였으며, 호는 회암晦庵이 가장 널리 알려졌다. 우리에게는 주희라는 본명보다는 주자朱子라는 호칭으로 더 친숙하다. 이는 그의 정체성이 문학가로서보다는 철학가로서 더 확고한 지위를 차지하고 있다는 것을 보여주는 것이다. 그의 사후 얼마 되지 않아 고려조의 안향安珦이 그의 학문을 '주자학'이라는 이름으로 들여온 이래 《사서집주四書集注》와 《시집전詩集傳》, 《역학계몽易學啓蒙》 등과 같은 우리나라에서 절대적인 영향력을 발휘한 그의 저작들을 보면 이는 당연한 평가라고 할 수 있다. 우리나라에 주자학을 들여온 안향 같은 사람만 해도 주희를 흠모하여 그의 자호에서 호를 따서 회헌晦軒이라고 하지 않았는가? 그러나 주희는 문학가이자 문학평론가로서도 활발한 활동을 펼쳐 《한문고이韓文考異》와 《초사집주楚辭集注》 같은 저작을 탄생시키기도 하였다. 이와 함께 남송사대가로 꼽히는 양만리楊萬里와 육유陸游, 범성대范成大, 우무尤袤 등과 동시대를 살아가면서 그들과 활발한 교류를 하기도 하였다. 뿐만 아니라 그는 담암澹菴 호전胡銓에 의해 조정에 추천된 10인의 시인에 들 정도로 당시에 시재를 인정받기도 하였다. 사실 역자는 중국의 문인들을 어느 한 방면의 성취만 가지고 한정해서는 안 된다고 생각한다. 송대 뿐만 아니라 중국의 많은 문인들은 모두 지금의 시각으로 보면 인문학에 해당하는 문사철文史哲에 두루 뛰어난 사람들이었다. 지금의 문인(이를테면 蘇軾)이니, 도학자니(이를테면 北宋五子), 사학가니(이를테면 司馬光) 하는 것은 모두 그 사람들의 가장 뛰어난 업적 하나만을 들어서 그렇게 말할 뿐이다.

주희가 시가 방면에서 거둔 성취도 결코 수준이 낮은 편이 아니었지만 다만 그의 도학적道學的 성취에 가려서 그런 평가를 받고 있을 따름이라는 말이다.

주희의 문집인 《주문공집》에는 내집 10권까지, 그리고 별집과 외집 등에 걸쳐 그가 지은 시가 수록되어 있다. 수록된 시는 내집 권1에 166수, 권2에 171수, 권3에 134수, 권4에 79수, 권5에 156수, 권6에 195수, 권7에 93수, 권8에 66수, 권9에 89수, 권10에 79수, 별집 권7에 23수, 유집에 11수, 외집에 174수 등 도합 1436수의 시가 수록되어 있다. 옛 판본에 의하면 별집까지만 시가 수록되어 있다. 여기서 말한 유집 이하는 꿔치郭齊 등이 편집한 사천교육출판사의 것을 기준으로 한 것이다. 그리고 북경대 출판부에서 간행한 《전송시全宋詩》도 참고하였다. 《전송시》에는 제목에서 알 수 있듯이 시만 수록하여 놓았다. 그러나 여기서는 권10까지 수록된 사詞까지도 광의의 시로 보고 모두 포함하였다. 전체적으로 보면 중복 수록된 시도 있고 또 위에서 말한 것처럼 사도 모두 수록하였다. 문집의 원주에 "이 시는 한 수로 보아야 할 것 같다"는 설명이 붙은 곳도 있고, 또한 서한書翰 등 문집의 다른 부분에 수록된 시도 있고, 구절만 전하는 것도 있다. 뿐만 아니라 수징난束景南 같은 사람은 계속적인 연구를 통하여 또한 문집에서 누락된 많은 주희의 시를 찾아내어 《주희일문집고朱熹佚文輯考》(江蘇古籍出版社, 1991) 같은 책을 출간하기도 하였으므로 위의 수치는 절대적이고 또 확정된 것이라고는 할 수 없다. 수징난의 연구 결과는 이미 《전송시》 같은 데 모두 반영되었지만 그 뒤로도 각종 서적에서 주희의 것으로 보이는 시가 계속 발견되고 있다. 송나라 때는 서적의 보급이 보편화되어 웬만한 문인이면 문집을 남길 정도였고 1만 수에 가까운 시를 지은 육유 같은 시인도 있지만 약 1500수에 달하는 주희의 시도 전체적으로 보면 적은 편은 아니다. 특히 그의 도학 방면에서의 성취를 고려하면 더욱 그렇게 느껴진다. 이번에 출간하는 역서는 내집을 2권씩 한 책으로 묶고, 별집 이하는 마지막 권에 모두 함께 수록하였다.

주희는 《시경》과 《초사》를 비롯하여 《문선》, 진나라의 도연명陶淵明, 당나라의 위응물韋應物 등의 영향을 많이 받았다. 말하자면 고체시의 영향을 많이 받았다는 말인데, 그 때문인지 형식적으로는 동시대에 활약한 시인들에 비해 5언시의 비율이 많은 편이다. 내용적인 측면에서 주희는 서정이나 서경, 영물시 등 거의 모든 방면의 시를 두루 써내었지만 가장 장기를 발휘한 방면은 설리시說理詩라고 할 수 있다. 설리시가 차지하는 비율이 다른 방면의 시들에 비해 많은 편은 아니지만 〈관서유감觀書有感〉이나 〈춘일春日〉 같은 시는 7언절구라는 짧은 시의 형식을 빌려서 이취理趣를 유감없이 발휘하였다. 반면에 평가가 극도로 엇갈리는 〈재거감흥齋居感興〉시 같은 경우도 설리시이다. 뿐만 아니라 압운한 강의어록이라는 달갑지 않은 평가를 받는 〈훈몽訓蒙〉시 같은 경우도 넓게 보면 또한 설리시라고 할 수 있다.

송대, 특히 남송에 이르면 시는 형식적으로 더 이상 발전의 여지가 없어지게 되었고, 이런 면 때문에 문인들에게 거의 일상생활을 기록하는 일기와 가까운 역할을 겸하게 된다. 이런 경향은 생애 연구에 시들이 많이 인용되고 있는 것으로 알 수 있으며, 주희 시의 경우는 여기서 한걸음 더 나아가 사상 연구에도 많이 인용되고 있다. 최근에 우리나라에 번역 소개된 수징난의 《주자평전》(원제는 《朱子大傳》, 福建教育出版社, 1992) 같은 책을 보면 곳곳에 그의 시가 생애와 사상 등을 입증하기 위한 자료로 소개되고 있을 정도이다. 굳이 이런 예를 들지 않더라도 주희의 시가 우리나라에 끼친 영향은 막대하다. 〈무이도가武夷櫂歌〉 같은 시는 조선사회에 일종의 문화적 신드롬 현상을 일으켰을 정도였다. 퇴계의 도산구곡, 우암尤庵의 화양구곡, 한강寒岡의 무흘구곡, 훈수壎叟 지수篪叟 형제의 횡계구곡, 회헌晦軒의 죽계구곡 등 무이구곡은 이 땅의 선비들이라면 모두 한번은 꿈꿨을 유학의 이상향으로 무의식의 근저에 자리 잡게 되었다. 이런 현상을 유발시킨 모든 원천이 바로 〈무이도가〉였던 것이다. 주자학이 도입된 이래 그 학문의 텍스트가 되는 1차 자료인 《주문공집》은 우리나라 지식인들에게는 거의 바이블처럼 떠받들려졌다. 《주문공집》이 우리나라에서 《주자대전朱子大全》으로 불리는 것만 봐도 이런 현상을 알 수 있다. 그래서인지 주자의 연구가 우리나라만큼 활발한 곳이 없는 것 같다. 우암尤庵 송시열宋時烈이 주도한 주석서 《주자대전차의朱子大全箚疑》와 후대에 이를 보완하기 위해 나온 각종 주석서를 조선 말기에 이항로李恒老 등이 모아 필사한 《주자대전차의집보朱子大全箚疑輯輔》는 세계 어디에 내놓아도 손색이 없을 정도로 성취도가 높은 주석서라고 할 수 있다. 《주자대전차의집보》에 수록된 것 외에도 밀암密庵 이재李栽의 《주전집람朱全集覽》 및 기타 〈재거감흥〉이나 〈무이도가〉 등에 주해를 가하여 별도로 출간한 책도 다수 있다. 본 역주는 가능한 모든 자료를 다 모아서 반영하는데 최대한의 노력을 기울였음을 밝혀둔다.

주희의 시(내집 10권까지)는 역자가 참여한 주자대전번역연구단에서 1차로 발간한 《주자대전》(2010년)에 이미 수록되어 있다. 역자가 번역한 부분도 절반이 조금 넘는 분량을 차지하고 있지만 위에서 잠깐 언급한 것과 같이 아쉬운 부분이 많다. '시간'을 다투는 연구과제였다는 점에서 꼼꼼하고 일관적인 역주가 행하여지지 않았다. 무엇보다도 비매품 한정판으로 출판되어 일반 독자들을 만날 수가 없었다는 점이 가장 아쉬웠다. 이제 연구과제가 끝나고 10년 만에 전반적으로 다시 일관성을 가지고 그간의 오류를 바로잡고 꼼꼼히 역주를 가한 이 책을 세상에 내놓는다. 거의 8백 년을 우리나라에서 떠받든 주희의 문집 가운데 시로나마 처음 번역과 주석을 달아서 모든 사람 앞에 나오는 것이다. 나름대로 심혈을 기울여 역주에 임한다고 하였지만 언제나 그렇듯이 늘 부족함이 많이 느껴진다. 이에 대한 책임은 오롯이 역자의 몫이 될 것이다.

이 번역본이 나오기까지 도움을 주신 분이 참 많았다. 먼저 주희의 시 세계로 나를 끌어주시고 주자대전번역연구단의《주자대전》시 부분을 보시고 오역 등을 많이 지적해주신 은사이신 이장우 선생님께 가장 큰 감사의 말씀을 전한다. 연구가 끝난 지 이미 10년이 지났지만 한의대학교에서 함께 번역하느라 고민했던 이장휘, 김승호 선생의 도움도 적지 않았다. 그리고 무려 16년이나 주희 시의 역주를 연재하도록 지면을 할애해준 영남대학교 중국어중국문학과의 여러 선생님 및《중국어문학역총》편집진에게도 고마움을 전한다. 요즈음 어려운 출판 여건 속에서도 방대한 원고를 선뜻 맡아 멋진 책으로 만들어준 영남대학교출판부, 특히 부장님인 김영수 교수님과 이종백 실장께도 심심한 감사의 뜻을 전하는 바이다. 사실 이런 수익성 없는 전집류의 책은 일반 출판사가 거의 외면하는 실정을 감안해보면 정말로 뭐라 감사의 말을 하여야 할지 모르겠다. 또 하나, 무엇보다도 학자의 길을 가는 동안 묵묵히 지켜봐준 식구들에게는 이 책이 그간 가장으로서의 역할을 제대로 못한 나로서는 또 하나의 부끄러움을 씻는 조그만 역할을 하리라 믿는다.

2017년 만추에

매호동에서 장세후

차례

제3권

제4권

1. 答王無功在京思故園見鄕人問　王詩云, 旅泊多年歲, 老去不知回. 忽逢門外客, 道發故鄕來. 斂眉俱握手, 破涕共銜杯. 殷勤訪朋舊, 屈曲問童孩. 衰宗多弟侄, 若箇賞池臺. 舊園今在否, 新樹也應栽. 柳行疎密布, 茅齋寬窄裁. 經移何處竹, 別種幾株梅. 渠當無絶水, 石計總生苔. 院果誰先熟, 林花那後開. 羈心祗欲問, 爲報不須猜. 行當驅下澤, 去剪故田萊. • 왕무공의 서울에서 고향의 동산을 그리워하다가 고향 사람을 만나서 묻다라는 시에 답하다　왕무공의 시에서는 말했다. 「나그네 살이 해 많은데, 늙어 가면서도 돌아갈 줄 모르네. 별안간 길에서 바깥 나그네 만났는데, 고향에서 왔다고 하네. 미간 찡그리며 함께 손 잡고, 눈물 그치고 함께 술잔 든다네. 은근히 옛 친구들 찾고, 완곡하게 아이들에게 물었지. 쇠락한 종족은 자질들 얼마

일러두기

1. 이 책은 주희의 문집인 《주문공집》에서 시와 사(詞)만 번역하고 주석을 달았다.
2. 저본이 된 판본은 사부총간본 《회암선생주문공문집(晦菴先生朱文公文集)》(1980, 대만상무인서관 영인)이며, 《주희집(朱熹集)》(1996, 四川教育出版社),《전송시(全宋詩)》(1991, 北京大學出版部)와 《주자전서(朱子全書)》(2002, 上海古籍, 安徽教育出版社), 《주희시사편년전주(朱熹詩詞編年箋注)》(郭齊, 2000, 巴蜀書社) 등을 참고하여 교감하였다.
3. 시의 번역은 축자역(逐字譯)을 원칙으로 하였다.
4. 주석은 최대한 한글로 풀고 필요하다고 생각될 경우 한자를 병기하였다. 인용된 자료는 원문을 모두 달았으며, 앞뒤 연관 관계를 고려하여 인용하였다.
5. 이미 나온 주석 항목은 같은 권일 경우 시 번호만 표기하였다.[예: 1번 시의 주 2)를 보라.] 다른 권일 경우는 권까지 표기하였다.[예: 권1 2번 시의 주 3)을 보라.]

朱熹 詩 譯註

제3권

1~20. 奉同張敬夫城南二十詠[1]

삼가 장식의 성남이십영 시와 같은 각운자를 쓰다

1 納湖	납호
詩筒連畵卷[2]	시 담는 통에 그림 두루마리 이어지니,
坐看復行吟	앉아서 보다가 다시 가면서 읊조리네.
想像南湖水[3]	남호의 물 상상하여 보니,
秋來幾許深	가을 되어 얼마나 깊을까?

2 東渚	동저
小山幽桂叢[4]	작은 산 대나무 떨기 그윽하니,

1 장경부(張敬夫): 남헌(南軒) 장식(張栻: 1133~1180)의 자. 장식에 대해서는 권1 1번 시의 주 4)를 보라.
장식이 장사(長沙)에서 한가로이 거처할 때 성남에 집을 짓고 독서를 한 적이 있는데, 이곳에 있는 20곳의 경치를 개괄하여 일일이 명명하였다. 또한 〈성남잡영(城南雜詠)〉 20수 및 실제의 경치를 그린 그림을 주희에게 부쳐주었다. 이 일련의 시는 주희가 장식의 시에 화답한 것이다.
《익증》『동』은 함께 짓는다는 말이다.」(同謂同共賦之也)
성남(城南): 《차의》「장식의 〈성남서원〉시에 『산에 있는 벗에게 말 부쳤더니, 나의 화평한 시에 화답하였다네.』라는 구절이 있다.」(南軒城南書院詩有寄言山中友和我和平詩之句)
《차의》「장사부의 성남은 상수가 그 아래로 지나간다. 장공이 이곳에서 강학을 하였는데 나중에 서원이 되었다. 아래의 〈화권〉시의 소주에 의하면 정해년(1287)의 글이라고 하였는데 이 시는 마땅히 병술년(1286)과 정해년 사이의 작품이 되어야 한다.」(長沙府城南, 湘水經其下. 張公講學於此, 後爲書院. 據下畫卷詩小註丁亥之文. 此當爲丙戌丁亥間作) 인용된 〈성남서원〉의 원 제목은 〈3월 7일 성남서원에서 우연히 짓다(三月七日城南書院偶成)〉이며 《남헌집》 권3에 수록되어 있다. 《차보》「성남서원은 담주 선화현에 있는데 남헌은 여기서 강학을 하였다.」(按城南書院在潭州善化縣, 南軒講學于此)

2 시통(詩筒): 권2 105번 시의 주 2)를 보라.

3 남호(南湖): 장사성 남쪽에 있으며 남헌(南軒) 장식(張栻)이 독서하던 곳. 여기서는 곧 장식을 가리켜 말하였다. 《퇴계집》 권37 〈유희범에게 답함(答柳希范)〉「남호는 바로 납호입니다. 《대명일통지》에 의하면 장사부에 성남서원이 있는데 성의 남쪽 임상문 바깥에 있으며, 송나라의 장식이 강학한 곳이라고 되어 있습니다. 그렇다면 납호가 성 남쪽에 있기 때문에 남호라고 하는 것이며, 이 상수가 돌아나가면서 호수가 되었고 장남헌의 옛 집이 그 곁에 있었을 따름입니다.」(南湖, 卽納湖. 大明一統志, 長沙府, 有城南書院, 在府城南臨湘門外, 宋張栻講學之地云云. 然則納湖在城南, 故曰南湖, 是湘水之匯爲湖者, 而南軒舊居在其上耳)

4 소산유계총(小山幽桂叢): 소산은 회남소산(淮南小山)을 가리킨다. 회남소산의 〈은사를 부르다(招隱士)〉「계수나무 빽빽하게 났음이여 산은 그윽하다네.」(桂樹叢生兮山之幽)

歲暮靄佳色	세밑에 아름다운 경치 덮고 있네.
花落洞庭波[5]	꽃 동정호 물결에 떨어지는데,
秋風渺何極	가을바람 까마득하니 어찌 끝이 있으리.

3 詠歸橋[6]	영귀교
綠漲平湖水[7]	평평한 호수 물에 푸르름 불어나고,
朱欄跨小橋	붉은 난간 작은 다리 위에 걸쳐 있네.
舞雩千載事[8]	서낭당에서의 천년 전의 일,
歷歷在今朝	또렷하게 오늘 아침에 있네.

4 船齋[9]	선재
考槃雖在陸[10]	악기 두드리며 은거하는 즐거움 뭍에 있으나,

5 동정파(洞庭波): 《초사·구가·상부인(楚辭·九歌·湘夫人)》「산들산들 가을바람 불고, 동정호에 물결 읾이여 나뭇잎 떨어지네.」(嫋嫋兮秋風, 洞庭波兮木葉下)

6 영귀(詠歸): 《논어·선진(先進)》「(曾點이)『늦은 봄에 봄옷이 이미 다 지어지면 관을 쓴 성인 대여섯 명과 동자 예닐곱 명과 함께 기수에서 목욕하고 서낭당에서 바람을 쏘이고 노래하면서 돌아오겠습니다.』라 말하니 선생님이 아아! 하고 탄식하시더니 『나는 점이의 방식에 동의한다.』라 하셨다.」(曰: 莫春者, 春服旣成, 冠者五六人, 童子六七人, 浴乎沂, 風乎舞雩, 詠而歸. 夫子喟然歎曰, 吾與點也!)

7 평호수(平湖水): 송나라 소철(蘇轍)의 〈생일(生日)〉「서낭당에서 한번 평평한 호수에서 씻으니, 마을에서 놀라 백발 새로 났다고 놀라네.」(舞雩一濯平湖水, 鄕黨驚呼白髮新)

8 사(事): 《고이》에서는「뜻 의」(意)자로 된 판본도 있다고 하였다.

9 선재(船齋): 물가에 지은 서재로 형세가 마치 배를 타고 있는 것 같기 때문에 이렇게 불렀다. 《집람》「구양수가 공무를 마치고 사사로이 쉴 때 거처하는 곳은 방문이 서로 통하였으므로 화방재라고 불렀다. 선재는 아마 이 뜻을 취한 것 같다.」(歐公宴私之居, 戶相通, 故名畫舫齋. 船齋疑取此義) 이 말은 구양수의 〈화방재기(畫舫齋記)〉에 나온다.

10 고반(考槃):「반」은 나무로 된 두드려서 박자를 맞추는 악기의 이름이며,「고」는「두드린다」는 뜻의 동사이다. 《시경·위풍(衛風)》에 〈고반〉이란 시가 있는데 내용은 은거의 즐거움을 읊은 것으로, 그 전문은 다음과 같다.

考槃在澗	악기를 두드리며 물가에 있으니,
碩人之寬	대인의 마음 너그러움이여!
獨寐寤言	홀로 잠자고 홀로 일어나고 홀로 말하며,
永矢弗諼	영원히 맹서하네, 끝내 이 즐거움 잊지 말자고,
考槃在阿	악기를 두드리며 산 모퉁이에 있으니,
碩人之薖	대인의 마음 큼이여!
獨寐寤歌	홀로 잠자고 홀로 깨고 홀로 노래하며,
永矢弗過	영원히 맹서하네, 끝내 이 즐거움 잊지 말자고,
考槃在陸	악기를 두드리며 언덕 위에 있으니,
碩人之軸	대인의 마음 탁월함이여!
獨寐寤宿	홀로 잠자고 홀로 깨고 홀로 묵으며,
永矢弗告	영원히 맹서하네, 이 즐거움 남에게 이야기하지 말자고.

滉瀁水雲深[11] 질펀하니 물과 구름 깊다네.
正爾滄洲趣[12] 마침 창주의 정취 있으나,
難忘魏闕心[13] 높은 대궐 향한 마음 잊기 어렵다네.

5 麗澤堂[14] 이택당
堂後林陰密 당 뒤로는 숲 그늘 짙고,
堂前湖水深[15] 당 앞으로는 호수 물 깊다네.
感君懷我意[16] 그대 나 그리워하는 뜻 느껴,
千里夢相尋[17] 천리 먼 곳 꿈속에서 그대 찾는다네.

11 황양(滉瀁): 물이 깊고 넓은 모양. 또는 그런 물을 가리키는 말이다. 《익증》에서는 「물이 흐르는 모양」(按水流貌)이라 하였다.

12 창주(滄洲): 원래의 의미는 물가의 지역이란 뜻. 주로 은자의 거처라는 뜻으로 많이 쓰인다. 삼국시대 위(魏)나라 완적(阮籍)의 〈정충을 위하여 진나라 왕에게 권하는 글(爲鄭沖勸晉王牋)〉「물가에 다다라 지백에게 감사함이여, 기산에 올라 허유에게 읍하네.」(臨滄洲而謝支伯, 登箕山以揖許由) 《문선》 이선(李善)의 주석 「장자가 말하기를 『순임금은 자주의 지백에게 천자의 자리를 양위하였다.』」(莊子曰, 舜讓天子於子州支伯) 《장자·양왕(讓王)》편에 나오는 말. 또 권1 53번 시의 주 14)를 보라.

13 위궐(魏闕): 위는 높고 큰[高巍] 모양을 말한다. 궐은 궁문 바깥에 있는 대궐문으로 곧 관(觀)을 말하는데, 문의 양쪽 곁에 있으며 중앙은 뚫려서 길이 된다. 그 위에다 법령이나 포고문을 걸어 두는데, 그 모양이 높고 우뚝하여 상위(象魏)라고 한다. 사람들로 보게 하는데 , 이 관(觀)은 상 · 위 · 궐(象魏闕) 자로 써서 그 실체는 하나이지만 이름은 셋이다. 후에는 곧 조정 · 대궐의 대신 일컫는 말로 쓰이게 되었다. 《장자·양왕(讓王)》「중산의 왕자 모가 첨자에게 말했다. 『몸은 바다나 강의 가에 있으면서도 마음은 대궐 아래 있으니, 어찌면 좋겠습니까?』」(中山公子牟謂瞻子曰, 身在江海之上, 心居乎魏闕之下, 奈何)

14 이택(麗澤): 친구끼리 서로 절차탁마하는 것을 말한다. 《주역·태괘(兌卦)》「못이 연이어 있는 것이 『태』의 괘상이다. 군자는 이 괘상을 보고 친구들과 모여 서로 연마하고 익힌다.」(麗澤, 兌. 君子以朋友講習) 삼국시대 위나라 왕필(王弼)의 주석 『『이』는 이어졌다는 뜻과 같다.」(麗猶連也) 주희의 《본의(本義)》「두 못이 서로 이어져 서로 더하여 보태주니 친구들이 연마하고 익히는 것이 그 모양이 이와 같다.」(兩澤相麗, 互相滋益, 朋友講習, 其象如此)

15 호수심(湖水深): 당나라 이백의 〈왕륜에게 드림(贈汪倫)〉「복사꽃 핀 못물 깊이 천 자나 되는데, 왕륜이 나 보내던 정에 미치지 못하네.」(桃花潭水深千尺, 不及汪倫送我情)

16 감군회친의(感君懷親意): 주희의 부친인 위재(韋齋) 주송(朱松)의 〈축중용이 신안으로 돌아감에 송별하다(送祝仲容歸新安)〉「그대 어버이 그리는 뜻 느껴, 나로 하여금 눈물 샘 뚫게 하네.」(感君懷親意, 使我淚貫泉)

17 천리몽상심(千里夢相尋): 「相」자는 《고이》에서 「어려울 난」(難)자로 된 판본도 있다고 하였다. 송나라 소식의 〈병중에 아우인 소철이 고함을 얻었으나 상주로 가지 않았음을 듣다(病中聞子由得告不赴商州)〉 제3수 「이 외에 마음을 아는 이 또 누구리오, 꿈속 혼 서로 찾으나 실로 어긋난다네.」(此外知心更誰是, 夢魂相覓苦參差) 왕문고(王文誥)의 주석 「한비자가 말하였다. 『육국 때 장민과 고혜 두 사람은 친구가 되었는데 매번 서로 그리워하였으나 볼 수가 없었다. 장민은 곧 꿈속에서 가서 찾았지만 가던 도중에 즉시 헷갈려 길을 몰라 마침내 되돌아 왔다.』」(韓非子曰, 六國時, 張敏與高惠二人爲友. 每相思不能得見, 敏便於夢中往尋, 但行至半道, 卽迷不知路. 遂回) 이 내용은 《한비자》에는 보이지 않는다.

6 蘭澗[18]	난간
光風浮碧澗[19]	비 갠 뒤의 따뜻한 바람 짙푸른 시내에 떠 있고,
蘭杜日猗猗[20]	난초와 두약 날로 우거져가네.
竟歲無人采[21]	해 다하도록 캐는 사람 없으니,
含薰祇自知[22]	향기 머금음 다만 홀로 안다네.

18 구한말의 유학자 남붕(南鵬)의 《운도정음(雲陶正音)》의 주석 「이 시는 남들이 자기를 알아주지 않아도 속으로 화를 내지 않는다는 뜻을 비유하였다.」(此喩人不知而不慍之意)

19 광풍(光風): 비가 갠 뒤에 부는 따뜻한 바람. 《초사·혼을 부름(招魂)》 「따뜻한 바람 혜초 흔들이여, 둥실둥실 난초 높이 떠다니네.」(光風轉蕙, 泛崇蘭些) 주희의 주석 「광풍은 비가 그치고 해가 나와서 부는 바람으로 초목이 광택이 남을 말한다.」(光風, 謂雨止日出而風, 草木有光也)

20 난두(蘭杜): 난초와 두약(杜若)을 말한다. 모두 향초(香草)이다. 송나라 심괄(沈括)의 《몽계보필담(夢溪補筆談)》 「두약은 곧 지금의 고량강인데 후인들은 모른다. …… 옛날 사람들은 향초라고 생각하였는데 북쪽 지방의 산생강이 어찌 일찍이 향이 있었겠는가? …… 《본초도경》에서는 말하였다. 『두약은 싹은 산생강과 비슷하며 꽃은 황적색이고 열매는 붉은 색으로 큰 것은 대추열매만 하고 중간 것은 두국 같으며 협산과 영남북에서 난다.』 이는 바로 고량강이며 그 열매가 곧 홍구인데, 시인들은 난초와 지초에 비긴다.」(杜若卽今之高良薑, 後人不識……古人以爲香草, 北地山薑, 何嘗有香?……本草圖經云, 杜若苗似山薑, 花黃赤, 子赤色, 大如棘子, 中似豆蔻, 出峽山、嶺南北. 正是高良薑, 其子乃紅蔻也, 騷人比之蘭、芷) 두약은 또 두형(杜衡, 杜蘅)이라고도 한다. 굴원(屈原)의 《초사·슬픔을 만나다(離騷)》 「유의와 게거 같은 향초 밭두둑에 심음이여, 두형과 향기로운 지초 섞어 심었다네.」(畦留夷與揭車兮, 雜杜衡與芳芷) 주희의 주석 「두형은 해바라기와 비슷한데 향기로우며 잎이 말발굽을 닮았으므로 세속에서는 마제향이라고 한다.」(杜蘅似葵而香, 葉似馬蹄, 故俗云馬蹄香也)

의의(猗猗): 아름답고 무성한 모양, 또는 긴 모양을 나타내는 의태어. 《시경·위풍·기수의 물굽이(衛風·淇奧)》 「저 기수의 물굽이 쳐다보니, 왕골과 마디풀 우거져 있네.」(瞻彼淇奧, 綠竹猗猗) 주희의 주석 「처음 나와서 부드럽고 약하며 아름답고 성한 것이다.」(猗猗始生柔弱而美盛也) 당나라 한유(韓愈)의 〈금조·의란조(琴操·猗蘭操)〉 「난초 빽빽이 우거졌는데, 그 향기 물씬물씬 풍기네.」(蘭之猗猗, 揚揚其香)

21 무인채(無人采): 송나라 황정견(黃庭堅)의 〈조원충에게 부침(寄晁元忠)〉 제4수 「황하 맑아짐 기다리는 사람 없고, 향기로운 난초 캐는 사람 없다네.」(河淸無人待, 蘭芳無人采)

22 함훈(含薰): 진나라 도연명의 〈음주(飮酒)〉 제17수 「그윽한 곳에 피는 난초 앞뜰에서 자라, 향기 머금고 맑은 바람 기다리네.」(幽蘭生庭前, 含薰待淸風) 송나라 황정견의 〈「동심지언, 기취여란」을 각운자로 삼아 이자선에게 부침(以同心之言其臭如蘭爲韻, 寄李子先)〉 「그대 훌륭한 얻음 있으니, 비유컨대 향기로운 난초향 머금음과 같네.」(吾子有嘉得, 譬如含薰蘭)

22 함훈(含薰): 진나라 도연명의 〈음주(飮酒)〉 제17수 「그윽한 곳에 피는 난초 앞뜰에서 자라, 향기 머금고 맑은 바람 기다리네.」(幽蘭生庭前, 含薰待淸風) 송나라 황정견의 〈「동심지언, 기취여란」을 각운자로 삼아 이자선에게 부침(以同心之言其臭如蘭爲韻, 寄李子先)〉 「그대 훌륭한 얻음 있으니, 비유컨대 향기로운 난초향 머금음과 같네.」(吾子有嘉得, 譬如含薰蘭)

7 書樓[23]	서루
君家一編書	그대 집의 한 꾸러미 책,
不自圮上得[24]	다리 위에서 얻은 것 아니라네.
石室寄林端[25]	석실 숲 끝에 부쳤는데,
時來玩幽賾[26]	이따금 와서 그윽하고 깊은 뜻 완미하네.

8 山齋[27]	산재
藏書樓上頭	책 누대 꼭대기에 갈무리해놓고,
讀書樓下屋	책 누대 아래서 읽는다네.
懷哉千載心	천년의 마음 품었어라,
俯仰數椽足[28]	숙였다 쳐들었다 여러 차례 사닥다리 오르내리네.

23 《남헌집》의 배열에 의하면 이 시와 다음의 시는 순서가 바뀌어 있다. 뒤의 원운시를 참조하라.

24 일편서·비상득(一編書·圮上得): 비(圮)는 다리(橋)와 같은 뜻. 유후(留侯) 장량(張良)이 하비의 흙다리에서 황석공(黃石公)의 병서인 《태공병법(太公兵法)》을 얻은 것을 말한다. 《사기·유후세가》「장량이 한번은 한가하게 하비의 흙다리를 걸어서 지나는데, 베옷을 입은 한 늙은이가 장량이 있는 곳에 이르더니, …… 책을 한 권 꺼내더니 말했다.『이 책을 읽으면 왕이 될 사람의 스승이 될 것이야! 10년이 지나면 흥기할 걸세. ……』 그러고는 마침내 가버렸는데 다시는 보이지 않았다. 다음날이 밝자 그 책을 보니 바로 《태공병법》이었다.」(良嘗閒從容步遊下邳圮上, 有一老, 衣褐, 至良所, ……出一篇書曰, 讀此則爲王者師矣. 後十年興. ……遂去, 無他言, 不復見. 旦日視其書, 乃太公兵法也)
이 두 구절의 뜻은 장식이 장량과 같은 성씨지만 장식의 가문은 학문의 기풍이 있는 집이어서 장량이 황석공에게 책을 받은 것이나 그때 받은 병서 따위의 책은 아니라는 것을 말한다. 곧 장량이 다리 위에서 얻은 책보다 훨씬 가치 있는 책임을 은연중에 말하고 있는 것이다.

25 석실(石室): 책을 수장하는 곳을 말한다. 《사기·태사공자서(太史公自序)》「내가 태사령이 되어 역사책과 석실, 금궤의 책을 꺼내 보았다.」(遷爲太史令, 紬史記石室金匱之地書) 《사기》의 주석서인 당 사마정(司馬貞)의 《색은(索隱)》「석실과 금궤는 모두 국가의 도서를 수장하는 곳이다.」(石室金匱皆國歌藏書之處) 또한 《한서·고조본기(高祖本紀) 하》에도 「(한고조는) 그 맹세하는 말을 붉은 글씨로 적은 책과 그 내용을 담은 쇠로써 표지를 만든 책을 금으로 봉하고 돌로 방을 만들어 종묘에 보관하게 하였다.」(又與功臣, 剖符作誓, 丹書鐵券, 金匱石室, 藏之祖廟)라는 말이 있다. 여기서는 서루를 미화하여 이렇게 말한 것이다.

26 유색(幽賾): 깊고 오묘하다는 뜻. 색(賾)자를 《차의》에서는 「섞인다는 것이다.」(雜也)라 하였다. 《주역·계사전(繫辭傳) 상》「성인은 천하의 번잡한 것을 보는 방법이 있다.」(聖人有以見天下之賾) 그 주석에서 「색은 섞이어 어지러운 것이다.」(賾, 雜亂也)라 하였다.

27 산재(山齋)는 시 두 번째 구절에서 말한 「누하옥」(樓下屋)을 가리키는 것 같다. 첫째 구절의 「누상두」(樓上頭)는 바로 위의 시에서 읊은 서루(書樓)를 가리키는 것 같다. 남붕의 주석 「이 시는 크게 자득한 뜻을 말하였다.」(此言嘐嘐自得之意)

28 수연족(數椽足): 다만 몇 개의 서까래를 써서 지은 집(數椽之屋)이나마 즐기기에 충분하다는 뜻. 서루(書樓)와 산재(山齋)의 규모가 그리 크지 않거나 이곳에서의 생활이 매우 검약함을 표현한 것이다.

9 蒙軒	몽헌
先生湖海姿[29]	선생의 호수와 바다 같은 자태,
蒙養今自閟[30]	몽매함 양성함 지금은 스스로 닫았다네.
銘坐仰先賢[31]	좌우명 지어 선현 우러르고,
點畫存彖繫[32]	한 점 한 획 〈단사〉와 〈계사〉 보존하네.

10 石瀨[33]	석뢰
疏此竹下渠[34]	이 대나무 아래 도랑 틔워,
漱彼澗中石[35]	저 시냇물의 바위 씻으려 하네.

29 호해자(湖海姿): 천성이 호수와 바다 같이 넓어 호방함을 가리킨다. 권2 151번 시의 주 13) 「호해사」(湖海士)를 참조할 것.

30 몽양(蒙養): 《주역·몽괘(蒙卦)》의 단사(彖辭) 「어리석은 사람들을 교육함으로써 바르게 양성하는 것은 성인의 공덕이다.」(蒙以養正, 聖功也) 당나라 공영달(孔穎達)의 주석[疏] 「몽매하고 숨어 잠자코 있는 것을 가지고 바른 도를 스스로 기를 수 있으면 지극히 성스러운 공을 이루게 된다.」(能以蒙昧隱默自養正道, 乃成至聖之功)

31 명좌앙선현(銘坐仰先賢): 「坐」자는 「자리 좌」(座)자와 통하여 쓴다. 《차의》 「승상 여몽정(944~1011)을 가리키는 것 같다.」(疑指呂丞相蒙正) 《익증》 「남헌 장식의 원시에서는 『손님 오니 모름지기 일어나 공경하고, 위료옹의 글 편액으로 써놓았네.』라 하였다. 『명좌』는 편액을 쓴 것을 말하는 것 같고, 선현은 위료옹을 가리키는 것 같다.」(南軒原詩客來須起敬, 題榜了翁書. 銘坐似指題榜, 先賢似指了翁) 《차보》 「옛날의 현인들은 좌우명을 지은 사람이 많았다. 이는 필시 남헌 장식이 몽헌에 지은 좌우명일 것이며 그 뜻을 이천 정이(程頤)의 〈몽괘〉의 《역전》에서 많이 취하였으므로 시에서 『좌우명 지어 선현 우러르네.』라 한 것이다. (《차의》에서) 승상 여몽정을 가리킨다 한 것은 의미가 없을 것이다.」(昔賢多作座右銘者, 此必南軒於蒙軒有座右銘, 而其意多取伊川蒙卦易傳, 故詩云銘座仰先賢也, 指呂丞相, 恐無意味) 《차의》에서 여몽정을 가리키는 것 같다고 한 것은 아마 〈몽괘〉의 단사에 「養以蒙正」이라는 말이 있기 때문에 그렇게 본 것 같다.

32 단계(彖繫): 《주역》의 〈단사(彖辭)〉와 〈계사(繫辭)〉를 함께 일컬은 말. 〈단사〉는 《주역》의 괘를 풀이한 말[卦辭]이고, 〈계사〉는 《주역》의 한 편명. 당나라 두보의 〈착석포에서 묵다(宿鑿石浦)〉 「사문에서 걱정하고 근심한 나머지, 성인과 철인 〈단사〉와 〈계사〉 지어 후세에 드리웠다네.」(斯文憂患餘, 聖哲垂彖繫)

33 석뢰(石瀨): 《초사·구가·상군(九歌·湘君)》 「돌여울이여 콸콸 흐르고, 비룡이여 훨훨 나는도다.」(石瀨兮淺淺, 飛龍兮翩翩) 주희의 주석 「뢰는 여울이다. 천천은 시내의 흐름이 빠른 모양이다.」(瀨, 湍也. 淺淺, 流疾貌)

34 소차죽하거(疏此竹下渠): 당나라 백거이의 〈대나무를 기르며(養竹記)〉 「정자의 동남쪽 모퉁이에서 이곳에 대나무 숲이 있는 것을 보았는데 가지와 잎이 병들고 시들어서 소리도 나지 않았고 빛깔도 없었다. …… 썩은 흙을 깨끗이 하고 그 사이를 틔웠으며 그 아래를 북돋았는데 하루 해가 다하지 않아서 끝내었다.」(亭之東南隅, 見叢竹於斯, 枝葉殄瘁, 無聲無色. …… 除糞壤, 疏其間, 封其下, 不終日而畢)

35 수피간중석(漱彼澗中石): 침류수석(枕流漱石)을 말하는 것 같다. 자세한 것은 권2 6번 시의 주 7)을 보라.

36 모관(暮館): 해질녘의 집을 가리킨다. 당나라 위응물(韋應物)의 〈왕랑중을 모시고 공징군을 찾다(陪王郎中尋孔徵君)〉 「해 저물녘 집에 꽃 떨어지지 않고, 봄 성

暮館繞寒聲[36]	집 저녁 되니 차가운 소리 맴도는데,
秋空動澄碧	가을 하늘 맑고 짙푸름 움직이네.

11 卷雲亭	권운정
西山雲氣深	서산에 운무 깊은데,
徙倚一舒嘯[37]	왔다 갔다 하며 한번 휘파람 부네.
浩蕩忽搴開	시원하게 별안간 걷히어 열리니,
爲君展遐眺	그대 위해 먼 조망 펼쳐준다네.

12 柳堤	유제
渚華初出水[38]	물가의 꽃 막 물 위로 나오고,
堤樹亦成行	언덕의 나무 또한 줄 이루었네.
吟罷天津句[39]	은하 읊은 구절 다 읊고 나니,
薰風拂面凉[40]	따뜻한 바람 얼굴 시원하게 씻네.

에 비 내리니 잠깐만에 차가워지네.」(暮館花微落, 春城雨暫寒)

37 사의일서소(徙倚一舒嘯): 사의(徙倚)는 배회(徘徊)와 같은 뜻. 진나라 도연명의 〈돌아가자꾸나(歸去來辭)〉「동쪽 언덕에 올라 편안히 휘파람 불고, 맑은 내 마주하고 시 짓네.」(登東皐以舒嘯, 臨淸流而賦詩) 당나라 위응물(韋應物)의 〈저녁에 풍수가에 나가 최도수에게 드림(晩出灃上, 贈崔都水)〉「물 굽어보며 편안히 휘파람 부는데, 산 바라보니 뜻 길게 이어지네.」(臨流一舒嘯, 望山意轉延)

38 저화초출수(渚華初出水): 화(華)는 화(花)와 통하여 쓴다. 저화(渚花)는 곧 연꽃이나 부들 등의 수생식물의 꽃. 당나라 맹교(孟郊)의 〈악부를 지어 장난삼아 대부인 육씨네 열두 번째 어르신께 드리다(樂府戲贈陸大夫十二丈)〉「연밥 얻을 수 없으니, 연꽃 물 속에서 자라기 때문이네.」(蓮子不可得, 荷花生水中) 이에 대한 육장원(陸長源)의 답시인 〈장난삼아 답하다(戲答)〉「연꽃 막 물 밖으로 나왔는데, 연꽃 봉우리 이슬 속에서 꽃 피웠다네.」(芙蓉初出水, 菡萏露中花) 송나라 매요신(梅堯臣)의 〈구양수 자총과 함께 숭산에서 놀며 12수를 읊다·공류간(同永叔子聰遊嵩山賦十二題·公路澗)〉「꼿꼿한 버들 멀리 물굽이 내려다보는데, 새 부들 막 물에서 나왔네.」(僵柳遠臨灣, 新蒲初出水)

39 천진구(天津句): 《차의》「소옹의 시의 『바람 수양버들 가로 불어오네.』와 『수양버들의 바람 얼굴 위로 불어오네.』 같은 구절을 이른다.」(謂康節詩如風來楊柳邊, 楊柳風來面上吹之句) 앞의 인용구는 〈달이 오동나무 위에 이름을 읊다(月到梧桐上吟)〉의 두 번째 구절이며, 뒤의 인용구는 〈처음과 끝구절을 같은 구절로 읊음(首尾吟)〉의 제9수의 여섯째 구절이다.

40 훈풍(薰風): 초여름이 되어 동남쪽에서 불어오는 따뜻한 바람. 《여씨춘추·유시(有始)》「동남쪽에서 불어오는 바람을 훈풍이라 한다.」(東南曰熏風) 한나라 고유(高誘)의 주석「훈풍은 경풍이라고도 하는데 손의 기운이 생겨나는 곳이며 청명풍이라고도 한다.」(熏風或作景風, 巽氣所生, 一曰淸明風) 훈(熏)은 훈(薰)과 통하여 쓴다.

13 月榭[41]	월사
月色三秋白	달빛 삼추에 흰데,
湖光四面平	호수에 비친 빛 사방으로 평평하네.
與君凌倒景[42]	그대와 함께 거꾸로 비친 그림자 지나가니,
上下極空明[43]	위 아래로 달빛 비치는 물결 매우 맑다네.

14 濯清[44]	탁청
涉江采芙蓉[45]	강 건너며 연꽃 따는데,
十反心無斁[46]	열 번을 되풀이해도 싫어하지 않네.

불면량(拂面凉): 송나라 소옹(邵雍)의 〈같은 운부의 운자에 의거하여 왕안지 소경 육로의 시에 화답하여 이에 되는대로 일곱 수를 이루다(依韻和王安之少卿六老詩仍見率成七)〉 제7수 「마찬가지로 천하 사물 찾기 어려운데, 낙수의 포구에서 맑은 바람 시원하게 얼굴 씻는다네.」(一般天下難尋物, 洛浦淸風拂面凉)

41 사(榭): 《좌전·양공(襄公) 31년》 「바라볼만한 대와 정자가 없다.」(無觀臺榭) 당나라 공영달의 주석[疏] 「사방이 높은 것을 대라 하고, 대 위에 있는 집을 정자라 한다. 대와 정자는 모두 올라가 먼 곳을 바라볼 수 있는 곳이다.」(四方而高曰臺, 臺上有屋曰榭. 臺榭皆高可升之以觀望)

42 도영(倒景): 《한서·교사지(郊祀志)》 「먼 곳을 오르니 그림자가 거꾸로 비쳤다.」(登遐倒景) 여순(如淳)의 말을 인용한 당나라 안사고의 주석 「해와 달의 위에 있어서 도리어 아래에서 비치므로 거꾸로 비친 그림자라 하였다.」(在日月之上, 反從下照, 故其景倒) 《문선》 진나라 장협(張協)의 〈칠명(七命)〉 「옥승별 바라며 지붕 엮음이여, 거꾸로 비친 그림자 이어 창문 연다네.」(望玉繩而結極, 承倒景而開軒) 당나라 이선(李善)의 주석 「능양자의 《명경》에서는 『그림자가 거꾸로 되면 기운이 땅에서 4천 리 떨어져 있는데, 그 그림자는 모두 거꾸로 되어 아래에 있다.』라 하였다.」(陵陽子明經, 倒景氣去地四千里, 其景皆倒在下) 당나라 여연제(呂延濟)의 주석에서는 「그림자가 거꾸로 되어 하늘에 가까우며 아래로 해가 있는 곳을 보는 것이다.」(倒景近天而下看日之處) 북주(北周) 유신(庾信)의 〈주중의 새 누각에 오르다(登州中新閣)〉 「허공에 걸터앉아 거꾸로 비친 그림자 건너는데, 이어진 구름은 적은 햇볕 막네.」(跨虛凌倒景, 連雲拒少陽)

43 공명(空明): 달빛이 비치는 맑은 물결을 말한다. 송나라 소식의 〈먼저 지은 적벽(前赤壁賦)〉 「계수나무 노며 목란 상앗대로, 밝은 달 그림자 두드림이여 흐르는 달빛 거슬러 올라간다네.」(桂櫂兮蘭槳, 擊空明兮泝流光)

44 탁청(濯清): 송나라 주돈이(周敦頤)의 〈연꽃을 사랑함에 대하여(愛蓮說)〉 「나는 유독 연꽃이 진흙 속에서 나와도 더렵혀지지 않으며 맑은 잔물결에 씻겨도 요염하지 않음을 사랑한다.」(予獨愛蓮之出於淤泥而不染, 濯清漣而不夭) 《표보》 「탁청정이란 이름이 《남헌집》에 보인다.」(濯淸亭名見南軒集) 뒤 원운시를 보라.

45 섭강채부용(涉江采芙蓉): 〈고시십구수·강 건너며 연꽃을 따다(涉江采芙蓉)〉 「강 건너며 연꽃 따는데, 난초 핀 못에 향기로운 풀 많다네.」(涉江采芙蓉 蘭澤多芳草)

46 무역(無斁): 《시경·주남·칡덩굴(周南·葛覃)》 「고운 칡옷 만들고 거친 칡옷 만들어, 입어도 싫증나지 않네.」(爲絺爲綌, 服之無斁) 주자의 주석 「역은 싫어함이다.」(斁, 厭也) 같은 책의 〈주송·떼지어 나는 백로(周頌·振鷺)〉 「여기에서는 미워하지 않고, 저기에서는 싫어하지 않는다네.」(在彼無惡, 在此無斁)

不遇無極翁[47]	무극옹 만나지 않았으니,
深衷竟誰識	깊은 마음 끝내 누가 알리오.

15 西嶼	서서
朝吟東渚風	아침에는 동쪽 물가의 바람 읊조리고,
夕弄西嶼月[48]	저녁에는 서쪽 산의 달 가지고 노네.
人境諒非遙	사람 사는 곳 실로 멀지 않은데,
湖山自幽絶[49]	호수와 산 절로 그윽하게 떨어졌네.

16 淙琤谷[50]	종쟁곡
湖光湛不流	호수 빛 맑게 흐르지 않고,
嵌竇亦潛注[51]	샘 구멍 또한 몰래 흐르네.
倚杖忽淙琤	지팡이 짚고 서 있으니 홀연히 졸졸 흐르는 소리 나는데,
竹深無覓處[52]	대나무 숲 깊어 찾을 곳 없다네.

47 무극옹(無極翁): 송나라의 북송오자(北宋五子) 중의 하나인 염계(濂溪) 주돈이를 말한다. 《차의》「염계 주돈이의 〈태극설〉에 『무극이면서도 태극이다.』라는 구절이 있기 때문에 호로 삼았다.」(濂溪太極說, 無極而太極, 故因以爲號)

48 서서(西嶼): 서(嶼)는 섬이라는 뜻도 있지만 여기서는 작은 산을 말한다. 송나라 대동(戴侗) 《육서고(六書考)》「평지의 작은 산인데, 뭍에 있는 것을 『서』라고 하고 물에 있는 것을 『도』라 한다.」(平地小山也, 在陸爲嶼, 在水爲島)

49 인경~자유절(人境~自幽絶): 진나라 도연명(陶淵明)의 〈음주(飮酒)〉 다섯째 시 「띠집 이어 사람들 사는 곳에 있으나, 수레나 말 달리는 시끄러움 없네. 그대에게 묻노니, 어떻게 그럴 수 있는가? 마음 멀리 두니 땅도 스스로 구석져서라네.」(結廬在人境, 而無車馬喧. 問君何能爾, 心遠地自偏)

50 종쟁(淙琤): 종(淙)은 물이 흐르는 소리를 말하며, 쟁(琤)은 옥이 부딪치는 소리이다. 《한문공집》〈성남에서 여러 구절씩 이어가며 지음(城南聯句)〉의 당나라 맹교(孟郊)가 읊은 구절 「대나무 그림자 금 부스러기 흩어지고, 샘은 옥 부딪치는 소리 졸졸 내네.」(竹影金瑣碎, 泉音玉淙琤)

51 감두(嵌竇): 암동(巖洞), 곧 바위굴을 말한다. 《차의》「《운회》의 『嵌』자의 주석에서 『깊은 골짜기의 모양』이며, 또 『열리다』의 뜻이라고 하였다. (진나라) 곽박의 〈강부〉에 『골짜기 땅이 갈리진 듯』이라는 구절이 있는데, 『嵌』자로 된 판본도 있다고 하였다.」(韻會嵌註, 深谷貌, 又開也. 郭璞江賦, 嵌如地裂. 或作嵌) 《익증》「《옥편》에서는 『구덩이 옆으로 난 구멍』이라 하였다.」(玉篇坎旁孔) 당나라 두보(杜甫)의 〈만장담(萬丈潭)〉「먼 내는 구비로 통하여 흐르고, 샘구멍은 몰래 여울로 새네.」(遠川曲通流, 嵌竇潛泄瀨)

52 죽심무멱처(竹深無覓處): 당나라 두보의 〈여러 귀공자와 어르신 여덟 명을 모시고 도랑에서 기녀를 데리고

17 聽雨舫	청우방
綵舟停畵槳[53]	채색한 배 노 멈추어,
容與得欹眠[54]	느긋하게 몸 기울이고 자게되었네.
夢破蓬窓雨[55]	꿈 배의 창 두드리는 비에 깨었는데,
寒聲動一川[56]	추위 느끼게 하는 소리 온 내를 흔드네.

18 梅堤	매제
仙人氷雪姿[57]	신선의 얼음과 눈 같은 자태,
貞秀絶倫擬	곧고 빼어남 비슷한 무리 뛰어 넘었네.

시원하게 하려는데 저녁 무렵에 비를 만나다(陪諸貴公子丈八溝携妓納凉, 晩際遇雨)〉「대나무 깊어 손님 남겨 놓은 곳에, 연꽃 깨끗하여 시원함 드리는 때라네.」(竹深留客處, 荷淨納凉時)

이 두 구절은 당나라 왕유(王維)의 〈망천집·녹시(輞川集·鹿柴)〉의 「빈 산에 사람 보이지 않고, 다만 사람 말하는 소리 들리네.」(空山不見人, 但聞人語響)와 〈향적사에 들르다(過香積寺)〉의 「오래된 나무 사람 다니는 오솔길 없는데, 깊은 산 어디에서 종소리 나는가?」(古木無人徑, 深山何處鐘)란 구절을 연상케 한다.

53 정(停): 「의지할 의」(倚)자로 된 판본도 있다.

화장(畵槳): 《차보》「장은 노에 속하는 것이다. 앞에서 미는 것을 장이라 하고, 뒤에서 끄는 것을 도라 한다. 또 종으로 된 것을 노라 하고, 횡으로 된 것을 장이라고 한다.」(槳楫屬. 前推曰槳, 後曳曰櫂, 又縱曰櫓, 橫曰槳) 또한 《정자통(正字通)》에 의하면 짧고 작은 것(短小)을 장이라고 한다 하였다. 당나라 이군옥(李羣玉)의 〈다투어 물을 건널 때 호수 바깥에서 우연히 글을 짓다(競渡時在湖外偶爲成章)〉「우레처럼 달리고 번개처럼 가는 삼 천 명의 아이들, 채색한 배 그림 노 저으니 처음으로 빛나네.」(雷奔電逝三千兒, 綵舟畵楫射初暉)

54 용여(容與): 머뭇거리며 나아가지 못하는 모양이라는 뜻도 있지만 여기서는 한가로이 유유자적하는 모양을 나타내는 의태어로 쓰였다. 《초사·구가·상군(九歌·湘君)》「때 다시는 얻을 수 없는 것이니, 애오라지 자유로이 한적하게 노네.」(時不可兮再得, 聊逍遙兮容與) 《사기·사마상여열전(司馬相如列傳)》에도 「높이 한적하게 빙빙돈다」(翶翔容與)는 말이 나오는데, 《사기》의 주석서인 사마정(司馬貞)의 《색은(索隱)》에서는 진나라 곽박(郭璞)의 말을 인용하여 「자득한 모양을 말한다.」(言自得也)라 하였다.

의면(欹眠): 몸을 기울여 잠을 자는 것을 말한다. 송나라 황정견(黃庭堅)의 〈장순(張詢)의 포지사의 방에 들르다라는 시의 각운자를 써서 짓다(次韻張仲謀過酺池寺齋)〉「몸 기울이고 봄바람 밑에서 자며, 떠나지 않고 그대 집에서 머무네.」(欹眠春風底, 不去留君家)

55 봉창(蓬窓): 「篷窓」과 통하여 쓴다. 봉(篷)은 원래는 거적 비슷한 것으로 배나 수레의 비바람과 햇빛 등을 가리는 차양, 덮개 등을 말하나 여기서는 돛, 곧 배를 가리키는 말로 쓰였다. 사물의 일부를 가지고 전체를 가리키는 것을 말한다. 봉창은 배의 덮개 사이로 낸 창문을 말한다.

56 한성(寒聲): 추운 겨울에 나는 바람소리, 빗소리, 새소리 따위를 말한다.

57 선인빙설자(仙人氷雪姿): 《장자·소유유(逍遙遊)》「막고야라는 산에 신비한 사람이 살고 있다. 살과 피부는 마치 얼음과 같고, 부드럽고 아름답기는 마치 처녀와 같다. 오곡을 먹지 않고 바람을 들이마시며 이슬을 먹는다. 구름을 타고 나는 용을 몰며 이 땅 밖에 나가서 논다.」(藐姑射之山, 有神人居焉. 肌膚若冰雪, 綽約若處子,

驛使詎知聞[58] 역의 관리 어찌 들어 알았겠는가?
尋香問煙水 향기 찾아 안개 낀 물 묻는다네.

19 采菱舟[59] 채릉주
湖平秋水碧[60] 호수 잔잔하고 가을 물 짙푸른데,
桂棹木蘭舟[61] 계수나무 노에 목란 배라네.
一曲菱歌晚[62] 한 곡조 마름 따는 노래소리 저녁에 울리니,

不食五穀, 吸風飮露, 乘雲氣, 御飛龍, 而遊乎四海之外) 여기서는 매화꽃이 눈과 얼음처럼 희다는 것을 말한 것이다. 주희의 시 〈매화(梅)〉(권9)에도 「고야산 신선의 얼음과 눈 같은 모습에, 속세의 티끌 묻은 생각은 이미 채색 구름과 함께 날아가 버렸네.」(姑射仙人氷雪容, 塵心已共彩雲空)라는 구절이 있다.

58 역사(驛使): 곧 역리(驛吏)를 말한다. 남조 송나라 성홍지(盛弘之)의 《형주기(荊州記)》「육개가 강남에서 매화 한 가지를 장안의 범필에게 부치고 시를 지어 주고 말했다. 『매화 꺾어 역리를 만나, 농두의 사람에게 부쳐주네.』(陸凱自江南, 以梅花一枝寄長安與范曄, 贈以詩曰, 折梅逢驛使, 寄與隴頭人) 나중에는 친구의 안부를 묻는다는 전고로 쓰이게 되었으며, 송나라 육유(陸游)의 《노학암필기(老學庵筆記)》 권8에 의하면 송나라 초의 문인들은 매화를 말할 때면 반드시 「역사」라고 칭하였다 한다.

59 릉(菱): 물풀의 일종인 마름을 말하며, 릉(蔆)이라고도 한다. 당나라 단성식(段成式)의 《유양잡조·광동식류(酉陽雜俎·廣動植類) 4》「세발마름은 지금 사람들은 다만 기릉이라고 한다. 여러 초목을 풀이한 책에서도 또한 구분하여 나누지 않는다. 다만 왕안빈의 《무릉기》만이 뿔이 네 개와 세 개인 것을 기라 하고, 뿔이 두 개인 것을 릉이라고 하였다. 지금 소주의 절요에는 릉에 뿔이 두 개인 것이 많다.」(芰, 今人但言菱芰. 諸解草木書, 亦不分別, 惟王安貧武陵記言四角三角曰芰, 兩角曰菱. 今蘇州折腰菱多兩角) 초가(楚歌)에 〈채릉(采菱)〉이라는 곡조가 있는데, 〈초혼(招魂)〉에 보인다.

60 호평(湖平): 당나라 유우석(劉禹錫)의 〈마름을 따며 노래함(采菱行)〉「백마호 평평한데 가을 해 빛나고, 자줏빛 마름 비단 같은데 고운 원앙 빙빙 나네.」(白馬湖平秋日光, 紫菱如錦彩鴛翔)
추수벽(秋水碧): 당나라 위장(韋莊)의 〈삼당의 동호에서 짓다(三堂東湖作)〉「온 못 가을 물 짙푸른데, 깊고 맑은 열 이랑에 마름 있다네.」(滿塘秋水碧, 泓澄十畝菱)

61 계도(桂棹): 계수나무를 깎아서 만든 노. 《초사·구가·상군(九歌·湘君)》「계수나무 노에 목란 상앗대, 얼음 깎음이여 눈 쌓인다네. 벽려 물 속에서 따고, 연꽃 나무 끝에서 뽑는다네.」(桂櫂兮蘭枻, 斲冰兮積雪. 采薜荔兮水中, 搴芙蓉兮木末) 또 위의 주 40)에 인용된 〈전적벽부〉를 참조하여 보라.
목란주(木蘭舟): 목란 나무를 가지고 만든 배. 남조 양나라 임방(任昉)의 《술이기(述異記)》 권 하 「목란주는 심양강에 있는데 목란 나무가 많다. 옛날 오나라 왕 합려가 이곳에 목란 나무를 심고 그것으로 궁전을 지었다. 칠리주에는 노반이라는 사람이 목란 나무를 깎아 배를 만들었는데 배는 지금도 모래섬 가운데 있다. 시인들이 이른바 목란주는 여기에서 유래했다.」(木蘭洲在潯陽江中, 多木蘭樹. 昔吳王闔閭植木蘭於此, 用構宮殿也. 七里洲中, 有魯班刻木蘭爲舟, 舟至今在洲中. 詩家所云木蘭舟出於此) 당나라 유종원(柳宗元)의 〈조시어께서 상현에 들러 부쳐준 시에 답하다(酬曹侍御過象縣見寄)〉「파액산 앞에 짙푸른 옥 같은 시내 흐르고, 시인 멀리 목란으로 만든 배 매놓았네. 봄바람 불어 소상강의 뜻 끝이 없는데, 마름 따고자 하나 자유롭지 못하다네.」(破額山前碧玉流, 騷人遙駐木蘭舟. 春風無限瀟湘意, 欲采蘋花不自由)

62 능가(菱歌): 진나라 장협(張協)의 〈칠명(七命)〉 제3수 「못의 나그네 회남의 곡조 노래하고, 배 젓는 사람은 마름 따는 노래 연주하네.」(淵客唱淮南之曲 榜人奏采菱之歌)

驚飛欲下鷗[63]　　내려오려던 갈매기 놀라서 날아가네.

20 南皐　　남부
高丘復層觀　　높은 언덕 다시 층진 누관 있는데,
何日去登臨　　어느 날에나 떠나 올라가 내려다보겠는가?
一日長空盡[64]　　하루 만에 긴 하늘 다하니,
寒江列暮岑　　차가운 강에 저녁 산봉우리 늘어섰네.

[참고] 장식의 원운시

城南雜詠, 二十首
성남을 여러 수로 읊다, 스무 수

納湖　　납호
原原錫潭水　　철철 석담의 물,
匯此南城陰　　이곳 남쪽 성 남쪽으로 모이네.
岸花有開落　　물가의 꽃 피었다 졌다 하는데,
水盈無淺深　　물 차도 얕고 깊음 없다네.

東渚　　동저
團團凌風桂　　빽빽한 바람 타는 계수나무,
宛在水之東　　완연히 물 동쪽에 있다네.
月色穿林影　　달빛 숲 그림자 뚫고,
却下碧波中　　도리어 짙푸른 물결 속으로 떨어지네.

63 경비욕하구(驚飛欲下鷗): 당나라 왕유(王維)의 〈망천집·난가뢰(輞川集·欒家瀨)〉「튀는 물결 절로 뿌려대고, 백로는 놀라 다시 내려오네.」(跳波自相濺, 白鷺驚復下)
64 장공(長空): 장천(長天)과 같은 말.

詠歸橋	영귀교
四序有佳趣	네 철 모두 아름다운 홍취 있으니,
今古蓋共玆	예나 지금 아마 이것 함께 하였으리.
橋邊獨微吟	다리 어귀에서 홀로 약하게 읊조리며,
囬首忘所之	고개 돌리니 갈 곳 잊는다네.

船齋	선재
窻低蘆葦秋	선창 아래 갈대는 가을인데,
便有江湖思	곧 강호의 생각 있다네.
久已倦垂綸	낚싯줄 드리움 권태로워진지 이미 오래니,
游魚不須避	노는 물고기들 피할 필요 없다네.

麗澤	이택
長哦伐木篇	〈벌목〉편 길게 읊조리며,
佇立以望子	우두커니 서서 그대 바란다네.
日暮飛鳥歸	날 저무니 나는 새 돌아가는데,
門前長春水	문 앞의 봄물 불어 길게 흐른다네.

蘭澗	난간
藝蘭北澗側	난초 북쪽 시내 곁에 심으니,
澗曲風紆餘	시내 구비에 바람 에돌며 이어지네.
願言植根固	원컨대 뿌리 든든하게 내려,
芬芳長慰予	아름다운 향기 오래도록 나 위로하였으면.

山齋	산재
疊石小崢嶸	포개진 돌 조금 가파른데,
脩篁高下生	긴 대나무 높고 낮게 나네.

地偏人迹罕	땅 구석지고 사람 자취 드문데,
古井轆轤鳴	옛 우물에 도르래 소리 울리네.

書樓	서루
高樓出林杪	높은 누각 숲 끝으로 솟았는데,
中有千載書	그 가운데 천년 된 책 있다네.
昔人不可見	옛 사람 불 수 없어,
倚檻意何如	난간에 기대니 뜻 어떠한가?

蒙軒	몽헌
開軒僅尋丈	헌함 여니 겨우 열 자 남짓 한데,
水竹亦蕭疎	물가의 대나무 또한 쓸쓸하다네.
客來須起敬	손님 오니 모름지기 일어나 공경하며,
題榜了翁書	패방 써붙임에 늙은이 글 다 썼다네.

石瀨	석뢰
流泉自淸寫	흐르는 샘 절로 맑게 쏟아내고,
觸石短長鳴	돌에 부딪히며 짧게 길게 운다네.
窮年竹根底	해 다하도록 대나무 뿌리 바닥에서,
和我讀書聲	나와 함께 책 읽는 소리 낸다네.

巻雲亭	권운정
雲生山氣佳	구름 피어나니 산 기운 아름답고,
雲巻山色靜	구름 걷히니 산 빛 조용하다네.
隱几亦何心	궤안에 몸 깊숙이 기댐 또한 어떤 마음인가?
此意相與永	이 뜻 서로 길이 함께 하네.

柳堤	유제
前年種垂柳	전해에 수양버들 심었더니,
已復如許長	이미 또 얼마나 길게 자랐는지.
長條莫攀折	긴 가지 기어올라 꺾지 말게나,
留待映滄浪	남아서 창랑에 비침 기다릴 테니.

月榭	월사
危闌明倒影	아찔한 난간에 그림자 거꾸로 밝게 비치는데,
面面湧金波	온데 금빛 물결 용솟음친다네.
何處無佳月	어느 곳인들 아름다운 달 없으리오만,
惟應此地多	오직 이곳 많으리.

濯清亭	탁청정
芙蓉豈不好	부용 어찌 좋지 않으리오?
濯濯淸漣漪	맑은 물결에 반짝반짝 빛난다네.
采之不盈把	따도 한 줌도 되지 않아,
怊悵暮忘飢	슬피 저녁에 주림 잊는다네.

西嶼	서서
繫舟西岸邊	서쪽 언덕 가에 배 매어두니,
幅巾自來去	두건 쓴 이 절로 왔다갔다 하네.
島嶼花木深	섬에는 꽃나무 깊숙하여,
蟬鳴不知處	매미 울어도 어딘지 알지 못하네.

琮琤谷	종쟁곡
幽谷竹成陰	깊숙한 골짝 대 그늘 이루고,
懸流着石淸	걸린 듯 흘러내리는 물 맑은 돌에 붙어 있네.

不妨風月夕	바람 불고 달 뜬 저녁 거리낌 없으리,
來此聽琮琤	이곳에 와서 쨍그렁 옥소리 들음.

梅堤	매제
亭亭堤上梅	둑 가의 매화 꼿꼿한데,
歷歷波間影	물결 사이 그림자 또렷하다네,
歲晚憶夫君	세밑에 벗 생각나는데,
寂寞煙渚靜	안개 긴 물가 쓸쓸하고 조용하다네.

聽雨舫	청우방
風吹渡頭雨	바람 나루 어귀로 비 불어오더니,
摵摵蓬上聲	툭툭 쑥대 위에서 소리 내네.
欣然會心處	흔연히 마음 맞는 곳,
端復與誰評	실로 다시 누구와 평할까?

采菱	채릉
舟散策下亭	배 흩어져 지팡이 짚고 정자 내려가니,
阿水淸魚可	언덕의 물 맑아 물고기에 적합하네,
數却上采菱	자주 물러나 올라가 마름 캐어,
舟乘風過南	배에 오르니 바람 남쪽으로 지나가네.

浦南皐	포남부
湘水接洞庭	상수는 동정호와 닿아 있고,
秋山見遙碧	가을 산에는 아득히 짙푸름 보이네.
南皐時一登	남쪽 언덕 이따금 한번 올라,
搔首意無斁	머리 긁적이나 뜻 싫증나지 않네.

21~25. 次韻傅丈武夷道中, 五絶句[1]

부자득(傅自得)의 무이로 가는 도중에 라는 절구 다섯 수의 각운자를 써서 짓다

21

地久天長歲不留[2]　　땅 오래고 하늘 넓대도
　　세월 남지 않으니,
坐來念念失藏舟[3]　　앉아서 감추어놓은 배 잃음
　　생각하고 또 생각해 보네.
回看萬法皆兒戲[4]　　모든 불법 돌아보니
　　모두가 아이의 장난이라,
還直先生一笑不　　또한 곧 선생
　　한번 웃지 않겠는가?

1 부장은 부자득(傅自得)을 가리킨다. 부자득에 대해서는 권2 3번 시의 주 1)을 보라.

2 지구천장(地久天長): 《노자》 제7장 「하늘은 넓고 땅은 오래 간다. 하늘과 땅이 넓고 또 오래 갈 수 있는 것은 자기의 삶을 조작하지 않기 때문이다. 그러므로 오래 살 수 있는 것이다.」(天長地久, 天地所以能長且久者, 以其不自生, 故能長生) 당나라 백거이의 〈긴 한탄(長恨歌)〉 「하늘 오래고 땅 영원하대도 다할 때 있을 것이나, 이 한만은 끊이지 않고 다할 기약 없으리라.」(天長地久有時盡, 此恨綿綿無絶期)

3 좌래염념(坐來念念): 당나라 유종원(柳宗元)의 〈장난삼아 석문장로의 동헌에 적다(戲題石門長老東軒)〉 「앉아서 옛날 사람 아님 생각하고 생각하여보니, 온데 펼쳐진 연꽃 누구 위해 쓰이리?」(坐來念念非昔人, 萬遍蓮花爲誰用) 송나라 소식의 〈왕진경의 꽃 묘목을 주시다라는 시의 각운자를 써서 짓다. 묘목이 있는 곳은 장사손(張士遜)의 집 안에 깃들어 있다(次韻王晋卿惠花栽, 栽所寓張退傅第中)〉 「앉아서 이전의 사람 잃어버림 생각하고 또 생각하여보며, 함께 공중 티끌 한 점 낌 보네.」(坐來念念失前人, 共向空中寓一塵)
장주(藏舟): 《장자·대종사(大宗師)》에 나오는 말이다. 권2 162번 시의 주 8)을 보라. 《차의》 「무이산의 암석 사이에 감추어놓은 배가 있으므로 이렇게 말하였다.」(武夷巖石間有藏舟故云) 《익증》 「세월은 쉽게 바뀌나 인생은 오래가기 어려운 것이 마치 골짜기에 숨겨놓은 배를 잃어버리기 쉬움과 같음을 비유한 것이다.」(比喩歲月易改, 人生難久, 如壑舟之易失)

4 만법(萬法): 불교용어로 범어 dharma이며, 법(法)으로 의역된다. 사물 및 현상을 가리키고 또한 이성과 불법 등을 가리키기도 한다. 만법은 모든 사물을 가리킨다.

22

分符擁節幾經年[5]	부절 쪼개고 절모 지니신지 거의 몇 년이나 지났던가?
聞道方成屋數椽	듣자니 바야흐로 집 몇 칸 이루어졌다하네.
只恐未容高枕臥[6]	다만 베개 높이하고 잠 아직 허락 안남 걱정되니,
却須持橐聽鳴鞭[7]	오히려 모름지기 자루 지니고 채찍 울리는 소리 들으리.

5 분부옹절(分符擁節): 천자로부터 부절(符節)을 받고 절모(節旄)를 지니는 것을 말한다. 원래는 외국에 사신으로 나가는 것을 가리키는 말이나 여기서는 그냥 관직을 받은 것을 가리킨다. 《차보》「부자득은 일찍이 복건운전사가 된 적이 있다.」(傅公嘗爲福建轉運使) 건도(乾道) 9년(1173)과 순희(淳熙) 2년(1175) 두 차례에 걸쳐 복건전운부사(副使)가 된 것을 가리켜 말하였다.

6 고침와(高枕臥): 원래는 아무 걱정 없이 편안히 자는 것을 가리키는 말이나, 여기서는 고와(高臥)와 같은 뜻으로 쓰여 벼슬을 하지 않는 것을 말한다. 진나라 도연명의 〈아들 엄 등에게 주는 글(與子儼等疏)〉「숲과 나무에 녹음에 우거지고 철 따라 새소리 바뀌는 것을 보면 또한 즐거워하고 기뻐하였다. 항상 말하기를 오뉴월에 북쪽 창 아래 누워 있는데 때마침 시원한 바람이 한 차례 불어오면 스스로를 복희씨 시대의 사람이라 하였다.」(見樹木交蔭, 時鳥變聲, 亦復歡然有喜. 常言, 五六月中, 北窗下臥, 遇凉風暫至, 自謂是羲皇上人)

7 지탁(持橐): 지탁잠필(持橐簪筆)의 준말. 임금을 보좌하는 신하가 서류를 담을 자루를 지고 머리에는 붓을 꽂고 시종하며 임금의 물음에 대비하는 일. 《한서·조충국전(趙充國傳)》「장안세(張安世)는 본래 자루를 지니고 붓을 머리에 꽂고 효무제를 섬긴 지가 수십 년이었다.」(安世本持橐簪筆事孝武帝數十年) 장안(張晏)의 주석「탁은 서류를 꽂아두는 자루이다. 근신들은 자루를 등에 지고 붓을 머리에 꽂아 항상 묻는 말에 대비를 해야 하며 간혹 적는 것이 있다.」(橐, 契囊也. 近臣負橐簪筆, 從備顧問, 或有所紀也) 안사고(顔師古)의 주석「탁은 글을 담는 것이다. 바닥이 있는 것을 낭이라 하고, 바닥이 없는 것을 탁이라고 한다.」(橐, 所以盛書也. 有底曰囊, 無底曰橐)
명편(鳴鞭): 정편(靜鞭)이라고도 한다. 황제의 의장 중의 하나로 채찍의 모양을 띠고 있다. 이것을 휘둘러 소리를 내어 사람들을 정숙하게 한다. 송나라 구양수(歐陽脩)의 〈새벽 조회(早朝)〉「채찍 울리는 소리 회랑으로 천 보나 울리고, 구슬 찬 소리는 백 겹의 미늘창 향하여 가네.」(鳴鞭響徹廊千步, 佩玉聲趨戟百重) 《표보》「당송의 의례에는 황제가 전각을 오르내릴 때 모두 채찍을 휘둘러 소리를 내었는데 이것을 가리킨다. 부자득이 비록 집 몇 채를 이루긴 했어도 곧 조정으로 들어가 근신이 되어 자루를 지니고 채찍 울리는 소리를 들어야 하므로 이 집에서 편안히 누워 쉴 수가 없음을 말하였다.」(唐宋儀, 皇帝陞降殿, 皆鳴鞭, 指此也. 言傅丈雖成屋數椽, 而將入朝爲近臣, 持橐而聽鳴鞭, 不得高臥於此屋也)

8 동업~경리(動業~鏡裏): 당나라 두보의 〈강가에서(江上)〉「높은 바람에 나뭇잎 지고, 긴 밤에 헤진 담비 갖옷 잡고 있네. 공훈과 업적 거울 자주 쳐다보고, 나갔다 숨었다 유독 누대에 그대네.」(高風下木葉, 永夜攬貂裘. 動業頻看鏡, 行藏獨倚樓) 왕수(王洙)의 주석「그 공명을 이루지도 못했는데 몸이 늙었음을 안타까워하는 것이다.」(惜其功名未遂而身老也)

23

勳業今從鏡裏休[8]	공훈과 업적 이룸 이제 거울에서 그쳤으나,
篋中空有敝貂裘[9]	상자 속에는 부질없이 헤진 담비 갖옷만 있다네.
死灰那復飛揚意	죽은 재 어찌 다시 높이 날릴 뜻 있겠는가?
惠許深慙不易酬	허락 내리시니 너무 부끄러워 답하기 쉽지 않네.

24

常記桐城十載前[10]	늘 동성에서의 십 년 전 기억해보니,
幾回風雨對牀眠[11]	몇 번이나 비바람 치는데 침상 마주하고 잤던가?
他年空憶今年事[12]	훗날 올해의 일 공연히 생각해 보면,

9 폐초구(敝貂裘): 공명을 이루지 못함을 말한다. 《전국책·진책(秦策) 1》「(蘇秦은) 진나라 왕을 유세하여 편지를 열 통을 올렸으나 행하여지지 않아 검은 담비 갖옷은 헤지고 황금 백 근은 다 떨어졌으며 물자와 경비가 다 떨어져 진나라를 떠나 돌아왔다.」(說秦王書十上而說不行, 黑貂之裘弊, 黃金百斤盡, 資用乏絶, 去秦而歸)

10 동성(桐城): 천주(泉州)를 달리 부르는 명칭. 《팔민통지(八閩通志)》「천주에 처음 성을 쌓을 때 성 주위에 빙 둘러가며 자동(두릅과에 속하는 낙엽교목)을 심었기 때문에 성의 이름으로 삼았다.」(泉州初築城日, 繞城樹刺桐, 因以名城) 《집람》「동향과 같은 것 같다. 부자득이 일찍이 지천주를 지낸 적이 있기 때문에 한나라 주읍의 동향의 고사를 썼다.」(疑與桐鄕同. 傅公自得嘗知泉州, 故用朱邑桐鄕事) 주희가 일찍이 동안주부가 되었을 때 천주에서 여러 차례 부자득을 찾아본 일이 있는데 이를 가리키는 것이다.

11 풍우대상면(風雨對床眠): 당나라 위응물(韋應物)의 〈전진과 원상에게 보임(示全眞元常)〉「어찌 알았으리오 눈보라 치는 밤에, 다시 여기서 침상 마주하고 자게 될 줄을.」(寧知風雪夜, 復此對牀眠) 송나라 소식의 〈초가을에 아우인 소철(蘇轍)에게 부치다(初秋寄子由)〉「설당에서의 비바람 치던 밤, 이미 침대 마주하는 소리 되었네.」(雪堂風雨夜, 已作對牀聲)

12 타년~금년사(他年~今年事): 진나라 왕희지(王羲之)의 〈난정에서 지은 시를 모은 문집의 서문(蘭亭集序)〉「나중에 지금을 보면 또한 지금 옛날을 보는 것과 같을

却說黃亭共惘然[13]　오히려 황정에서
함께 멍했다 말하리.

25

諸郞步武各駸駸[14]　여러 자제 보무도
제각기 씩씩한데,

季子尤憐產萬金[15]　막내 아들 더욱 사랑스러워
만금 재산 가치 되네.

衣鉢相傳自端的[16]　의발 서로 전함
스스로 참된데,

老生無用與安心[17]　늙은 서생 쓸모 없으니
편안한 마음 주겠는가?

것이니 슬프도다!」(後之視今, 亦猶今之視昔, 悲夫)

13 황정(黃亭): 숭안현(崇安縣) 남쪽 풍양리(豐陽里)에 있다. 《팔민통지》 권14에 보인다. 《일통지(一統志)》 「【황정】 숭안현 남쪽 무이산에 있다. 송나라 때 누런 돌로 세웠으며 흙이 물을 이긴다는 뜻을 취하였다.」(【黃亭】在崇安縣南武夷山中, 宋建以黃石, 取土剋水之義)
망연(惘然): 망연자실한 모양.

14 제랑(諸郞): 《익증》 「부자득의 아들인 부백성과 부백수는 모두 진사이다. 부백성은 선생을 좇아 배웠으며, 부백수는 문인을 반도로 보았는데 선생이 도성을 떠날 때 글을 지어 곧장 꾸짖었다.」(傅子伯成伯壽, 皆擧進士. 伯成從先生學. 伯壽見門人叛徒, 先生去國時作詞直詆) 부백수가 한탁주(韓侂胄)에게 아부하여 중서사인직학사를 지낸 것을 말한다.
침침(駸駸): 말이 빨리 달리는 모양. 《시경·소아·사마(小雅·四牡)》 「저 사마가 끄는 수레 몰아, 쏜살 같이 내달리네.」(駕彼四駱, 載驟駸駸) 주희의 주석 「『침침』은, 빠르게 달리는 모양이다.」(駸駸, 驟貌) 《모시》에서는 「《자림》에서는 『말이 빨리 달리는 것이다.』라 하였다.」(字林云馬行疾也)

15 산만금(產萬金): 당나라 한유(韓愈)의 〈장적에게 드림(贈張籍)〉 「그 사람 가리키며 서로 경하하여 말하기를, 『이 사람 만금의 자산이라네.』라 한다.」(指渠相賀言, 此是萬金產) 《익증》 「이는 그 아들의 재주가 보물로 여길만한 것을 이른다.」(此謂其子之才可寶也) 부자득의 어린 아들 부백공(傅伯拱)을 가리켜 말한 것이다.

16 의발(衣鉢): 스승이 제자에게 전법(傳法)의 표식으로 주는 가사(袈裟)와 식기(食器). 나중에는 이로 인하여 스승에게서 전수받은 도법(道法)을 가리키는 말로 쓰이게 되었다. 《익증》 「《경덕전등록(景德傳燈錄)》에 의하면 석가모니가 금루와 승가, 여의를 일조인 마가가섭에게 전하였으며, 삼십 이조인 홍인에게까지 전하여졌다. 또한 육조인 혜능은 의발을 얻을 수 있었다고 한다.」(傳燈錄, 釋迦佛將金鏤僧迦黎衣傳與一祖摩訶迦葉, 傳至三十二祖弘忍, 又六祖慧能得衣鉢)
단적(端的): 시어로 쓰이면 정말로, 실로, 확실히, 명백히, 결국 등의 뜻이 있는데 여기서는 정말로의 뜻으로 쓰였다.

26~30. 題畵卷 丁亥

그림 두루마리에 적다 정해년(1167)

26 小山	소산
飛來小坡坨[1]	비래산 작고 울퉁불퉁한데,
未雨已滂濞[2]	비 내리지도 않아 이미 퍼붓는다네.
荒此定何人[3]	이것 다스릴 이 정녕코 어떤 사람이런가?
蘇公有遺記[4]	소공 기문 남겨 놓았다네.

1 비래(飛來): 산 이름이다. 명나라 팽대익(彭大翼)의 《산당사고(山堂肆考)》 권17 〈지리·령취산(地理·靈鷲山)〉「영취산은 천축국에 있다. 진나라 함화 연간에 서천의 중인 혜리가 항주의 비래봉에 올라서는 감탄하여 말하기를 『이것은 중천축국의 영취산에 있는 작은 산봉우리인데 언제 날아왔는지 모르겠다.』라 하여 그 봉우리를 비래라고 하였다.」(靈鷲山在天竺國. 晋咸和中, 西天僧慧理登杭州飛來峰, 歎曰, 此是中天竺國靈鷲山之小嶺, 不知何年飛來. 因名其峰曰飛來)
파타(坡坨): 산세가 높아졌다 낮아졌다하는 모양과 평탄하지 못한 모양을 나타내는 첩운(疊韻) 연면(聯緜) 의태어. 「坨」는 「阤」 또는 「陀」와도 통하여 쓴다. 여기서는 후자의 뜻에 가깝게 쓰였다. 굴원의 《초사·혼을 부름(招魂)》「무늬 다른 표범 장식에, 시종 울퉁불퉁한 계단에 늘어섰네.」(文異豹飾, 侍陂陀些) 당나라 한유의 〈꿈을 기록하다(記夢)〉「돌 쌓은 단 울룩불룩 앉고 누울만한데, 내 손으로는 턱 괴고 팔꿈치로는 자리 떠받치네.」(石壇坡陀可坐臥, 我手承頦肘拄座) 당나라 사람들은 주로 「坡坨」자를 많이 통용하여 썼다. 한나라 사마상여(司馬相如)의 〈자허부(子虛賦)〉에도 「지세가 차츰 낮아져 울퉁불퉁해져서 아래로 장강과 황하에까지 이어집니다.」(罷池陂陀, 下屬江河)라는 말이 나오는데, 진나라의 곽박(郭璞)은 「음이 파타이다.」(音婆駝)라고 주석을 달았다.
《집람》「아마 가산을 가리켜 말한 것일 것이다.」(蓋指假山而言)

2 팽비(滂濞): 팽배(滂湃)와도 뜻이 통하며, 물소리라는 뜻과 비가 많이 내린다는 뜻이 있는데 여기서는 후자의 뜻으로 쓰였다. 역시 쌍성 연면 의태어이다. 한나라 사마상여의 〈대인부(大人賦)〉「하늘이 찢어지는 듯한 번개 거꾸로 비침 뚫음이여, 풍륭의 억수 같은 비 건넌다네.」(貫列缺之倒景兮, 涉豐隆之滂濞) 「滂濞」는 또 「滂沛」라고도 하는데 《사기》에서는 「滂沛」로 되어 있으며, 《한서》의 주석에서 안사고는 「빗물이 많은 것이다.」(雨水多也)라 하였다. 사마상여의 〈임금님의 숲(上林賦)〉에도 「비 펑펑 내려 넓게 흐른다.」(滂濞沆溉)는 말이 있다.

3 황(荒): 다스린다는 뜻으로 쓰였다. 《시경·주송·하늘이 지으심(周頌·天作)》「하늘이 높은 산 지으시니, 태왕께서는 그것 다스리시네.」(天作高山, 大王荒之) 주희는 「황은 다스림이다.」(荒, 治)라고 주석을 달았다.

4 소공기(蘇公記): 송나라 소순(蘇洵)의 〈목가산기(木假山記)〉를 말한다. 목가산이라는 것은 큰 나무토막이 물과 모래 사이를 떠내려 다니다가 수백 년이 지난 후에 무른 부분은 깎여 나가고 단단한 부분만이 남아 큰 산의 모양을 띠게 된 것을 말한다.

27 吳畫[5]	오화
妙絶吳生筆[6]	오생 붓놀림 절묘하여,
飛揚信有神	날아오르니 실로 정신 깃든 듯.
群仙不愁思[7]	신선의 무리 근심스런 생각 않는데,
步步出風塵	걸음걸음 속세 나오네.

28 卵研[8]	난연
端溪有潛虯[9]	단계에 잠긴 이무기 있어,
孕此金玉質	이 금이며 옥 같은 바탕 품었다네.

5 오화(吳畫): 오(吳)는 곧 오도자(吳道子)를 말한다. 오도자의 이름은 도현(道玄)이며 당나라 양적(陽翟) 사람이다. 그림을 잘 그렸으며 특히 신선과 중의 인물화 및 산수화에 뛰어났고, 화성(畫聖)으로 일컬어진다.

6 묘절오생필(妙絶吳生筆): 당나라 두보의 〈겨울날 낙성의 북쪽에서 현원황제의 사당에 아뢰다(冬日洛城北謁玄元皇帝廟)〉「화공들 전배를 보니, 오생이 멀리 독무대를 이루었다네.」(畫手看前輩, 吳生遠擅場) 송나라 매요신(梅堯臣)의 〈한옥여의 오랑캐가 공물을 바치는 그림을 자세히 살피다(觀韓玉汝胡人貢奉圖)〉「공자 스스로 오생의 필치라 하는데, 오생의 붓 정밀하고 굳세며 말랐으면서도 두루 미친다네.」(公子自言吳生筆, 吳筆精勁瘦且勻) 송나라 소식의 〈왕유가 그린 오도자의 그림(王維吳道子畫)〉「오생이 비록 절묘하다지만, 그래도 화공으로 논해질 뿐이라네.」(吳生雖妙絶, 猶以畫工論)

7 군선불수사(羣仙不愁思): 당나라 두보의 〈이고가 사마 아우에게 산수도를 청함을 살펴보다(觀李固請司馬弟山水圖)〉 제1수「신선들 근심스런 생각 하지 않으며, 너풀너풀 봉래산으로 내려온다네.」(羣仙不愁思, 冉冉下蓬壺)

8 난연(卵研): 연(研)은 곧 벼루를 가리킨다. 송나라 소식의 〈난연명(卵硯銘)〉「동파거사의 벼루, 용미석이라네. 고니의 알 파내었더니, 검푸른 벽 보인다네.」(東坡硯, 龍尾石. 開鵠卵, 見蒼璧) 《익증》「단계에서는 난석이 나는데 벼루를 만들며 천금의 가치가 있다. 송나라 사람 조희곡의 소설에 의하면 난석은 검기가 옻칠과 같고 곱고 윤기가 나기는 옥과 같으며, 두드려도 소리가 나지 않고 먹을 갈아도 소리가 나지 않는다. 눈 모양의 무늬가 6, 7개 서로 이어졌으며 북두성의 모양으로 배열되어 있는데 돌은 수중에 있어서 얻기가 힘들다.」(端溪產卵石, 爲硯直千金. 宋人趙希鵠小說卵石黑如漆, 細潤如玉. 扣之無聲, 磨墨無聲, 有眼六七相連, 排星斗異形, 石居水中難可得也) 《구양문충공집(歐陽文忠公集)》 권72 〈연보(硯譜)〉「단석은 단계에서 난다. 색깔과 결이 밝고 윤기가 있으며 본래 자석을 상품으로 친다. 자석이라는 것은 큰 돌 가운데서 나온 것으로 아마 정석일 것이다.」(端石. 出端溪. 色理瑩潤, 本以子石爲上. 子石者, 在大石中生, 蓋精石也)

9 단계(端溪): 《차의》「단주에 있다. 지금의 광동성 조경부 안요현이다. ○ 왕엄주의 《완위여편》에서는 벼루는 단계의 것을 가치 있는 것으로 여긴다고 했다. 조희곡이 말하기를 『단계의 아래에서 옛날에 난석을 파내었는데 검기가 옻칠을 한 것 같았으며 곱고 윤기가 나기는 옥과 같았다.』고 하였다.」(在端州. 今廣東肇慶府安要縣. ○ 王弇州宛委餘編, 硯以端爲貴. 趙希鵠云, 端溪下巖舊坑卵石, 黑如漆, 細潤如玉) 단계는 지금의 광동성 덕경현(德慶縣)에 속한다.

규(虯): 뿔이 없는 용. 새끼 용. 이무기.

混沌一竅開[10]	혼돈 한 구멍 파내더니,
千年瀉寒液	천년토록 차가운 진액 쏟아내네.

29 鬼佛 귀불

冥濛罔象姿[11]	어두침침함 망상의 자태요,
相好菩薩面[12]	32상과 82호 보살의 얼굴이라네.
鬼佛吾詎知	귀신 부처 내 어찌 알리오?
水石翫奇變	수석 기이한 변화 감상한다네.

30 范寬[13] 범관

山雄雲氣深	산세 씩씩하고 구름 깊으며,

10 혼돈일규(混沌一竅): 《장자·응제왕(應帝王)》「남해의 임금은 숙이고 북해의 임금은 홀이며 중앙의 임금은 혼돈이었다. 숙과 홀이 때마침 혼돈의 땅에서 함께 만났는데 혼돈이 그들을 아주 잘 접대해주었다. 숙과 홀이 혼돈의 덕에 보답할 의논을 하였다. 그래서 말하기를『사람은 누구나 일곱 개의 구멍을 가지고 있어서 보고 듣고 먹고 숨 쉬고 하는데 이 사람만은 없다. 어디 한번 뚫어주기로 하자.』라 하였다. 하루에 하나의 구멍을 뚫었는데 이레 만에 혼돈은 죽고 말았다.」(南海之帝爲儵, 北海之帝爲忽, 中央之帝爲混沌. 儵與忽時相與遇於混沌之地, 混沌待之甚善. 儵與忽謀報混沌之德, 曰, 人皆有七竅以視聽食息, 此獨無有, 嘗試鑿之. 日鑿一竅, 七日而混沌死)《익증》「여기서는 연지를 비유한다.」(此喩硯池也) 연지는 벼루의 먹물이 고여 있는 우묵하게 패인 곳. 당나라 한유(韓愈)의〈코를 골면서 잠을 조롱하다(嘲鼾睡)〉「남쪽 임금 처음으로 망치 휘두르더니, 구멍 뚫어 혼돈 새게 되었네.」(南帝初奮槌, 鑿竅泄混沌)

11 망상(罔象): 망상(罔像)이라고도 하며, 전설상의 수괴(水怪) 혹은 수목의 요괴라고도 한다.《사기·공자세가(孔子世家)》「제가 듣기에 나무와 돌의 요괴는 기와 망량이라 하고, 물의 요괴는 용과 망상이라고 하며 땅의 요괴는 분양이라 하였습니다.」(丘聞之, 木石之怪夔·罔閬, 水之怪龍·罔象, 土之怪墳羊)《국어·노어(國語·魯語)》에도 나오는데, 주석을 단 위소(韋昭)는「혹자는 말하기를 망상은 사람을 잡아먹는다 하며, 목종이라고도 한다.」(或曰罔象食人, 一名沐腫)라 하였다.《장자·달생(達生)》편에도「물에는 망상이 있다.」(水有罔象)라는 말이 있는데, 육덕명(陸德明)은「사마의 판본에는『무상』으로 되어 있다. 형상은 어린 아이 같고 검붉은 빛이며 붉은 손톱에 큰 귀를 가졌으며, 팔꿈치가 길다고 한다. 일설에는 수신의 이름이라고 한다.」(司馬本作無傷. 云狀如小兒, 赤黑色, 赤爪, 大耳, 長臂. 一云, 水神名)라 하였다.

12 상호(相好): 불교용어로, 불경에 의하면 석가모니는 서른 두 가지 상과 여든 가지의 호(三十二相八十好)를 가졌다고 한다. 불상의 경칭으로도 쓰인다.
보살(菩薩): 범어(梵語) 보리사타(菩提薩埵, Bodhisattva)의 준말로 석가모니가 수행을 하였으나 성불하지 않았을 때 부르던 칭호였다. 깨달음의 정(情)이 있다는 뜻이며,《석전》에서는「보」는「넓을 보」(普)의 뜻이며「薩」은「건널 제」(濟)의 뜻이라고 하였다. 능히 절리 중생(衆生)을 구제할 수 있다는 뜻이다.

13 범관(范寬): 송나라 초의 화원(華原) 사람으로 본명은 중정(中正)이며, 자는 중립(仲立), 또는 중립(中立)이다. 성격이 느긋하였기 때문에 당시 사람들이 범관(范寬)이라 불렀다. 산수화에 뛰어났으며, 이성(李成)을 사

樹老風霜勁	나무 늙고 바람 서리 세차다네.
下有考槃人[14]	그 아래 악기 두드리며 은거하는 사람 있으니,
超搖得眞性[15]	까마득히 참된 성품 얻었다네.

사하였다. 당말에는 이성과 동원(董元), 그리고 범관 세 사람을 백세의 종사로 삼았다. 오대와 북송 산수화의 대표 중의 하나로 꼽힌다. 송나라 육유(陸游)의 〈늦가을에 여러 가지 흥이 일어서라는 제목으로 또 짓다(秋晚雜興又作)〉「예로부터 화가 얼마나 되었는가? 범관 빼고 나면 이런 솜씨 없다네.」(古來畫手知多少, 除却范寬無此工) 같은 사람의 〈9월 그믐날에 또 짓다(九月晦日又作)〉「여러 그루 단풍나무 회나무 비치고, 하늘의 솜씨 범관의 산 그릴 줄 아네.」(數樹丹楓映蒼檜, 天工解作范寬山)

14 고반(考槃): 은자를 가리킨다. 위 4번 시의 주 10)을 보라.

15 초요득진성(超搖得眞性): 권1의 〈시험장에서 여러 수를 짓다, 다섯 수(試院雜詩五首)〉 제4수에 같은 구절이 있다. 권1 94번 시의 주 17)을 보라.

31. 題祝生畵[1]

축생의 그림에 적다

裴侯愛畵老成癖[2]	배후께서는 그림 좋아하여 늙어서 버릇되었는데,
歲晩倦遊家四壁[3]	세밑에 벼슬살이에 지치고 집에는 사방 벽밖에 없네.
隨身只有萬疊山	몸 따르는 것 다만 만 겹의 산,
秘不示人私自惜[4]	비밀 남에게 보여주지 못함 그 스스로 애석해하네.
俗人敎看亦不識	속인들 보게 하나 또한 알지 못하고,
我獨摩挲三太息[5]	내 혼자 어루만지며 크게 세 번 한숨 쉬네.

1 축생(祝生): 축차중(祝次仲)을 말한다. 축차중에 대해서는 권2 165번 시의 주 1)을 보라.

2 배후(裴侯): 역시 권2 165번 시의 주 1)에 축생과 함께 나오는 인물인데 사적은 확실치 않다.

노성벽(老成癖): 「癖」은 모종의 사물을 너무 좋아하여 병이 되다시피 한 것. 성벽(性癖), 버릇, 습관 등의 뜻이 있으며 고질(痼疾)과도 뜻이 통한다. 송나라 소철(蘇轍)의 〈유공보학사의 소나무와 돌을 그린 그림을 노래함이라는 시의 각운자를 쓰다(次韻劉貢甫學士畫松石圖歌)〉「젊어서 좋아했던 것 늙어서 버릇되었는데, 곁의 사람들 탄식하며 돌아다니며 판다 손가락질하며 웃네.」(少年所好老成癖, 傍人指笑嗟矜衒)

3 권유(倦遊): 유학(遊學)이나 유환(遊宦)에 지친 것을 말한다.

가사벽(家四壁): 《한서·사마상여전(司馬相如傳)》「탁문군(卓文君)이 야밤에 사마상여에게로 달아나 도망가니 사마상여는 함께 성도로 돌아갔다. 집이라고는 다만 사방에 벽밖에 없었다. ……『이제 문군은 이미 사마상여에게 몸을 바쳤습니다. 상여가 벼슬살이에 지치고 가난하기는 하나 그 사람의 재주는 족히 의지할 만합니다.』」(文君夜亡奔相如, 相如與馳歸成都. 家徒四壁立……今文君旣失身於司馬長卿, 長卿故倦游, 雖貧, 其人材足依也) 文穎曰, 倦, 疲也. 言疲厭游學, 博物多能也) 송나라 소식의 〈장희명(張熙明)의 영광의 거처의 만권당(張競辰永康所居萬卷堂)〉「그대 집 사방의 벽 사마상여와 같고, 책은 천록각 감추고 석거각 삼켰다네.」(君家四壁如相如, 卷藏天祿呑石渠) 천록과 석거는 모두 장서각.

4 시(示): 「볼 시」(視)자로 된 판본도 있다.

5 마사(摩挲): 손으로 어루만지는 것을 말한다. 당나라 한유의 〈돌 북을 노래함(石鼓歌)〉「목동들 불 쳐서 일으

問君何處得此奇　　그대에게 묻노니 「어느 곳에서
이 기이한 것 얻었는가?

和璧隋珠未爲敵[6]　　화씨벽이며 수후의 구슬
적수되지 못하겠네.」라 하니,

答云衢州老祝翁[7]　　답하여 말하기를 「구주의
축생 늙은이인데,

胸次自有陰陽工[8]　　마음 속에 절로
천지의 조화가 있지요.」라 한다.

峙山融川取世界[9]　　우뚝 솟은 산이며 긴 내
온 세계 취하였는데,

키고 소떼들 뿔을 가니, 누가 다시 손 얹고서 어루만져 줄까?」(牧童敲火牛礪角, 誰復著手爲摩挲)

6 화벽(和璧): 화씨벽(和氏璧)을 말한다. 《한비자·화씨(和氏)》「초나라 사람 변화(卞和)가 초나라의 형산에서 박옥을 주워 여왕에게 받들어 바쳤다. 여왕이 옥 세공인에게 보게 하니 세공인은 『돌입니다.』라 하였다. 왕은 변화가 미쳤다하여 그의 왼다리를 자르는 형벌을 내렸다. …… 변화가 말했다.『나는 다리를 잘리는 형벌을 받은 것이 슬픈 것이 아니라 보옥을 돌이라 하고, 곧은 선비를 미쳤다고 하는 것, 이것이 내가 슬퍼하는 까닭입니다.』 왕이 이에 세공인에게 그 박옥을 다듬게 하여 보물을 얻었으며 마침내 화씨벽이라고 명명하였다.」(楚人和氏得玉璞楚山中, 奉而獻之厲王. 厲王使玉人相之, 玉人曰, 石也. 王以和爲誑, 而刖其左足.……和曰, 吾非悲刖也, 悲夫寶玉而題之石, 貞士而名之以誑, 此吾所以悲也. 王乃使玉人理其璞而得寶焉, 遂命曰, 和氏之璧)

수주(隋珠): 곧 수후지주(隨侯之珠)를 말한다. 「隋」는 「따를 수」(隨)자와 통하여 쓴다. 《회남자·설림훈(淮南子·說林訓)》「무소와 범이 뒤에 있고 수후의 구슬이 뒤에 있다.」(兕虎在於後, 隨侯之珠在於前) 한나라 고유(高誘)의 주석 「수국은 한나라 동쪽에 있다. 희씨 성을 가진 제후가 들에 놀러나갔다가 큰 뱀이 몸이 잘린 채 땅에 있는 것을 보았다. 수후가 의원에게 몸이 잘린 뱀을 이어주고 돌보게 하여 뱀은 나아서 떠날 수 있었다. (그 뱀은) 나중에 큰 구슬을 물어다 주어 보답하였다. 대체로 밝은 달 같이 빛나는 구슬을 이로 인해 수후의 구슬이라 부르게 되었고 대대로 보배로 삼았다.」(隨國在漢東. 姬姓之侯出遊於野, 見大蛇斷在地. 隨侯令醫以續傅斷蛇, 蛇得愈去. 後銜大珠報. 蓋明月之珠, 因號隨侯之珠, 世以爲寶也) 〈육첩(六帖)〉「수후가 상처를 입은 뱀을 보고 약으로 치료를 해주었더니 뱀이 지름이 한 치가 되고 밤에 빛을 내어 방을 비추는 구슬을 물어다 수후에게 보답하였다.」(隨侯見傷蛇, 以藥封之, 蛇銜明珠徑寸純白夜光燭室以報隨侯) 《장자·양왕(讓王)》「이제 또한 어떤 사람이 여기에서 수후의 구슬을 가지고 천 길이나 떨어진 곳의 참새를 쏜다면 세상에서는 반드시 그를 비웃을 것이다.」(今且有人於此, 以隨侯之珠彈千仞之雀, 世必笑之)

7 구주(衢州): 축차중이 사는 곳의 지명.

8 음양공(陰陽工): 천지의 조화를 말한다. 한나라 가의(賈誼)의 〈올빼미(鵩鳥賦)〉「또한 대체로 천지가 도가니 됨이여, 조화가 솜씨 부린다네. 음양이 석탄 됨이여, 만물을 구리로 여긴다네.且夫天地爲爐兮, 造化爲工. 陰陽爲炭兮, 萬物爲銅)

9 융천(融川): 「融」은 길다는 뜻. 《이아·석고(釋詁)》에서 「융은 긴 것이다.」(融, 長也)라 하였다. 《시경·대아·취함(旣醉)》「환히 밝음 길이 이어지고, 높고 환함 영원하게 되리.」(昭明有融, 高朗令終) 모씨(毛氏)의 주석에서도 역시 「길다」(長)고 보았다. 광명이 한 대에 끝나지 않고 영원히 계속될 것이라는 것을 말한다.

咳雲唾雨呼雷風[10]　구름 내놓고 비 뱉어내어
우레와 바람 부르네.

昨來邂逅衢城東[11]　어제 와서 구성의 동쪽에서
우연히 만났는데,

定交斗酒歡無窮[12]　친교 맺어 말술 마시니
기쁨 끝이 없었다네.

自言妙處容我識　스스로 말하기를 묘한 곳
내가 알 것이라면서,

爲我掃此須臾中　나 위해 이것
잠깐만에 쓸어주네.

爾時聞名今識面　그때는 이름만 듣고
지금에야 얼굴 알게 되었는데,

回首十年齊掣電[13]　고개 돌려보니 10년이
번개 번쩍하고 지나감과 같네.

裴侯已死我亦衰[14]　배후 이미 죽고
나 또한 쇠약해졌거늘,

祗君雖老身猶健　그대만이 늙긴 했어도
신체 아직 건장하다네.

---

10 해운타우(咳雲唾雨): 해타운우(咳唾雲雨)와 같은 뜻이다. 말은 권세가 있는 사람의 말은 여러 사람의 중시를 받는다는 뜻과 또 훌륭한 문인들이 지어낸 시구가 아름답다는 뜻으로 사용되는 해타성주(咳唾成珠)라는 고사를 약간 변형시켜서 쓴 것이다.

11 해후(邂逅): 우연히 만나다. 《시경·정풍·들판에 덩굴풀(鄭風·野有蔓草)》「뜻밖에 서로 만나니, 내 바람 들어맞았네.」(邂逅相遇, 適我願兮) 주희의 주석 「해후는 기약을 하지 않았는데도 만나게 되는 것이다.」(邂逅, 不期而會也)

12 정교(定交): 친교를 맺음. 《주역·계사(繫辭) 하》「군자는 그 몸을 편안히 한 후에 움직이며, 마음을 수월하게 한 후에 말을 하고, 사귐을 맺은 뒤에 구한다.」(君子安其身而後動, 易其心而後語, 定其交而後求)

13 철전(掣電): 「掣」는 아주 빠르게 지나가다는 뜻. 철전은 번개가 번쩍하고 빛을 발하며 지상으로 내리꽂히는 것을 말한다. 번개처럼 매우 빠르다는 것을 표현한 것. 당나라 두보의 〈부도호 고선지의 푸른 말(高都護驄馬行)〉「장안의 장사들조차 올라탈 엄두도 못내는 것은, 달리는 것 번개 번쩍하고 지나가는 것 같음 온 성에서 알기 때문이라네.」(長安壯兒不敢騎, 走過掣電傾城知)

14 이사아역쇠(已死我亦衰): 송나라 소식의 〈경인의 남겨두고 떠나다라는 시의 각운자를 써서 짓다(次韻景仁留別)〉「그대 늙고 나 또한 쇠약해졌는데, 서로 만남 얼마 되지 않음 한스럽네.」(公老我亦衰, 相見恨不數)

眼明骨輕鬚不變[15]	눈 밝고 몸 가벼우며 수염 변치 않았는데,
筆下江山轉葱蒨	붓 아래서 강과 산 갈수록 선명해지네.
爲君多識機中練[16]	그대 베틀서 나온 비단 많이 아니,
更約無事重相見	다시 약속한들 거듭 만날 일 없다네.

15 안명골경(眼明骨輕): 송나라 구양수의 〈또 허도사에게 부침(又寄許道人)〉「머리 검고 눈동자 모난데 마른 몸 가벼워, 바람 같이 학 타고 생황 불며 떠나네.」(綠髮方瞳瘦骨輕, 飄然乘鶴去吹笙)
수(鬚): 《고이》에서는「숱 많을 진」(鬒)자로 된 판본도 있다고 하였다.

16 다식(多識): 《차의》「당본에는『알 식』자가『짤 직』자로 되어 있다.」(唐本, 識作織)
기중련(機中練): 직기, 곧 베틀에서 짜여져 나오는 흰 비단. 비단이 그림을 그리는 바탕이 되므로 이렇게 말했다. 여기서는 곧 그림을 가리켜 말한 것이다.

32~41. 秀野以喜無多屋宇, 幸不礙雲山爲韻賦詩. 熹伏讀佳作, 率爾攀和, 韻劇思慳, 無復律呂, 笑覽之餘, 賜以斤斧幸甚[1]

유온이 「희무다옥우, 행불애운산」이란 싯구를 운자로 삼아 시를 지었다. 내 엎드려 훌륭한 작품을 읽다가 갑작스레 당기어 화답하게 되었는데 운격은 번다하고 더는 율려가 맞지 않았다. 웃으며 다 본 후에 부정을 해주시면 크게 다행이겠다

32

高人山水心	뜻 높은 이 산수 좋아하는 마음,
結習自無始[2]	버릇되어 스스로 비롯됨 없었다네.

1 이 시의 제목은 순희본(淳熙本)에는 〈유씨네 예순 네 번째 어르신 수야께서 지으신 열 수에 화답하다(和劉六十四丈秀野十首)〉로 되어 있고, 「수야는 두보의 시 가운데서 『희무다옥우, 행불애운산』이란 구절을 운자로 삼아 시를 지었다.」(秀野以杜陵喜無多屋宇, 幸不礙雲山爲韻賦詩)는 주석이 붙어 있다.
수야(秀野): 유온(劉韞)의 호로 자는 중고(仲固)이며 숭안(崇安) 사람이다. 유겹(劉韐: 1067~1127)의 아우로 형 덕분에 음직(蔭職)으로 출사하였다. 세 주[三州]의 지방관과 세 고을[三都]의 수령을 역임하였는데, 모두 정치적인 명성을 얻었다. 나중에 조산대부(朝散大夫)로 벼슬을 마쳤다. 숭안현의 남쪽에 집을 지었는데 동산과 숲, 꽃과 나무가 빼어났다고 한다. 아침과 저녁으로 시를 읊조리고 지내면서, 자호를 수야 또는 수잠(秀岑)이라고 하였다. 은거지에서 세상을 마쳤다. 《민중이학연원고(閩中理學淵源考)》라는 책에 그의 사적이 보인다.
희무~운산(喜無~雲山): 당나라 두보의 〈모당에서 벼 거두는 것을 검사하다(茅堂檢校收稻)〉 두 수 중 첫째 시의 세 번째와 네 번째 구절이다.
근부(斤斧): 근정(斤正), 근삭(斤削), 부정(斧正)이라고도 하며, 남에게 자신의 시문에 대한 수정을 겸손하게 청하는 말.

2 결습(結習): 결습은 불교어로 인간세상의 욕망과 번뇌 등을 가리키는 말이며, 여기서는 몹시 좋아하여 버릴 수 없는 취미를 말한다. 《유마경·관중생품(維摩經·觀衆生品)》「그때 유마힐의 집에는 한 천녀가 있어 여러 천인들에게 나타났는데, 설법하는 것을 들으면 곧 그 몸을 나타내었다. 곧 천화를 여러 보살과 대제자들의 위에 뿌리는데, 꽃이 여러 보살에 이르면 곧 모두 떨어지는데 대제자에 이르러서는 달라붙어 떨어지지 않았다. …… 습관이 완전히 맺히지 않으면 꽃이 몸에 달라붙어 있을 따름이며, 완전히 습관이 맺힌 자는 꽃이 달라붙지 않는다.」(時維摩詰室, 有一天女, 見諸天人, 聞所說法, 便現其身, 卽以天華散諸菩薩大弟子上. 華至諸菩薩, 卽皆墮落, 至大弟子, 便著不墮.……結習未盡, 華著身耳, 結習盡者, 華不著也) 송나라 소식(蘇軾)의 〈좌중에서 머리에 꽃 꽂는 것을 읊음에 하늘 천자 운을 얻다(坐上賦戴花得天字)〉「나쁜 버릇 차츰 사그러져 남기려 해도 붙어있지 않음이, 도리어 모름지기 또한 천녀가 꽃 뿌리는 것 같네.」(結習漸消留不住, 却須還如散天花)

五畝江上園[3]	다섯 이랑 강가 동산에는,
淸陰遍桃李	맑은 그늘 복숭아와 오얏나무에 두루 미치네.
一堂聊自娛[4]	한 대청 애오라지 즐길 만하고,
三徑亦可喜[5]	세 오솔길 또한 기뻐할 만하네.
試問避俗翁[6]	속세 피한 늙은이에게 물어보노니,
何如尊賢里	존현리는 어떠한가?

溫公獨樂園在尊賢里[7]

사마온공의 독락원은 존현리에 있다

자무시(自無始): 「無」자는 《고이》에서 「이 차」(此)자로 된 판본도 있다고 하였다. 《익증》「『스스로 비롯되어 옴이 없다.』는 말은 《능엄경》에 보인다.」(自無始來見楞嚴經) 《집람》「불가의 책에 어떤 사물은 천지보다 먼저 생겨났는데 이것을 비롯함이없다라 하고, 천지가 없어진 뒤에도 없어지지 않는데 이를 끝이 없다고 한다라 하였다.」(佛書, 有物先天地生, 是爲無始, 後天地不滅, 是爲無終)

3 오무(五畝): 「畝」는 지적 단위로 육척 사방을 일보라 하였으며, 고대에는 100보를 1무라 하였고 진(秦)나라 이후에는 240보를 1무라 하였다. 옛날에는 나라에서 가장에게 5무의 농지를 내려주었는데, 《맹자·양혜왕(梁惠王) 상》에서 「5무의 집 가장자리에 뽕나무를 심었다.」(五畝之宅, 樹之以桑)라 한 것이 이를 말한다. 그리 크지 않은 농지를 가리키는 말이다.

4 요자오(聊自娛): 당나라 백거이(白居易)의 〈한가로이 거처하면서 우연히 읊조리다가 정서자와 황보낭중을 부르다(閑居偶吟招鄭庶子皇甫郎中)〉「집안 살림은 하나도 물어보지 않고, 동산 숲 애오라지 스스로 즐긴다네.」(家計一不問, 園林聊自娛)

5 삼경(三徑): 「徑」은 「逕」과 통하여 쓴다. 서한(西漢) 장후(蔣詡)가 벼슬을 사직하고 고향으로 돌아와 은거하면서 정원에 소나무를 심은 길[松徑]·국화를 심은 길[菊徑]·대나무를 심은 길[竹徑]을 만들어 놓고 은거하였다는 고사. 이후로 주로 은사의 거처를 가리키는 말로 쓰이게 되었다. 권2 47번 시 〈다시 화답하다(再和)〉의 주 4)를 보라.

6 피속옹(避俗翁): 당나라 두보의 〈흥을 보내다(遣興)〉 제3수 「도잠은 속세를 피한 늙은이, 반드시 도에 통달할 수는 없었다네.」(陶潛避俗翁, 未必能達道) 여기서는 유온을 도잠에 비하여 말한 것이다.

7 온공(溫公): 송나라 사마광(司馬光: 1019~1086)을 말한다. 자는 군실(君實)이고 태사(太師)에 추증되었으며, 온국공(溫國公)에 봉하여졌기 때문에 그렇게 부른다.
독락원(獨樂園): 사마광이 실각하여 낙양으로 돌아온 뒤 한직에 근무할 때 퇴근 후에 홀로 동산에 가서 독서를 하고 소요하면서 즐겼는데, 참된 즐거움은 바로 이런데 있다하여 그 동산을 독락원이라 하였다. 이의 유래를 밝힌 〈독락원기〉를 지은바 있다. 송나라 소식의 〈사마군실의 독락원(司馬君實獨樂園)〉에 「그 가운데 다섯 이랑 동산 있는데, 꽃과 대나무 빼어나면서도 질박하다네.」(中有五畝園, 花竹秀而野)라는 구절이 있는데, 아마 주희가 유온의 호인 수야(秀野)의 유래를 밝히기 위해서 이렇게 말한 것 같다.

8 문전거마객(門前車馬客): 진나라 육기(陸機)의 〈문 앞에 수레와 말 탄 손님을 노래함(門有車馬客行)〉「문 앞에 수레와 말 탄 손님 있는데, 멍에 지워 고향으로 떠난다네.」(門有車馬客, 駕言發故鄕) 〈문유거마객행(門有

33

門前車馬客[8]	문 앞의 수레와 말 타고 가는 손님,
無非朝大夫[9]	조정의 대부 아닌 사람 없네.
問公獨何事	그대에게 묻노니 유독 어떤 일인가?
中歲遽此圖[10]	중년에 갑자기 이것 도모하였다네.
長安二三公[11]	장안에 계시는 두세 분,
鬚白形枯臞[12]	머리 하얗게 세고 몸은 빼빼하게 말랐다네.
隱憂念名節[13]	깊은 근심 명예와 절개 생각하니,
亦有此樂無	또한 이 즐거움 없다네.

隱憂念名節張大參疏中語[14]

「깊은 근심 명예와 절개 생각하네.」는 장대참의 글 가운데 있는 말이다

34

君侯嗜圖史	군후께선 도서와 사서 좋아하시니,
插架何其多[15]	책꽂이에 꽂힌 책 어찌 그리 많은가?

車馬客行)〉은 악부시체로 육기 외에도 남조 송(宋)나라 포조(鮑照) 및 남조 진(陳)나라 장정견(張正見), 수(隋)나라의 하타(何妥), 당나라의 우세남(虞世南)과 이백(李白) 등 모두 같은 제목의 시 6수가 전한다.

9 조대부(朝大夫): 《주례》 추관(秋官: 刑部)의 관직. 또는 조정 대부의 관직. 여기서는 후자의 뜻으로 쓰였다. 당나라 백거이(白居易)의 〈말 위에서 짓다(馬上作)〉「공훈은 상주국이요, 관작은 곧 조대부라네.」(勳爲上柱國, 爵乃朝大夫)

10 차도(此圖): 《익증》 「『도』자는 도모한다는 뜻이다. 한적한 관직에서 일함을 고마워하는 것을 말한다.」(圖, 謀也. 謂謝事閑官)

11 장안(長安): 당나라 이후에는 주로 도성을 가리키는 일반 명사로 쓰였다. 여기서는 남송의 서울인 임안(臨安: 지금의 항주)을 가리켜 말한 것이다.

12 형고구(形枯臞): 「고구」는 마르고 야윈 모양. 학문과 교양이 부족한 것을 비유하는 말로도 쓰인다. 굴원(屈原)의 《초사·멀리 나가놂(遠遊)》「정신 눈 깜짝할 새에 돌아오지 않음이여, 몸 바짝 발랐는데 홀로 머문다네.」(神儵忽而不反兮, 形枯槁而獨留)

13 은우(隱憂): 깊은 근심. 《시경·패풍·잣나무 배(邶風·柏舟)》「근심스레 잠 못 이루니, 깊은 근심 있는 듯.」(耿耿不寐, 如有隱憂) 주자의 주석 「『은』은 아파함이다.」(隱, 痛也)

14 장대참(張大參): 미상. 성이 장씨로 참지정사(參知政事)를 맡고 있는 사람을 가리킬 것이다.

15 삽가(插架): 당나라 한유(韓愈)의 〈제갈각이 수주에 독서하러 감에 송별하다(送諸葛覺往隨州讀書)〉「업후의 집에는 책 많아, 책꽂이에 삼만 축이나 꽂혀 있다네.」(鄴侯家多書, 插架三萬軸)

徙居三十乘[16]	이사하는데 수레가 서른 대요,
流汗幾橐駝[17]	땀 흘리는 낙타가 몇 마리인가?
千載誰晤語[18]	천 년토록 누구와 더불어 이야기할까?
端居自絃歌[19]	편안히 지내며 스스로 현악기 타면서 노래하네.
至哉天下樂[20]	지극하도다 천하의 즐거움이여,
歲月如子何[21]	세월이 그대 어떻게 하겠는가?

35

西山一何高[22]	서산 한번 얼마나 높은지,
雲氣出寒麓	안개 차가운 기슭으로 나오네.
中有無事人[23]	그 가운데 일 없는 사람 있는데,

16 사거삼십승(徙居三十乘): 「徙居」는 《고이》에서 「도거」(徒居)로 된 판본도 있다고 하였다. 「十」은 《고이》에서 「일천 천」(千)자로 된 판본도 있다고 하였다. 《진서·장화전(張華傳)》 「일찍이 이사를 한 적이 있었는데 책을 서른 수레나 실었다. 비서감 지우가 관서를 찬정하는데 모두 장화의 판본을 바탕삼아 교정을 하였다. 천하의 기이한 비밀과 세상에 드물게 있는 것이 모두 장화가 있는 곳에는 있었다.」(嘗徙居, 載書三十乘. 祕書監摯虞撰定官書, 皆資華之本以取正焉. 天下奇祕, 世所希有者, 悉在華所)

17 유한(流汗): 당나라 유종원(柳宗元)의 〈당나라 고 급사중 황태자시독 육문통 선생의 묘표(唐故給事中皇太子侍讀陸文通先生墓表)〉 「그 사람이 지은 책은 쌓아두면 집의 용마루와 처마를 꽉 채우고, 가지고 나가면 소와 말이 땀을 흘렸다.」(其爲書處則充棟宇, 出則汗牛馬) 탁타(橐駝): 「탁타」는 낙타를 말한다. 등에 자루 같은 커다란 혹이 있어서 이렇게 부른다. 중국의 북방에서는 운송 수단으로 사용하였다. 당나라 한유의 〈돌 북을 노래함(石鼓歌)〉 「담요 덮고 자리로 싸서 잘 가져오려면, 열 개의 석고 오로지 몇 마리 낙타에는 실어야겠지요.」(氈包席裹可立致, 十鼓只載數駱駝)

18 오어(晤語): 마주 대하고 이야기하다, 서로 터놓고 이야기하다. 권1 34번 시의 주 9)를 보라.

19 단거(端居): 벼슬 따위를 하지 않고 조용히 혼자 은거한다는 뜻이다. 권1 12번 시의 주 7)을 보라.

20 지재천하락(至哉天下樂): 송나라 구양수(歐陽修)의 〈책을 읽다(讀書)〉 「즐겁도다, 천하의 즐거움이여! 종일토록 책상에 앉아 있는다네.」(至哉天下樂, 終日在几案)

21 여자하(如子何): 「子」자는 「나 여」(予)자로 되어 있는 판본도 있다. 「그대를 어떡하겠는가?」라는 뜻이다. 내하(奈何)와 여하(如何)는 목적어가 오면 두 글자 사이에 두게 된다. 이를테면 항우(項羽)의 〈해하가(垓下歌)〉의 「오추마가 나가지 않으니 어찌할 것인가? 우미인이여 우미인이여 너를 어떻게 하겠는가!」(騅不逝兮可奈何, 虞兮虞兮奈若何) 같은 예를 들 수 있다.

22 일하고(一何高): 진나라 육기(陸機)의 〈태산을 읊음(太山吟)〉 「태산 한번 얼마나 높은지, 까마득하게 하늘의 조정에까지 이르렀다네.」(太山一何高, 迢迢造天庭)

23 중유무사인(中有無事人): 당나라 육구몽(陸龜蒙)의 〈새 가을에 여러 수를 짓다·기댐(新秋雜題·倚)〉 「연기 등지고 머리 숙이고 종일 서 있으니, 산 속의 일 없는 사람 생각나네.」(背煙垂首盡日立, 憶得山中無事人)

鳴泉遶茅屋[24] 울리는 샘 초가집 두르고 도네.
宴坐今幾何[25] 한가로이 앉아 있은 지 지금 얼마나 되었나?
無以媚幽獨[26] 한적하고 외로움 좋아할 이유 없다네.
興至偶成篇[27] 흥 이르러 우연히 시편 이루어,
呼兒爲余讀 아이 불러 나 위해 읽어주네.

36

我居深山中[28] 내 깊은 산 속에 사는데,
茅舍破不補[29] 초가집 부서져도 고치지 않았다네.
上見風攪林 위로는 바람 숲 어지럽힘 보이고,
下有雲承宇[30] 아래로는 구름 집 받치고 있다네.
聞公落新宮[31] 그대 새집 낙성되었다 들었는데,

---

24 명천요모옥(鳴渠遶茅屋): 《고이》에서는 「茅」자가 「꽃 화」(華)자로 된 판본도 있다고 하였다. 송나라 구양수(歐陽脩)의 〈깊은 골짜기의 샘(幽谷泉)〉 「벼에 물 대니 봄 두둑에 그득하고, 시냇물 소리 울리며 초가집 두르고 도네.」(漑稻滿春疇, 鳴渠遶茅屋)

25 연좌(宴坐): 편안히 앉아 쉰다는 뜻이며, 불교에서는 좌선(坐禪)을 이른다. 《유마힐경·제자품(維摩詰經·弟子品)》 「대저 연좌라는 것은 삼계에 몸을 드러내지 않는다는 뜻이며 이것이 연좌이다.」(夫宴坐者, 不於三界現身意, 是爲宴坐) 당나라 이백의 〈여산 동림사에서 밤에 느낀 소회를 적다(廬山東林寺夜懷)〉 「편안하게 앉아 있으니 고요하여 움직이는 것 없는데, 대천세계가 붓 끝에 드네.」(宴坐寂不動, 大千入毫髮) 청나라 왕기(王琦)가 주석에서 인용한 《석씨요람(釋氏要覽)》 「연좌는 『燕坐』라고도 한다. 연은 편안하다는 뜻이다. 편안히 쉬는 모양이다.」(宴坐, 又作燕坐. 燕, 安也. 安息貌也)

26 미유독(媚幽獨): 당나라 이백의 〈심양의 자극궁에서 가을이 느껴져서 짓다(尋陽紫極宮感秋作)〉 「고요히 앉아 만물의 변화를 관찰하여 보니, 넓고 커 한적하고 외로움 반할 만하네.」(靜坐觀衆妙, 浩然媚幽獨)

27 편(篇): 「시 시」(詩)자로 된 판본도 있다.

28 아거심산중(我居深山中): 굴원의 《초사·강을 건너다(涉江)》 「내 삶 즐겁지 않음 슬퍼함이여, 쓸쓸히 홀로 산속에 거처한다네.」(哀吾生之無樂兮, 幽獨處乎山中)

29 사(舍): 《고이》에서는 「집 옥」(屋)자로 된 판본도 있다고 하였다.

30 운승우(雲承宇): 굴원의 《초사·강을 건너다(涉江)》 「진눈깨비 어지러워 끝 없음이여, 구름 뭉게뭉게 피어 집 받친다네.」(霰雪紛其無垠兮, 雲霏霏而承宇) 진나라 육기(陸機)의 〈근심스런 생각(愍思賦)〉 「구름 집 받침이여 하늘하늘하고, 바람 방에 듦이여 썰렁하다네.」(雲承宇兮靄靄, 風入室兮泠泠)

31 낙신궁(落新宮): 《차의》 「낙은 낙성하다이다.」(落, 落成也) 낙(落)은 비로소, 처음으로라는 뜻이다. 《좌전·소공(昭公) 7년》 「초나라 임금이 장화대를 다 짓고 제후들과 함께 낙성식을 하고자 하였다.」(楚子成章華之臺, 願與諸侯落之) 진나라 두예(杜預)의 주석 「궁실을 처음으로 완공하고 제사를 지내는 것을 성이라 한다.」(宮室始成, 祭之爲落) 이로부터 집이 완공된 것을 「낙성」이라 하게 되었다.

戶牖不可數[32]　문과 창 셀 수 없이 많다하네.
懶惰心力衰[33]　게을러져 마음과 힘 시들었는데,
念公亦良苦　그대 생각하니 또한 매우 괴롭다네.

37

夜吟招隱詩[34]　밤에 은사 부르는 시 읊조리니,
月落寒泉井[35]　달 지고 샘물은 차갑다네.
自非千載人[36]　분명 천년에나 나올 사람 아니니,
誰與共淸景　누구와 맑은 경치 함께 할까?
散髮心朗寥　머리 푸니 마음 밝게 확 트이어,
凝神味淵永　정신 집중하여 깊고 유구함 음미하네.
功名恐相期　공명 서로 기약할까 걱정되는데,
富貴非所幸[37]　부귀는 바라는 것 아니라네.

38

仙人空山居　신선 빈 산에 사는데,

32 불가수(不可數): 《익증》「많은 것을 말한다.」(言其多) 당나라 두보의 〈법경사(法鏡寺)〉「붉은 기와 반은 광채 발하고, 문과 창문 찬란함 셀 수 있다네.」(朱甍半光炯, 戶牖粲可數)

33 쇠(衰): 《고이》에서는「힘쓸 로」(勞)자로 된 판본도 있다고 하였다.「피로하다」는 뜻이다.

34 음(吟):「읊을 아」(哦)자로 되어 있는 판본도 있다. 초은시(招隱詩): 《진서·왕휘지전(王徽之傳)》「(왕휘지가) 일찍이 산음에 거처할 때 밤에 눈이 내리다가 갓 개어 달빛이 맑고 환한 것이 사방을 돌아보니 휘영청하여 홀로 술을 따르며 좌사의 〈은자를 부르다〉라는 시를 읊조렸다.」(嘗居山陰, 夜雪初霽, 月色淸朗, 四望皓然, 獨酌酒詠左思招隱士詩)

35 한천정(寒泉井): 진(晉)나라 좌사(左思)의 〈은사를 부르다(招隱士)〉「앞에는 차가운 샘 우물 있어, 애오라지 마음과 정신 맑게 할 만하네.」(前有寒泉井, 聊可瑩心神)

36 천재인(千載人): 천년에 한번 나올 만한 사람이란 뜻으로, 여기서는 도연명을 가리킨다. 송나라 황정견(黃庭堅)의 〈소식이 도연명의 시에 화답한 뒤에 적다(跋子瞻和陶詩)〉「혜주의 밥 배불리 먹으면서, 도연명의 시에 꼼꼼하게 화답했다네. 팽택의 도연명은 천년에 한번 나올 만한 사람이요, 동파 소식은 백세에 한번 나올 만한 선비라.」(飽喫惠州飯, 細和淵明詩. 彭澤千載人, 東坡百世士)

37 부귀비소행(富貴非所幸): 행(幸)은 여기서 바라다의 뜻으로 쓰였다. 진나라 도연명의 〈돌아가자꾸나(歸去來辭)〉「부귀는 내 바라는 바 아니며, 천상은 기약할 수 없는 것.」(富貴非吾願, 帝鄕不可期) 당나라 이백의 〈짧은 노래(短歌行)〉「부귀는 바라는 바 아니니, 사람에게 얼굴빛이나 잡아두었으면.」(富貴非所願, 與人駐顏光)

道意妙群物[38]	도의 뜻 온갖 사물에 아득하다네.
度世君則然	속세 초월함 그대 그러하니,
脩身吾豈不[39]	몸 닦음 내 어찌 그렇게 하지 않으리.
飛行仰雲路	날아다니며 구름 가는 길 우러르고,
趺坐探理窟[40]	가부좌 하고서 이치의 굴 탐색한다네.
獨夜扣星壇[41]	외로운 밤에 성단 두드리는데,
淸齋具簪笏[42]	맑게 재계하고 비녀며 홀 갖추었네.

39

靑山背夕陽[43]	푸른 산 석양 등지고 있는데,
玆景公所愛	이 경치 공이 아끼는 것이라네.

38 묘(妙): 「아득할 묘」(眇)자와 같은 뜻으로 쓰였다. 멀다는 뜻. 《한비자·난언(韓非子·難言)》「(말이) 크고 넓으며 아득히 멀어서 헤아릴 수가 없으면 자랑이나 한다고 하여 쓸모가 없다고 생각하게 됩니다.」(閎大廣博, 妙遠不測, 則見以爲夸而無用) 진기유(陳奇猷)의 주석 「『妙』자는 『眇』자의 뜻으로 차용되었는데, 『眇』는 곧 『아득하다』라 할 때의 『渺』자이다.」(妙, 借爲眇, 眇卽渺遠之渺)

39 도세~기불(度世~豈不): 이 구절의 「身」자는 「참 진」(眞)자로 된 판본도 있다. 《차의》「수야의 말을 말한 것 같다. 그대는 신선을 가리키고, 나는 수야를 가리킨다.」(疑述秀野之言. 君指仙人, 吾指秀野)

40 부좌(趺坐): 《차의》「《송경》『전가부는 여래좌이고, 반가부는 보살좌이다.」(誦經, 全跏趺是如來坐, 半跏趺是菩薩坐) 송나라 소식의 〈종남산으로 가려하며 아우인 소철이 부쳐온 시에 화답하다(將往終南和子由見寄)〉「아침 내내 똑바로 앉아 중의 가부좌 배우고, 문 닫고 나가지 않으니 신발 한가롭네.」(終朝危坐學僧趺, 閉門不出閑履鳧)

이굴(理窟): 의리(義理)가 많음, 재학(才學)이 풍부함을 이르는 말이며, 또한 의리가 심오한 것을 나타내기도 한다. 《진서·장빙전(晉書·張憑傳)》「황제가 불러 그와 이야기를 해보고는 감탄하여 말하기를 『장빙은 작달막한 키에 어그적어그적 걷지만 이치를 담고 있는 동굴이로다!』라 하였다.」(帝召與語, 歎曰, 張憑勃窣爲理窟) 같은 내용이 남조 송나라 유의경(劉義慶)의 《세설신어·문학(文學)》편에도 보인다. 북송의 성리학자인 횡거(橫渠) 장재(張載)의 문집에 보면 〈경학의 이치가 모인 굴(經學理窟)〉이란 것이 있다. 역시 북송의 이학자인 강절(康節) 소옹(邵雍)의 〈가을에 느낌(秋懷) 32〉「옷 벗어 부상나무 가지에 걸어두고, 손 뻗어 달 속의 굴 찾네.」(脫衣掛扶桑, 引手探月窟)

41 성단(星壇): 「壇」자는 「궤도 전」(躔)자로 된 판본도 있다. 《차보》「《통전》에 의하면 개원 연간에 특별히 수성단을 설치하였다. 이는 아마 성진의 단에 초제를 지내는 것을 가리킬 것이다.」(通典開元中特置壽星壇, 此盖指醮祭星辰之壇)

42 잠홀(簪笏): 관에 꽂는 비녀와 홀. 관리의 예복을 말한다. 여기서는 성단에 제사를 지낼 때의 복장을 가리켜 말한 것이다.

43 청산배석양(靑山背夕陽): 당나라 왕유(王維)의 〈비부의 양원외께서 저녁에 금대에 묵고 아침에 서각에 올라 외람되이 보내주신 시작에 답하다(酬比部楊員外暮宿琴臺朝躋書閣率爾見贈之作)〉「빈 골짜기엔 돌아가는 사람 적고, 푸른 산은 차가운 해 등지고 있네.」(空谷歸人少, 靑山背日寒)

虛堂日落時　　빈 집에 해 질 때,
遷坐一解帶[44]　　자리 옮기고 한결같이 띠 풀어놓고 있네.
嵐分疑有處[45]　　이내 나누이는 곳 있는 것 같은데,
鳥度知無礙[46]　　새는 지나가도 아무런 막힘 없다네.
須臾暮色來[47]　　잠깐 만에 저녁 빛 띠니,
默默無與會[48]　　잠자코 함께 만남 없다네.

40

端居屏塵慮[49]　　편안히 거처하며 속세의 근심 막아버리고,
萬事付一尊[50]　　세상만사 한 주전자 술에 맡기네.
客來語世故[51]　　손님 와서 세상 일 일 이야기하면,
擧白當浮君[52]　　벌주잔 들어 그대 벌주 마셔야하리.

44 천좌(遷坐): 《논어·향당(鄕黨)》「재계하실 때는 반드시 음식을 바꾸셨으며, 거처할 때는 반드시 자리를 옮기셨다.」(齊必變食, 居必遷坐)

45 남분의유처(嵐分疑有處): 분(分)자는 《고이》에서는 「빛 광」(光)자로 된 판본도 있다고 하였다. 의(疑)자는 《고이》에서는 「옳을 의」(宜)자로 된 판본도 있다고 하였다. 《고이》대로 해석하면 이 구절은 「이내 빛 응당 나오는 곳 있으리.」가 된다. 당나라 왕유(王維)의 〈망천집·목란 섶(輞川集·木蘭柴)〉「짙푸른 광채 때로 분명한데, 저녁 이내 나오는 곳 없다네.」(彩翠時分明, 夕嵐無處所)

46 조(鳥): 《고이》에서는 「바람 풍」(風)자로 된 판본도 있다고 하였다.
지(知): 《고이》에서는 「오히려 각」(却)자로 된 판본도 있다고 하였다.
《고이》대로 한다면 「바람 지나가도 오히려 막힘 없다네.」가 된다.

47 래(來): 《고이》에서는 「새 신」(新)자로 된 판본도 있다고 하였다.

48 묵묵무여회(默默無與會): 이 구절은 《고이》에서 「이 뜻 마음속으로 조용히 만나네.」(此意心默會)라고 된 판본도 있다고 하였다.

49 단(端): 《고이》에서는 「그윽할 유」(幽)자로 된 판본도 있다고 하였다.

50 만사부일준(萬事付一尊): 「尊」은 「바리 준」(樽)자와 통하여 쓴다. 당나라 맹호연(孟浩然)의 〈이관의 영전에 곡하다(哭李觀)〉「어떻게 슬픈 마음 씻어버리겠는가? 세상만사 한 잔 술에 맡긴다네.」(何以蕩悲懷, 萬事付一觴)

51 세고(世故): 여러 가지 뜻이 있는데 여기서는 세상의 모든 일, 세속의 일이라는 뜻으로 쓰였다.

52 거백부군(擧白浮君): 백(白)은 곧 대백(大白)으로, 벌주를 내릴 때 쓰는 큰 술잔. 부(浮)는 술잔을 가득 채워 벌주를 먹이는 것을 말한다. 또 쭉 들이키다는 뜻도 있다. 한나라 유향(劉向)의 《설원(說苑)》 권11 「위문후가 대부들과 술을 마셨는데 공승불인으로 하여금 술잔을 다스리게 하여 말하기를 『마실 때 다 들이키지 않는 사람은 대백 술잔으로 벌주를 내리겠다.』라 하였다. 문후는 마시면서 한꺼번에 다 들이키지를 못하여 공승불인이 벌주잔을 들고 『임금께서는 벌주를 드십시오.』라 하였다.」(魏文侯與大夫飮酒, 使公乘不仁爲觴政曰, 飮不釂者浮以大白. 文侯飮而不盡釂, 公乘不仁擧曰浮君) 또

超搖謝衆甫[53] 세상 초탈하여 임금님 떠나,
噂沓從諸孫[54] 와글와글 모여 앉은 여러 손자 따르네.
何以自怡悅 어찌하여 스스로 즐거워하는가?
窓中見秋雲[55] 창으로 가을 구름 보임이라네.

41

清溪何迢迢[56] 맑은 시내 어찌나 가물가물한지,
上有千仞山[57] 위로 천 길 산 있다네.
山中學仙侶 산중에서 신선 무리 배우는데,
白石爲門闕[58] 백석산을 문 삼는다네.

한나라 유안(劉安)의 《회남자·도응훈(道應訓)》에도 「건중이 술잔을 들어 바치면서 말하기를 『청컨대 임금께서는 벌주를 드십시오.』」(蹇重擧白而進之, 曰, 請浮君)라는 말이 나오는데, 한나라의 고유(高誘)는 「『거백』은 술을 올리는 것이다. 『부』는 벌이다. 술로 임금을 벌주는 것이다.」(擧白, 進酒也. 浮, 罰也. 以酒罰君)라 하였다. 송나라 소식(蘇軾)의 〈손각(孫覺)에게 드림(贈孫莘老)〉 제1수 「청산 마주하고 세상일 이야기한다면, 벌주잔 들고 쭉 들이키게 해야 하리.」(若對青山談世事, 當須擧白便浮君)

이 두 구절은 유온이 세상일에는 매우 서투르다는 것을 말한다.

53 중보(衆甫): 보(甫)는 「아비 부」(父)자와 통하여 쓴다. 백성들의 우두머리라는 뜻으로 임금을 가리켜 말한다.

54 준답(噂沓): 《시경·소아·시월 초(小雅·十月之交)》에 「서로 모여 이야기하다가 헤어지면 미워하네.」(噂沓背憎)라는 구절이 있는데, 주희는 「『준』은 모이는 것이고, 『답 은』 중복하는 것이다.」(噂, 聚也. 沓, 重複也)라 하였다. 당나라 두보(杜甫)의 〈종손인 두제에게 보이다(示從孫濟)〉 「권세 있는 집에 떠들썩함 많고, 또한 여러 손자 따른다네.」(權門多噂沓, 且復尋諸孫)

55 이열~추운(怡悅~秋雲): 남조 양(梁)나라 도홍경(陶弘景)의 〈임금님[齊 高祖]께서 산 속에 무엇이 있는가 고 물으시어 시를 지어 대답하다(詔問山中何所有, 賦詩以答)〉 「산 속에 무엇이 있는가? 재 위에 흰 구름이 많습니다. 다만 제 스스로 즐길 수는 있어도, 가져다 임금님께 드릴 만하지는 않습니다.」(山中何所有, 嶺上多白雲. 只可自怡悅, 不堪持寄君) 당나라 맹호연(孟浩然)의 〈가을에 난산에 올라 장씨네 다섯째에게 부치다(秋登蘭山寄張五)〉 「북산의 흰 구름 속에서, 은자 스스로 즐거워하네.」(北山白雲裏, 隱者自怡悅)

56 청계하초초(清溪何迢迢): 《고이》에서는 「맑은 강 물 유유히 흐르네.」(清江水悠悠)로 되어 있는 구절도 있다고 하였다.

57 상유천인산(上有千仞山): 이 구절은 《고이》에서 「그 위에는 여러 산 있다네.」(其上有羣山)로 된 판본도 있다고 하였다.

58 백석(白石): 한나라 유향(劉向)의 《열선전(列仙傳)》 「백석생은 중황장인의 제자이다. 팽조는 당시 이미 2천여 세였는데 날아서 승천하는 것을 좋아하지 않고 다만 오래 사는 것만 귀하게 여겼다. …… 이에 백석산에 가서 살면서 호를 백석생이라 하였다.」(白石生, 中黃丈人弟子, 彭祖時已二千餘世, 不愛飛昇, 但以長生爲貴…… 因就白石山居, 號白石生) 유온을 신선으로 보고 아름답게 부른 것이다.

丹經苦吟哦[59]	《단경》 실로 읊조리고,
至道窮躋攀	지극한 도 끝까지 기어올라 보네.
豈知人間世	어찌 알겠는가? 인간 세계에,
風塵縈九寰[60]	바람 먼지 온 천지 휘감고 있음을.

59 단경(丹經): 도가에서 말하는 연단술을 기록한 책. 진나라 갈홍(葛洪)의 《포박자·하람(抱朴子·遐覽)》「그러나 제자들 50여 명 가운데 나만이 금단을 만드는 경서 및 《삼황내문》과 《침중오항기》를 받았다.」(然弟子五十余人, 唯余見受金丹之經及三皇內文枕中五行記) 또 같은 책 〈금단(金丹)〉편에 「무릇 《태청단경》 3권 및 《구정단경》 1권, 《금액단경》 1권을 받았다.」(凡受太淸丹經三卷及九鼎丹經一卷金液丹經一卷)라는 말도 있다. 남조 송나라 포조(鮑照)의 〈승천하다라는 노래를 본떠서 짓다(代昇天行)〉「다섯 그림은 금단의 기록 펴고, 구약은 《단경》 감춘다네.」(五圖發金記, 九籥隱丹經) 아(哦): 《고이》에서는 「욀 송」(誦)자로 된 판본도 있다고 하였다.

60 영(縈): 《고이》에서는 「경영할 영」(營)자로 된 판본도 있다고 하였다.

42~54. 次劉秀野蔬食十三詩韻[1]

유수야 선생의 소식 열 세 수의 운자를 써서 짓다

42 乳餅[2]	유병
淸朝薦蔬盤[3]	맑은 아침에 채소 밥상 올리니,
乳鉢有眞味[4]	작은 절구에 진미가 있다네.
不用精瓊糜[5]	잘 찧은 양식 필요 없으니,
無勞爛羊胃[6]	양 창자 익히느라 수고하지 말게나.

43 新筍	새 죽순
翛翛江上林[7]	쏴쏴 강가 숲 속에,

1 유온(劉韞)의 호. 자는 중고(仲固). 권1 23번 시에 보인다.

2 유병(乳餅): 《차보(箚補)》「《의서》에서는 『사탕감자의 즙을 짜서 사탕을 만들고, 우유즙을 섞어 끓여서 떡(餠) 같이 만드는데, 굳히면 다시 유당이 되며, 사천·절강지역의 것이 가장 좋다.』라 하였는데, 유병은 이것을 가리키는 것 같다.」(醫書, 笮甘蔗汁以爲砂糖, 和牛乳汁煎作餠, 堅重爲乳糖, 川浙㝡佳. 乳餠疑指此) 《초학기(初學記)》 권26에서 인용한 진(晉)나라 노심(盧諶)의 《제법(祭法)》「여름 제사에는 별도로 유병을 쓰며, 겨울 제사에는 환병을 쓴다.」(夏祀別用乳餠, 冬祀用環餠)

3 소반(蔬盤): 「疏盤」으로 되어 있는 판본도 있다. 「疏」는 「蔬」와 통하여 쓴다.

4 유발(乳鉢): 약물을 빻거나 갈아서 가루로 만드는데 쓰는 절구 모양의 작은 그릇. 「발」(鉢)은 「발」(缽)과도 통하여 쓴다.

5 정경미(精瓊糜): 《초사·슬픔을 만남(離騷)》「옥가지 꺾어 반찬 만들고, 옥 가루 찧어서 마른 양식 만드네.(折瓊枝以爲羞兮, 精瓊糜以爲粻)」라는 구절이 있다. 주자는 「정은 쌀을 찧는 것이다. 『경지』와 『경미』는 모두 사물의 진귀한 것을 이른다. 『장』은 양식이다.」(精, 細米也. 瓊枝瓊米, 皆謂物之珍者也. 粻, 糧也)라 하였다. 송나라 황정견(黃庭堅)의 〈칠형의 산감자탕이란 시에 화답하다(和七兄山蕷湯)〉「요리사 맑은 새벽에 옥가루 바치는데, 바로 사마상여 술 갈증이 났을 때와 같다네.」(廚人淸曉獻瓊糜, 正是相如酒渴時)

6 난양위(爛羊胃): 《자치통감》 권39 〈한기(漢紀) 31〉「뭇 소인배들로부터 요리사까지 모두 관작을 남발하여 내리니 장안에서는 여기에 대하여 다음과 같이 말하였다. 『부뚜막 아래 삶는 사람은 중랑장이요, 양의 위를 익히는 사람은 기도위, 양의 머리를 익히는 사람은 관내후라네.』」(以至羣小膳夫皆濫授官爵, 長安爲之語曰, 竈下養, 中郎將. 爛羊胃, 騎都尉. 爛羊頭, 關內侯) 여기서는 그냥 잘 만들어진 요리, 정제된 음식을 가리키는 말로 쓰였다.

7 소소(翛翛): 《고이》에서는 「수수」(修修)로 된 판본도 있다고 하였다. 의성어로 쓰이면 여러 가지 뜻이 있는데, 여기서는 비바람이 부는 소리를 나타내었다. 당나라 잠삼(岑參)의 〈범계명(范季明)공의 대나무 떨기를 노래함(范公叢竹歌)〉「한 여름에 솨솨 떨기 색 차갑더니, 한가한 밤에 앙상하게 잎사귀소리 말랐다네.」(盛暑翛翛叢色寒, 閒宵槭槭葉聲乾)

白日暗風雨　　한낮에 비바람 어둑하네.
下有萬玉虯[8]　　아래로 만 마리 옥 같은 규룡,
三冬臥寒土[9]　　석 달 겨울 동안 차가운 땅에 누워 있네.

44 紫蕈[10]　　붉은 버섯
誰將紫芝苗[11]　　누가 붉은 버섯의 싹,
種此槎上土[12]　　나무 위 흙에 심어놓았는가?
便學商山翁[13]　　곧 상산의 늙은이 배워,
風餐謝肥羜[14]　　바람 속에서 먹으며 살찐 새끼 양 사양하리.

8 옥규(玉虯): 규(虯)는 용의 새끼로 뿔이 없는 것이다. 《초사·슬픔을 만남(離騷)》「네 마리 규룡이 끄는 수레 타고 봉황에 올라탐이여, 홀연히 먼지 바람 일으키며 내 하늘로 올라가리.」(駟玉虯以乘鷖兮, 溘埃風余上征) 주자는「뿔이 있는 것을 용이라 하고, 뿔이 없는 것을 규라 한다.」(有角曰龍, 無角曰虯)라 하였다. 여기서는 땅속으로 뻗은 대나무 뿌리를 가리켜서 한 말이다.

9 삼동와(三冬臥): 당나라 두보의 〈흥을 보냄(遣興)〉「숨은 용 석 달 겨울 누워 있고, 늙은 학은 만 리 가려는 마음 품었다네.」(蟄龍三冬臥, 老鶴萬里心)

10 자심(紫蕈): 《집람》「의서에서는『땅에서 나는 것을 균이라 하고, 나무에서 나는 것을 심이라 한다. 천화심·마고심·향심·육심의 구별이 있는데 모두 습기와 무더위로 자란다.』고 하였다. 이곳의 자심은 혹시 자지 따위가 아닌가 한다.」(醫書, 地生名菌, 木生名蕈. 有天花蕈、蔴菰蕈、香蕈、肉蕈之別, 皆因濕氣熏蒸而成. 疑此紫蕈, 或是紫芝之類) 숲속이나 초지에서 자란 버섯을 말한다.

11 자지묘(紫芝苗): 자지는 목지(木芝)라고도 하며, 모양은 영지(靈芝)와 비슷하다. 약용으로 쓸 수 있으며, 옛사람들이 서초(瑞草)로 생각하였다. 당나라 장적(張籍)의 〈같은 골짜기의 객에게 드리다(贈同溪客)〉「절로 푸른 학 춤추게 하고, 붉은 버섯 싹 나누어 따네.」(自教靑鶴舞, 分採紫芝苗) 여기서는 그냥 자심을 아름답게 부른 말이다.

12 사상토(槎上土): 고목의 뿌리를 가리킨다. 붉은 영지가 그 위에서 자라므로 이렇게 말한 것이다.

13 상산옹(商山翁): 곧 상산사호(商山四皓)를 가리킨다. 상산사호는 진(秦)나라 말기에 섬서성(陝西省) 상산(商山)에 숨어살던 동원공(東園公)·녹리선생(甪里先生)·기리계(綺里季)·하황공(夏黃公)의 네 백발노인을 말한다. 이들은 이곳에 은거하며 자지(紫芝)를 캐어먹고 살았으며, 또한 〈붉은 영지(紫芝歌)〉라는 노래를 지었는데, 그 가운데「빛나고 빛나는 붉은 지초여! 그것으로 요기를 할 수 있구나.」(曄曄紫芝, 可以療飢)라는 구절이 있다.

14 풍찬(風餐): 풍찬노숙(風餐露宿)의 준 말. 여행이나 야외생활의 어려움을 비유하는 말. 남조 송나라 포조(鮑照)의 〈승천행의 시체를 본따서(代升天行)〉「바람 속에서의 식사 소나무 아래서 묵을 때 맡기고, 구름 위에 누움 하늘 갈 때 내키는 대로 하네.」(風餐委松宿, 雲臥恣天行) 송나라 소식(蘇軾)의 〈곧 균에 이르려하므로 먼저 지와 괄, 원의 세 조카에게 부침(將至筠, 先寄遲适遠三猶子)〉「이슬 맞으며 자고 바람 속에서 먹으며 육백 리 길을 와서, 내일 아침이면 남강의 물에서 말 물 먹이리.」(露宿風餐六百里, 明朝飮馬南江水)
비저(肥羜): 살찐 새끼 양을 말한다. 《시경·소아·나무를 벰(伐木)》「살찐 어린 양 잡아, 여러 성 같은 친구들 부르네.」(旣有肥羜, 以速諸父) 주자는 저(羜)를「아직 다 자라지 않은 양」(未成羊)이라 하였다.

45 子薑[15] 생강

本草云,[16] 薑久食, 去臭氣, 通神明. 或云, 傷心氣, 不可多食者, 非[17]

《본초》에서 이르기를「생강은 오래 먹으면 더러운 기운을 제거하고 신명에 통하게 한다.」라 하였다. 혹자는 이르기를 심기를 상하게 하므로 많이 먹는 것은 안 된다 하나 틀린 말이다

薑云能損心　생강 심기 잃게 할 수 있다니,
此謗誰與雪　이 비방 누가 씻어주겠는가?
請論去穢功[18]　청컨대 더러움 없애는 공 논하니,
神明看朝徹[19]　신명해져서 탁 트임 보겠네.

46 茭筍[20] 줄풀 깜부기

寒茭翳秋塘　차가운 줄풀 가을 연못을 덮었는데,

15 자강(子薑): 《관보》「《설문》에『생강은 습한 기운을 막는 채소이다.』라 하였다. 새싹을 자강이라 하고, 묵은 뿌리를 다시 심은 것은 모강이라 한다.」(說文薑禦濕菜也. 新芽謂之子薑, 宿根復種者爲母薑) 《차보》「사마상여의 〈자강부〉에는『茈薑』이라는 말이 있는데 주석에서『子薑』이라 하였다. 《사민월령》에서는『생강을 자강이라 한다.』라 하였다.」(相如子薑賦茈薑, 註子薑也, 四民月令, 生薑謂之茈薑) 송나라 병산(屛山) 유자휘(劉子翬)의 〈동산의 채소·자강(園蔬·子薑)〉「마치 고르게 화장한 손톱 같아, 부드럽고 뾰족한 것이 옅은 붉은 빛 띠고 있네.」(恰似匀妝指, 柔尖帶淺紅)

16 본초(本草): 주로 약초(藥草)에 대하여 기술하고 있는 책으로, 가장 먼저 나온 것은 《신농본초경(神農本草經)》인데 역대로 모두 증보하고 수정하였다. 여기에 인용된 내용은 권2의「건강」(乾薑) 조목에 보인다.

17「비」(非)자 아래에「이 시」(是)자가 있는 판본도 있다.

18 거예(去穢): 《집람》「《의서》에서 생강은 신명과 통하고, 더러운 덕을 제거한다고 하였다.」(醫書, 薑通神明, 去穢德) 《논어·향당(鄉黨)》「생강 먹는 것을 그만두지 않으셨다.」(不撤薑食) 주희의 주석「생강은 신명을 통하고 더러움과 악취를 없앤다. 그러므로 먹는 것을 그만두지 않으신 것이다.」(薑, 通神明, 去穢惡, 故不撤) 원나라의 호병문(胡炳文)은 주석을 달고「《본초》에 의하면 생강은 맛이 맵고 조금 따뜻하여 오랫동안 복용하면 악취의 기운을 없애고 신명과 통한다.」(按本草云, 薑味辛微溫, 久服, 去臭氣, 通神明)라고 하였다. 《본초》는 곧 《본초강목(本草綱目)》을 말하며, 여기에서 언급한 내용은 권26에 나온다.

19 조철(朝徹): 《장자·대종사(大宗師)》「삶을 잊게 되자 환한 깨달음을 얻게 되었고, 깨달음을 얻게 되자 절대적인 경지를 보게 되었소.」(已外生矣, 而後能朝徹. 朝徹, 而後能見獨) 성현영(成玄英)의 주석에서는「조는 아침이다. 철은 밝은 것이다. 죽음과 삶을 하나로 보아 사물과 자신을 함께 잊으면 갑자기 환히 깨달음의 경지가 열리는 것이 마치 아침 해가 막 떠오르는 것과 같기 때문에 조철이라고 하는 것이다.」(朝, 旦也. 徹, 明也. 死生一觀, 物我兼忘, 惠朝豁然, 如朝陽初啓, 故謂之朝徹也)라 하였다.

20 교(茭): 《차의》「풀 이름이다. 잎이 가늘고 뾰족하여 미나리와 비슷하며 먹을 수 있다. 쑥의 작은 것이다.」(草名. 葉細銳似芹, 可食. 蕭之小者) 《익증》에서는「《본초》의 주석에서는『늪지에서 자라나는데 싹은 도깨비

風葉自長短	바람 맞은 잎새 절로 길어졌다 짧아졌다하네.
刳心一飽餘	속 갈라 한번 실컷 먹은 후에는,
幷得牀敷軟[21]	또한 부드러운 침상의 자리 얻을 수 있다네.

47 南芥[22] 남개

黃龍記昔遊[22]	황룡은 옛날 노닐던 곳으로,
園客有佳遺[24]	동산의 나그네 아름다움 남겼다네.
不謂洛生吟[25]	낙양 서생의 창법 말하지 말게나,
輟餐時擁鼻[26]	먹다 말고 때때로 코 움켜쥔다네.

48 蔊菜[27] 갓

小草有貞性[28]	작은 풀이지만 곧은 성품을 지니어,

바늘 같고 꽃은 청백색이며 열매는 황흑색으로 방풍자와 비슷하다.』라 하였다.」(本草註, 生水澤中, 苗似鬼針, 花靑白色, 子黃黑色, 似防風子) 궈치(郭齊)는 「교백」(茭白)이라 하였다. 교백은 줄풀의 어린 줄기가 깜부기병에 걸려 비대해진 것으로, 식용으로 한다.

21 상부연(牀敷軟): 송나라 황정견(黃庭堅)의 〈평음의 장징거사의 은거지 세 수·인정(平陰張澄居士隱處三詩·仁亭)〉「자리 깔고 온갖 피리 소리 듣는데, 우리 집 자못 넓고 조용하네.」(牀敷聽萬籟, 我家頗寬閑) 송나라 임연(任淵)의 주석에 인용된 《보적경(寶積經)》의 게송(偈頌)에 「또한 하늘의 옥녀 및 여러 옷과 음식 자리 등을 구하는 일을 하지 않았다.」(亦不爲求天玉女及諸衣食床敷事)라 하였고, 또 말하기를 「평상은 비단 옷 입은 여자, 앉을 것 갖추어 폈네.」(牀敷綵女, 資坐具張)라 하였다. 《익증》「상부는 평상의 위에 까는 자리와 같다. 줄풀의 껍질로 평상의 자리를 짤 수 있음을 말한다.」(牀敷猶牀笫也. 言茭皮可編爲床笫)

22 남개(南芥)는 겨자의 일종으로, 열매는 매운 맛이 나며 겨자가루를 만들 수 있다.

23 황룡(黃龍): 황룡주(黃龍洲)를 말한다. 숭안현 서쪽 황백리(黃柏里)의 황룡계(黃龍溪)에 있으며, 유온(劉韞)이 이곳에 은거한 적이 있다.

24 원객(園客): 곧 이곳에 은거하여 살았던 유온(劉韞)을 말한다.

25 위(謂): 「할 위」(爲)자로 되어 있는 판본도 있다.

낙생음(洛生吟): 송나라 양억(楊億)의 〈불경을 번역하다. 광범대사(譯經. 光梵大師)〉「화려한 용 훗날 만난다면, 마땅히 낙양 서생의 읊조림 기억해야 하리.」(龍華他日會, 應記洛生吟)

26 낙생~옹비(洛生~擁鼻): 「낙생음」은 「낙생영」(洛生詠)이라고도 한다. 《진서·사안전(謝安傳)》 권79 「사안은 자가 안석이다. …… 본래부터 낙양의 서생들의 창법에 능하였는데 콧병이 있어서 소리가 탁하였다. 명류들이 그가 읊조리는 것을 좋아하였으나 그에 미칠 수가 없어서 더러는 코를 가리고 흉내를 내기도 하였다.」(謝安字安石……本能爲洛下書生詠, 有鼻疾, 故其音濁, 名流愛其詠而弗能及, 或手掩鼻以斅之也) 같은 내용이 《세설신어·아량(雅量)》에도 나온다. 《익증》「코를 감싸 쥔다는 것은 그것이 매움을 말한 것이다.」(擁鼻, 言其辛也)

27 한채(蔊菜): 《차의》「『蔊』의 음은 『한』이며 채소의 이름인데 맛이 맵다. 송나라 심괄(沈括)의 〈망회록〉에서

託根寒澗幽　뿌리 차가운 시내에 그윽하게 기탁하였다네.
懦夫曾一嘬　겁쟁이가 일찍이 한 입 깨물어보고는,
感憤不能休　분함 느끼어 그칠 수 없었다네.

49 木耳[29]　목이
蔬腸久自安[30]　소식하던 장 오래도록 절로 편안하니,
異味非所誇[31]　진기한 맛 자랑할 것 아니라네.
樹耳黑垂聃[32]　목이버섯 검게 큰 귀 드리웠는데,
登盤今亦乍[33]　쟁반에 올림 오늘도 언뜻 보이네.

는『석개와 한채 두 식물은 아주 매워 야채를 절이는데 아주 좋다.』고 하였다. 《간강지》에서는『한채는 마고산에서 난다.』고 하였다.」(蔊音罕, 菜名, 味辛. 沈存中忘懷錄, 石芥罕菜二物極辛, 爲葅大佳. 盱江志, 蔊菜生麻姑山) 또한 한채는 맛이 아주 매워 날미채(辣味菜)라고도 한다. 송나라 육유(陸游)의 〈취하여 부르는 노래(醉中歌)〉「우리 고을 갓 더욱 훌륭한 채소라, 옥 소반에 늘어놓으니 백 가지 맛 갖췄네.」(吾州之蔊尤嘉蔬, 珍盤餖飣百味俱)

28 정(貞): 「참 진」(眞)자로 되어 있는 판본도 있다.

29 목이(木耳): 영지버섯의 일종인데 그 형상이 귀와 비슷하게 생겼으므로 목이라 한다. 《집람》「나무에서 나는 버섯이다. 습기로 번성한다. 의서에서는 느릅나무, 버드나무, 뽕나무, 홰나무, 닥나무에서 나는 것을 다섯 목이버섯이라고 하였다.」(木生菌也. 因濕氣蒸成. 醫書, 以楡楊桑槐楮所生爲五木耳) 당나라 한유의 〈성남에서 여러 구절씩 이어서 짓다(城南聯句)〉「나무 썩으면 어쩌다 목이버섯 나고, 풀의 구슬 같은 열매 나란한 눈동자처럼 다투어나네.」(木腐或垂耳, 草珠競騈睛) 《조야첨재(朝野僉載)》에서는「당나라의 속담에 가을비가 내릴 때 나무토막에서 목이가 난다.」(唐俚語云, 秋雨甲子, 木頭垂耳)라 하였다. 또한 《본초(本草)》에서는「목이버섯은 썩은 나무위에서 나는데 가지와 잎이 없으며 따뜻한 열의 남은 기운이 싹을 틔운다.」(木耳生于朽木之上, 無枝葉, 乃溫熱餘氣所生)라 하였다.

30 소장(蔬腸): 평소에 소식(蔬食)을 주로 하던 위장을 말한다. 주희의 부친인 위재 주송(朱松)의 〈이요단의 고사리를 먹는 것을 보고 조롱하다라는 시의 각운자를 써서(次韻李堯端見嘲食蕨)〉「소식하는 위장 나 빈 매미의 배와 같고, 시의 격조 그대 송골매 치는 주먹 같네.」(蔬腸我若枵蟬腹, 詩格君如擊鶻拳)

31 과(誇): 《집람》에는「誇」로 되어 있으며,「《운회》에는『詫』라고도 하며, 음은 차이고 자랑한다는 뜻이다.」(韻會, 或作詫, 丑亞切, 誇也)라 하였다. 《차의》「《운회》에서는『詫』라고도 하며 음은『타』이고, 자랑한다는 뜻이다.」(韻會, 或作詫, 丑亞切, 誇也)

32 수이(樹耳): 《집람》「곧 목이이다. 수계라고도 한다.」(卽木耳也. 一曰樹鷄)

담(聃): 귀가 길고 큰 것이다. 귀가 커서 귓바퀴가 없는 것을 말한다.

33 금역사(今亦乍): 사(乍)는 잠깐, 언뜻이라는 뜻이다. 당나라 한유의 〈현의 관청에서 감회가 있어서(縣齋有懷)〉「오랑캐 말 들어도 익숙지 않고, 월나라 풍속 좇아도 오히려 잠깐인 듯하네.」(夷言聽未慣, 越俗循猶乍)

50 蘿蔔[34] 무

紛敷剪翠叢[35] 어지러이 펼쳐진 푸른 잎을 자르고,
津潤擢玉本[36] 촉촉이 젖은 옥 같은 뿌리 뽑네.
寂寞病文園[37] 쓸쓸히 사마상여 같이 소갈증 앓아,
吟餘得深齦[38] 시 읊조린 뒤에 한 입 깊이 깨물었다네.

51 芋魁[39] 토란

沃野無凶年[40] 기름진 들에는 흉년이 없으니,

---

34 나복(蘿蔔): 노복(蘆蔔), 내복(萊蔔)이라고도 하며, 복은 복(菔)으로도 쓴다. 무를 말한다. 《차의》「《운회》에서는 노복(蘆菔)은 채소이름이다. 순무 가운데 자주색 꽃을 피우는 것이다. 일명 『내복(來服)』이라고도 하는데, 보리를 이어 먹는 것이라는 말이다. 지금은 와전되어 나복이 되었다.」(韻會, 蘆菔菜名. 蕪菁之紫華者也. 一名來服, 言來麰之所服也. 今訛爲蘿蔔) 《집람》「맛은 맵고도 달며 독소가 없다. 먹으면 천식을 없애주며 소갈증을 멎게 하고, 관절에 좋으며 오장을 단련시킨다.」(味甘辛, 無毒消, 食去痰癖, 止消渴, 利關節, 練五臟)

35 분부(紛敷): 무성하고 많은 모양을 나타내는 의태어. 초나라 송옥(宋玉)의 《초사·해를 슬퍼함(哀歲)》「계수나무 늘어섬이여 무성하게 펼쳐져 있고, 보랏빛 꽃 토해냄이여 가지에 퍼져 있네.」(桂樹列兮紛敷, 吐紫華兮布條) 송나라 홍흥조(洪興祖)의 주석「곤륜산에는 계수나무가 많아 어지러이 얽혀 있고 멀리 펼쳐져 있다.」(崑崙山多桂樹, 紛錯敷衍)

36 진윤(津潤): 물기를 머금어 촉촉이 젖어 있음을 말한다. 《문선》 좌사(左思)의 〈촉도부(蜀道賦)〉「자줏빛 쟁기 습기 머금고, 개암나무 틈 갈라지네.」(紫犁津潤, 榛栗罅發) 당나라 유량(劉良)의 주석「진윤은 보습 가운데 물을 머금고 있는 것이다.」(津潤, 犁中含水也)
옥본(玉本): 송나라 간재(簡齋) 진여의(陳與義)의 〈일찍 일어나다(早起)〉「하느님이 풍년 내리시니, 채소의 뿌리 흰 옥 같네.」(皇天賜豐年, 菜本如白玉)

37 병문원(病文園): 문원은 한나라의 사마상여(司馬相如)를 말한다. 일찍이 효문원령(孝文園令)을 지낸 적이 있기 때문에 이렇게 부른다. 《사기·사마상여열전》「사마상여는 입이 어눌하였으나 글을 잘 지었다. 항상 소갈증(당뇨병)을 앓고 있었다. 탁씨와 혼인하여 재물이 풍족하였다. 그는 나아가 벼슬을 하기는 하였으나 공경이나 국가의 큰일에까지 참여하지는 않았으며, 병을 핑계로 한가로이 지내면서 관작을 그리는 일도 없었다.」(相如口吃而善著書. 常有消渴疾. 與卓氏婚, 饒於財. 其進仕宦, 未嘗肯與公卿國家之事, 稱病閒居, 不慕官爵) 이때부터 소갈증을 문원병이라고 부르게 되었다. 당나라 두목(杜牧)의 〈다른 사람에게 지어드림(爲人題贈)〉「효문원령 사마상여 끝내 소갈증 앓아, 쉬면서 흰 머리 지어 읊었다네.」(文園終病渴, 休詠白頭吟)

38 은(齦): 《차의》「음은 간이며, 깨문다는 뜻이다.」(口根切, 齧也)

39 우괴(芋魁): 토란(土卵)의 뿌리, 곧 알토란을 말한다. 《한서》 권84 〈적방진전(翟方進傳)〉에「왕망 때 항상 가뭄이 들어 군에서는 적방진을 뒤늦게 원망하였는데, 동요를 지어 말하기를 『둑 무너뜨린 것 누구인가? 적방진이라네. 우리 콩으로 한 밥과 토란으로 끓인 국 먹는다네.』라 하였다.」(王莽時常枯旱, 郡中追怨方進, 童謠曰, 壞陂誰? 翟子威. 飯我豆食羹芋魁) 당나라 안사고의 주석「토란의 뿌리로 국을 끓인다.」(以芋根爲羹也) 《차의》「《운회》에 뿌리는 모두 괴라 하고, 또한 모든 으뜸되는 것을 괴라고 한다하였다.」(韻會, 言根本者, 皆曰, 魁. 又凡爲首者曰魁)

40 옥야무흉년(沃野無凶年): 《사기·하거서(河渠書)》「이에 관중 땅은 옥토가 펼쳐진 들판이 되어서 흉년이 없었다.」(於是關中爲沃野, 無凶年)

正得蹲鴟力[41]	바로 토란의 힘 얻음이네.
區種萬葉淸[42]	밭에 온갖 푸른 잎 심었다가,
深煨奉朝食[43]	푹 익혀 아침 식사 올린다네.

52 筍脯[44]	죽순 포
南山春笋多	남산에 봄 되니 죽순 많은데,
萬里行枯腊[45]	만리 길 떠나려 포로 말리네.
不落盤餐中	소반의 반찬 가운데 들지 않으니,
今知綠如簀[46]	이제야 푸르기 대자리 같음 알겠네.

41 준치(蹲鴟): 토란의 별칭. 《사기·화식열전(貨殖列傳)》「탁씨가 말하였다. 『이곳은 땅이 좁고 얇다. 내가 듣건대 문산의 아래는 기름진 들로 아래에는 웅크린 올빼미가 있는데 죽을 때까지 굶주리지 않는다고 하였다.』」(卓氏曰, 此地狹薄. 吾聞汶山之下, 沃野, 下有蹲鴟, 至死不飢) 《사기》의 주석서인 장수절(張守節)의 《정의(正義)》「준치는 토란이다. …… 《화양국지》에서 이르기를 『문산군 도안현에는 웅크린 올빼미만한 큰 토란이 있다.』라 하였다.」(蹲鴟, 芋也……華陽國志云汶山郡都安縣有大芋如蹲鴟也)

42 구종(區種): 당나라 한유의 〈아들에게 보임(示兒)〉「솔방울 남쪽 정자까지 이어져 있고, 그 바깥에는 오이와 토란 밭 있네.」(松果連南亭, 外有瓜芋區) 《차의》「《운회》에서는 『강회의 사람들은 밭 언덕을 구라 한다.』하였다.」(韻會, 江淮人謂田丘爲區)

43 외(煨): 《차의》「화로 속에 묻어놓은 불이다.」(盆中火) 《차보》「불 속에서 음식을 익히는 것이다. (南唐) 형악사의 스님인 명찬선사는 (성품이 게으르고 음식을 먹다가 남기므로) 난잔이라고 불리었다. 이비가 (그를 범상치 않다고 여겨) 가서 보았더니, 마침 그때 불을 헤쳐 토란을 익혀 먹었다.」(火中熟物. 衡岳寺僧明瓚禪師號懶殘, 李泌往見, 正撥火煨芋啖之) 명찬선사의 이야기는 송나라 찬녕(贊寧) 등이 지은 《송고승전·감통전(宋高僧傳·感通傳) 2》에 보이며, 이어서 「절반을 집어서 이비에게 주면서 말하기를 『말을 많이 하지 말고 10년 재상의 지위를 얻게나.』라 하였다.」(取其半授泌曰, 勿多言, 領取十年宰相)는 말이 나온다.

44 《차보》「말린 죽순인 듯하다. 선생의 〈지남스님께 드리는 편지〉에서 이른바 순건이 바로 이것이다.」(疑是乾竹筍. 先生與志南上人書所謂笋乾者是也) 〈지남스님께 드리는 편지〉는 《별집》 권5에 수록되어 있다.

45 석(腊): 《차의》「말린 고기이다. 《주례·천관·석인(天官·腊人)》의 주석에서 『腊』은 『夕』을 말한다고 하였다. 아침에 햇볕에 쬐어 저녁이 되면 마르는 것이다.」(乾肉. 周禮天官腊人註, 腊之言夕也. 朝曝, 夕乃乾也) 주석은 한나라 정현(鄭玄)의 말이다. 《주역·서합(噬嗑)》의 밑에서 셋째 음효[六三]의 효사 「말린 고기를 씹다가 독한 냄새를 맡게 되었다.」(噬腊肉, 遇毒)

46 녹여책(綠如簀): 《시경·위풍·기수의 물굽이(衛風·淇奧)》「저 기수 물굽이 보니, 푸른 대나무 대자리 같네.」(瞻彼淇奧, 綠竹如簀) 책(簀)에 대하여 주희는 「대나무를 엮은 것」(棧)이라 하였고, 모씨(毛氏)는 「쌓인 것」(積)이라 하였다. 모두 대나무의 색이 파랗다는 것을 말한 것이다.

53 豆腐[47] 두부

世傳豆腐本乃淮南王術

세상에 전하기에 두부는 본래 회남의 왕 유안(劉安)의 기술이었다고 한다

種豆豆苗稀[48]	콩 심었으나 콩 싹 드문드문하거늘,
力竭心已腐	힘 다하니 마음 이미 썩어버렸다네.
早知淮王術	회남왕의 기술 일찍이 알았으니,
安坐獲泉布[49]	편안히 앉아서 돈을 얻은 것이라네.

54 白蕈[50] 흰 버섯

聞說閬風苑[51]	듣자하니 낭풍원에는,

47 두부(豆腐): 《차의》「오늘날 중국에서 이른바 두부도 또한 우리나라와 다르지 않다. 그 명칭이 아마 여기서 시작된 듯하다.(今中國所謂豆腐, 亦與我國無異. 恐其名始此)」

48 종두두묘희(種豆豆苗稀): 진나라 도연명의 〈전원으로 돌아와 살다(歸園田居)〉 제3수 「남산 밑에 콩 심었더니, 풀만 무성하고 콩싹은 드무네.」(種豆南山下, 草盛豆苗稀)

49 천포(泉布): 옛날 중국에서는 천(泉)과 포(布)가 모두 화폐로 쓰였으므로 화폐를 통칭하여 천포라고 하였다. 《주례·천관·외부(天觀·外府)》「외부는 나라의 화폐가 드나드는 것을 관장한다.」(外府, 掌邦布之入出)라 하였는데, 한나라 정현(鄭玄)은 「포는 천이다. 갈무리해둔 것은 천이라 하고 유통되는 것은 포라 하였다. 샘물에서 그 명칭을 취하였는데, 그 흘러감이 두루 미치지 않음이 없기 때문이다.」(布, 泉也. 其藏曰泉, 其行曰布. 取名於水泉, 其流行無不徧)라 하였다. 《예기·단궁(檀弓) 상》「이미 장사를 마친 뒤에 자석이 부의로 들어온 돈 가운데 남는 돈으로 제기를 마련하려고 하였다.」(旣葬, 子碩欲以賻布之餘, 具祭器) 한나라 정현은 「옛날에는 돈을 천포라고 하였는데, 베를 화폐로 유통했기 때문이다.」(古者謂錢爲泉布, 所以通布貨財)라 하였다. 《한서》 권24 하 〈식화지(食貨志)〉「재화는 금보다 보배롭고 칼보다 이로우며 샘물처럼 흐르고 민간에 퍼져 있고 비단처럼 모여 있다. …… 사사로이 돈을 주조하는 자는 처자식과 함께 적몰하여 관가의 노비로 삼았다.」(貨寶於金, 利於刀, 流於泉, 布於布, 束於帛……私鑄作泉布者, 與妻子沒入爲官奴婢) 이로 인해 돈을 장난삼아 천포선생(泉布先生)이라고도 부른다. 전촉(前蜀) 위장(韋莊)의 〈강가에서 거처에 적다(江上題所居)〉「청주종사 오시니 치우쳐 익숙하여, 천포선생 늙어 점차 쩨쩨하게 구네.」(靑州從事來偏熟, 泉布先生老漸慳)

50 백심은 버섯의 일종이다. 《집람》「또한 자심과 같은 무리이나 그 색이 흰 것일 것이다.」(疑亦紫蕈之類而其色白)

51 낭풍원(閬風苑): 전설상에 신선이 산다는 곳. 줄여서 낭원(閬苑)이라고도 한다. 《신선전(神仙傳)》에 보면 곤륜산(崑崙山)에 있다고 하며, 옥으로 세운 12층 누각, 아홉 층 짜리 궁전 등이 있는데, 왼쪽에는 구슬 못, 오른쪽에는 푸른 물이 있고, 그 주위에는 사람이 쉽게 접근하지 못하게 한번 빠져들어 가면 생명을 건지지 못하는 위험한 시내가 아홉 겹이나 맴돌고 있기 때문에, 회오리 바람으로 된 수레[飇車]나 깃털로 만들어 날아다니는 틀[翊輪]을 이용하지 않으면 거기에 이를 수가

瓊田產玉芝[52]	옥 같은 밭에서 옥 영지 난다하네.
不收雲表露[53]	구름 겉의 이슬 거두지 않았는데,
烹瀹詎相宜[54]	삶고 데침 어찌 타당하리오.

없다고 한다. 당나라 허작(許碏)의 〈취하여 읊조리다(醉吟)〉「신선이 거처하는 낭원의 꽃밭 앞은 취중의 별천지인데, 잘못하여 그만 서왕모의 구하술잔을 엎질러 버렸네.」(閬苑花前是醉鄕, 誤踏王母九霞觴)

52 경전(瓊田): 송나라 반자목(潘自牧)의 《기연해찬(記纂淵海)》 권86 〈십주·조주(十洲·祖洲)〉「동해의 조주에는 옥 같은 밭 안에 죽지 않는 풀이 있다. 혹 양신지라고도 하는데 잎은 향초와 비슷하며 총생하고 뿌리 하나가 한 사람을 살릴 수 있다.」(東海祖洲上有不死之草瓊田內. 或名爲養神芝, 其葉似菰苗, 叢生, 一本可活一人) 옥지(玉芝): 《차의》「일명 경전초라 하며 속칭 당파경이라고도 한다.」(一名瓊田草, 俗號唐婆鏡) 《운급칠첨(雲笈七籤) 권26 〈십주·곤륜(十洲·崑崙)〉「종산은 북해에 있는데 …… 옥 영지 및 신선초 40여 종이 자생한다.」(鍾山在北海……自生玉芝及神草四十餘種)

53 운표로(雲表露): 《태평어람》 권759 〈기물부 4·배(器物部四·杯)〉「위에는 승로반과 선인장, 경옥배가 있었는데 구름 바깥의 이슬을 받았다.」(上有承露盤、仙人掌、擎玉杯, 承雲表之露) 남조 양(梁)나라 유견오(庾肩吾)의 〈동태사의 부도를 읊음(詠同泰寺浮圖)〉「접시는 구름 바깥의 이슬을 받고, 방울은 하늘 위의 바람 흔드네.」(盤承雲表露, 鈴搖天上風)

54 약(瀹): 《차의》「대충 데쳐서 씻는 것이다.」(踈瀹開滌也) 《익증》「삶는 것이다.」(煮也) 《차보》「음은 약이며 삶는다는 뜻이다. 《제민요술》에 계란을 삶는 법이 있다.」(音藥, 煮也. 齊民要術有瀹鷄子法)

55~69. 伏讀秀野劉丈閑居十五詠, 謹次高韻, 率易拜呈, 伏乞痛加繩削是所願望[1]

엎드려 유수야 어르신의 「한가로이 거처하다」라는 시 열 다섯 수를 읽고 삼가 격조 높은 운자에 차운하여 경솔하게 절하여 드리고 엎드려 통렬하게 첨삭하여 주실 것을 바란다

55 秀野	수야
爲憐蘅芷滿芳洲[2]	두형과 백지 아름다운 모래섬에 가득한 것이 어여뻐,
特地臨江賦遠遊[3]	특별히 강가로 다가가 〈원유〉편 읊조리네.
十畝何妨自春色[4]	열 이랑 절로 봄빛 띰 어찌 거리끼겠는가!

1 승삭(繩削): 당나라 한유(韓愈)의 〈남양 번소술의 묘지명(南陽樊紹述墓誌銘)〉「먹물을 대고 깎아낼 필요 없이 절로 법도에 들어맞았다.」(不煩於繩削而自合也)

2 형지(蘅芷): 「蘅」은 「衡」과도 통하여 쓴다. 한나라 왕일(王逸)의 《초사·구사·때를 슬퍼함(九思·傷時)》「무궁화와 씀바귀 무성함이여 서로 기대어 있고, 두형과 약지 짐이여 쓸쓸하다네.」(堇荼茂兮扶疏, 蘅芷彫兮瑩嫇) 송나라 홍흥조(洪興祖)의 주석 「형은 두형이고 지는 약지인데 모두 향초이다.」(蘅, 杜蘅, 芷, 若芷, 皆香草) 한나라 유향(劉向)의 〈구탄(九歎)〉「난초와 혜초 두형과 약지 품음이여, 들판 한복판 가다가 흩어 버리네.」(懷蘭蕙與衡芷兮, 行中野而散之) 《익증》「형은 해바라기와 비슷한데 향기로우며, 속칭 마제향이라고 한다. 지는 일명 방향이라고도 하고 택령이라고도 하는데, 얼굴에 바르는 기름을 만들 수 있다.」(蘅, 似葵而香, 俗云馬蹄香. 芷一名芳香, 一名澤苓, 可作面脂)

방주(芳洲): 《초사·구가·상군(九歌·湘君)》「아름다운 모래섬에서 두약 땀이여, 그것 가져다 하녀에게 주려고 하네.」(采芳洲兮杜若, 將以遺兮下女)

3 특지(特地): 특히, 특별히라는 뜻. 「地」자는 의미가 없는 조사로 쓰였다. 당나라 한유(韓愈)의 〈저녁에 수양역에 있는 시의 각운자를 써서 오낭중의 시 뒤에 적는다(夕次壽陽驛, 題吳郎中詩後)〉「풍경 움직이려 하는데 장안 떠나며, 봄 반이 지났는데도 변방의 성 특히 춥다네.」(風光欲動別長安, 春半邊城特地寒)

원유(遠遊): 굴원의 《초사·멀리 나가 놂(遠遊)》을 말하며, 물러나 숨는다는 뜻이다. 《초사·멀리 나가 놂》에 「시속에 얽매임 슬퍼하여, 가벼이 멀리 나가 놀고자 하네.」(悲時俗之迫阨兮, 願輕擧而遠遊)라는 구절이 있다.

4 십무(十畝): 《시경·위풍·십 묘의 땅(魏風·十畝之間)》「십 묘의 땅이여, 뽕 따는 이들 유유하니, 그대 더불어 돌아갈까?」(十畝之間兮, 桑者閑閑兮. 行與子還兮)

자춘색(自春色): 당나라 두보의 〈촉나라 승상(蜀相)〉「층계의 파란 풀 나름대로 봄빛 띠고 있고, 잎 사이에 두고 꾀꼬리 공연히 곱게 우네.」(映階碧草自春色, 隔葉黃鸝空好音)

萬緣從此付東流[5]	모든 인연 이곳에서 동으로 흘러가게 맡겨두네.
靜看朝市眞兒戲	조용히 저자에서 아이들 놈 참됨 보노라니,
須信田園是老謀[6]	모름지기 전원이야말로 늙은이가 꾀해야 할 것임 믿네.
出處知公有餘裕[7]	나아가고 처함에 그대 여유 있음 알겠으니,
未應辛苦謝靈丘[8]	수고롭고 괴로워도 고향의 언덕 떠나지 않으리!

56 積芳圃	적방포
樂事從玆不易涯	즐거운 일 이로부터 쉽게 끝나지 않는데,

5 만연(萬緣): 모든 속세의 인연을 말한다. 《전등록(傳燈錄)》「달마가 이조에게 말하였다. 『너는 다만 바깥으로 모든 인연을 끊기만 하면 도에 들어갈 수 있을 것이다.』 이조는 이때부터 모든 인연을 다 끊어서 마음이 고목과 같았다.」(達磨謂二祖曰, 汝但外息諸緣, 可以入道. 二祖從此, 皆息萬緣, 心如枯木) 《패문운부》에서 재인용. 당나라 백거이(白居易)의 〈조용히 지내면서 속마음을 읊조림(端居詠懷)〉「이로부터 모든 속세의 인연 떨어져 나갔으니, 처자식 데리고 산 사서 살고 싶네.」(從此萬緣都擺落, 欲攜妻子買山居)

동류(東流): 한번 흘러가서는 다시는 오지 않는 것을 말한다. 중국은 서고동저형의 지형으로 대다수 하천이 서쪽에서 동쪽으로 흘러가므로 이렇게 말한다.

6 노모(老謀): 《국어·진어(晉語) 1》「극숙호가 말하였다. 『늙은 후의 계책도 없고 씩씩한 일도 없으면서 어떻게 임금을 섬긴단 말이오?』」(郤叔虎曰, 旣無老謀, 而又無壯事, 何以事君?)

7 출처(出處): 《주역·계사(繫辭) 상》「공자가 말하였다. 『군자의 도는 어떨 때는 나가고 어떨 때는 물러나며, 어떨 때는 잠자코 있고 어떨 때는 말을 한다.』」(子曰, 君子之道, 或出或處, 或默或語)

8 사영구(辭靈丘): 영구는 제나라 변경에 있는 고을 이름이다. 《맹자·공손추(公孫丑) 하》「맹자가 지와에게 말하였다. 『그대가 영구의 읍재를 사양하고 사사가 되기를 청함이 그럴듯함은 (사사는) 말을 할 수 있기 때문이다.』」(孟子謂蚳鼃曰, 子之辭靈丘而請士師, 似也, 爲其可以言也) 주희는 영구를 「제나라의 하읍」(齊下邑)이라고 하였다. 나중에는 조상의 묘소를 가리키는데 쓰였으며, 여기서는 조상의 묘소가 있는 고향을 대신 일컫는 말로 쓰였다. 조상의 묘소를 떠난다는 말은 고향을 떠나 벼슬을 하는 것을 말한다. 삼국시대 위(魏)나라 조식(曹植)의 〈감절부(感節賦)〉「어찌 내 고향 생각할만하며, 조상의 무덤 그리워하겠는가?」(豈吾鄕之足顧, 戀祖宗之靈丘)

朱門還似野人家[9]　붉은 문 오히려
농부의 집 같네.

行看靚艶須携酒[10]　지나다 고운 모습 보면
모름지기 술 지녀야 하고,

坐對淸陰只煮茶　맑은 응달에 마주하고 앉아서는
다만 차 달인다네.

曉起蒼凉承墜露[11]　새벽 서늘하고 차가울 때
일어나 떨어지는 이슬 받고,

晩來光景亂蒸霞[12]　저녁 되니 광경은
찌는 듯한 노을로 어지럽네.

平生結習今餘幾[13]　평소에 습관이 되어
지금도 얼마간 남았으니,

9 주문(朱門): 붉게 칠한 대문. 귀족이나 부호의 집을 이른다. 《포박자·아름다운 은둔(嘉遯)》「붉은 문에서 아침 꽃 등지고, 쑥대 외문에서는 편안하고 고요함을 지킨다.」(背朝華於朱門, 保恬寂乎蓬戶) 여기서는 유온의 신분이 고귀함을 말한다.

10 정염(靚艶): 아름답고 고움. 여기서는 꽃을 가리키는 말로 쓰였다.

11 창량(蒼凉): 「蒼」자는 「滄」자와 통하여 쓰며 서늘하다는 뜻으로 쓰였다. 《열자·탕문(湯問)》「해가 처음 뜰 때는 차고 서늘한데 해가 중천에 이르면 끓는 물을 더듬는 것 같다.」(日初出滄滄凉凉, 及其日中, 如探湯) 진(晉)나라 장잠(張湛)의 주석 「『창』은 차갑다는 뜻이다. 환담의 《신론》에서도 이 일에 대하여 말하였는데 『愴凉』으로 되어 있다.」(滄, 寒也. 桓譚新論亦述此事, 作愴凉)
승추로(承墜露): 《초사·슬픔을 만나다(離騷)》「아침에는 목란에서 떨어지는 이슬 마심이여, 저녁에는 가을 국화에서 떨어지는 꽃 먹는도다.」(朝飮木蘭之墜露兮, 夕餐秋菊之落英)

12 증하(蒸霞): 당나라 한유의 〈도원도(桃源圖)〉「복숭아 심은 곳곳에 꽃 피고, 내와 들 가깝고 멀리 붉은 놀 찌는 듯하네.」(種桃處處惟開花, 川原近遠蒸紅霞)

13 결습(結習): 불교어로 인간세상의 욕망과 번뇌 등을 가리키는 말이며, 여기서는 몹시 좋아하여 버릴 수 없는 취미를 말한다. 《유마경·관중생품(維摩經·觀衆生品)》「그때 유마힐의 집에는 한 천녀가 있어 여러 천인들에게 나타났는데, 설법하는 것을 들으면 곧 그 몸을 나타내었다. 곧 천화를 여러 보살과 대제자들의 위에 뿌리는데, 꽃이 여러 보살에 이르면 곧 모두 떨어지는데 대제자에 이르러서는 달라붙어 떨어지지 않았다. …… 습관이 완전히 맺히지 않으면 꽃이 몸에 달라붙어 있을 따름이며, 완전히 습관이 맺힌 자는 꽃이 달라붙지 않는다.」(時維摩詰室, 有一天女, 見諸天人, 聞所說法, 便現其身, 卽以天華散諸菩薩大弟子上. 華至諸菩薩, 卽皆墮落, 至大弟子, 便著不墮.……結習未盡, 華著身耳, 結習盡者, 華不著也) 송나라 소식(蘇軾)의 〈좌중에서 머리에 꽃 꽂는 것을 읊음에 하늘 천자 운을 얻다(坐上賦戴花得天字)〉「나쁜 버릇 차츰 사그러들어 남기려 해도 붙어있지 않음이, 도리어 모름지기 또한 천녀가 꽃 뿌리는 것 같네.」(結習漸消留不住, 却須還如散天花)
금여기(今餘幾): 송나라 황정견(黃庭堅)의 〈송종유의 적완가를 듣다(聽宋宗儒摘阮歌)〉「돈 백만 전 얻어 술집에 보내고, 한번 웃으며 이제 얼마나 남았는가 묻지도 않네.」(得錢百萬送酒家, 一笑不問今餘幾)

試數毗那襋上花[14]	비나의 옷깃 위에 떨어진 꽃이나 세어 볼까.

57 家山堂	가산당
負米歸來手自舂[15]	쌀 지고 돌아와 손수 찧노라니,
豈知門外有晴峯[16]	어찌 알겠는가 문밖에 갠 봉우리 있음을.
羨公竟日塵氛遠[17]	그대 부럽네, 종일토록 속세 기운 멀어,

14 비나극상화(毗那襋上花): 꿔치(郭齊)는 나(那)는 야(耶)가 되어야 한다고 하였다. 《차의》「비나성은 유마힐이 살던 곳으로 『那』는 『耶』자의 잘못일 것이다. 극은 옷깃이다.」(毗那城維摩所居, 那恐耶字之誤. 襋衣領也) 송나라 소식의 〈미자의 돌벼루 노래로 호은에게 드림(眉子石硯歌贈胡誾)〉에 「비야거사 공에 대해 이야기하는 곳에, 버릇 이미 텅 비어 꽃이 붙어있지 않네.」(毘耶居士談空處, 結習已空花不住)

15 부미(負米): 있는 힘을 다하여 부모를 모시는 것을 말한다. 《공자가어·치사(致思)》「자로가 공자를 뵙고 말하였다. 『무거운 것을 지고 먼 곳을 건널 때는 땅을 가리고 쉬지 않으며, 집이 가난하고 양친이 연로하시면 봉록을 가리지 않고 벼슬을 합니다. 옛날에 제가 양친을 섬길 때에는 항상 명아주와 콩을 먹고 양친을 위하여 백 리의 바깥에서 쌀을 지었습니다. 양친이 돌아가신 후에는 남으로는 초나라에서 놀고 백 승의 수레를 좇았으며 만 종의 곡식을 쌓아놓고 자리를 깔고 앉아 솥을 벌리고 먹으며, 명아주와 콩을 먹고 양친을 위하여 쌀을 지고자 해도 더 이상 어쩔 수가 없었습니다.』…… 공자가 말하였다. 『자로가 양친을 섬김은 살아서 있는 힘을 다하여 섬겼다 하겠다.』」(子路見於孔子曰, 負重涉遠, 不擇地而休, 家貧親老, 不擇祿而仕. 昔者由也, 事二親之時, 常食藜藿之實, 爲親負米百里之外. 親歿之後, 南遊於楚, 從車百乘, 積粟萬鍾, 累茵而坐, 列鼎而食, 願欲食藜藿, 爲親負米, 不可復得也…… 孔子曰, 由也事親, 可謂生事盡力) 이로부터 「부미」는 있는 힘을 다하여 부모를 섬긴다는 전고로 쓰이게 되었다. 당나라 이상은(李商隱)의 〈최처사(崔處士)〉「낚싯대 던지고 일어나려하지 않고, 오직 쌀 지고 돌아감 기뻐하네.」(未肯投竿起, 惟歡負米歸)

16 문외청봉(門外晴峯): 《표보》「이 구절은 상고할 만한 깊은 뜻은 없는 것 같다. 선생이 스스로 이르기를 집이 빈한하여 어버이를 봉양하느라 쌀을 지고 손수 찧기를 이렇게 골몰하는데, 어찌 문밖에 놀만한 맑게 갠 봉우리가 있음을 알겠는가라 하였다. 그러므로 수야가 종일토록 속세의 일이 없이 산을 바라보며 흥이 짙어가는 것을 부러워한 것이다.」(此恐無深義可考. 先生自謂, 家貧養親, 負米手舂, 汨沒如此, 豈知門外有晴峯可玩哉! 故羨秀野之終日無塵事而看山興濃也) 《차보》「이는 단지 봉양하는 데 힘쓰느라 산을 바라볼 겨를조차 없음을 말한 것일 뿐이다.」(此只言奉養服勞無看山之暇也)
이 두 구절은 주희가 부모를 봉양하는데 집이 가난하여 속세의 일에 골몰하느라 수야처럼 우아한 생각을 할 겨를이 없음을 말한 것이다.

17 진분원(塵氛遠): 당나라 두보의 〈젊은이의 노래(少年行)〉 제3수 「이 생애 만물 따르리니, 어느 길로 속세의 기운 벗어나려는가?」(此生隨萬物, 何路出塵氛)

拄頰看山幽興濃[18] 빰 괴고 산 바라보며
그윽한 홍취 짙어감이.
心鏡懸知不同調[19] 거울 같은 마음 함께
어울리지 못함 걸리어 아니,
詩壇那敢少爭鋒[20] 시단에서 어찌 감히
소소하게 날카로움을 다투겠는가.
空餘遠嶽尋師意[21] 다만 먼 봉우리로
스님 찾아 뜻 다지는 일만 남았으니,
箇裏何妨爲指蹤[22] 이 속에서 가리켜
좇게 함 어찌 거리끼겠는가.

18 주협간산(拄頰看山): 주(拄)는 괸다는 뜻. 《진서·왕휘지전(晉書·王徽之傳)》「왕휘지의 자는 자유인데 …… 거기장군 환충의 기병참군이 되었다. 환충이 일찍이 왕휘지에게 말하기를 『그대가 부중에 있은 지도 오래 되었으니 이제 당연히 같이 해야 할 일을 생각해야하지 않겠소?』라 했다. 왕희지는 처음에는 아무 대꾸도 않은 채 높은 곳을 직시하다가 홀을 가지고 뺨을 괴면서 말하기를 『서산에 아침이 되니 상쾌한 공기가 밀려오는구나.』라 하였다.」(徽之字子猷……爲車騎桓冲騎兵參軍……冲嘗謂王徽之曰, 卿在府日久, 比當相料理. 徽之初不酬答, 直高視, 以手版柱頰云, 西山朝來致有爽氣耳) 여기에 쓰인 주(柱)는 동사로 쓰이면 받친다는 뜻으로 역시 주(拄)와 뜻이 같게 된다. 송나라 소식의 〈앞 시의 각운자를 다시 써서 손각(孫閣)에게 부침(再用前韻寄莘老)〉「곤궁함이야 누가 그대에게 생각해보라 하겠는가? 고개 들고 산 바라보며 홀로 빰 괸다네.」(困窮誰要卿料理, 擧頭看山笏拄頰)

유흥농(幽興濃): 당나라 두보의 〈하씨네 집에 다시 들르다(重過何氏)〉 제2수「줄곧 그윽한 흥취 극에 달하였으니, 신 신고 동쪽 울타리 지나네.」(向來幽興極, 步屧過東籬)

19 심경(心鏡): 불교어로 맑고 깨끗한 마음을 가리키는 말이다. 《원각경(圓覺經)》 권 상「혜안은 엄숙하고 맑으며 마음의 거울이 밝게 빛난다.」(慧目肅淸, 照曜心鏡) 《남사·육혜효전(南史·陸慧曉傳)》「여강의 하점은 항상 『(齊나라의) 육혜효는 마음이 빛나는 거울과 같아 어떠한 사물과 마주쳐도 빛나지 않음이 없었다.』라 하였다.」(廬江何點常稱, 惠曉心如明鏡, 遇形觸物, 無不朗然)

현지(懸知): 헤아려 생각하다. 북주 유신(庾信)의 〈조 왕 간기에 화답함(和趙王看伎)〉「굽어 그릇되지 않음 알겠고, 주랑 무서워할 일 없네.」(懸知曲不誤, 無事畏周郞)

20 시단(詩壇): 송나라 구양수(歐陽脩)의 〈매성유 시승이 부쳐온 시에 답하다(答梅聖兪寺丞見寄)〉「글 짓는 모임에서는 나의 맹세 욕되게 더해주었고, 시단에서는 자장을 추천하였네.」(文會忝予盟, 詩壇推子將)

21 원악심사(遠嶽尋師): 《차보》「불서에 보인다. 산을 오르고 물을 건넘을 꺼리지 않음이 먼 산으로 스승을 찾는다고 말하는 것과 같다. 선생은 또 시에서 이르기를 『한가로이 먼 산의 맹세 다지네』라 하였다. 권7의 1판에 보인다.」(見佛書. 登山涉水不憚勞, 若謂之遠嶽尋師. 先生又有詩曰, 閑尋遠岳盟. 見下七卷一板)라 하였다. 주희의 시는 권7의 제4수 〈운곡의 서천암 주인에게 부침(寄雲谷瑞泉菴主)〉의 열 번째 구절이다. 《후한서·이고전(李固傳)》「어려서부터 배우기를 좋아하여 항상 걸어 다니면서 스승을 찾았는데 천리를 멀다하지 않았다.」(少好學, 常步行尋師, 不遠千里) 남조 송(宋)나라 포조(鮑照)의 〈하늘을 오름을 노래함(升天行)〉「스님 좇아 먼 산으로 들어가고, 벗 맺어 신선 신령함 일삼네.」

58 拙政堂 졸정당

驥足寧同曳尾龜[23] 천리마의 발이 어찌
꼬리를 끄는 거북과 같겠는가?

青山終是費心期 푸른 산 끝내
마음 속 기대를 써버렸다네.

陶公歸去有餘樂[24] 도연명 돌아감에
남는 즐거움 있었으니,

(從師入遠嶽, 結友事仙靈)

22 개리(箇裏): 「此中」, 곧 「이 가운데」라는 뜻이다. 당나라 왕유(王維)의 〈비부의 양원외와 함께 보름밤에 놀다가 정자계를 그리워하다((同比部楊員外十五夜遊有懷靜者季)〉「향기로운 수레 보배로운 말 함께 섞이어 시끄러운데, 그 가운데 다정한 협객 소년 있다네.」(香車寶馬共喧闐, 箇裏多情俠少年)

지종(指蹤): 원래는 사냥개에게 사냥감이 있는 곳을 가리켜주고 잡게 한다는 뜻인데, 여기서는 그렇게 계획을 세워 지휘함을 이른다.

23 기족(驥足): 기는 천리마를 말한다. 뜻이 변하여 뛰어난 인재, 준걸을 가리키게 되었다. 《삼국지·촉지·방통전(蜀志·龐統傳)》「선주(유비)가 형주를 다스리게 되자 방통은 종사로 뇌양현령을 맡게 되었는데, 현에서 치적을 쌓지 못하여 면직되었다. 오나라 장수인 노숙이 선주에게 편지를 보내어 말하기를 『방통은 백리(현을 가리킴)를 다스릴 재능이 아닙니다. 치중·별가의 임무를 맡게 하면 비로소 인걸의 재능을 펼치게 될 것입니다.』라 하였다.」(先主領荊州, 統以從事守耒陽令, 在縣不治, 免官. 吳將魯肅遺先主書曰, 龐士元非百里才也, 使處治中、別駕之任, 始當展其驥足耳) 당나라 옹도(雍陶)의 〈영락의 은요의 반명부에 부침(寄永樂殷堯藩明府)〉「백 리로 어찌 천리마의 발 거두리오? 구천 끝내 스스로 닭의 무리와 헤어졌다네.」(百里豈能容驥足, 九霄終自別羣鷄)

예미구(曳尾龜): 《장자·추수(秋水)》「장자가 복수에서 낚시를 하고 있는데, 초나라 왕이 대부 두 사람을 먼저 가게 하여 말하였다. 『원컨대 나라의 일로 누를 좀 끼쳤으면 합니다.』 이에 장자는 낚싯대를 잡고 돌아보지도 않으며 『내 듣건대, 초나라에는 신령스런 거북이 있다는데 죽은 지 이미 삼천 년이 되었다고 합니다. 왕께서는 헝겊으로 싸고 상자에 넣어 묘당의 위에 잘 간직해두었습니다. 이 거북은 죽어서 뼈를 남겨 귀해지고자 하였겠습니까? 아니면 차라리 살아서 진흙바닥에서 꼬리를 끌고자 하겠습니까?』 이에 두 대부가 말하였다. 『그야 물론 차라리 살아서 진흙바닥에서 꼬리를 끌고자 하겠지요.』 장자가 말하였다. 『가시오! 나는 장차 진흙바닥에서 꼬리를 끌고자 합니다.』」(莊子釣於濮水, 楚王使大夫二人往先焉, 曰, 願以境內累矣! 莊子持竿不顧, 曰, 吾聞楚有神龜, 死已三千歲矣, 王以巾笥而藏之廟堂之上. 此龜者, 寧其死爲留骨而貴乎? 寧其生而曳尾於塗中乎? 二大夫曰, 寧生而曳尾塗中. 莊子曰, 往矣! 吾將曳尾於塗中) 당나라 백거이(白居易)의 〈9년 11월 21일 느낌이 있어 짓다(九年十一月二十一日感事而作)〉「기린이 포 되고 용이 젓갈 되니, 어찌 꼬리 끄는 거북과 비슷하겠는가?」(麒麟作脯龍爲醢, 何似泥中曳尾龜)

24 도공귀거(陶公歸去): 진나라의 도연명이 〈귀거래사〉를 지어 팽택 현령을 사직하고 고향으로 돌아간 것을 말한다. 《남사·도잠전(陶潛傳)》「군에서 감찰관을 현에 파견하자 현리들은 의관을 정제하고 뵈어야 한다고 아뢰었다. 도잠이 탄식하여 말하기를 『나는 쌀 다섯 말에 향리의 소인배에게 허리를 구부릴 수 없다.』 하고는 그 날로 관인주머니를 끌러놓고는 관직을 떠났는데 〈돌아가리라〉는 사를 지어 그 뜻을 이루었다.」(郡遣督郵至縣, 吏曰應束帶見之, 潛歎曰, 我不能爲五斗米折腰向鄉里小人. 卽日解印綬去職, 賦歸去來以遂其志)

潘令閑居不足追[25] 반악의 한가로운 삶은
　　　　　　　　　　쫓을 만하지 않네.
自笑十連非所慕[26] 열 고을 원하던
　　　　　　　　　　바가 아님 절로 우습고,
未應三徑苦無資[27] 세 오솔길 실로
　　　　　　　　　　바탕 없지 않을 것이네.

25 반령(潘令): 반령은 진(晉)나라 반악(潘岳: 247~300)을 가리킨다. 반악이 일찍이 하양(河陽)현령을 지낸 적이 있기 때문에 이렇게 말하였다. 《익증》「반악은 〈한거부(閑居賦)〉를 지었다. 이는 그 즐거움이 반악에 비할 바가 아니라는 말이다.」(潘岳有閑居賦. 此言其樂非岳之比) 반악은 어렸을 때부터 신동이라 일컬어졌다. 글의 기세가 찬란하여 비단을 펼쳐 놓은 것 같았는데, 문풍과 실제 그의 행동은 정반대였다. 가장 대표적인 예가 바로 〈한거부〉인데, 글의 내용은 은퇴하여 한가로이 지내고 싶은 심정을 읊은 것이지만 실제로는 고관대작들에게 아첨하여 권세와 세속의 이익 쫓기에만 급급하여 석숭(石崇) 등과 함께 가밀(賈謐)을 아첨하며 섬겼다. 심지어 가밀이 나올 때마다 석숭과 함께 먼지에 싸인 그의 수레를 바라보며 절을 했을 정도였다. 이는 반악의 이런 저속한 행위가 도연명의 고고한 행위에 비하여 전혀 따라할 만한 가치가 없음을 말한다.

26 십련(十連): 연(連)은 주나라의 행정단위로 여기서는 그냥 주군(州郡)을 맡은 관직을 가리킨다. 《익증》「(주나라) 왕의 제도로 십국을 1연으로 삼았으며, 연에는 수(帥)를 두었다.」(王制十國以爲連, 連有帥) 《한서》 권49 〈조조전(晁錯傳)〉에 「신이 듣건대 옛날의 제도에는 변방의 고을을 가지고 적을 대비하였다고 합니다. 다섯 가구를 오로 삼았는데 오에는 장이 있으며, 열 개의 장으로 1리를 삼았는데 리에는 가사가 있고, 4리를 일련으로 삼았는데 연에는 가오백이 있었습니다.」(臣聞古之制邊縣以備敵也, 使五家爲伍, 伍有長. 十長一里, 里有假士. 四里一連, 連有假五百)라는 말이 있는데, 당나라 이현(李賢)의 주석에서는 「십 련은 일 읍이며 읍에는 가후가 있다. 가후는 모두 그 고을의 현재와 유호 가운데서 가려 뽑는다.」(十連一邑, 邑有假候. 皆擇其邑之賢材有護)라 하였다. 송나라 소식의 〈왕웅주가 시기 경주를 송별한 시의 각운자를 써서(次韻王雄州送侍其涇州)〉「추봉거 씩씩한 세 위관(衛官)으로 돌아가고, 부월 주어 다시 돌아와 열 주군 안정시켰네.」(追鋒歸去雄三衛, 授鉞重來定十連)

27 삼경(三徑): 서한(西漢) 말기에 왕망(王莽)이 세도를 잡고 있을 때 연주자사(兗州刺史)로 있던 장후(蔣詡)가 벼슬을 사직하고 고향으로 돌아가서 은거하면서 정원에 소나무를 심은 길[松徑], 국화를 심은 길[菊徑], 대나무를 심은 길[竹徑]을 만들어 놓고 은거하였다는 고사. 남조 진(晉) 조기(趙岐)의 《삼보결록(三輔決錄)》「장후는 자가 원경인데 연주자사로 나갔다가 고향인 두릉으로 돌아와 문은 가시덤불로 막고 집안에 세 갈래 오솔길을 만들어 놓고 출입을 하지 않았는데, 오직 구중과 양중이라는 친구하고만 좇아 노닐었다. 두 중씨는 모두 청렴으로 천거받았으나 이름을 숨긴 선비이다. 두 사람은 어디 사람인지 모르는데 모두 수레를 수리하는 것을 업으로 삼았으며 당시 사람들이 이중이라고 불렀다.」(蔣詡字元卿, 去兗州刺史還鄉里杜陵, 荊棘塞門, 舍中有三徑不出, 惟裘仲羊仲從之游. 二仲皆推廉逃名之士. 二人不知何許人, 皆治車爲業, 時人謂之二仲)라 하였다. 《삼보결록》은 이미 산일된 것을 조기가 여러 책에서 관련 기사를 수집하여 정리한 것이다. 여기서는 당나라 우세남(虞世南)의 《북당서초(北堂書鈔)》 및 《태평어람》, 그리고 도연명의 《군보록(羣輔錄)》 등에서 인용한 것을 정리한 것이다. 진나라 도연명의 〈귀거래사(歸去來辭)〉「세 지름길은 황폐하여졌으나 소나무 국화는 오히려 그냥 남아 있네.」(三徑就荒, 松菊猶存) 남송 양만리(楊萬里)의 〈아홉 오솔길(三三徑)〉「세 오솔길 처음 연 이는 장후고, 두 번째 연 이는 도연명이라네.」(三徑初開是蔣卿, 再開三徑是淵明)

明朝謾擁朱輪去[28]	내일아침 멋대로 붉은 수레를 끌고 가면,
猿鶴咨嗟政爾爲[29]	원숭이와 학 바로 이렇게 함 탄식하겠네.

59 香界[30]	향계
幽興年來莫與同	그윽한 홍취 근년 들어 함께 할 이 없어,
滋蘭聊欲汎光風[31]	난초 심어 애오라지 비 갠 뒤의 바람에 흔들리고자 하네.

28 주륜(朱輪): 수레의 흙받이[轓]를 붉은 색으로 칠한 수레. 현귀한 자가 타고 다니는 수레를 말한다. 송나라 소식의 〈낭중인 공종한(孔宗翰)이 형림의 마상에서 부쳐온 시에 화답하다(和孔郎中荊林馬上見寄)〉「붉은 수레 교외에 미치지 못했는데, 맑은 바람 이미 달려가네.」(朱輪未及郊, 淸風已先馳)《한서·경제본기(景帝本紀)》「(中) 6년(B.C. 144) 장리(6백석 이상의 녹봉을 받는 관원)로서 2천석 이상의 녹봉을 받는 관리들에게는 수레의 양쪽 흙받이를 붉게 칠하도록 하였고, 천석에서 6백석 이상은 왼쪽 흙받이를 붉게 칠하게 하였다.」(六年. 令長吏二千石車朱兩轓, 千石至六百石朱左轓) 또한《후한서·여복지(輿服志)》「중이천석과 이천석의 녹봉을 받는 관리는 모두 검은 덮개와 양 바퀴에 붉은 흙받이를 했고, 천석에서 육백석의 녹봉을 받는 관리는 왼쪽 바퀴에 붉은 흙받이를 했다.」(中二千石二千石皆皁蓋, 朱兩轓. 其千石六百石, 朱左轓)《한서》권66 〈양운전(楊惲傳)〉「양운의 집이 바야흐로 융성했을 때는 붉은 수레를 탄 사람이 열 명이었다.」(惲家方隆盛時, 乘朱輪者十人)

29 원학(猿鶴): 남조 제나라 공치규(孔稚圭)의 〈북산의 산신령에게 보내는 공문(北山移文)〉「향초로 엮은 장막 텅 빔이여 밤에 학이 놀라고, 산 사람 떠남이여 새벽에 원숭이 놀란다네.」(蕙帳空兮夜鶴怨, 山人去兮曉猿驚) 송나라 소식의 〈비각에서 숙직을 서며 왕민보에게 지어 드림(夜直祕閣呈王敏甫)〉「큰 은자 본래부터 경계 없고, 북산의 원숭이와 학 공문 업신여기네.」(大隱本來無境界, 北山猿鶴謾移文)
자(咨):《고이》에 「놀랄 경」(驚)자로 된 판본도 있다고 하였다.

30 향계(香界): 불가에는 중향국(衆香國)이라는 나라가 있다고 하는데, 불호(佛號)로는 향적(香積)이라고 한다. 누각이며 원유(園囿)가 모두 향기롭고 그 향기가 시방(十方)의 무량세계(無量世界)까지 두루 미친다고 한다. 나중에는 불교 사원을 두루 일컫는 말로 쓰이게 되었다.《유마경·향적불품(香積佛品)》에 나온다. 당나라 심전기(沈佺期)의 〈소릉사(紹隆寺)〉「향기로운 세계 북쪽 물가에 얽히고, 꽃 감실은 남쪽 봉우리에 숨었네.」(香界縈北渚, 花龕隱南巒)

31 자란(滋蘭):《초사·이소(離騷)》「내 이미 난초를 구원에 심었고, 다시 혜초를 백무에 심었네.」(余旣滋蘭之九畹兮, 又樹蕙之百畝) 주희는「자는 심는 것이다.」(滋, 蒔也)라 하였다.
범광풍(汎光風):《초사·혼을 부름(招魂)》「비 갠 뒤 바람은 혜초 움직이고, 흔들흔들 높은 난초 움직이네.」(光風轉蕙, 氾崇蘭些)라는 구절이 있는데, 주희는「광풍은 비가 그치고 해가 나며 바람이 불어 초목이 빛나는 것이다.『氾』은『汎汎』과 같으며, 움직이는 모양이다.」(光風, 謂雨止日出而風, 草木有光也. 氾, 猶氾氾, 搖動貌)라 하였다.

眞成佛國香雲界[32] 실로 부처 나라의
향기로운 구름 세계 이루니,
不數淮山桂樹叢[33] 회산의 계수나무 떨기
헤아리지 못하네.
花氣無邊曛欲醉[34] 꽃 향기 끝없어
맡으니 취할 듯하고,
靈氛一點靜還通[35] 신령스런 향기 한 점
고요한 듯 또 통하네.
何須楚客紉秋佩[36] 초나라 나그네 어찌 모름지기
가을에 향초 차야하리.
坐臥經行住此中 앉았다 누웠다 지나가는
길에 여기에 머물게나.

60 春谷 봄 골짜기

武夷高處是蓬萊[37] 무이산 높은 곳
봉래산이니,
采得靈根手自栽[38] 신령한 뿌리 캐어
얻어 손수 심었다네.

32 불국향운계(佛國香雲界): 《차보》「《열반경》『보련화 위에 있는 자금신은 오색향운이 대천세계에 두루 미친다.』」(涅槃經, 寶蓮花上紫金身, 五色香雲遍大千)

33 회산계수총(淮山桂樹叢): 회산은 회남소산을 말한다. 회남소산(淮南小山)의 초사 〈은사를 부르다(招隱士)〉「계수나무 빽빽하게 났음이여 산은 그윽하다네.」(桂樹叢生兮山之幽) 송나라 전유연(錢惟演)의 〈허동이 오중으로 돌아가다(許洞歸吳中)〉「취하여 수안의 버들꽃 흼 버리고, 회남소산의 계수나무 푸름 읊으며 지나가네.」(醉抛隋岸楊花白, 吟過淮山桂樹靑)

34 훈(曛): 여기서는「취할 훈」(醺)자와 같은 뜻으로 쓰였다.

35 영분(靈氛):「靈芬」과도 통하여 쓰며, 향기라는 뜻이다.

36 초객인추패(楚客紉秋佩): 초나라 굴원의 《초사·이소(離騷)》「강리와 벽지 몸에 두름이여, 가을 난초 엮어 허리에 찼다네.」(扈江離與辟芷兮, 紉秋蘭以爲佩) 주희는「인은 잇는 것이다.」(紉, 續也)라 하였다.

37 무이(武夷): 무이산에 대해서는 권1 28번 시의 주 1)을 보라.

38 영근(靈根): 식물의 뿌리를 일컫는 미칭.
재(栽): 청나라 하서린(賀瑞麟)의 《주자문집정와(朱子文集正訛)》에서는「심을 재」(栽)로 고쳐 놓았다.

地僻芳菲鎭長在[39]	땅은 치우쳤으나 향기 오래도록 남아 있고,
谷寒蜂蝶未全來[40]	골짜기 추워 벌이며 나비 다 찾아오지는 않네.
紅裳似欲留人醉[41]	붉은 아랫도리 사람을 취한 채 있게 하려는 듯,
錦障何妨爲客開[42]	비단 가리개 나그네 위해 펼친들 무엇 거리끼리오.
飮罷醒心何處所	술 다 마셨으니 깬 맘은 어디에 둘까?
遠山重疊翠成堆[43]	먼 산 겹겹이 포개져 비취빛 언덕을 이루었다네.

61 舫齋	뱃집
扁舟容與小房櫳[44]	조각배 조그만 선실의 창 까딱까딱 흔들리고,

39 진(鎭): 《차의》에서는 「편안한 것이다.」(安也)라 하였다. 그러나 여기서는 항상, 오래도록이라는 뜻으로 쓰였다.

40 봉접미전래(蜂蝶未全來): 송나라 소철(蘇轍)의 〈모군이 균암의 선재를 새로 짓다(毛君新葺囷菴船齋)〉「처마의 대나무에 바람과 서리 일찍이 이르지 않았고, 분재한 꽃의 벌과 나비 다 알지는 못한다네.」(簷竹風霜曾不到, 盆花蜂蝶未全諳)

41 홍상(紅裳): 《차의》「최원휘가 약초를 캐다 밤에 돌아오니 바람과 달이 아름답고 상쾌하였다. 흰 저고리에 붉은 치마를 입은 이가 있었는데 이씨와 도씨라 하였으며, 외모가 모두 곱고 아름다운 향기가 사람에게 스며들었다. 최원휘는 이에 짝한 여자가 바로 여러 꽃들의 요정임을 깨달았다.」(崔元徽採藥夜回, 風月佳爽, 有白衣引紅裳者, 李氏陶氏, 色皆姝麗, 芳馨襲人, 崔乃悟女伴, 卽衆花精也) 《패문운부》에서는 출전을 《천보유사(天寶遺事)》라고 하였다. 아마 《개원천보유사(開元天寶遺事)》를 가리켜 말하는 것 같다.

42 금장(錦障): 비단 가리개를 말한다. 《진서》 권33 〈석숭전(石崇傳)〉「왕개(王愷)가 보라색 실로 짠 보장(기둥을 세워서 행인이 보지 못하도록 둘러친 장막) 40리를 치면 석숭은 비단 보장 50리를 쳐서 맞섰다.」(愷作紫絲布步障四十里, 崇作錦步障五十里以敵之)

43 원산~취성퇴(遠山~翠成堆): 송나라 소식의 〈9월 9일에 진스님을 찾다가 마침내 작은 배를 띄워 근사원에까지 이르다(九日, 尋臻闍黎, 遂泛小舟至勤師院)〉 제2수 「호숫가 푸른 산 비취빛 언덕을 이루었는데, 파릇파릇 빽빽함 기운 아름답구나!」(湖上青山翠作堆, 葱葱鬱鬱氣佳哉)

44 용여(容與): 물결을 따라 흔들리는 모양을 나타내는 의태어. 《초사·구장·강을 건넘(九章·涉江)》「배 까딱까딱하며 나아가지 않음이여, 소용돌이에 막힘이여 오래

搖颺簾旌蜀錦紅　　주렴과 깃발 촉땅의
붉은 비단에 나부끼네.
兩岸蒹葭秋色裏[45]　　양 언덕의 물억새
가을 풍경 속에 있고,
一川煙浪夕陽中　　온 시내의 안개 낀 물결
저녁 해 속에 있네.
不愁灩澦雙蓬鬢[46]　　염여퇴 두 갈래
쑥대머리 근심하지 않고,
未怯江湖萬里風　　강호의 만리 바람
겁나지 않네.
築室水中聊爾爾[47]　　물 가운데 집 지음
애오라지 이와 같은데,
何須極浦望朱宮[48]　　어찌 모름지기 먼 물가에 있는
붉은 궁궐 바라리!

도록 머무르네.」(船容與而不進兮, 淹回水而凝滯) 방롱(房櫳): 「櫳」은 「籠」과도 통하여 쓴다. 방롱은 창령(窓欞), 곧 창살을 말한다. 한나라 반첩여(班倢伃)의 〈나의 처지를 슬퍼함(自悼賦)〉「넓은 방 음습함이여 장막 어둡고, 창살 비었음이여 바람 솨솨 불어온다네.」(廣室陰兮帷幄暗, 房櫳虛兮風泠泠) 여기서는 방을 대신 가리키는 말로 곧 선실(船室)을 가리켜 말하였다.

45 겸가(蒹葭): 물억새. 이삭이 팬 것을 추(萑)라 하고, 이삭이 패지 않은 것을 겸가라고 한다. 《시경·진풍·겸가(秦風·蒹葭)》「물억새 창창하니, 흰 이슬 서리 되었다네.」(蒹葭蒼蒼, 白露爲霜) 주희의 주석「겸은 추와 비슷하나 가늘며, 높이가 몇 자나 되니 또 겸이라고도 한다. 가는 갈대이다.」(蒹, 似萑而細, 高數尺, 又謂之蒹. 葭, 蘆也) 진환(陳奐)은「겸가는 곧 갈대 가운데 이삭이 패지 않은 것이다.」(蒹葭, 卽萑葦之未秀者)라 하였다.

46 염여쌍봉빈(灩澦雙蓬鬢): 염여는 장강의 삼협(三峽) 중 하나인 구당협(瞿塘峽)으로 흘러드는 험한 여울인 염여퇴(灩澦堆)를 말한다. 당나라 두보(杜甫)의 〈장차 형남으로 가려함에 이검주에게 부쳐 이별함(將赴荊南寄別李劒州)〉「길 염여퇴 지나니 두 갈래 쑥대머리요, 하늘 창랑에 드니 한 척 낚싯배로다.」(路經灩澦雙蓬鬢, 天入滄浪一釣舟)

47 축실수중(築室水中): 《초사·구가·상부인(九歌·湘夫人)》「물 속에 집 지음이여, 연잎으로 지붕 덮는다네.」(築室兮水中, 葺之兮荷蓋) 요이이(聊爾爾): 남조 송나라 유의경(劉義慶)의 《세설신어·임탄(任誕)》「7월 7일 북쪽의 완씨들이 거창하게 옷을 말렸는데, 모두 화려한 비단옷들이었다. 중용(阮籍의 조카 阮咸)은 뜰 안에서 거친 베로 만든 짧은 바지를 장대에 걸어놓았다. 어떤 사람이 그것을 이상하게 여기자 대답하기를『풍습을 따르지 않을 수 없기에 할 수 없이 이렇게 때우는 것이요.』라 하였다.」(七月七日, 北阮盛曬衣, 皆紗羅錦綺, 仲容以竿挂大布犢鼻褌於中庭. 人或怪之. 答曰, 未能免俗, 聊復爾耳)

48 극포망주궁(極浦望朱宮): 주궁은 곧 궁궐을 말한다. 《초사·구가·하백(河伯)》「해 곧 지려함이여 멍청하게 돌아갈 것 잊고, 저 먼 포구 생각함이여 자나 깨나 잊지 못하네. 고기 비늘 집이며 용의 대청이요, 자패 궁궐

62 藥圃 약초 밭

種藥春畦有近功[49] 봄 밭두둑에 약초 심어
곧 효과 드러나리니,

不辭耘耔謾勞躬[50] 북돋고 김맴 사양 않고
느리나마 몸소 힘씀이라네.

漸看杞菊充庖下[51] 구기자와 국화가 부엌 밑에
가득함 점점 보게되고,

卽見芝英入籠中[52] 영지 꽃 바구니 안에
들어와 있음을 곧 보이네.

病去自知非往日 병 사라지니 스스로
지난날과 다름 알겠고,

身輕何必御泠風[53] 몸 가벼우니 어찌 꼭
시원하게 바람 몰려 하겠는가?

이며 붉은 궁전이라네」.(日將暮兮悵忘歸, 惟極浦兮寤懷. 魚鱗屋兮龍堂, 紫貝闕兮朱宮)「극포」에 대해 주희는 「극은 멀다는 뜻이다. 포는 물가이다.」(極, 遠也. 浦, 水涯也)라 하였다.「주궁」에 대해 한나라의 왕일(王逸)은 「궁궐을 붉은 색으로 단청한 것이다.」(朱丹其宮)라 하였다.

49 종약춘휴(種藥春畦): 당나라 잠삼(岑參)의 〈허습유가 은혜를 입어 강녕으로 돌아가 어버이를 뵈러 감에 송별하다(送許拾遺恩歸江寧拜親)〉「성긴 옛 밭두둑에 약초 심고, 고기 낚으려 옛 낚시바늘 드리우네.」(種藥疏故畦, 釣魚垂舊鉤)

근공(近功):《익증》「공은 공효의 뜻에 가깝다.(功近功效)

50 운자(耘耔):《시경·소아·큰밭(甫田)》「남쪽 밭으로 나가, 김 매고 북돋우네.」(今適南畝, 或耘或耔) 주희는 「운은 풀을 제거하는 것이고, 자는 뿌리를 북돋우는 것이다.」(耘除草也, 耔雝本也)라고 하였다.

51 기국(杞菊):《고이》에서는「구기」(拘杞)로 되어 있는 판본도 있다고 하였다.《집람》「기는 구기자이다. (당나라의) 육구몽은 〈기국부〉를 지었고, (송나라의) 소식은 〈후기국부〉를 남겼는데, 모두 그 복용법을 말하였다.」(杞, 拘杞也. 陸龜蒙有杞菊賦, 東坡有後杞菊賦, 皆言其服法)

52 지영(芝英): 한나라 사마상여(司馬相如)의 〈대인부(大人賦)〉에 「이슬 들이킴이여 아침 놀 먹고, 영지 꽃 천천히 씹음이여 옥 같은 꽃 먹는다네.」(呼吸沆瀣兮餐朝霞, 譓咀芝英兮嘰瓊華)라는 구절이 있는데, 지란(芝蘭) 가운데 영험한 것이라는 뜻이다.

53 어령풍(御泠風):《장자·소요유(逍遙遊)》「저 열어구(列禦寇)라는 사람은 바람을 몰고 다니는데 도가 통해서 이력이 났다. 보름 만에도 돌아온다. 그는 속세의 모든 일을 다 갖추는데 급급하지는 않다. 이 사람은 비록 행적을 남기지는 않으나, 그래도 기다리는 것[즉 바람]은 있다. 만약 하늘과 땅의 바름을 타고, 육기(음·양, 풍·우, 밝음과 어두움)의 변화를 조종하여 무궁무진하게 노닐 수만 있다면, 저 사람이 장차 무엇을 기다리겠는가? 그렇기 때문에 지인은 자기를 잊고, 신인은 공로를 잊고, 성인은 이름을 잊는다고 한다.」(夫列子御風而行, 泠然善也, 旬有五日而後返, 彼於致福者, 未數數然也. 此雖免乎行, 猶有所待者也. 若乎乘天地之正, 而御肉氣之辯, 以遊無窮者, 彼且惡乎待哉? 故曰, 至人無己, 神人無功, 聖人無名)

出門會有兒童笑[54] 문을 나서니 마침
웃는 아이 있는데,
不是當年植杖翁[55] 그때 지팡이 짚던
노인 아니라네.

63 山人方丈[56] 산인의 방장

方丈脩然屋數椽[57] 방장 얽매임 없으며
지붕은 여러 서까래가 떠받치고,
檻前流水自淸漣[58] 헌함 앞으로 흐르는 물
절로 맑게 잔물결 치네.
蒲團竹几通宵坐[59] 부들자리 대나무 안석에
밤새도록 앉았다가,

54 유(有)자는 《고이》에 「볼 견」(見)자로 되어 있는 판본도 있다고 하였다.

55 식장옹(植杖翁): 《논어·미자(微子)》「자로가 따라가다가 뒤로 처지게 되었는데 지팡이를 짚고 대바구니를 맨 사람을 만났는데 …… 그 지팡이를 짚고 김을 매고 있었으며 자로는 두 손을 모으고 서 있었다.」(子路從而後, 遇丈人以杖荷蓧……植其杖而芸. 子路拱而立) 《표보》「지팡이를 짚었다고 한 것은 실로 하조장인의 고사를 쓴 것이며, 이 시구의 뜻은 대체로 평상시에 다닐 때는 지팡이를 짚었는데 약을 복용하니 몸이 가벼워져서 지팡이를 짚고 다니지 않게 되었으므로 아이가 웃었다는 것이다.」(植杖, 固用荷蓧事, 而詩意盖謂常時行必扶杖, 服藥身輕, 不杖而行, 故兒童笑也)

56 방장(方丈): 명나라 주기(周祈)의 《명의고(名義考)》 권3 「당나라 현경(656~660) 연간에 왕현책이 서역에 사신으로 나갔는데 비야리성에 이르니, 유마거사의 석실이 있었다. 수판을 가지고 가로 세로 재보았더니 10홀이 되었으므로 방장실이라 하였다. 후인들은 중이 사는 승사를 모두 방장이라 불렀다.」(唐顯慶中, 王玄策使西域, 至毗耶離城, 有維摩居士石室, 以手板縱橫量之, 得十笏, 名方丈室. 後人謂僧舍皆曰方丈) 《익증》「유마가 사는 방은 사방이 일 장이나 10억 명의 사람을 수용하여 들일 수 있었다.」(維摩所居室其方一丈, 而能容納百千萬人) 나중에는 절에서 장로나 주지 등이 거처하는 곳을 방장이라 부르게 되었다.

57 옥수연(屋數椽):송나라 육유(陸游)의 〈일찍이 원백이 여러 차례 성중에 거처할 것을 권하였으나 나는 매산에서 운문으로 들어가고자 하였다. 오늘 술에 깊이 취하여 우연히 긴 시를 얻었으므로 삼가 부친다(曾原伯屢勸居城中而僕方欲自梅山入雲門. 今日病酒偶得長句奉寄)〉「가을 기운 높아 다시 집 옮겨가고 싶어, 먼저 운문에 서까래 몇 개 있는 집 짓는다네.」(秋高更欲移家去, 先葺雲門屋數椽)

58 함전류수(檻前流水): 송나라 정호(程顥)의 〈소옹의 서가 시편에 화답하다(和堯夫西街之什)〉「헌함 앞으로 물 흐르니 마음 함께 즐겁고, 숲 바깥의 청산에 눈 다시 열리네.」(檻前流水心同樂, 林外靑山眼重開)
청련(淸漣): 《시경·위풍·박달나무를 벰(魏風·伐檀)》「황하수는 맑고도 또한 잔잔하구나!」(河水淸且漣猗兮)

59 포단죽궤(蒲團竹几): 포(蒲)는 방석(方席)이며, 포단은 부들로 짠 둥근 자리이다. 《전등록(傳燈錄)》 권17 〈호남 용아산 거둔선사(湖南龍牙山居遁禪師)〉「선사가

掃地焚香白晝眠[60]　　땅 쓸고 향 피워
　　한낮에는 잠 잔다네.
地窄不容揮麈客[61]　　땅 좁아 사슴꼬리 놀리는 객들
　　받아들이지 못하고,
室空那有散花天[62]　　집 비었으니 어찌
　　꽃 뿌릴 천녀(天女) 있겠는가?
箇中有句無人薦[63]　　그 가운데 글귀 있으나
　　드리는 사람 없으니,

취미에 있을 때 물었다. 『어떤 것이 조사의 뜻입니까?』 취미가 말했다. 『나와 함께 선판을 가져오는 것이다.』 …… 또 임제에게 물었다. 『어떤 것이 조사의 뜻입니까?』 임제가 말했다. 『나와 함께 부들자리를 가져오는 것이다.』 선사가 이에 부들자리를 지나니 임제가 때릴 수 있을 정도로 다가왔다.」(師在翠微時, 問, 如何是祖師意? 翠微曰, 與我將禪板來……又問臨濟, 如何是祖師意? 臨濟曰, 與我將蒲團來. 師乃過蒲團, 臨濟接得便打)
송나라 소식의 〈귀양살이의 세 가지 즐거운 일·낮에 창문 밑에 앉아서 졸다(謫居三適·午窓坐睡)〉「부들자리에 두 허리 서리고 앉았으며, 대나무 안석에 두 팔꿈치 세우네.」(蒲團蟠兩腰, 竹几閣雙肘)
통소좌(通宵坐): 당나라 유득인(柳得仁)의 〈달을 마주하면서 옹도에게 부침(對月寄雍陶)〉「물 앞에 두고 밤새도록 앉았으니, 그대 이 흥 같음 알겠네.」(臨水通宵坐, 知君此興同)

60 소지분향(掃地焚香): 원나라 신문방(辛文房)의 《당재자전·위응물(唐才子傳·韋應物)》「위응물은 서울 사람이다. 의협을 숭상하였으며 처음에는 삼위랑으로 현종을 섬겼다. 현종이 죽자 비로소 뉘우치며 (의협을 좋아하던) 절의를 끊고 책을 읽었다. 성품이 고결하였으며, 적게 먹고 욕심이 적었으며 사는 곳에는 반드시 향을 사르고 땅을 쓸고는 앉았는데 마음을 가라앉히고 물상의 세계를 초월하였다.」(應物, 京兆人也. 尙俠, 初以三衛郎事玄宗. 及崩, 始悔, 折節讀書. 爲性高潔, 鮮食寡欲, 所居必焚香, 掃地而坐, 冥心象外)

61 휘주(揮麈): 주(麈)는 주미(麈尾)로 주미선(麈尾扇) 또는 불자(拂子)라고도 한다. 선승(禪僧)이 담론할 때 손에 들고 흔드는 둥근 모양의 총채. 《비아(埤雅)》 권3 「《명원》에서 말하였다. 사슴 가운데 큰 것을 주라고 하는데, 뭇 사슴들이 따라다닐 때 모두 그 꼬리 있는 곳을 본다. 이것이 변하여 문장에서의 표준이 되었다. 주된 사슴이 주가 되어서 옛날에 이야기를 하는 사람이 그것을 흔드는 것은 바로 이 때문이다.」(名苑曰, 鹿之大者曰麈, 羣鹿隨之, 皆視麈尾所, 轉爲準於文. 主鹿爲麈, 而古之談者揮焉, 良爲是也)

62 실공(室空): 《장자·외물(外物)》「방안에 빈 곳이 없으면 시어머니와 며느리는 다투게 되고, 마음에 자연의 자적함이 없으면 육근(六根)의 욕정이 서로 거역하며 다투게 된다.」(室无空虛, 則婦姑勃谿, 心无天遊, 則六鑿相攘)
산화천(散花天): 산화천녀(散花天女), 곧 꽃을 뿌리는 선녀를 말한다. 산화는 위 32번 시의 주 2) 결습(結習)조를 참조하라. 당나라 백거이(白居易)의 〈밤새도록 재계하다가 장난삼아 유우석을 부르다(齋戒滿夜, 戲招夢得)〉「방장께서 병문안 와주실 수 있다면, 꽃 뿌리는 천녀 함께 있음 꺼리지 말게나.」(方丈若能來問疾, 不妨兼有散花天)

63 유구무인천(有句無人薦): 「薦」은 드리다, 바치다의 뜻. 《익증》「이 말을 들어 더불어 이 그윽한 흥취를 말할 만한 사람이 없음을 이른 것이다.」(謂擧此言, 無人可與道此幽趣)

不是諸方五味禪[64]	다른 곳으로 다섯 가지 맛 선 찾아나섬은 아니리.

64 **龜峯樓**[65]	귀봉루
楊柳東邊桂樹西	수양버들은 동쪽에 계수나무는 서쪽에 있는데,
小樓晴眺極霏微[66]	작은 누대 아침에 개었으나 저 끝은 흐릿하네.
山川政爾供凝目	산천 마침 저러하니 눈 고정시키게 되고,
塵土何妨略振衣	흙먼지 대충 옷에서 털어냄 어찌 거리끼리오?

64 제방오미선(諸方五味禪): 제방은 여기서 다른 곳이라는 뜻으로 쓰였다. 오미선은 우유를 정제할 때 각 단계마다 달라지는 다섯 가지 맛인 유미(乳味)·낙미(酪味)·생소미(生酥味)·숙소미(熟酥味)·제호미(醍醐味)를 천태종(天台宗)에서 화엄(華嚴)·아함(阿含)·방등(方等)·반야(般若)·법화열반(法華涅槃)의 다섯 가지 선의 단계로 비유한 것을 말한다. 《전등록》 권13 〈전수주도원선사법사(前遂州道圓禪師法嗣)〉「선에는 얕은 것도 있고 깊은 것도 있어 단계가 등급이 다른데 대이계라 한다. 위의 것을 좋아하고 밑의 것을 싫어하면서 닦는 것은 외도선이다. 바로 인과만 믿으며 또한 좋아하고 싫어하며 닦는 것이 범부선이다. 나의 비고 참됨에 치우친 이치를 깨달아 닦는 것은 소승선이다. 나의 두 가지 빔을 본받음을 깨달아 진리를 드러내어 닦는 것이 대승선이다. 만약 내 마음을 갑자기 깨달아 본래가 청정하고 원래 번뇌가 없으며 지성이 새지도 않아 본래 만족한다면 이 마음은 곧 부처이니 끝내 다름이 없을 것이다. 이에 의하여 닦는 것이 최상승선이며 또한 여래청정선이라고도 한다.」(禪則有淺有深階級殊等. 謂帶異計, 欣上猒下而修者是外道禪, 正信因果亦以欣猒而修者是凡夫禪. 悟我空偏眞之理而修者是小乘禪. 悟我法二空所顯眞理而修者是大乘禪. 若頓悟自心, 本來清淨, 元無煩惱, 無漏智性本自具足, 此心卽佛, 畢竟無異. 依此而修者, 是最上乘禪, 亦名如來清淨禪) 《광어(廣語)》「어떤 중이 귀종에게 작별을 알리며 말했다. 『다른 곳으로 다섯 가지 선을 찾아갑니다.』 귀종이 말했다. 『나에게 한 가지 선이 있는데 하나도 배우기 어렵지 않다.』 중이 말하기를 『어떤 것이 한 가지 선인지요?』라 하니 귀종이 곧 그를 때렸다.」(有僧辭歸宗云, 諸方學五味禪去. 宗云, 我這裏有一味禪, 爲甚不學. 僧云, 如何是一味禪? 宗便打) 송나라 여조겸(呂祖謙)의 〈조표지의 묵적을 구하다(求趙表之墨)〉에「다른 곳에 가서 한 가지 선 알았는데, 이것 남에게 보여주어도 남들은 알지 못하네.」(參得諸方一味禪, 以此示人人不識)

65 《차의》「절강성 구주부에 있다.」(在浙江衢州府)

66 비미(霏微): 흐릿한 모양을 나타내는 의태어. 당나라 두보의 〈곡강에서 술을 대하다(曲江對酒)〉「동산 너머 강가에 앉아 돌아갈 것 잊었는데, 물 맑은데 봄 궁전 흐릿하여져 가네.」(苑外江頭坐不歸, 水精春殿轉霏微)

俯瞰桑田悲物化[67] 뽕나무 밭 굽어보고
사물 변함 슬퍼하며,
閑披蘂笈洞玄機[68] 한가로이 《예주경》의
동현의 기밀 펼치네.

67 상전비물화(桑田悲物化): 남조 진(晉)나라 갈홍(葛洪)의 《신선전(神仙傳)》「마고선녀가 스스로 말하기를 『만나서 대접한 이래 이미 동해가 세 차례나 상전이 되는 것을 보았습니다. 저번에 봉래산에 이르러 보니 물이 또 지난번보다 얕아졌던데 만날 때의 대략 반인 것 같았습니다. 어찌 장차 또한 언덕이나 뭍으로 되돌아가지 않겠습니까?』」(麻姑自說云, 接待以來已見東海三爲桑田, 向到蓬萊, 水又淺于往者, 會時略半也. 豈將復還爲陵陸乎) 송나라 이방(李昉)의 《태평광기》에서 재인용. 《이원(異苑)》 권3「오나라 손권 때 영강현에서 어떤 사람이 산에 들어갔다가 큰 거북을 만나 묶어서 돌아왔는데, 그 거북이 말하기를 『놀다가 때를 헤아리지 못하여 그대에게 붙잡히게 되었다.』라 하였다. 사람들이 매우 이상하게 여겨 짊어지고 나가 오나라 왕에게 바치려 하였다. 밤에 월리에서 묵었는데 닻줄로 큰 뽕나무에 묶어 놓았다. 한밤중에 나무가 별안간 거북이를 부르며 말하였다. 『수고하시네 원서. 무슨 일인가?』 거북이가 말하였다. 『내가 붙잡혀 묶이어 바야흐로 삶겨 고깃국이 되게 되었는데 남산의 땔나무를 다 갖다 때어도 나를 삶을 수는 없을 것이다.』 나무가 말하였다. 『제갈원손(諸葛恪의 자)은 박식하여 반드시 서로 곤경에 처하게 할 것인데 나 같은 무리를 구하게 한다면 계책이 어찌 편안해지겠는가?』 거북이가 말했다. 『그대는 분명하게 말을 많이 하지 말라, 화가 곧 미치게 될 것이다.』 나무는 잠자코 그만두었다. 이미 건업에 이르자 손권이 삶게 하였는데 섶 만 수레를 갖다 때어도 말한 것과 같았다. 그래서 제갈각이 말하였다. 『늙은 뽕나무를 가지고 태우면 익을 것입니다.』 바친 사람이 이에 거북과 나무가 한 말을 말하였다. 손권이 사람을 시켜 뽕나무를 베어다 삶게 하니 거북이 이에 푹 익었다.」(吳孫權時, 永康縣有人入山, 遇一大龜, 卽束之以歸, 龜便言曰, 遊不量時爲君所得. 人甚怪之, 擔出欲上吳王. 夜泊越里, 纜舟於大桑樹. 宵中, 樹忽呼龜曰, 勞乎元緒, 奚事爾耶? 龜曰, 我被拘繫方見烹臛, 雖然盡南山之樵, 不能潰我. 樹曰, 諸葛元遜博識, 必致相苦, 令求如我之徒, 計從安簿. 龜曰, 子明無多辭, 禍將及爾. 樹寂而止. 旣至建業, 權命煮之, 焚柴萬車, 語猶如, 故諸葛恪曰, 燃以老桑樹, 乃熟. 獻者乃說龜樹共言權使人伐桑樹煮之龜乃立爛) 아마도 누각의 이름에 「거북 귀」(龜)자가 들어가므로 이 고사를 쓴 것 같다.

68 예급(蘂笈): 예서(蘂書)라는 말과 같으며, 《예주경(蘂珠經)》을 말한다. 《예주경》은 도가 계통의 서적이다. 송나라 장군방(張君房)의 《운급칠첨》 권7 〈삼동경교부(三洞經教部)〉「《팔소경》에서 말하기를 『서화궁에 《낭간예서》가 있는데 진인이 될 사람이라야 이 글을 얻을 수 있다.』라 하였다.」(八素經云, 西華宮有琅簡蘂書, 當爲眞人者乃得此文)

동현기(洞玄機): 동현(洞玄)은 동현선생으로 곧 거북을 말한다. 《선실지·동현선생(宣室志·洞玄先生)》「장탄이 파서후를 뵙고 술을 마시는데 아주 즐거웠다. 한참 있다가 어떤 사람이 아뢰기를 『동현선생이 문에 있습니다.』라 하였다. 말을 마치자 검은 옷을 입고 목이 길며 몸이 매우 넓은 어떤 사람이 읍을 하고는 함께 앉아서 말하기를 『자리에 있는 사람이 곧 파서를 도모하려 합니다.』라 하니, 노하여 말하기를 『즐거운 잔치가 바야흐로 무르익어 가는데 어디서 괴이한 말을 하느냐?』하며 죽이라고 명하였다. 날이 밝아오려 하자 장탄은 가슴이 놀라 두근거림을 느끼어 바위구멍 속에 누운 몸을 보았다. 큰 거북 한 마리가 구멍 앞에 있었는데 바로 전에 죽였던 동현선생이었다.」(張誕見巴西侯飮酒命樂. 久之, 有告者曰, 洞玄先生在門. 言訖, 有一人披黑衣頸長而身甚廣, 揖之與坐曰, 席上人將有圖君巴西. 怒曰, 歡宴方洽, 何遽有怪, 命殺之. 天將曉, 誕悸悟, 見身臥石竇中. 一龜形甚巨於竇前, 乃向所殺洞玄先生也)

却疑蘭外連穹石[69]	오히려 난초 너머는 하늘과 맞닿은 바위,
似厭支牀去不歸[70]	침대 받치기 싫어 떠나서는 돌아오지 않는 듯하네.

65 月波臺[71]	월파대
潺潺流水注回塘[72]	졸졸 흐르는 물 못으로 되 쏟고,
中作平臺受晩凉[73]	그 가운데 평평한 누대 지으니 저녁의 서늘함 받네.
四面不通車馬跡	사방으로 수레며 말의 자취 통하지 않고,
一尊聊飮芰荷香[74]	한 잔 마름과 연 향기 애오라지 마시네.

69 연궁석(連穹石): 하늘과 맞닿은 큰 바위. 곧 귀봉을 가리켜 말한 것이다. 남조 양나라 임방(任昉)의 《술이기(述異記)》 권 하 「동북쪽 바위의 바닷가에 큰 돌 거북이 있는데 노반이 만든 것이라고 한다. 여름이면 바다로 들어가고 겨울이면 다시 산 위에 머문다고 한다. (진나라) 육기의 시에 『돌 거북도 오히려 바다 그리워하거늘, 내가 어찌 고향을 잊겠는가?』라는 구절이 있다.」(東北巖海畔有大石龜, 俗云魯班所作. 夏則入海, 冬復止於山上, 陸機詩云, 石龜尙懷海, 我寧忘故鄕) 육기의 시는 《고시기(古詩記)》에 그냥 〈석귀(石龜)〉라고 되어 있으며, 이 두 구절만 전하여진다.

70 지상(支牀): 《사기·귀책열전(龜策列傳)》 「남방의 어떤 노인이 거북으로 평상의 다리를 받쳤습니다. 이러기를 20여 년 만에 노인이 죽자 평상을 옮겼는데 거북은 아직도 살아 있어서 죽지를 않았습니다. 거북은 능히 기를 운행시키고 도인을 합니다. 듣는 자가 말하기를 『거북의 신령함이 이와 같군요.』라 하였다.」(南方老人用龜支牀足, 行二十餘歲, 老人死, 移牀, 龜尙生不死. 龜能行氣導引. 聞者曰, 龜至神若此) 송나라 간재 진여의(陳與義)의 〈돌거북 새끼를 각심장로에게 베풀다(以石龜子施覺心長老)〉 「늙은 거북 천년에 한번 숨 쉬는데, 천지간에 함께 평상 받치는 힘에 드네.」(老龜千年作一息, 天地併入支牀力) 이 구절은 귀봉루에서 바라보이는 산을 보고 읊은 것 같다.

71 이 시의 제목은 순희본(淳熙本)에는 〈지중소정(池中小亭)〉으로 되어 있다.
《차의》 「구주의 금전산에 있다.」(在衢州金錢山)

72 잔잔(潺潺): 《고이》에 「천천」(濺濺)으로 된 판본도 있다고 하였다.

73 수만량(受晩凉): 송나라 범성대(范成大)의 〈입추 후 2일에 월래계에 배를 띄우다(立秋後二日泛舟越來溪)〉 제2수 「온 내에 새로이 물 불으니 가을 풍경 위로하고, 배의 봉창 걷어 올리니 저녁 서늘함 받아들이네.」(一川新漲慰秋光, 挂起篷窗受晩凉)

74 기하(芰荷): 마름과 연을 말하는데, 그 잎을 엮어서 은자들이 입기 때문에 은자의 비유로 많이 쓰인다. 마름은 뿔이 두 개인 것을 릉(菱)이라 하고, 세 개인 것은 기(芰)라고 한다. 위 구절과 유온이 함께 은거생활을 즐

韓公無復吟花島[75]	한공은 더 이상 꽃섬을 　노래할 필요 없으며,
楚客何勞賦葯房[76]	굴원 어찌 백지 잎으로 꾸민 방 　읊느라 수고하리오?
少待須臾更清絶	조금 있자니 잠깐만에 　더욱 맑고 깨끗해지더니,
月華零露洗匡牀[77]	달빛에 내린 이슬 　편안한 침상 씻어주네.

66 挽蔬園	만소원
未覺閑來歲月頻	한가하여지니 세월 급박해짐 　느끼지 못하겠고,
荷鋤方喜土膏匀[78]	호미 매니 바야흐로 　땅 두루 기름짐 기뻐하네.

김을 읊은 것이다.

75 음화도(吟花島): 당나라 한유(韓愈)는 〈삼가 괵주의 유급사 사군께서 삼당에서 새로 지은 21수에 화답함(奉和虢州劉給事使君三堂新題二十一詠)〉이란 연작시의 여덟 번째 시에 〈꽃섬(花島)〉이란 시가 있는데 그 내용은 다음과 같다. 「벌과 나비 어지러이 날아가고, 향기로운 바람 언덕너머서 나네. 꽃섬 있는 곳을 알고자 하여, 물 위에서 붉은 구름 찾는다네.」(蜂蝶去紛紛, 香風隔岸聞, 欲知花島處, 水上覓紅雲)

76 부약방(賦葯房): 《초사·구가·상부인(九歌·湘夫人)》 「계수나무 기둥에 목란 서까래요, 신이 문설주요 백지 잎으로 꾸민 방이라네.」(桂棟兮蘭橑, 辛夷楣兮葯房)라는 구절이 나오는데, 주희는 「葯」을 「백지의 잎」(白芷葉)이라 하였다.

77 광상(匡牀): 광(匡)은 광(筐)과 통하여 쓴다. 《장자·제물론(齊物論)》 「여희는 애라는 땅의 봉인의 딸인데, 진나라가 처음 여희를 가졌을 때 (너무 슬퍼하여) 눈물이 옷깃을 적셨습니다. 왕의 궁전에 이르러 왕과 잠자리를 같이 하며 돼지고기 등 맛있는 음식을 먹게 되자 옛날에 운 것을 후회했습니다.」(麗之姬, 艾封人之子也, 晉國之始得之也, 涕泣沾襟. 及其至於王所, 與王同筐牀, 食芻豢, 而後悔其泣也)라는 말이 나오는데, 주석에서 「광은 바르다(方)의 뜻이며, 또는 안(安)과 같은 뜻으로 편안히 몸을 눕힐 수 있는 침대이다.」라 하였다.

78 하서(荷鋤): 진나라 도연명의 〈고향에 돌아와 살다(歸園田居)〉 다섯 수 중 셋째 시 「아침에 일어나면 거친 들판의 잡초를 뽑고, 달빛 받으며 호미 매고 돌아오네.」(晨興理荒穢, 帶月荷鋤歸) 당나라 두보의 〈집이 없어 이별함(無家別)〉 「바야흐로 봄이라 홀로 호미 매었는데, 날 저물었어도 밭두둑에 물 댄다네.」(方春獨荷鋤, 日暮還灌畦)

토고균(土膏匀): 비옥한 땅. 《국어·주어(國語·周語) 상》 「태사가 직에게 아뢰기를 『지금부터 초하룻날까지는 양기가 모두 상승하고 땅이 기름져 새싹이 꿈틀거립니다.』라 하였다.」(太史告稷曰, 自今至於初吉, 陽氣俱蒸, 土膏其動) 삼국시대 위나라 위소(韋昭)의 주석 「『고』는 토지가 기름진 것이다. 『기동』은 윤택하여 지려는 것이다.」(膏, 土潤也. 其動, 潤澤欲行) 송나라 정호(程顥)의

連畦已放瑤簪露[79]　이어진 밭두둑에는 이미
　옥 비녀에 이슬 내렸고,
覆地行看玉本新　땅 갈아엎어 가며
　옥 뿌리 새로 남 보네.
小摘登盤先餉客　조금 따서 쟁반에 담아
　먼저 손님께 올리고,
晚炊當肉更宜人[80]　늦은 식사 고기 대함과 같다는 말
　사람에게 더욱 마땅하네.
却憐寂寞公儀子　오히려 어여쁘도다
　쓸쓸한 공의자,
拔盡園蔬不歎貧[81]　밭의 채소를 다 뽑아버리고도
　가난함 탄식하지 않았음이.

〈이번 놀이에 작은 소나무와 누른 버들을 각기 네 그루씩 얻어 관공서의 서쪽 창문 아래 심고 장난삼아 다섯 절구를 지어 사승이신 장흥종(張興宗)에게 드림(是遊也, 得小松黃楊各四本, 植於公署之西窗, 戲作五絕呈邑令張寺丞)〉 제5수「송옥 이미 묵은 원한 씻었다 들었으니, 밭의 농부 또한 땅 두루 기름진 것 기뻐한다네.」(獄訟已聞寃滯雪, 田農還喜土膏勻)

79 연휴(連畦): 굴원의《초사·슬픔을 만나다(離騷)》「유이와 게거 같은 향초 두둑에 심음이여, 두형과 향기로운 지초도 섞어서 심었다네.」(畦留夷與揭車兮, 雜杜衡與芳芷) 주희의 주석「휴는 두둑에 심는 것이다.」(畦, 隴種也)

요잠·옥본(瑤簪·玉本): 옥 비녀(瑤簪)나 옥 뿌리(玉本)는 모두 채소가 새로 난 것을 가리킨다. 채소가 희고 윤기 있음을 표현하는 말이다. 송나라 육유(陸游)의〈늦봄에 놀러 나가다(春晚出遊)〉「바람 빠르니 이름난 꽃들 어지러이 눈 내리고, 땅 부드러우니 향기로운 풀에서 옥 같은 비녀 나네.」(風急名花紛絳雪, 土鬆香草出瑤簪)

80 만취당육(晚炊當肉):《전국책·제책(齊策·戰國策)》「안촉이 벼슬을 내놓고 떠나면서 말했다.『…… 때늦은 식사는 고기를 먹는 것에 비할 만하고, 편안히 걷는 것은 수레를 타는 것에 비견할 수 있으며, 죄가 없는 것은 귀한 것에 비할 수 있고 맑고 조용하며 곧고 바르게 살며 스스로 즐기고자 합니다.』」(顏斶辭去曰,……晚食以當肉, 安步以當車, 無罪以當貴, 淸靜貞正以自虞)

81 공의자~발원소(公儀子~拔園蔬): 공의자는 곧 공의휴(公儀休)로 주(周)나라 때 사람이다. 백성들과 추호의 이익도 다투지 않은 것으로 알려졌다.《한서(漢書)》권56〈동중서전(董仲舒傳)〉「공의자가 노나라에 재상으로 있을 때 집에 가서 베를 짜는 것을 보고 노하여 그 처를 내쫓았으며, 집에서 밥을 먹는데 아욱을 먹게 하자 성을 내면서 아욱을 뽑아버리고는『내 이미 녹을 먹거늘 또한 채소를 심는 농부와 베를 짜는 여인의 이익을 빼앗는단 말인가!』라 하였으니, 옛 현인 군자들로서 벼슬자리에 있는 사람들은 모두 이러했습니다.」(公儀子相魯, 之其家見織帛, 怒而出其妻, 食於舍而茹葵, 慍而拔其葵, 曰, 吾已食祿, 又奪園夫紅女利虖! 古之賢人君子在列位者皆如是)《사기·순리열전(循吏列傳)》에도 기사가 나온다.

67 秋香徑[82] 추향경

門外黃塵沒九逵[83] 문 밖의 누런 먼지
아홉 갈래 길에 가라앉고,

坊中叢桂長樛枝[84] 마을 안의 계수나무 떨기
길어서 가지 휘었다네.

三秋冷蕊從開落 가을 석 달 차가운 꽃술
피었다가 지고,

終歲淸陰不改移 해 다하도록 맑은 그늘
바뀌어 옮겨가지 않네.

幽逕祇愁空翠滴[85] 그윽한 길 다만 하늘에서
파란 물방울 들을까 근심스럽고,

濃香一任晩風吹 짙은 향기 오로지
저녁바람 부는대로 맡겨두네.

攀援却恨王孫遠[86] 나무 기어올랐으나 오히려
왕손 멀리 있음 한하며,

惆悵千林落葉時[87] 온 숲에 나뭇잎
떨어지는 때 슬퍼하네.

82 추향경: 위 58번 시의 주 27) 삼경(三徑)을 보라.

83 황진몰(黃塵沒): 당나라 왕유(王維)의〈연지행(燕支行)〉「그림 갈래창 조각 창 한낮에 차갑고, 이어진 깃발 큰 기에 누런 먼지 내려앉네.」(畫戟雕戈白日寒, 連旗大旆黃塵沒)

구규(九逵): 사통팔달(四通八達)하는 도시의 큰 거리. 《주역·풍산점(風山漸)》의 위에서 첫째 양효[上九]에「기러기가 점점 넓은 길 위로 난다」(鴻漸于逵)라는 구절이 있는데, 원나라 오징(吳澄)의 주석서인 《역찬언(易纂言)》에서는「아홉 갈래의 큰길을 규라고 하고, 아홉 수레 길을 수용하는 것을 규로라고 한다.」(路, 九達曰逵, 容九軌曰逵路也)라 하였다.

84 방(坊): 《차의》「고을의 명칭이다.」(邑里之名也)

85 공취적(空翠滴): 송나라 주송(朱松: 주희의 부친)의〈3월 10일 보국원의 소헌에서 놀았는데 경치가 자못 그윽하고 빼어나 이름을 쌍청이라 하고 이에 이 시를 짓는다(三月十日遊報國院小軒, 頗幽勝爲名曰雙淸, 仍書此詩)〉「천 개의 봉우리 간밤의 비 거두니, 갑자기 하늘에서 비취빛 들음 보이네.」(千峯收宿雨, 坐見空翠滴)

86 반원왕손(攀援王孫): 한나라 회남소산(淮南小山)의 《초사·은사를 부르다(招隱士)》「계수나무 가지 잡고 오름이여 애오라지 오래 머물고, 왕손 놀러감이여 돌아오지 않는다네. …… 왕손이여 돌아오라, 산속이여 오래도록 머물 수 없다네.」(攀援桂枝兮聊淹留, 王孫遊兮不歸……王孫兮歸來, 山中兮不可以久留)

87 림(林): 《고이》에「가을 추(秋)자로 된 판본도 있다고 하였다.

낙엽(落葉): 이 두 자는 원래 없었는데, 청나라 하서린(賀瑞麟)의 《주자문집정와(朱子文集正訛)》에서 인용한 주옥(朱玉)의 사당본(祠堂本)에 의거하여 보충하였다.

68 曲池軒 곡지헌

去年種竹長新篁	작년에 대나무 심었더니 자라서 새 숲 이루고,
今歲穿渠過野塘	올해는 도랑 뚫어 들판의 못 지나네.
自喜軒窓無俗韻[88]	집의 창에 속된 운치 없음 절로 기쁘고,
亦知草木有眞香[89]	또한 초목에도 참된 향기 있음 알겠네.
林間急雨生秋思[90]	숲 속에 내리는 소낙비에 가을 심사 생겨나고,
水面微風度晩涼[91]	수면 위의 약한 바람은 저녁 서늘함 지나네.
却厭端居苦無事[92]	도리어 평상시 실로 일 없음 싫증나,

88 무속운(無俗韻): 송나라 소식의 〈오잠에 있는 적조사(寂照寺)에 거처하는 자(孜)스님의 녹균헌에서(於潛僧綠筠軒)〉「고기를 먹지 않고는 지낼 수 있을지언정, 대나무 없이는 살아갈 수 없다네. 고기는 없어도 사람을 수척하게 할 뿐이지만, 대나무가 없다면 사람을 속되게 만든다네.」(可使食無肉, 不可使居無竹. 無肉令人瘦, 無竹令人俗)

89 초목유진향(草木有眞香): 송나라 완열(阮閱)의 《시화총귀(詩話總龜)》 후집 권27「대나무는 일찍이 향기를 뿜은 적이 없는데도 두보는『비 곱디곱게 깨끗이 씻었고, 바람 가늘디가늘게 향기 불어오네.』라 읊었다.」(竹未嘗香也, 而杜子美詩云, 雨洗娟娟淨, 風吹細細香) 송나라 갈립방(葛立方)의 《운어양추(韻語陽秋)》 권4에도 같은 내용이 수록되어 있다. 두보 시의 제목은 〈엄정공 댁에서 함께 대나무를 읊다가『향기 향』자를 운자로 얻다(嚴鄭公宅同詠竹得香字)〉이다. 당나라 한유(韓愈)의 〈죽계(竹溪)〉「모래사장 뚫고 가자니 조릿대 깨끗하고, 물 떨어지니 자줏빛 그령 향기롭네.」(穿沙碧簳淨, 落水紫苞香) 여기에서 참된 향기라 한 것은 대체로 또한 대나무를 가리켜 말한 것이다.

90 사(思): 《고이》에서는「뜻 의」(意)자로 된 판본도 있다고 하였다.

91 도(度): 《고이》에서는「움직일 동」(動)자로 된 판본도 있다고 하였다.

급우~만량(急雨~晩涼): 송나라 소식의 〈잇달아 내린 비로 강물이 불다(連雨江漲)〉 제2수「소낙비 쏴쏴 내리니 저녁 서늘함 생기고, 누워 있으니 보리수나무 긴 회랑에 울림 들리네.」(急雨蕭蕭作晩涼, 臥聞榕葉響長廊)

92 단거고무사(端居苦無事): 단거는 아무 일 없이 편안히 지내는 것을 말한다. 당나라 맹호연(孟浩然)의 〈동정호를 바라보며 승상이신 장구령(張九齡)님께 드림(望洞庭湖贈張丞相)〉「건너고 싶으나 배와 노가 없어, 편안히 거처하고자 하니 임금님의 밝으심에 부끄럽네.」(欲濟無舟楫, 端居恥聖明) 송나라 여본중(呂本中)의

凭欄閑理釣絲長[93]	난간에 기대어 한가로이 길게 드리운 낚싯줄만 조절하네.

69 前村　　전촌

題下恐當有梅字

제목 아래에 「매화 매」(梅)자가 있어야 할 것 같다

玉立寒烟寂寞濱	옥 차가운 안개 낀 물가에 쓸쓸히 서 있는데,
仙姿瀟灑淨無塵[94]	신선 자태 맑고 깨끗하여 먼지 하나 없다네.
千林搖落今如許[95]	온 숲 잎 흔들려 떨어짐 오늘 이와 같거늘,
一樹橫斜獨可人[96]	한 그루 나무만 비스듬히 기울었으니 홀로 뜻맞는 이라네.

〈양소조가 훌륭한 벗을 보내주심에 감사하다(謝楊紹祖惠玉友)〉「한가로이 거처하자니 실로 일 없어, 정신과 기운 안에서 지킬 것 생각하네.」(端居苦無事, 神氣思內守)

93 한리조사장(閑理釣絲長): 당나라 두보의 〈중승이신 엄공께서 빗속에 마음을 보이어 절구 한 수를 부쳐오셨기에 받들어 절구 두 수로 답하다(中丞嚴公雨中垂寄見憶一絶, 奉答二絶)〉 첫째 시「강가의 늙고 병든 사람 비록 힘 없다하나, 억지로 맑게 갠 날에 낚싯줄 조절하려 한다네.」(江邊老病雖無力, 强擬晴天理釣絲)

94 정무진(淨無塵): 당나라 한유의 〈봄눈 사이의 일찍 핀 매화(春雪間早梅)〉「누구로 하여금 온 자리 향기롭게 하는가? 유독 깨끗하여 먼지 없게 한다네.」(誰令香滿座, 獨使淨無塵)

95 천림요락(千林搖落): 초나라 송옥(宋玉)의 《초사·구변(九辯)》「소슬하도다, 초목 흔들리어 떨어져 시들어 가네.」(蕭瑟兮草木搖落而變衰) 송나라 황정견(黃庭堅)의 〈사언이 봄꽃을 보내다(史彦送春花)〉「온 숲 흔들려 떨어져 가을 하늘 비추더니, 어느덧 짙은 꽃 흩어져 눈 안에 있네.」(千林搖落照秋空, 忽散穠花在眼中)

96 횡사(橫斜): 송나라 임포(林逋)의 〈산속 동산의 작은 매화(山園小梅)〉 두 수 중 첫째 시「성긴 그림자 비스듬히 얕고 맑은 물에 걸쳐 있고, 그윽한 향기는 달 있는 황혼에 떠서 움직이네.」(疏影橫斜水淸淺, 暗香浮動月黃昏) 주희의 부친인 위재(韋齋) 주송(朱松)의 〈4월 15일 상원으로 가는 도중에 짓다(四月十五日上元道中)〉「한 줄기 갈대 비스듬히 쓰러져 바람맞은 잎 지나가고, 모든 여울 세차게 눈 재촉하네.」(一葦橫斜風葉度, 千灘贔屭雪成催)

가인(可人): 재덕이 있는 사람이란 뜻으로 인신되어 사랑스러운 사람, 의기가 투합하는 사람이라는 뜻으로 쓰인다. 《예기·잡기(雜記)》「공자께서 말씀하셨다. 『관중이 도적을 만났는데 그 가운데서 2명을 가려 뽑으니, 임금이 공평하다 여기었다.』 신은 말합니다. 『그 죄있는 사람과 노는 것이 마음에 맞는 사람이다.』」(孔子曰, 管仲遇盜, 取人二焉. 上以爲公. 臣曰, 其所與遊辟也, 可

眞與雪霜娛晩景[97]　　바로 눈과 서리와 더불어
　　한해의 늦은 경치를 즐기고,
任從桃柳殿殘春[98]　　복사꽃이며 버들로 하여금
　　멋대로 늦봄에 마지막에 피게 내버려두네.
綠陰靑子明年事[99]　　짙은 그늘 파란 열매
　　내년의 일이련만,
衆口驚嗟鼎味新[100]　　모든 입 솥 속의 국 맛
　　새롭다 놀라 감탄하네.

人也) 당나라 공영달(孔穎達)의 주석[疏] 「『가인』이라는 것은 그 사람의 성품과 행실이 감당할 만한 사람을 이르는 것이다.」(可人也者, 謂其人性行是堪可之人也) 《진서·환온전(桓溫傳)》「(환온은) 일찍이 왕돈의 묘소를 지나다가 그곳을 바라보며 『가인이여, 가인이여!』라 하였다.」(嘗行經王敦墓, 望之曰, 可人可人) 송나라 진사도(陳師道)의 〈절구(絶句)〉 제4수 「《서경》 뜻 흔쾌하고 《주역》 다 읽었거늘, 손 가운데 마음 맞는 이 기약 있으나 오지 않네.」(書當快意讀易盡, 客有可人期不來)

97 진·경(眞·景): 《고이》에서는 「곧을 직」(直)자와 「일 흥」(興)자로 된 판본도 있다고 하였다.

오만경(娛晩景): 위재 주송의 〈동만칙이 다헌시를 차운한 것을 구하다(董邦則求茶軒詩次韻)〉「다시 푸른 땔나무 사서 저녁 즐기니, 곧 노씨 늙은이에 응함 전생이라네.」(更買樵靑娛晩景, 便應盧老是前生)

98 전잔춘(殿殘春): 《차의》「고시에 『도미는 늦봄의 막바지에 달콤해진다.』라는 구절이 있다. 군대에서 맨 뒤에 있는 것을 『전(殿)』이라고 한다.」(古詩, 酴醾甘自殿殘春. 軍後曰殿) 송나라 진사도(陳師道)의 〈조생이 작약을 보내주어 감사하다(謝趙生惠芍藥)〉 제3수 「봄날 90일 풍경 차례로 나누어지는데, 하늘이 어여삐 여겨 유독 늦봄 늦게 피게 하였네.」(九十風光次第分, 天憐獨得殿殘春)

99 녹음청자(綠陰靑子): 송나라 소식의 〈광릉의 뒷동산에서 신공의 부채에 적다(廣陵後園題申公扇子)〉「이슬 머금은 잎 바람맞은 가지 새벽에 절로 두루 미치는데, 짙은 그림자 푸른 열매 깨끗하여 먼지 없다네.」(露葉風枝曉自勻, 綠陰靑子淨無塵)

100 차(嗟): 《고이》에서는 「탄식할 탄」(嘆)자로 된 판본도 있다고 하였다.

정미(鼎味): 《서경·열명(說命) 하》「술이나 단술을 만들려거든 그대가 곧 누룩이 되어주고, 양념을 맞춘 국을 만들려거든 그대가 곧 소금과 매실이 되어 주시오.」(若作酒醴, 爾惟麴糱, 若作和羹, 爾惟鹽梅)

70~71. 秀野劉丈寄示南昌諸詩和此兩篇[1]

유수야 어르신께서 남창에서 지은 시 여러 수를 부쳐 보여 주시어 여기 두 수에 화답한다

70

滕王閣下水初生[2]	등왕각 아래에 물 갓 불어났거늘,
聞道登臨復快晴	듣건대 올라 내려다보면 다시 쾌청하다하네.
帝子詎知陳迹在[3]	황제의 아들 묵은 자취 남아 있음 어찌 알 것이며,
長江肯趁曲池平	장강 굽은 못 따라 기꺼이 평평해지려는가?
山楹雨罷珠簾卷	산 집의 기둥 비 그치니 구슬 발 말아 올리고,
簷鐸風驚玉佩鳴[4]	처마의 방울 바람에 놀라니 찬 옥구슬 소리 울리네.

1 남창(南昌)의 등왕각은 당나라 현경(顯慶) 4년(659) 등왕(滕王) 이원영(李元嬰)이 홍주도독(洪州都督)으로 있을 때 지은 누각으로, 지금의 강서성(江西省) 신건현(新建縣) 서쪽 장강문(章江門) 위에 있으며 서쪽으로는 감강(贛江)에 임하여 있다. 등왕각은 명승지 중의 하나로 당나라 때 왕발(王勃)이 지은 〈등왕각서(滕王閣序)〉와 시가 유명하다.

2 생(生): 여기서는 「불을 창」(漲)자의 뜻으로 쓰였다.

3 제자(帝子): 《익증》 「곧 등왕으로 당 고조의 아들 이원영이다.」(滕王, 唐高祖之子元嬰) 당나라 왕발(王勃)의 〈등왕각(滕王閣)〉 「누각에 있던 황제의 아들 지금 어디 있는가? 난간 밖으로 장강만 부질없이 절로 흐르네.」(閣中帝子今何在, 檻外長江空自流)
진적(陳迹): 진나라 왕희지(王羲之)의 〈난정에서 지은 시집의 서문(蘭亭集序)〉 「지난 날 기뻐하던 것이 고개를 한번 숙이고 쳐드는 사이에 이미 묵은 자취가 되어 버렸다.」(向之所欣, 俛仰之間, 已爲陳迹)

4 첨탁(簷鐸): 첨마(簷馬) 또는 풍령(風鈴)이라고도 하며, 곧 풍경(風磬)을 가리키는 말이다. 송나라 육유(陸游)의 〈여름날 낮잠을 자다가 꿈에 뜰을 거닐었는데, 고요하여 인기척이 없었으며 발 그림자가 온 집에 가득하였고 다만 제비가 아쟁의 줄을 밟는 소리만 났다. 깨

滿眼悲凉今古恨	온 눈 가득 슬프고 처량함 예와 지금의 한 때문이며,
人生辛苦竟何成	인생 괴로우니 결국 무엇 이루겠는가?

71

知向潮邊弄碧漪[5]	조수 가에서 짙푸른 잔물결 튀기며 놂 알겠고,
欄干三撫漾晴輝[6]	난간 세 번 어루만지자니 맑게 갠 광휘 출렁이네.
流傳妙語驚離闊	전하여 내려온 신묘한 말 멀리 떨어짐에 놀라니,
想像淸游欲奮飛	맑게 노닐다가 떨치고 날아오르고자 함 상상해보네.
公去不應停驛騎	어르신은 가시어 역마 멈추려하지 않으시고,
我來直欲掛朝衣[7]	나는 와서 곧장 조복 걸어두고자 하네.

어보니 쇠구슬이 바람에 쨍그렁하고 울리는 소리가 났는데 거의 꿈속에서 본 것과 같았다. 이에 절구 한 수를 짓게 되었다(夏日晝寢, 夢遊一院, 闃然無人, 簾影滿堂, 惟燕蹋箏弦有聲. 覺而聞鐵鐸風響璆然, 殆所夢也邪, 因得絶句)〉「오동나무 그림자 하늘에서 비온 뒤라 맑고 촉촉한데, 처마의 풍경 바람에 흔들려 낮잠 깨우네.」(桐陰淸潤雨餘天, 簷鐸搖風破晝眠)

산영~옥패명(山楹~玉佩鳴): 산영은 산의 바위를 파내어 만든 기둥이라는 뜻도 있지만 여기서는 산 속에 지은 집의 기둥이라는 뜻으로 쓰였다. 당나라 왕발(王勃)의 〈바람을 읊음(詠風)〉「연기 쫓아내며 시내의 집 찾는데, 안개 걷히니 산 집의 기둥 나타나네.」(驅烟尋澗戶, 卷霧出山楹) 역시 왕발의 〈등왕각(滕王閣)〉「등왕의 높은 누각 강가 굽어보고, 패옥소리 난방울 소리 울리니 가무 끝났다네. 단청기둥 아침엔 남포의 구름 날고, 구슬 발은 저녁에 서산의 비 말아올리네.」(滕王高閣臨江渚, 佩玉鳴鸞罷歌舞. 畫棟朝飛南浦雲, 珠簾暮捲西山雨)

5 농벽의(弄碧漪): 당나라 이백의 〈서시(西施)〉「연꽃 옥 같은 얼굴에 부끄럽고, 비단 옷 빨며 짙푸른 물 튀기네.」(荷花羞玉顏, 浣紗弄碧水)

6 난간삼무(欄干三撫): 송나라 간재(簡齋) 진여의(陳與義)의 사(詞) 〈정풍파·중양절(定風波·重陽)〉「강과 바다 앞에 가득한데 옛 뜻 품으니, 누구 만나는가, 난간 세 번 어루만지니 홀로 처량하다네.」(江海滿前懷古意, 誰會, 欄干三撫獨凄凉)

7 괘조의(掛朝衣): 《남사·도홍경전(陶弘景傳)》「도홍경

南州高士何由見[8] 남주의 고상한 선비
어찌 보이는 것을 쫓겠는가?

且看新荷出水稀[9] 잠시 물 위로 드문드문
나온 새 연꽃 보네.

의 자는 통명으로 단양 말릉 사람이다. …… 집이 가난하여 고을원이 되기를 구하였으나 뜻을 이루지 못하였다. 영명 10년 조복을 벗어 신무문에 걸어두고 표장을 올려 봉록을 사양했다.」(陶弘景字通明, 丹陽秣陵人也……家貧, 求宰縣不遂. 永明十年, 脫朝服掛神武門, 上表辭祿) 신무문의 무(武)자는 원래 호(虎)자였는데 당(唐)의 휘를 피하여 「무」라 하였다. 송나라 소식의 〈유효숙에게 부침(寄劉孝叔)〉「바야흐로 참새와 쥐 태창의 곡식 훔치려 하고, 의관 신무문에 걸고자 하지 않네.」(方將雀鼠偸太倉, 未肯衣冠挂神武)

8 남주고사(南州高士): 남주는 옛 예장(豫章)을 말하며, 곧 지금의 남창(南昌)이다. 고사는 유온을 가리켜 말한 것이다. 한편 《차의》에서는 이렇게 주석을 달았다.「서 스님이다. 서는 예장사람인데, 남창이 예장과 관련 있기 때문에 이렇게 말하였다.」(徐釋也. 徐是豫章人, 而南昌係豫章故云)

9 신하출수희(新荷出水稀): 송나라 구양수(歐陽脩)의 〈수마정자(水磨亭子)〉「새 연꽃 물 위로 나오니 쌍으로 해오라기 날고, 키 큰 나무 그림자 이루니 온갖 꾀꼬리 지저귀네.」(新荷出水雙飛鷺, 喬木成陰百囀鸝)

72~76. 次秀野韻, 五首

유온(劉韞)이 지은 시의 각운자에 맞추어서, 다섯 수

72

史君簾閣對脩筠[1]　　사또의 발 내린 누각
　　　　　　　　　　　긴 대나무 마주하고,
起看名園雨後春[2]　　일어나 이름난 정원 보니
　　　　　　　　　　　비 온 뒤의 봄일세.
便賦新詩留野客[3]　　곧 새 시 지어
　　　　　　　　　　　나그네 붙잡고,
更傾芳酒酹花神[4]　　다시 향기로운 술 기울여
　　　　　　　　　　　꽃의 신에게 따라주네.
未酬管樂平生志[5]　　관중과 악의의 평생의 뜻
　　　　　　　　　　　화답하지 못하였으나,

1 사군(史君): 사군(使君)과 같으며, 한나라 때 자사(刺史)를 일컫는 말이었다.
염각(簾閣): 당나라 한유(韓愈)의 〈당 고하동절도관찰사 형양정공 신도비문(唐故河東節度觀察使滎陽鄭公神道碑文)〉「평상시에는 발 내린 누각에 거처하며 안석에 기대어 종일토록 지냈는데 사람이 있는 것도 몰랐으며 달리 자호를 백운옹이라 하였다.」(平居簾閣, 據几終日, 不知有人, 別自號白雲翁)
대수균(對脩筠): 송나라 진사도(陳師道)의 〈빈도리가 찾아옴을 감사하다(謝賓闍梨見訪)〉「세밑에 문 닫아걸고 속세의 선비 피하는데, 스님 위해 걸상 마련하여 긴 대나무와 마주보게 하였네.」(終歲杜門逃俗士, 爲師設榻對修筠)

2 우후춘(雨後春): 당나라 노륜(盧綸)의 〈전낭중과 함께 늦봄에 자은사에 잠시 들르다(同錢郎中晚春過慈恩寺)〉「옛날의 중 보이지 않는데, 마침 비 온 뒤의 봄 만났다네.」(不見僧中舊, 仍逢雨後春)

3 부(賦): 《고이》에 「화할 화」(和)자로 되어 있는 판본도 있다고 하였다.
유야객(留野客): 송나라 소옹(邵雍)의 〈후원에서 있었던 일을 적다(後園卽事)〉 제2수 「한 판 한가로운 바둑으로 나그네 붙들어두었는데, 진한 술 여러 잔 들며 큰 대나무 마주본다네.」(一局閒棊留野客, 數盃醇酒面修篁)

4 방주(芳酒): 당나라 이백의 〈여구처사께 드림(贈閭丘處士)〉「들에서 향기로운 술 따르고, 동산의 나물은 이슬 맞은 해바라기 삶는다네.」(野酌勸芳酒, 園蔬烹露葵)
화신(花神): 위 60번 시의 주 41) 홍상(紅裳) 조를 보라.

5 관악평생지(管樂平生志): 관은 춘추시대 제(齊)나라의 관중(管仲)이며, 악은 전국시대 연(燕)나라의 악의(樂毅)를 말한다. 당나라 배도(裴度)의 〈촉나라 승상 제갈량을 모신 사당의 비문(蜀丞相諸葛亮祠堂碑)〉「몸소 남양에서 밭을 갈며 스스로 관중과 악의에 견주었다.」(躬耕南陽, 自比管樂)

且作羲黃向上人[6]　잠시 복희나 황제
이전 시대의 사람 되었다네.

祇恐功名相迫逐　다만 공과 명예 서로
쫓도록 다그침 걱정되니,

不容老子臥漳濱[7]　늙은 몸 병져 장수 가에
누움도 용납되지 않는다네.

73

滿園紅紫已爭新　동산 가득 붉은색과 자줏빛
이미 새로움 다투고,

百囀幽禽亦喚人　갖은 울음소리 그윽한 새
또한 사람을 부르는 듯.

蠟屐未妨泥步穩[8]　초 칠한 나막신 진흙길
걸음 편안함 거리낌 없고,

6 희황향상인(羲黃向上人): 희황(羲黃)은 복희씨(伏羲氏)와 황제를 함께 일컫는 말. 희황(羲皇)은 복희씨를 일컫는 말이다. 옛날 사람들은 희황의 세상에는 그 백성들이 모두 고요하고 한적하였다고 상상하고 이 때문에 은둔지사들이 자칭 희황상인(羲皇上人)이라고들 하였다 한다. 여기서는 희황(羲黃)이라고 쓰고 있으나 의미상 희황(羲皇)으로 봐야할 것 같다. 진나라 도연명의 〈아들 엄 등에게 주는 글(與子儼等疏)〉「숲과 나무에 녹음에 우거지고 철 따라 새소리 바뀌는 것을 보면 또한 즐거워하고 기뻐하였다. 항상 말하기를 오뉴월에 북쪽 창 아래 누워 있는데 때마침 시원한 바람이 한 차례 불어오면 스스로를 복희씨 시대의 사람이라 하였다.」(見樹木交蔭, 時鳥變聲, 亦復歡然有喜. 常言, 五六月中, 北窗下臥, 遇涼風暫至, 自謂是羲皇上人) 당나라 백거이(白居易)의 〈못가에서 한가로이 읊조리다(池上閒吟)〉 첫째 시에「다행히 요임금과 순임금의 인위적으로 하지 않는 시대 만났고, 복희 이전시대의 사람 될 수 있었다네.」(幸逢堯舜無爲日, 得作羲皇向上人) 송나라 소옹(邵雍)의 〈단명전학사 사마광에게 감사드리고『지장화훼기단춘』이란 구절을 써서 짓는다(謝君實端明用只將花卉記冬春)〉「이따금 내 스스로 누구인가 묻는데, 복희씨 시대의 사람은 아니라 하네.」(有時自問自家身, 莫是羲皇已上人) 향상은 이상(以上), 이전(以前)과 같은 뜻이다.

7 와장빈(臥漳濱): 후한 유정(劉楨)의 〈오관중랑장께 드림(贈五官中郎將)〉 제2수「나는 고질병이 깊이 들어, 맑은 장강 곁에 몸 숨겼다네.」(余嬰沉痼疾, 竄身淸漳濱) 이로 인해 나중에는 주로 병져 은거한다는 뜻으로 쓰이게 되었다.

8 납극(蠟屐): 남조 송나라 유의경(劉義慶)의《세설신어·아량(世說新語·雅量)》「완요집(곧 阮孚)은 나막신을 좋아하였다. …… 어떤 사람이 완요집을 찾아갔는데 그 때 그는 스스로 불을 지펴 나막신에 밀랍칠을 하다가 탄식하기를『일생 동안 몇 켤레의 나막신이나 신을 수 있을지 모르겠군.』이라 하였다.」(阮遙集好屐……或有詣阮, 見自吹火蠟屐, 因歎曰, 未知一生當箸幾量屐?)

珍叢終恨雨來頻[9]	진귀한 꽃떨기 끝내 비 자주 내림 한스러워하네.
臥看曉色忻初霽	누워서 새벽 경치 바라보며 비로소 심신이 깨끗해짐 기뻐하고,
起約良游醉好春	일어나 좋은 놀이 약속하며 좋은 봄날에 취하네.
却笑當年金谷燕[10]	오히려 우스워라 그 해 금곡원의 잔치에서,
相隨僕僕望車塵[11]	서로 좇아 넙죽 절하며 먼지 이는 수레 바라보던 일.

74

惆悵春餘幾日光	슬프게도 봄 끝이라 햇빛 얼마 남지 않았으니,
從今風雨莫顚狂	이제부터 비바람이여 날뛰지 말라.
急呼我輩穿花去[12]	급히 우리 불러 꽃 사이 뚫고 가니,

9 진총(珍叢): 위재(韋齋) 주송(朱松)의 〈모란과 도미를 각기 한 수씩 지어 주재에게 드림(牡丹酴醾各一首呈周宰)〉「진귀한 꽃떨기 아침 이슬 싫어하는데, 기울어지려는 것 바치는 사람 없다네.」(珍藂壓朝露, 無人羞欲攲)

10 금곡연(金谷燕): 금곡은 낙양시 서북쪽의 하양(河陽)에 진나라 석숭(石崇)이 지은 별장인 금곡원(金谷園)을 말한다. 금곡은 또 금곡간(金谷澗)이라고도 한다. 금곡수(金谷水)가 그 사이로 흘러가기 때문에 그렇게 부른다. 「燕」은 잔치에 모인 것이다. 석숭은 금곡원에서 주야로 빈객들을 초청하여 큰 연회를 열곤 하였는데, 사치가 극에 달하였다. 석숭 자신이 〈금곡시서(金谷詩序)〉를 지어 그 일을 기록하였다.

11 복복망거진(僕僕望車塵): 복복(僕僕)은 절하는 모양이다. 《맹자·만장(萬章) 하》「자사께서 생각하시기를 삶은 고기가 자기에게 번거롭게 절을 하게하니 군자를 봉양하는 예가 아니라고 생각하셨다.」(子思以爲鼎肉使己僕僕爾亟拜也, 非養君子之道也) 주희의 주석 「복복은 번거롭고 외람된 모양이다.」(僕僕, 煩猥貌) 《진서》 권55 〈반악전(潘岳傳)〉「반악은 성미가 가볍고 조급하였으며, 속세의 이익을 쫓아 석숭 등과 함께 가밀을 아첨하며 섬겼다. 매번 그가 나오기를 기다려 석숭과 함께 문득 급히 달리느라 먼지에 싸인 그의 수레를 바라보며 절했다.」(岳性輕躁, 趨世利, 與石崇等諂事賈謐. 每候其出, 與崇輒望塵而拜)

12 천화거(穿花去): 당나라 주박(周朴)의 〈봄날 북원에서 놀다가 한시랑께 부치다(春日遊北園寄韓侍郎)〉「다

未覺詩情與道妨	시정 도에 방해됨 깨닫지 못하겠네.
蘿帶不須吟杜若[13]	여라 띠 읊었으면 두약 읊조릴 것 없나니,
角弓聊復賦甘棠[14]	〈각궁〉편 짓고 조금 있다가 또 〈감당〉편 짓네.
淋浪坐客休辭醉[15]	좌객들 흠뻑 마시고 취함은 사양치 마시고,
飮罷睎身向九陽[16]	술 다 마시고는 태양 향하여 봄볕 쪼여 보세나.

정한 춤추는 나비 꽃 사이 뚫고 날아가고, 말 알아듣는 흘러다니는 앵무새 물 건너로 들리네.」(多情舞蝶穿花去, 解語流鶯隔水聞)

13 나대~두약(蘿帶~杜若): 《초사·구가·산귀신(九歌·山鬼)》「사람 있는 듯함이여 산 언덕에, 벽려 옷 걸쳤음이여 여라 띠 매었다네. …… 산 속 사람이여 두약 향나고, 돌샘 물 마심이여 소나무 잣나무 그늘 지우네.」(若有人兮山之阿, 被薜荔兮帶女羅……山中人兮芳杜若, 飮石泉兮蔭松柏)

14 각궁(角弓): 《좌전·소공(昭公) 2년》「한선자(韓宣子)가 〈각궁〉편의 시를 노래 부르니 계무자(곧 季孫宿)가 절하며 말했다. 『그대가 우리나라의 잘못된 것을 잘 보살펴주심에 감사드립니다. 우리 군주께서는 님을 믿고 계십니다.』 그리고 계무자는 〈절편〉의 마지막 장을 노래 불렀다. 향연이 끝나고 난 다음에 계무자의 집에서 주연을 베풀었다. 계무자의 집에 아름다운 나무가 있었는데 한선자가 그것을 칭찬하였다. 계무자가 말하기를 『제가 감히 이 나무를 잘 길러 〈각궁〉편을 읊어주신 은혜를 잊지 않게 하지 않겠습니까?』라 하고는 마침내 〈감당〉편을 읊었다.」(韓子賦角弓. 季武子拜, 曰, 敢拜子之彌縫敝邑, 寡君有望矣. 武子賦節之卒章. 旣享, 宴于季氏. 有嘉樹焉, 宣子譽之. 武子曰, 宿敢不封殖此樹, 以無忘角弓. 遂賦甘棠) 당나라 두보의 〈겨울날 이백을 그리워하다(冬日有懷李白)〉「다시 아름다운 나무 전하여 짐 찾아내어, 〈각궁〉 시를 잊지 말게나.」(更尋嘉樹傳, 不忘角弓詩)

15 임랑(淋浪): 임(淋)은 흠뻑 무젖은 것을 말한다. 송나라 소식(蘇軾)의 〈황충을 잡으려 부운령에 이르렀는데 산길에 피곤하고 나른하여져 아우인 자유가 그리워지다(捕蝗至浮雲嶺, 山行疲苶, 有懷子由弟)〉 제2수「오래도록 산행 그만 두었더니 울쑥불쑥 바위에 지쳤는데, 그래도 오히려 마을에서 흠씬 취하여 춤출 수 있었다네.」(久廢山行疲犖确, 尙能村醉舞淋浪)

휴사취(休辭醉): 송나라 소식의 〈안장도가 지은 시의 각운자를 써서 부원님을 송별하다(次顔長道韻送傅倅)〉「지금 이별주에 취함 사양치 마시게, 쌍수와 홍수 떨어진 뒤의 소리 들어보게나.」(如今別酒休辭醉, 試聽雙洪落後聲)

16 희신구양(睎身九陽): 굴원의 《초사·멀리 나가 놂(遠遊)》「아침에 양곡에서 머리 감음이여, 저녁에 해 보며 내 몸 말리네.」(朝濯髮於湯谷兮, 夕睎余身兮九陽) 주자의 주석「구양은 옛 이야기에서 이르기를 양곡의 위에 부목(곧 扶桑나무를 말함)이 있는데 아홉 개의 해는 아랫 가지에 있고, 한 해는 윗 가지에 있다고 하였는데 또한 우언일 따름이다.」(九陽, 舊說謂湯谷上有扶木, 九日居下枝, 一日居上枝, 亦寓言耳) 한나라의 왕일(王逸)은 구양을「구천의 끝」(九天之涯)라고 하였다.

75

知君久矣厭喧卑[17]	그대 안지 오래되었어라, 시끄럽고 비속함 싫어하였으며,
造物尊前喚小兒[18]	조물주 술잔 앞에서 하찮은 사람 불렀다네.
一釂未應峨側弁[19]	한 번에 들이킴도 못해서 모자 삐딱하게 썼는데,
十分聊爾快翻卮[20]	아주 애오라지 그렇게 하고는 빨리 술잔 뒤엎네.
治中寂寞凝塵日[21]	치중 쓸쓸하여 먼지 쌓이도록 날 보내고,

17 군(君): 순희본(淳熙本)과 송절본(宋浙本)에는 공(公)으로 되어 있다.
염훤비(厭喧卑): 남조 송나라 포조(鮑照)의 〈춤추는 학(舞鶴賦)〉「하느님 나라의 고요한 곳 떠나, 사람 사는 사람들의 비천한 곳으로 돌아갔다.」(去帝鄕之岑寂, 歸人寰之喧卑) 당나라 두보의 〈돌아가다(歸)〉「비고 밝음 고상한 사람들의 고요함이고, 시끄럽고 비천함은 속세의 얽매임이라네.」(虛白高人靜, 喧卑俗累牽) 송나라 소식의 〈형주(荊州)〉 제5수「모래톱 가에 연무 아득한데, 오고감에 시끄럽고 비속함 싫어한다네.」(沙頭烟漠漠, 來往厭喧卑)

18 조물~소아(造物~小兒): 《연감유함(淵鑑類函)》 권267 〈병(疾) 2〉에「두심언의 병이 심해져서 송지문 등이 병문안을 하자 답하여 말하기를『심하게 조화의 조무래기에게 괴롭힘을 당하고 있소.』라 하였다.」(杜審言疾甚, 宋之問等省候, 答曰甚爲造化小兒所苦)

19 조(釂): 《차의》「술을 다 마셨다는 뜻이다.」(飮盡酒) 《한서·유협전(遊俠傳)》에「그로 하여금 다 마시게 하였다.」(使之釂)라는 말이 나오는데, 당나라의 안사고(顏師古)는「술잔을 다 마신 것을 조라고 한다.」(盡爵曰釂)라 하였다.
아측변(峨側弁): 《차의》에서는「이 아(峩)자는 아(俄)자가 되어야 할 것이다.」라 하였다.「峩」자와「俄」자는 서로 통하여 쓴다. 《시경·소아·손님이 와서 잔치 시작하다(賓之初筵)》「모자 삐딱하게 쓰고, 나풀나풀 자주 춤추네.」(側弁之俄, 屢舞傞傞) 주석에서「측(側)은 기운 것이고, 아(俄)는 기운 모양이다.」(側傾也, 俄傾貌)라 하였다.

20 십분(十分): 송나라 소식의 〈유미당에 폭우가 내리다(有美堂暴雨)〉「금 술잔 가득 차니 아주 출렁이고, 천 장 갈고의 북소리 울리며 재촉함 쨍그렁하고 때려대네.」(十分瀲灩金樽凸, 千杖敲鏗羯鼓催) 송나라 정호(程顥)의 〈교외를 자나다 있던 일을 쓰다(郊行卽事)〉「잔술에 흠뻑 취함 사양치 말라, 다만 걱정되느니 바람에 꽃 한 조각 날림이라네.」(莫辭盞酒十分醉, 只恐風花一片飛)

21 응진(凝塵): 《구당서(舊唐書)》 권119 〈양관전(楊綰傳)〉「양관은 자가 공권으로 화주 화음 사람이다. …… 늘 홀로 한 방에 거처하였는데 좌우는 모두 경서였으며, 온 자리에 먼지가 쌓여도 담담하게 여겼다.」(楊綰字公權, 華州華陰人也……常獨處一室, 左右經書, 凝塵滿席, 澹如也)

令尹憂勞退食時[22]	영윤은 수고 근심하며 밥 먹는 때 물리네.
正好相尋發孤笑[23]	서로 찾아 홀로 웃음 짓기 딱 좋을 것이니,
莫教牢落負心期	적적하여 마음속 기약 저버리게 하지 말기를.

76

當年共剪北山萊[24]	그 해에 함께 북산의 나물 명아주 베었는데,
脩竹成陰手自栽[25]	긴 대나무 녹음 이룸 손수 심은 것이라네.
書卷莫教春色老[26]	서책은 봄 풍경 바래게 하지 말 것이고,

22 치중·영윤(治中·令尹): 《차의》「벼슬 이름이다. 치중과 영윤은 어떤 사람을 가리키는지 알 수 없다.」(官名. 治中令尹, 不知所指何人) 치중은 한나라 때 자사를 보좌하던 관직으로, 치중종사사(治中從事史)의 약칭이다. 문서를 관장하는 일을 맡아보았으며 당대(唐代)에는 사마(司馬)로 불렸다.

23 발고소(發孤笑): 당나라 한유(韓愈)의 〈지우와 헤어지다(別知賦)〉「뜻이 어지러울 때 미묘한 말을 찾았고, 뭇사람들이 근심할 때 홀로 웃음을 지었었지.」(索微言於亂志, 發孤笑於羣憂)

24 공(共): 《고이》에 「갈 거」(去)자로 된 판본도 있다고 하였다.

북산래(北山萊): 래(萊)는 명아주인데 식용으로도 쓰이고 약용으로도 쓰인다. 《시경·소아·남산에 향부자 있고(南山有臺)》「남산에 향부자 있고, 북산에는 명아주 있네.」(南山有臺, 北山有萊) 남조 제나라 사조(謝朓)의 〈아침 비를 보다(觀朝雨)〉「바야흐로 전쟁에서 이긴 것과 같이, 옛 산의 명아주 캐러 가네.」(方同戰勝者, 去剪故山萊) 당나라 왕적(王績)의 〈서울에서 옛 동산이 생각나는데 고향 사람이 방문하다(在京思故園見鄕人問)〉「가는 길에 못으로 하택거 몰아, 가서 옛 동산의 명아주 베어야지.」(行當驅下澤, 去剪故園萊)

25 성음수자재(成陰手自栽): 송나라 소식의 〈심간의께서 호수의 놀이에 부르셨으나 가지 않았는데, 다음날 북산 아래에서 연꽃 한 쌍을 얻어 절구 한 수를 지어 심간의께 가져다 드리니 즉시 화답을 해주시고 또 따로 한 수를 지어주시어 이에 그 각운자를 써서 짓는다(沈諫議召遊湖, 不赴, 明日得雙蓮於北山下, 作一絶持獻沈, 旣見和, 又別作一首, 因用其韻)〉 첫째 시「호숫가 팥배나무 그늘 손수 심으신 것인데, 그대에게 묻노니 다시 몇 번이나 돌아오실 수 있는가?」(湖上棠陰手自栽, 問君更得幾回來)

26 막(莫): 순희본에는 「따를 종」(從)자로 되어 있다고 하였다.

柴荊肯爲俗人開	삽짝문 기꺼이 속세의 사람들에게 열어주리라.
公能顧我傳新句	그대 능히 나 돌보아 새 글귀 전해줄 수 있으니,
我欲留公撥舊醅[27]	내 그대 붙잡아 오래된 술 거르고자 하네.
悵望南園芳樹底[28]	남쪽 동산 향기로운 나무 밑동 슬프게 바라보니,
明年應放小車來[29]	내년에는 응당 작은 수레 옴 내버려 두어야하리.

27 발구배(撥舊醅): 《차의》에서는 「발(撥)은 뚜껑을 비틀어 여는 것이다.」(撥捩開)라 하였다. 배(醅)는 아직 거르지 않은 술이다. 당나라 두보의 〈객이 이르다(客至)〉 「반찬이라고는 장이 멀어 두 가지 음식 갖추지 못하였고, 술통의 술은 집 가난하여 묵은 거르지 않은 술 뿐이라네.」(盤餐市遠無兼味, 樽酒家貧只舊醅) 송나라 구양수(歐陽脩)의 〈눈이 개다(雪晴)〉 「언 꽃 처음으로 돌아오려 하고, 푸르스름하게 잘 익은 술 떨만하네.」(凍卉意初回, 綠醅浮可撥)

28 방수(芳樹): 봄철의 나무를 말한다. 《양원찬요(梁元纂要)》 「봄 나무를 화수, 방수라 한다.」(春木曰, 華樹芳樹) 《패문운부》에서 재인용.

29 소거래(小車來): 송나라 소옹(邵雍)의 〈늙어서 봄을 만나 짓다(撰年老逢春)〉 13수 중 제3수 「꽃 비단 같을 때 높은 누각 바라보고, 풀 자리 같은 곳에 작은 수레 가네.」(花似錦時高閣望, 草如茵處小車行)

77~78. 留秀野丈, 二首

유수야 어르신을 붙들어두다, 두 수

77

好雨當春過一犂[1] 봄 되니 좋은 비
 보습 하나 깊이 보다 더 내렸고,
我公遠憶故園西[2] 우리 그대 멀리
 옛 동산 서쪽 그리네.
孤蓬穩轉淸灘急[3] 외로운 배 평온하게 굽어드니
 맑은 여울 빨라지고,
十里行穿綠樹齊[4] 십리 길 뚫고 가니
 푸른 나무 가지런하네.
路熟已欣經霧市[5] 길 익으니 안개 낀 저자
 지나감 이미 기쁘고,

1 과(過): 《고이》에 「만날 우」(遇)자로 되어 있는 판본도 있다고 하였다.
일려(一犂): 《차의》 「고시에 『한번 쟁기질하기에 봄비가 넉넉하네.』라는 구절이 있다. 『려』는 농기구이다.」(古詩一犂春雨足, 犂田器) 여기서는 곧 일려우(一犂雨)를 말한다. 땅속에 보습 하나가 충분히 들어갈 정도의 비가 내린 것을 말한다. 곧 밭을 갈아엎기에 가장 알맞은 정도의 강우량을 나타내는 단위사의 개념으로 쓰였다. 송나라 황정견의 〈장난삼아 새소리를 읊은 시에 화답함(戲和答禽語)〉 「남쪽 마을 북쪽 마을 보습 하나 정도의 비 내렸는데, 새 며느리는 시어머니 봉양하고 할아버지는 손자 밥 먹이네.」(南村北村雨一犂, 新婦餉姑翁哺兒)
2 원억고원서(園憶故園西): 《고이》에 「생각할 억」(憶)자는 「뜻 의」(意)자로 되어 있는 판본도 있다고 하였다. 당나라 위응물(韋應物)의 〈앵무새 소리를 듣다(聽鶯曲)〉 「누구 집의 게으른 며느리 남은 꿈자리 깨는가? 어느 곳에서 시름 잠긴 사람 옛 동산 생각하는가?」(誰家懶婦驚殘夢, 何處愁人憶故園)
3 고봉(孤蓬): 봉(蓬)은 쑥대를 엮어 선실을 씌운 배를 말하는데, 여기서는 배를 대신 일컫는 말로 쓰였다. 《집람》에는 「篷」으로 되어 있다. 봉(篷)은 대나무를 엮어서 선실을 씌운 것으로, 물체의 일부를 가지고 전체를 대신 일컫는 것은 서로 마찬가지이다.
4 녹수제(綠樹齊): 당나라 황보염(皇甫冉)의 〈하남의 정소윤의 성남정에서 정판관이 하동으로 돌아감에 송별하다(河南鄭少尹城南亭送鄭判官還河東)〉 「새 밭에는 푸른 나무 가지런하고, 가을하늘에는 헤어지는 고니 소리 들리네.」(新田綠樹齊, 天秋聞別鵠)
5 무시(霧市): 《섬서통지(陝西通志)》 권8 「화음산 남쪽

身輕未怕躡雲梯[6]　몸 가벼우니 구름 계단
　밟음 두렵지 않네.
諸孫剩欲留公住[7]　여러 손자들 다시
　그대 붙들어두고자 하니,
細和新詩丐指迷[8]　새 시에 자잘하게 화답하고
　잘못된 곳 가르침 청하네.

78

一去屛山今幾春[9]　병산 한번 떠난 지
　올해가 몇 해째인가?
歸來三逕但荒榛[10]　세 갈래 오솔길로 돌아오니
　거친 가시덤불 뿐이네.
剪除便覺風煙好[11]　베어버리고 나니 곧
　풍광 좋음 알겠고,

에 공초시가 있는데 (후한의 張楷: 자는 公初는) 성격이 도술을 좋아하여 능히 5리무를 일으킬 수 있었다. 공초시는 또한 장초무시로도 불린다.」(華陰山南有公超市, 性好道術, 能作五里霧, 又稱張超霧市)

6 운제(雲梯): 남조 송나라 사령운(謝靈運)의 〈석문의 최고봉에 오르다(登石門最高頂)〉에 「안타깝기는 마음 같은 나그네, 함께 푸른 구름 사다리 오르지 못함이라네.」(惜無同懷客, 共登靑雲梯)

7 제손(諸孫): 유공(劉珙)·유상(劉瑺)·유평(劉玶)·유충(劉琉)·유규(劉珪) 등을 가리켜 말한다.

잉(剩): 잉(賸)자와 같다. 갱(更)자의 뜻으로 쓰였다. 당나라 고적(高適)의 〈두씨네 둘째 습유께 드림(贈杜二拾遺)〉「설법 듣자니 또한 응당 어려워, 불경 찾아 다시 넘기고 싶네.」(聽法還應難, 尋經剩欲翻)

8 세화신시(細和新詩): 송나라 황정견(黃庭堅)의 〈소식이 도연명에게 화답한 시의 뒤에 쓰다(跋子瞻和陶詩)〉「혜주의 밥 배불리 먹고, 도연명의 시에 세세히 화답하였다네.」(飽喫惠州飯, 細和淵明詩)

지미(指迷): 송나라 구양수(歐陽脩)의 〈매성유가 답해 온 시에 다시 답하다(再和聖兪見答)〉「아아! 내 어찌 감히 그대 알리오? 시 논함에 그대 힘입어 비로소 잘못 지적하였네.」(嗟哉我豈敢知子, 論詩賴子初指迷)

9 병산(屛山): 《집람》「건녕부 숭안현 동남쪽에 있는데 형태가 (병풍과) 비슷하여 그렇게 이름을 붙였다. 유씨가 대대로 거기에 살았는데, 수야도 이곳에서 거처한 것 같다.」(在建寧府崇安縣東南, 形似名之. 劉氏世居之, 疑秀野亦居于此)

10 귀래~단황진(歸來~但荒榛): 「逕」은 「徑」과 통하여 쓰며 오솔길이라는 뜻. 삼경에 대해서는 위 58번 시의 주 27)을 보라. 진나라 도연명의 〈돌아가자꾸나(歸去來辭)〉「돌아가자꾸나, 들과 동산이 황폐해지려는데 어찌 돌아가지 않으리? …… 뜰의 세 오솔길에는 풀 우거졌어도 소나무, 국화는 그대로라네.」(歸去來兮, 田園將蕪胡不歸……三徑就荒, 松菊猶存)

11 풍연호(風煙好): 「풍연」은 바람과 연기, 풍진 세상, 전란 등 여러 가지의 의미로 쓰이는데, 여기서는 풍광

徙倚還驚物色新	이리저리 배회하니 또한 경치 새로움에 놀라네.
樓外千林遮去路	누대 바깥의 빽빽한 숲은 갈 길 가로막고,
階前一水戀行塵	섬돌 앞의 한 줄기 물은 떠다니는 먼지 그리워하네.
勸君更作留連計[12]	권하노니 그대 다시 오래 머물 계책 세우게나,
同社追遊苦未頻[13]	고향에서 함께 좇아 노닐면 괴로움 많지 않으리.

또는 경치와 같은 뜻으로 쓰였다. 당나라 백거이의 〈낙교에서 한식날에 10개의 운자를 써서 짓다(洛橋寒食日作十韻)〉「임금님의 정원 풍광 좋고, 다리 가운데 도로는 평평하네.」(上苑風煙好, 中橋道路平)

12 군(君): 순희본(淳熙本)에는「공」(公)으로 되어 있다.

13 동사(同社): 동리(同里), 동향(同鄕)이라는 말과 같다. 사(社)는 행정단위로, 옛날에는 25가구를 사라 하였다. 당나라 한유의 〈남계에 처음으로 배를 띄우다(南溪始泛)〉 제2수「원컨대 같은 동리 사람 되어, 닭 잡고 돼지 잡아 봄 가을로 잔치 벌이세.」(願爲同社人, 雞豚燕春秋)

79~80. 次秀野滄波館刈麥, 二詩

수야의 창파관에서 보리를 베다라는 시의 운자를 써서 짓다, 두 수

79

傳聞泛宅賀新成[1] 물 위에 뜬 집 전하여 듣고
새로 지음 축하하니,
破月衝煙取次撑[2] 이지러진 달에 안개 헤치며
마음대로 노 젓겠네.
鷁首斜飛寒浪急[3] 뱃머리 비스듬히 나니
차가운 물결 빠르고,

1 범택(泛宅): 배를 집으로 삼는 것을 말한다. 《신당서》 권196 〈은일전·장지화(隱逸傳·張志和)〉「안진경이 호주자사가 되자 장지화가 와서 뵈었는데 안진경은 배가 낡고 샌다고 하여 고칠 것을 권하였다. 이에 장지화가 말하기를『원컨대 물위에 떠다니는 집을 지어 초와 삽 지방 사이를 왕래하였으면 합니다.』라 하였다.」(顔眞卿爲湖州刺史, 志和來謁, 眞卿以舟敝漏, 請更之, 志和曰, 願爲浮家泛宅, 往來苕霅間)
하신성(賀新成): 당나라 두보의 〈강릉절도사이신 양성군왕께서 새 누대를 낙성하여 왕께서 엄시어 판관에게 7자 구절의 시를 청하여 함께 짓다(江陵節度陽城郡王新樓成, 王請嚴侍御判官賦七字句, 同作)〉「누대 위 염천인데도 얼음과 눈 생기고, 까마득히 높이 나는 제비와 참새 새로 낙성됨 축하하네.」(樓上炎天冰雪生, 高晝燕雀賀新成)
2 파월충연(破月衝煙): 송나라 소식(蘇軾)의 《동파지림(東坡志林)》(《동파전집》 권102)「진관(秦觀)이 말하기를 보응의 백성 중에 시집 장가가는 일로 모인 나그네가 있었는데 술자리가 반쯤 지나자 나그네 가운데 한 사람이 벌떡 일어나 문을 나가길래 주인이 쫓아가 보았더니 나그네가 매우 취하여 물 속으로 들어가려는 것 같아 주인이 급히 그를 붙잡았더니, 나그네가 말하기를『어떤 부인이 시를 가지고 나를 부르는데 그 가사는 이렇습니다.「긴 다리 바로 아래 목란 배가 있는데, 이지러진 달에 안개 가르며 마음껏 노네.」』라 하였다.」(秦太虛言, 寶應民有以嫁娶會客者, 酒半, 客一人竟起出門, 主人追之, 客若醉甚將赴水者, 主人急持之, 客曰, 婦人以詩招我, 其辭云, 長橋直下有蘭舟, 破月衝煙任意游)
취차(取次): 마음먹은 대로. 당나라 두보(杜甫)의 〈원씨네 둘째를 강좌로 떠나보내다(送元二適江左)〉「지나가는데 스스로 몸을 아껴, 마음대로 군사의 일 논하지 말게나.」(經過自愛惜, 取次莫論兵)
3 익수(鷁首): 《차의》에서는「《운회》에『艗』은 음이 익으로 배라는 뜻이다. 뱃머리를『익수』라고 하는데,『鷁』자와 통하여 쓰며, 새의 이름이다. 귀인이 타는 배의 앞에 청작을 만드는데 곧 이의 형상이다. 〈동도부〉에『익수를 띄운다』는 말이 있다.」(韻會, 艗傀歷切, 舟也. 舡首謂之艗首, 通作鷁, 鳥名, 貴人船前作靑雀, 是其象也. 東都賦浮鷁首) 여기서 말한 〈동도부〉는 〈서도부〉의 잘못이며, 한나라의 장형(張衡)이 지었다.

蓬窓側轉好山橫　　배의 창문으로는 곁으로 도니
아름다운 산 비스듬하네.

知公興有江湖逈[4]　　공의 흥취 강호
멀리 있음 알겠는데,

顧我詩無玉雪清[5]　　내 시 옥과 눈의
맑음 없음 되돌아보네.

欲跨船舷還未敢[6]　　뱃전에 걸터앉고 싶으나
또한 감히 그러지 못하니,

幾時得伴鏡中行[7]　　어느 때나 짝 얻어
거울 가운데 지나가 보리!

急本作息 「급할 급」자는 원래 「쉴 식」자로 되어 있다

80

貽牟夙昔但聲歌[8]　　보리 내리심 옛날에는
단지 노래만 불렀는데,

4 흥유강호형(興有江湖逈): 당나라 두보의 〈서지촌에서 초당을 둘 곳을 찾다가 밤이 되어 찬공의 토실에서 묵다(西枝村尋置草堂地, 夜宿贊公土室)〉 제2수 「예로부터 지둔(支遁) 노는 것 허락하였는데, 흥취 강호 멀리 있다네.」(從來支許游, 興趣江湖逈)

5 옥설청(玉雪清): 당나라 한유(韓愈)의 〈옛 유주절도판관으로 급사중에 추증된 청하의 장철(張徹)의 묘지명(故幽州節度判官贈給事中清河張君墓誌銘)〉 「저들은 맑지 않으나 그대는 옥과 눈이 될 만하도다.」(爲彼不清, 作玉雪也)

6 선현(船舷): 현(舷)은 곧 뱃전을 말한다. 송나라 소식의 〈전적벽부(前赤壁賦)〉 「이에 술을 마시니 매우 즐거워 뱃전을 두드리며 노래를 하였다.」(於是飲酒樂甚, 扣舷而歌之)

7 경중행(鏡中行): 물속이라는 뜻과 같다. 송나라 호자(胡仔)의 《초계어은총화(苕溪漁隱叢話)》 전집 권6 〈두소릉(杜少陵) 1〉 「황정견이 말하였다. 『배는 하늘에 앉은 것 같고, 사람은 거울 속 가는 것 같네.』 『배는 하늘에 앉은 것 같고, 물고기는 거울에 걸린 것 같네.』는 심전기의 시이다.」(山谷云, 船如天上坐, 人似鏡中行. 船如天上坐, 魚似鏡中懸. 沈雲卿詩也) 인용된 심전기(沈佺期)의 시는 제목이 〈낚싯대(釣竿篇)〉이다.

8 이모(貽牟): 모는 보리이다. 《시경·주송·문덕 있으심(周頌·思文)》 「우리에게 보리와 밀씨 내리시어, 하느님은 백성 두루 기르시게 하시네.」(貽我來牟, 帝命率育) 주희는 「모는 대맥이다.」(牟, 大麥也)라 하였다.

今見郊園樂事多[9] 오늘 성밖 동산 보노라니
즐거운 일이 많다네.
且喜甌婁符善禱[10] 또한 높은 언덕
좋은 기도와 부합함 기뻐하니,
未須蘆菔顰妖娥[11] 모름지기 무 아리따운
여인처럼 찡그릴 필요없다네.
霞觴政自誇眞一[12] 신선의 술잔 바로
진일주 스스로 자랑하니,

9 낙사다(樂事多): 송나라 소식의 〈주빈이 지은 시의 각 운자를 써서 짓다(次韻周邠)〉「남쪽으로 옮겨서 힘껏 밭일 하려는데, 세 오솔길 막 이루어지니 즐거운 일 많다네.」(南遷欲擧力田科, 三徑初成樂事多)

10 구루(甌婁): 루는 「窶」(루로 읽음), 「樓」와 통하여 쓴다. 구루는 협소하고 높은 곳에 있는 농지를 말한다. 《사기·골계전·순우곤(滑稽傳·淳于髡)》「이제 제가 동쪽에서 오는데 길 가에서 (풍년이 들기를) 비는 자가 있었습니다. 돼지 발 하나와 술 한 잔을 들고 빌기를 『높은 밭에는 (곡식이) 채롱에 가득하고, 낮은 밭에서는 수레에 가득하길.』이라 하였습니다.」(今者臣從東方來, 見道傍有禳田者, 操一豚蹄, 酒一盂, 祝曰, 甌窶滿篝, 汙邪滿車) 사기의 주석서인 장수절(張守節)의 《정의(正義)》에서는 「구루는 고지의 협소한 지역이다.」(甌樓謂高地狹小之區)라고 하였다.

선도(善禱): 《차의》「『높은 밭에서는 채롱에 가득』이라는 말은 밭에서 고사를 지내는 사람이 비는 말이기 때문에 기도를 잘 올린다라고 하였다. 『善禱』라는 말은 본래 《예기·단궁》편에서 나왔다.」(甌婁滿篝, 是穰田者祝辭, 故云善禱. 善禱, 本出檀弓) 《예기·단궁 하》편에 「북면하여 두 번 절하고 머리를 조아리니 군자들이 말하기를 『송축하는 말도 잘 했고, (답사로) 비는 말도 잘 했다.』라 하였다.」(北面再拜稽首. 君子謂之善頌善禱)는 말이 나온다.

11 노복(蘆菔): 무를 말한다. 위 50번 시의 주 34)를 보라. 《집람》「채소의 이름이다. 무청 가운데 보랏빛 꽃을 피우는 것으로 일명 내복이라고도 한다. 내모가 먹는 것이라는 말이다. 지금은 와전되어 나복이 되었다.」(菜名. 蕪菁之紫華者. 一名來菔, 言來麰之所服也. 今訛爲蘿蔔)

12 하상(霞觴): 당나라 허작(許碏)의 〈취하여 읊조리다(醉吟)〉에 「낭원의 꽃 앞은 술 취하는 고을인데, 서왕모의 구하의 술잔 엎어버렸다네.」(閬苑花前是醉鄕, 踏翻王母九霞觴)

진일(眞一): 송나라 소식이 지은 〈진일지가(眞一之歌)〉(《소식시집》 권43)에 청나라 사신행(査愼行)이 단 주석에서는 「《본집》의 「잡기」에서 말하였다. 내가 백학의 새로운 거처에 있을 때 등도사가 별안간 문을 두드렸는데 때는 이미 3경으로 달빛이 서리와 같았다. 말술을 지니고 토실토실한 예쁜 얼굴을 한 여동빈 같은 사람이 말하기를 『그대는 진일주를 맛보겠는가?』라 하였다. 곧 자리에 앉아 각기 여러 잔을 마시고 박자를 맞추며 소리 높여 노래를 불렀는데, 소매에서 책 한 권을 꺼내어 내게 주는데 곧 진일주를 만드는 방법이었다.」(本集雜記云, 予在白鶴新居, 鄧道士忽叩門, 時巳三鼓, 月色如霜, 有攜斗酒, 丰神英發如呂洞賓者曰, 子嘗眞一酒乎? 就坐各飮數杯, 擊節高歌, 袖出一書, 授余乃眞一法)라 하였다. 《소식시집》 권39에도 〈진일주(眞一酒)〉라는 시가 실려 있는데, 그 서문에서는 다음과 같이 말했다. 「쌀과 보리, 물을 3분의 일씩 섞을 따름인데 이것이 동파선생의 진일주이다.」(米·麥·水, 三一而已, 此東坡先生眞一酒也)

香鉢何煩問畢羅[13]	중향의 바리때 어찌 번거롭게 필라에 물으리.
我欲賣刀來學稼[14]	내 칼 팔고 와서 농사 배우고자 하니,
不知還許受廛麽[15]	돌아가 땅이라도 조금 받게 될지 모르겠다네.

小說, 有人中麥毒, 夢紅裳娘子悲歌, 有一丸蘆菔火吾宮之句[16]

《소설》에 어떤 사람이 보리의 독에 중독되어 홍상낭자가 〈비가〉를 부르는 꿈을 꾸었는데 그 중에 「한 알 무가 내 집을 태우네.」라는 구절이 있었다

13 향발(香鉢): 《유마경(維摩經)》 「유마거사가 여덟 보살을 중향에 보내어 부처가 먹고 남은 음식을 얻기를 바란다고 말하였다. 이에 향적여래가 중향의 바리때에 밥을 담아와 그에게 주었다.」(維摩居士遣八菩薩往衆香言, 願得世尊所食之餘. 於是香積如來以衆香鉢盛飯與之)

필라(畢羅): 음식의 이름이다. 당나라 이광예(李匡乂)의 《자하집(資暇集)》 권 하 「필라라는 것은 반중의 필씨와 나씨가 이런 맛을 좋아하였는데, 지금의 글자가 밥 식(食)부에 있는 것은 옳지 않다」(畢羅者, 蕃中畢氏羅氏好食此味, 今字從食非也) 명나라 양신(楊愼)의 《승암집(升菴集)》 권69 〈필라(畢羅)〉 「주문공의 〈예맥〉시에 『신선의 술잔 바로 진일주 스스로 자랑하니, 수향의 바리때 어찌 번거롭게 필라에 물으리.』라는 구절이 있다. 《집운》에서는 필라는 차린 음식이라 하였다. 소설에 의하면 당나라의 재상에게는 앵순주가 있었는데 그것에서 만든 음식 중 정미로운 것에 앵도필라가 있었다. 지금의 북쪽 사람들은 파파라 부르고 남쪽 사람들은 와전되어 마마라고 한다.」(朱文公刈麥詩, 霞觴幸自誇眞一, 垂鉢何須問畢羅. 集韻필(食+畢)羅, 修食也. 按小說, 唐宰相有櫻笋廚, 食之精者有櫻桃필라(食+羅). 今北人呼爲波波, 南人訛爲磨磨)

14 매도(賣刀): 《한서·순리·공수전(循吏·龔遂傳)》 「선제가 즉위한 지 오래되어 …… 임금이 나라를 잘 다스리는 자를 뽑았는데 승상어사가 공수가 쓸 만하다고 추천하여 발해태수로 삼았다. …… 백성들 중에 허리에 칼이나 검을 차고 다니는 자가 있으면 검은 팔아서 소를 사게 하고 칼은 팔아서 송아지를 사게 하면서 『무엇 때문에 허리에 소나 송아지 한 마리를 차고 다니는가?』라 말했다.」(宣帝卽位, 久之……上選能治者, 丞相御史擧遂可用, 上以爲渤海太守.……民有帶持刀劍者, 使賣劍買牛賣刀買犢曰, 何爲帶牛佩犢)

학가(學稼): 《논어·자로(子路)》 「번지가 농사에 대해서 배우기를 청하자 공자께서 『나는 늙은 농부만 못하다.』 하였고, 채마에 대해서 배우기를 청하자 『나는 늙은 채마지기보다 못하다.』라 하였다.」(樊遲請學稼. 子曰, 「吾不如老農.」 請學爲圃. 曰, 「吾不如老圃)

15 수전(受廛): 《맹자·등문공(滕文公) 상》 「먼 지방 사람들이 군주께서 인정을 행하신다는 말을 듣고, 한 자리를 받아 백성이 되기를 원합니다.」(遠方之人聞君行仁政, 願受一廛而爲氓) 주자의 주석 「『전』은 백성이 사는 곳이다.」(廛, 民之所居也)

마(麽): 작다[細小]는 뜻이다.

16 이 이야기는 의서인 《의설(醫說)》과 시화인 《오대시화(五代詩話)》 등에 보이는데, 《오대시화》에서는 출전을 《동미지(洞微志)》라고 밝혀 놓았다.

81~82. 次秀野躬耕桑陌舊園之韻, 二首

수야가 몸소 농사를 짓는 뽕나무를 심은 두렁의 옛 동산에서 지은 시의 운자를 써서 짓다, 두 수

81

郊園旱久只多蹊[1]	들밖 동산에 가뭄 오래되어 오솔길만 많더니,
昨夜欣沾雨一犁[2]	어젯밤에는 밭 갈기 좋을 정도로 비 흠뻑 내렸네.
已辦青鞋隨老圃[3]	짚신 이미 갖추어 늙은 농군을 따라 나서니,
便驅黃犢過深溪	곧장 누런 송아지 몰아 깊은 시내 건너네.
農談剩喜鄉隣近[4]	농군들 이야기 즐거움 남아 이웃 가까워지고,
饁具仍教婦子携[5]	들밥 갖추어 아녀자들에게 가져오게 한다네.

1 다혜(多蹊): 당나라 두보의 〈백로(白露)〉「가을 열매 아름다움 차츰 알겠고, 그윽한 오솔길 샛길 많아질까 걱정되네.」(漸知秋實美, 幽徑恐多蹊)《익증》「가뭄이 오래되어 황폐해져서 아무나 오솔길로 왕래하니 샛길이 많이 생겼음을 이른다.」(謂旱久荒癈, 任人取徑往來, 爲多蹊)

2 우일리(雨一犁): 비가 땅위로 보습 하나 길이 정도를 축일 정도로 온 비. 밭 갈기에 알맞을 정도로 내린 비. 위 77번 시의 주 1)을 보라.

3 청혜(靑鞋): 망혜(芒鞋)와 같은 뜻. 짚신. 당나라 두보의 〈유랑포를 떠나다(發劉郞浦)〉「흰 머리 어부의 집에 짝하여 묵음 싫증이 나, 누런 모자에 짚신 돌아왔다네.」(白頭厭伴漁人宿, 黃帽靑鞋歸去來)

노포(老圃): 바로 위의 시 주석 14)를 보라.

4 농담(農談): 당나라 유종원(柳宗元)의 〈농가(田家)〉 제2수「울타리로는 이웃집의 연기불 내려오고, 사방 이웃의 저녁에서 농사 이야기하네.」(籬落隔烟火, 農談四隣夕)

근(近):《고이》에서는「한가지 공」(共)자로 된 판본도 있다고 하였다.

指點竹寒沙碧處[6]　　찬 대나무와 모래 짙푸른 곳
가리키며 끄덕이는데,
不知何似錦城西[7]　　어디가 금성 서쪽과
비슷하다는지 모르겠네.

82

丈人高致邈難干　　어르신 높은 운치
아득하여 끼어들기 어려운데,
雲夢何如胸次寬[8]　　운몽은 얼마나
그 흉중 넉넉한가?
老去未妨詩律在　　늙어가도 시의 격률
있음 거리끼지 않으나,
人來只怕酒盃乾[9]　　사람들 옴에 단지
술잔 마를까 걱정되네.

5 엽구~부자(饁具~婦子): 《시경·빈풍·칠월(豳風·七月)》「내 안식구와 함께, 저 남쪽 밭으로 들밥 내네.」(同我婦子, 饁彼南畝) 주희는「엽은 밭에서 밥을 먹는 것이다.」(饁, 餉田也)라 하였다.

6 죽한사벽(竹寒沙碧): 당나라 두보의 〈성도의 초당에 가려다가 도중에 지어 먼저 엄정공에게 부치다(將赴成都草堂途中有作, 先寄嚴鄭公)〉 셋째 시「대나무 차갑고 모래 짙푸른 완화계에, 귤 가시와 등나무 끝에 지척간에도 헤매네.」(竹寒沙碧浣花溪, 菱刺藤梢咫尺迷)

7 금성(錦城): 금관성(錦官城)을 말하며 곧 성도(成都)를 가리킨다. 당나라 두보의 〈봄날 밤에 비를 기뻐하다(春夜喜雨)〉「새벽에 불그레하게 젖은 곳에, 꽃은 금관성에 겹쳐 있네.」(曉看紅濕處, 花重錦官城) 구가주(九家注)의 주석에서는「성도부를 또한 금관성이라고도 부르는 것은 강산이 밝고 아름다워 비단과 같이 엇섞여 있기 때문이다.」(成都府城亦呼爲錦官城, 以江山明麗錯雜如錦也)라 하였다.

8 운몽흉차(雲夢胸次):「운몽」은「雲瞢」이라고도 쓰며, 옛날의 수택(藪澤)을 이른다.《주례·하관·직방씨(夏官·職方氏)》「그 수택을 운몽이라 하였다.」(其藪澤曰雲瞢) 주석에서는「운몽은 화용에 있다.」(雲瞢在華容)이라 하였다. 진(晋)나라 이후에는 동정호를 포괄하여 그 안의 광활한 수역을 모두 가리키게 되었다. 한나라 사마상여(司馬相如)의 〈자허부(子虛賦)〉「운몽과 같은 것 여덟 아홉 개쯤 삼켜도 그 흉중에는 일찍이 겨자 만큼도 걸리는 것이 없을 것입니다.」(呑若雲夢者八九, 其於胸中曾不蔕芥)

9 노거~배간(老去~盃乾):「乾」은 우리나라에서는 마르다의 뜻으로 읽을 때도 음이「건」이지만 여기서는 운자로 쓰였기 때문에 간(gān)으로 읽어야 한다. 당나라 두보(杜甫)의 〈번민을 보내다. 장난삼아 노씨네 열 아홉째 조장에게 드림(遣悶, 戲呈路十九曹長)〉「만년에 시 짓는 격률 꼼꼼해지니, 뉘 집으로 술잔 넉넉해지도록 마시러 갔던가?」(晚節漸於詩律細, 誰家數去酒杯寬)

故開麥隴供家釀[10]	전에 일군 보리밭 집의 술 빚는 데 주고,
更有蘭章付客看[11]	다시 훌륭한 문장 있으면 손님에게 보여준다네.
下走才慳慙囑和[12]	보잘 것 없는 몸 재주 형편없어 화답하기 부끄러우니,
願公物色稍留殘[13]	원컨대 공께서 물색하시어 조금만 남겨주시기를.

10 가양(家釀): 남조 송나라 유의경(劉義慶)의《세설신어·상예(賞譽)》「유윤(곧 劉惔)이 이르기를『하차도(곧 何充)가 술 마시는 것을 보면 집에서 담근 술을 다내어 주고 싶게 한다.』라 하였다.」(劉尹云, 見何次道飮酒, 使人欲傾家釀)

11 난장(蘭章): 당나라 위응물(韋應物)의〈주부이신 최도에게 답하다(答崔主簿倬)〉「훌륭한 문장에 답할 수 없으나, 마음 속 부질없이 절로 꽉 차네.」(蘭章不可答, 冲襟徒自盈)

12 하주(下走):「走」자는《고이》에서「붓 필」(筆)자로 된 판본도 있다고 하였다.《한서·소망지전(蕭望之傳)》「정붕(鄭朋)이 글을 올려 소망지에게 아뢰어 말하였다. …… 관자와 안자와 같은데도 쉰다면 저는 연릉의 언덕으로 돌아가려 합니다.」(朋奏記望之曰……, 若管晏而休, 則下走將歸延陵之皐) 하주(下走)에 대하여 응소(應劭)는「종이다.」(僕也)라 하였고, 안사고(顏師古)는「하주라는 것은 빨리 뛰어다닌다는 것을 스스로 낮추어서 말한 것이다.」(下走者, 自謙言趨走之役也)라 하였다. 여기서는 1인칭 낮춤말로 쓰였다.

13 물색~유잔(物色~留殘): 당나라 두보(杜甫)의〈악록산의 도립사로 가다(嶽麓山道林寺行)〉「송공께서 쫓겨나 일찍이 벽에다 지었으니, 물색 나누어 남겨 늙은이에게 주게나.」(宋公放逐曾題壁, 物色分留與老夫) 송나라 황정견(黃庭堅)의〈곽명숙의 장가라는 시의 각운자를 써서 짓다(次韻郭明叔長歌)〉「팔십에 입술 붉고 눈동자 검은데, 금 술잔에 술 들어 남기지 않네.」(八十脣紅眼點漆, 金鍾擧酒不留殘)

83~84. 又和秀野, 二首

다시 수야께 화답하며, 두 수

83

愁陰一夜轉和風[1]	밤새 어둑하던 음산한 구름 따뜻한 바람으로 바뀌고,
曉看花枝露彩濃[2]	새벽에 꽃가지 보니 이슬 색깔 짙다네.
覓句休教長閉戶[3]	싯구 찾느라 가르치는 것 그만두고 오래도록 문 닫고 있다가,
出門聊得試扶筇	문 나서서 애오라지 지팡이 짚어본다네.
物華始信如詩好[4]	경치 빛나니 비로소 시처럼 좋다는 말 믿겠고,
春色方知似酒濃[5]	봄 경치 바야흐로 술처럼 짙게 익어감 알겠네.
多謝隣翁笑相迓	고맙기도 하여라, 이웃 늙은이 웃으며 마중 나오더니,

1 수음(愁陰): 음산한 흙비, 흙먼지를 말한다. 또는 하늘에 구름이 잔뜩 끼어 어두운 모양을 가리키기도 한다. 송나라 소순흠(蘇舜欽)의 〈왕경장이 보내준 시와 같은 운부의 각운자를 써서 짓다(依韻和王景章見寄)〉「세월 섣달 깊어 추위 살을 에이고, 온 하늘 뒤덮은 눈보라 먹구름 말아올리네.」(歲律崢嶸臘候深, 一天風雪卷愁陰)

2 간(看): 《고이》에서는「붙을 착」(著)자로 된 판본도 있다고 하였다.

3 멱구~폐호(覓句~閉戶): 《고이》에서는「쉴 휴(休)」자가「누구 수(誰)」자로 된 판본도 있다고 하였다.
《익증》「왕발은 문장을 지을 때면 문을 닫아놓고 뱃속에서 원고를 지었다.」(王勃爲文閉戶腹藁) 송나라 황정견(黃庭堅)의 〈병에서 일어나 형강의 정자에서 있던 그대로 읊다(病起荊江亭卽事)〉 10수 중 제8수「문 닫고 싯구 찾는 이는 진사도(陳師道)요, 손님 대하면서 붓 휘두르는 이는 진관(秦觀)이라네.」(閉門覓句陳無已, 對客揮毫秦少游)

4 물화(物華): 자연 경물을 말한다. 남조 양나라 유운(柳惲)의 〈오균에게 드리다(贈吳均)〉「이별의 생각에 이미 마음 답답한데, 경물은 다시 이러하다네.」(離念已鬱陶, 物華復如此)

5 춘색~사주농(春色~似酒濃): 당나라 가지(賈至)의 〈술을 마주하다(對酒曲)〉「봄 되니 술맛 진하여, 술 들어 봄 초목떨기 마주하네.」(春來酒味濃, 擧酒對春叢)

爲言晴暖更過從[6]　　날씨 개어 따뜻하다
말해주고는 다시 지나간다네.

84

江皐晴日麗芳華　　강 언덕 날 개어 해 비치니
꽃 곱게 빛나고,
翠竹疎疎暎白沙[7]　　푸른 대나무는 드문드문 흰
모래사장에 비치네.
路轉忽逢沽酒客　　길 굽어들다 문득
술 파는 나그네 만나고,
眼明惟見滿園花　　눈 밝으니 오직 보이는 것
동산 가득한 꽃 뿐이라네.
望中景助詩人趣　　바라보노라니 경치
시인의 흥취 돕고,
物外春歸釋子家　　사물 바깥의 봄은
불가의 집으로 돌아가네.
向晩却尋芳草逕[8]　　저녁 무렵 오히려
아름다운 꽃길을 찾는데,
夕陽流水遶村斜[9]　　해질 녘 흐르는 물은
마을 비스듬히 휘감네.

6 종(從): 《고이》에서는 「만날 봉」(逢)자로 된 판본도 있다고 하였다.

7 취죽~영백사(翠竹~暎白沙): 당나라 두보의 〈남쪽 이웃(南隣)〉 「흰 모래 푸른 대나무 강 마을에 해 저물어, 사립문에서 서로들 전송하니 달빛 새롭다네.」(白沙翠竹江邨暮, 相送柴門月色新)

8 경(逕): 《고이》에서는 「길 로」(路)자로 된 판본도 있다고 하였다.

심방초경(尋芳草逕): 당나라 낭사원(郎士元)의 〈봄날 두 성의 여러 분들을 모시고 장사인댁에서 연회를 열다(春日陪兩省諸公宴張舍人宅)〉 「게을리 아름다운 꽃 오솔길 찾아, 와서 모시는 신하 자리에 와서 접하네.」(懶尋芳草徑, 來接侍臣筵)

9 석양유수(夕陽流水): 당나라 전기(錢起)의 〈냉조를 양택의 집으로 보낸 뒤에 금릉올 돌아와 부모님을 찾아뵙다(送冷朝陽擢第後歸金陵覲省)〉 「해질 녘 흐르는 물에 시 읊조리며 가고, 밝은 달 청산으로 대나무 나와 마치네.」(夕陽流水吟詩去, 明月青山出竹逢)

85~87. 次秀野詠雪韻, 三首

수야의 눈을 읊다라는 시의 운자를 써서 짓다, 세 수

85

閉門高臥客來稀[1]	문 닫고 높은 곳에 누우니 손님 옴 드물고,
起看天花滿院飛[2]	일어나 천녀가 뿌리는 꽃 보니 온 뜰 가득 날리네.
地逈杉篁增勝槩	땅은 먼데 삼나무와 대나무 빼어난 경치 더해주고,
庭虛鳥雀噪空飢[3]	뜰 비었는데 새와 참새 배고프다 재잘대네.
酒腸凍澁成新恨	술 들이킨 뱃속 차고 떫어 새로운 근심 되고,

1 폐문고와(閉門高臥): 후한 원안(袁安)의 고사를 썼다. 원안의 고사는 아래의 주 4)를 보라. 당나라 온정균(溫庭筠)의 〈분사[洛陽]의 원서자에게 부치고 아울러 원처사에게도 드림(寄分司元庶子兼呈元處士)〉「문 닫고 높이 누움 길게 탄식하지 말라, 물가 나무에 빛 엉김 사령운의 집이라네.」(閉門高臥莫長嗟, 水木凝暉屬謝家)
객래희(客來稀): 송나라 소옹(邵雍)의 〈안락와에서 읊다(安樂窩中吟)〉「안락와에서 봄 저물 때, 문 닫고 게으르게 앉아 있으니 손님 옴 드무네.」(安樂窩中春暮時, 閉門慵坐客來稀)

2 간(看): 《고이》에 「볼 견」(見)자로 되어 있는 판본도 있다고 하였다.
천화(天花): 《익증》「불교의 천녀가 꽃을 뿌린다는 용어를 빌어 쓴 것이다.」(借用佛家天女散花語) 위 56번 시의 주 13)을 보라. 당나라 노연양(盧延讓)의 〈눈(雪)〉「땅 평평한데 깔리어 달 되고, 하늘 먼데 흩어져 꽃 되네.」(地平鋪作月, 天逈撒成花) 송나라 육유의 〈눈 노래(雪歌)〉「막 만 개의 구멍에서 땅의 피리 울리는 소리 들리더니, 어느덧 등륙 나와 하늘의 꽃 날림 보이네.」(初聞萬竅號地籟, 已見六出飛天花)

3 조작조공기(鳥雀噪空飢): 송나라 구양수(歐陽脩)의 〈눈(雪)〉「함께 해 끝나도록 큰보리 포식함 탐하거늘, 어찌 빈 숲에서 새와 참새 굶주림 불쌍히 여기겠는가?」(共貪終歲飽麰麥, 豈恤空林飢鳥雀) 남조 송나라 사령운(謝靈運)의 〈서재에서 책을 읽다(齋中讀書)〉「빈 관아에 쟁송 끊기니, 빈 뜰에 새와 참새만 날아드네.」(虛館絕諍訟, 空庭來鳥雀)

病骨侵凌減舊肥	병골에 스며들어 옛날 살찐 몸 점점 여위게 하네.
賴有袁生清興在[4]	원안 맑은 흥취 있음 힘입어,
忍寒應未泣牛衣[5]	추위 견디느라 소 덮개 쓰고 울어서는 안되리.

86

一夜同雲匝四山[6]	밤새도록 한 가지 색 먹구름 사방의 산을 에워싸더니,
曉來千里共漫漫[7]	새벽 되니 천리에 온통 끝이 없네.

4 원생청흥재(袁生淸興在): 원생은 후한의 원안(袁安)을 말한다. 《후한서·원안전(袁安傳)》의 《여남선현전(汝南先賢傳)》이란 책을 인용한 주석 「그때 큰 눈이 내려 땅에 한 길 남짓이나 쌓여 낙양령이 몸소 나가 순시를 하였는데, 보니 인가마다 눈을 치우고 나와 걸식을 하는 것이었다. 원안의 집 문에 이르렀는데 나다닌 (흔적이 있는) 길이 없었다. 원안이 이미 죽었구나 하고 사람들을 시켜 눈을 치고 집에 들어가 보니 원안이 쓰러진 채 누워 있는 것이 보였다. 어째서 나오지 않고 있었느냐고 물었더니 원안이 말했다. 『큰 눈이 내려 모두들 굶주리고 있는데 남들에게서 바라는 것은 마땅치 않습니다.』 이에 낙양령이 어질다 여겨 효렴으로 천거하였다.」(時大雪積地丈餘, 洛陽令身出案行, 見人家皆除雪出, 有乞食者. 至袁安門, 無有行路. 謂安已死, 令人除雪入戶, 見安僵臥. 問何以不出, 安曰, 大雪皆餓, 不宜干人. 令以爲賢, 擧爲孝廉)

5 읍우의(泣牛衣): 《한서》 권76 〈왕장전(王章傳)〉 「왕장이 학생이 되어 장안에서 공부할 때 혼자 아내와 살았다. 왕장이 병에 걸렸는데 이불이 없어 소 덮개 위에 누워서는 아내와 결별을 고하고 울었다.」(章爲諸生學長安, 獨與妻居. 章疾病, 無被, 臥牛衣中, 與妻決, 涕泣) 당나라의 안사고(顏師古)는 「우의는 얽힌 삼실을 짜서 만든 것으로 곧 지금의 용구와 같은 것이다.」(牛衣, 編亂麻爲之, 卽今俗呼爲龍具者)라 하였다. 송나라 육유의 〈범대제의 가을 흥취 시에 화답하다(和范待制秋興)〉 「평생토록 소 덮개 쓰고 우는 일 없었으니, 만사 그로부터 말 귀 스쳐 지나가는 바람 되리라.」(一生不作牛衣泣, 萬事從渠馬耳風)

6 동운(同雲): 같은 색의 구름이 온 하늘을 덮고 있는 것, 곧 구름이 온 하늘을 덮어 금방이라도 눈이나 비가 내릴 듯한 기세를 말한다. 《시경·소아·실로 남산은(小雅·信南山)》 「하늘에 한 가지색 먹구름 끼더니, 눈 펑펑 쏟아지네.」(上天同雲, 雨雪雰雰) 주자는 「동운은 구름이 한 가지 색을 띠고 있는 것으로 곧 눈이 올 징조가 이러하다.」(同雲, 雲一色也. 將雪之候如此)라 하였다. 당나라 두보의 〈가을 비를 탄식함(秋雨嘆)〉 제2수 「삼복의 바람과 비에 가을 분분하더니, 사방 바다와 팔방에 구름 같은 색 띠고 있네.」(闌風伏雨秋紛紛, 四海八荒同一雲)

7 만만(漫漫): 큰 모양이라는 뜻과 끝이 없는 모양[無涯際貌]이라는 뜻이 있다.

不應琪樹猶含凍[8] 응하지 않는 옥나무
　오히려 얼음 머금고,
飜笑楊花許耐寒[9] 날며 웃는 버들 꽃은
　이렇게 추위 이겨내네.
乘輿正須披鶴氅[10] 흥 오르면 모름지기
　학 깃털 옷 입을 것이며,
瀹甘猶喜破龍團[11] 차 달이자니 오히려
　용봉단 부서짐 기뻐하네.

---

8 유(猶): 《고이》에서는 「애오라지 료」(聊)자로 되어 있는 판본도 있다고 하였다.

기수(琪樹): 매화를 말한다. 매화가 눈 속에서도 꽃을 피우기 때문에 눈을 옥에 비유하여 이렇게 말하였다. 송나라 황정견의 〈임공의 점점 매화를 느끼다 시의 열다섯 운자를 써서 짓다(次韻任公漸感梅花十五韻)〉「일찍이 옥나무 봄 회오리바람에 꺾이더니, 매번 새 시 볼 때마다 눈물 두 줄로 떨어지네.」(蚤從琪樹折春飇, 每見新詩淚雙落)

9 양화(楊花): 버들꽃이라는 뜻인데, 여기서는 눈꽃이란 의미로 쓰였다. 남조 송나라 유의경(劉義慶)의 《세설신어·언어(世說新語·言語)》「사태부(謝太傅, 이름은 安)가 춥고 눈이 내리는 날, 안방에 모여서, 집안 아이들과 글의 뜻을 강론하였다. 그때 마침 눈이 갑자기 쏟아지자, 공이 즐거워하면서 『백설이 분분함이 꼭 무엇과 같으뇨?』라고 물었다. 형의 아들인 호아(胡兒: 본명은 朗)는 『공중에 소금을 뿌린 것과 견줄 수 있을런지요?』라고 말하였고, 형의 딸(이름은 道蘊)은 『버들솜이 바람에 따라서 나부끼는 것 같지 않은지요?』라고 말하니, 공이 크게 웃으며 기뻐하였는데, 곧 공의 큰형님 무혁의 딸이요, 좌장군인 왕응지의 처였다.」(謝太傅寒雪日內集, 與兒女講論文義. 俄而雪驟, 公欣然曰, 白雪紛紛何所似? 兄子胡兒曰, 撒鹽空中差可擬. 兄女曰, 未若柳絮因風起. 公大笑樂. 卽公大兄無奕女, 左將軍王凝之妻也)

허내한(許耐寒): 허(許)는 이렇게[如許]와 같은 뜻으로 쓰였다. 당나라 두보(杜甫)의 〈인일 양 편(人日兩篇)〉 중 둘째 시 「술바리 앞의 잣나무 잎 술 따르는 것 그만두고, 빼어난 경치 속의 금꽃 추위 잘도 견뎌내네.」(尊前柏葉休隨酒, 勝裏金花巧耐寒)

10 승흥(乘興): 진나라 왕휘지의 고사를 썼다. 다음 시인 87번 시의 주 14)를 보라.

피학창(披鶴氅): 학창은 도사의 복장. 흰 바탕에 소매와 옷깃 등을 검게 처리해서 학과 비슷한 형태를 띠기 때문에 그렇게 말한다. 《진서》 권84 〈왕공전(王恭傳)〉「왕공은 맵시와 거동이 아름다워 사람들이 매우 좋아하고 기뻐하였다. …… 일찍이 학의 깃털로 만든 갖옷을 입고 눈 속을 건너 지나가는데 맹창이 몰래 보고는 감탄하여 말하기를 『이야말로 참으로 신선 가운데 사람이로다.』라 하였다.」(恭美姿儀, 人多愛悅……嘗被鶴氅裘, 涉雪而行, 孟昶窺見之, 歎曰, 此眞神仙中人也) 같은 내용이 남조 송나라 유의경의 《세설신어·기선(企羨)》에도 나오는데, 거기에는 「맹창이 아직 현달하지 못하였을 때 집이 경구에 있었는데, 한번은 왕공이 높다란 수레를 타고 학의 날개 깃털로 만든 겉옷을 입고 있는 것을 보았다. 이때는 눈이 약간 내렸을 때인데 맹창이 울타리 틈으로 그를 엿보며 감탄하기를 『이 사람은 정말로 신선세계의 사람이야!』라 했다.」(孟昶未達時, 家在京口, 嘗見王恭乘高輿, 被鶴氅裘, 于時微雪, 昶於籬間窺之, 歎曰, 此眞神仙中人)라 되어 있다.

11 약감(瀹甘): 약(瀹)은 자(煮)와 같은 뜻으로, 차를 달이는 것을 말한다. 《차보》「옛사람들은 차를 감초라고 불렀다.」(古人謂茶爲甘草)

용단(龍團): 곧 차의 일종인 용봉단(龍鳳團)을 말한다.

無端酒思催吟筆　　끝없이 술 생각
　　　　　　　　　　붓으로 써내게 하니,
却恐長鯨吸海乾[12]　　오히려 큰 고래 바닷물
　　　　　　　　　　들이켜 말릴까 걱정되네.

87

開門驚怪雪交加　　문 열어보고 눈 얽히어
　　　　　　　　　　더 내림에 깜짝 놀라는데,
亂落橫飛詎有涯[13]　　어지러이 떨어지고 가로 흩날림
　　　　　　　　　　어찌 끝이 있으랴.
密竹不妨呈勁節　　빽빽한 대나무 굳은 절개
　　　　　　　　　　드러냄 거리낌 없고,
早梅何處覓殘花　　일찍 핀 매화 어느 곳에서
　　　　　　　　　　남은 꽃 찾겠는가?
山陰客子須乘興[14]　　산음의 나그네
　　　　　　　　　　모름지기 흥 오르건만,

《천중기(天中記)》 권44에서 인용한 송나라 구양수(歐陽脩)의 〈귀전록·누금(歸田錄·縷金)〉「차의 품질 가운데 용봉단보다 귀한 것이 없는데, 무릇 여덟 덩이가 한 근이 나가며, 경력 연간에 채군모가 복건운사가 되었을 때 처음으로 소편용차를 만들었는데, 그 가운데 품질이 빼어난 것을 소룡단이라고 하였다. 무릇 이십여 덩이에 무게가 한 근으로 그 값은 금 두 냥이 나가지만, 금은 가질 수 있어도 차는 얻을 수 없다.」(茶之品, 莫貴於龍鳳團, 凡八餅, 重一斤, 慶歷間, 蔡君謨爲福建運使, 始造小片龍茶, 其品絶精謂之小龍團, 几二十餅餘, 重一斤. 其價値金二兩, 然金可有而茶不可得) 《세시광기(歲時廣記)》 권3「세상에 전하기를 도곡학사가 당태위의 집을 사들였는데 옛 기녀가 눈을 만나자 도곡은 눈 녹은 물을 가져다가 단차를 끓였다.」(世傳陶穀學士買得党太尉家, 故妓遇雪, 陶取雪水烹團茶)

12 장경흡해(長鯨吸海): 당나라 두보의 〈음중팔선을 노래함(飮中八僊歌)〉「마치 큰 고래 모든 강물 들이키듯 술 마시며, 잔 머금고 성인 즐기며 세상의 현인이라 한다네.」(飮如長鯨吸百川, 銜盃樂聖稱世賢) 북송 마존(馬存)의 〈사정에서 잔치하며(燕思亭)〉에「큰 신령이 산을 쪼개고 큰 강을 말리며, 큰고래 바닷물 들이켜 계곡물까지 말리는 듯했네.」(巨靈擘山洪河竭, 長鯨吸海萬壑貧) 모두 이백의 역량이 큰 것을 읊은 구절이다. 여기서는 유온(劉韞)이 술을 잘 마시는 것을 과장하여 한 말이다.

13 설교가~횡비(雪交加~橫飛): 당나라 한유의 〈신묘년의 눈(辛卯年雪)〉「무너졌다가 오르다가 서로 밀치며, 용과 봉황 엇섞여 가로로 날리네.」(崩騰相排拶, 龍鳳交橫飛)

14 산음~승흥(山陰~乘興): 《진서·왕휘지전(王徽之傳)》「(왕휘지가) 일찍이 산음에 거처할 때 밤에 눈이 내리다가 갓 개어 달빛이 맑고 환한 것이 사방을 돌아보니 휘영청하여 홀로 술을 따르며 좌사의 〈은자를 부

洛下先生想臥家[15] 낙양의 선생
집에서 누워 있을 생각했다네.
病廢杯觴寒至骨[16] 병들어 술 끊으시니
한기 뼛속까지 스미고,
哦詩無復更豪誇[17] 시 읊조려도 더 이상
호방한 자랑 없다네.

르다〉라는 시를 읊조리고 있는데, 갑자기 대규가 생각났다. 대규는 이때 섬땅에 있어서 즉시 밤에 작은 배를 타고 그를 찾았는데 밤이 지나 거의 도착을 하였을 무렵 문앞에 이르러서는 앞으로 나아가지 않고 돌아왔다. 사람들이 그 까닭을 물었더니 왕휘지가 말했다.『본래 흥이 일어 갔다가 흥이 사그러들어 돌아왔으니 하필이면 대안도를 만나 보아야 한단 말인가!』(嘗居山陰, 夜雪初霽, 月色淸朗, 四望晧然, 獨酌酒詠左思招隱士詩, 忽憶戴逵. 逵時在剡, 便夜乘小船詣之, 經宿方至, 造門不前而反. 人問其故, 徽之曰, 本來乘興而行, 興盡而反, 何必見安道邪) 송나라 범성대(范成大)의 〈건자산에 또 비가 내리다(巾子山又雨)〉「지금은 눈 내리는 시내 구절만 생각날 뿐인데, 흥 타고 왔다가 흥 다하여 돌아간다네.」(如今只憶雪溪句, 乘興而來興盡還) 왕휘지가 대규를 방문한 일을 가지고 주희 자신이 유온을 찾은 것에 비유하였다.

15 낙하선생(洛下先生): 《차의》「곧 원안이다.」(卽袁安) 원안은 위 85번 시의 주 4)를 보라. 궈치(郭齊)는 낙하선생을 곧 한나라의 낙하굉(洛下閎)이라고 하였는데, 이 구절이 눈과 관련이 있으므로《차의》에서 말한 원안으로 보는 것이 타당한 것 같다. 여기서는 유온을 비유하였다.

16 한지골(寒至骨): 송나라 황정견의 〈눈을 읊어 삼가 광평공에게 드림(詠雪奉呈廣平公)〉「바로 마음 다하게 하여 추위 뼈에 스미게 하리니, 복사꽃 오얏꽃 그로 인해 꽃 피움 방해되지 않으리.」(正使盡情寒至骨, 不妨桃李用年華)

17 병폐~호과(病廢~豪誇): 송나라 진여의(陳與義)의 사(詞) 〈정풍파·중양절(定風波·重陽)〉「9월 9일 중양절에 높은 곳에 올라가 내려다 봄 옛 상례 있으니, 개었다가 비 내리다하여 한번 술잔 전하네. 병이 많아 시 지어도 좋은 구절 없고, 외로이 중양절 저버렸는데, 누런 국화꽃 오늘따라 아주 노랗다네.」(九日登臨有故常, 隨晴隨雨一傳觴. 多病題詩無好句, 孤負, 黃花今日十分黃)

88~89. 次韻雪後書事, 二首

눈 온 뒤의 일을 쓰다라는 시의 운자를 써서 짓다, 두 수

88

晴煙裊裊弄晨炊[1]　　안개 개이니 새벽 밥 짓는 연기
　　하늘하늘 피어오르는데,
雪屋流澌未覺遲　　눈 덮인 지붕 흘러 없어짐
　　더딘 줄 모르겠네.
擬挈凍醪追勝踐[2]　　언 막걸리 들고 즐거운
　　유람 쫓고자 하여,
聊穿蠟屐過疏籬[3]　　애오라지 밀랍 칠한 나막신 신고
　　엉성한 울타리 지나네.
掃開折竹仍三逕[4]　　꺾어진 대나무 치워 틔우니
　　세 오솔길 그대로이고,

1 청연(晴煙): 당나라 송지문(宋之問)의 〈한수와 장강에서의 송별연(漢江宴別)〉「가을 무지개 저녁 해에 빛나고, 강의 학은 개는 안개 가지고 노네.」(秋虹映晚日, 江鶴弄晴烟)
요뇨(裊裊): 「裊」는 「嫋」와도 통하여 쓴다. 바람이 움직이어 부는 모양을 나타내는 의태어이다. 《초사·구가·상부인(九歌·湘夫人)》「살랑살랑 가을바람, 동정호의 물결 나무 밑에서 이네.」(嫋嫋兮秋風, 洞庭波兮木葉下) 왕일(王逸)은 「가을바람이 나무를 흔드는 모양」(秋風搖木貌)이라 하였고, 주희는 「길고 약하게 이어지는 모양」(長弱之貌)이라 하였다.
2 승천(勝踐): 쾌적한 유람이라는 뜻, 곧 승유(勝遊)와 같다. 당나라 양형(楊炯)의 〈여러 관리들이 양은거를 찾다라는 시의 서문(羣官尋楊隱居詩序)〉「인생의 즐거운 유람 다하고, 숲과 들의 기이한 흥취 얻는다네.」(極人生之勝踐, 得林野之奇趣)
3 천납극(穿蠟屐): 납극은 위 73번 시의 주 8)을 보라. 송나라 귀산(龜山) 양시(楊時)의 〈속마음을 써내다(書懷)〉「지팡이 짚고 나막신 신고 잘 가서, 구름 짝하고 달 따라 졸졸 흐르는 물 튀기네.」(好去杖藜穿蠟屐, 伴雲隨月弄潺湲)
4 절죽(折竹): 당나라 두순학(杜荀鶴)의 〈눈(雪)〉「강과 호수에는 날짐승 그림자 보이지 않고, 바위계곡에서는 이따금 대나무 꺾이는 소리 들리네.」(江湖不見飛禽影, 巖谷時聞折竹聲)
삼경(三逕): 「三徑」과 같다. 삼경에 대해서는 위 시 58번 시의 주석 27)을 보라.

認得殘梅祗數枝[5]	남아 있는 매화 알아볼 수 있는 것 겨우 몇 가지 뿐이라네.
不耐歲寒心事苦[6]	해 추워지니 견디지 못하여 심사 괴로워,
滔滔欲說定從誰	속 시원히 말하고 싶지만 정녕코 누구를 따르리?

89

未覺春光到柳條[7]	봄볕 버드나무 가지에 이름 깨닫지도 못했는데,
誰教飛絮倚風搖[8]	누가 버들솜 날려 바람 따라 흔들리게 하는가?
眼驚銀色迷千界[9]	은색에 눈 놀라니 온 천지 헷갈리고,
夢斷彤庭散百寮[10]	붉게 칠한 뜰에 꿈 끊어지니 백관들 흩어지네.

5 잔매(殘梅): 송나라 소식의 〈황태비각(皇太妃閣)〉 제5수 「봄바람 속에 약한 버들가지 만 갈래 드리웠는데, 반짝반짝 남은 매화 아직 한 가지 있네.」(東風弱柳萬絲垂, 的皪殘梅尙一枝)

6 세한(歲寒): 《논어·자한(子罕)》 「날씨가 추워진 다음에야 소나무와 잣나무가 늦게 시듦을 안다.」(歲寒然後知松柏之後彫也)

7 춘광도류조(春光到柳條): 당나라 두보의 〈납일(臘日)〉 「스며드는 눈빛 원추리풀로 돌아오고, 새는 봄빛은 버드나무 가지에 있네.」(侵陵雪色還萱草, 漏泄春光有柳條)

8 비서(飛絮): 위 86번 시의 주 9)를 보라.

9 천계(千界): 불가에서 말하는 삼천대천세계(三千大天世界)를 말한다. 《유마경(維摩經)》에 「일천 세계를 소천이라 하고, 일천의 소천세계를 중천이라 하며, 일천 중천세계를 대천이라 한다.」(一千世界謂之小千, 一千小千世界謂之中千, 一千中千世界謂之大千)는 말이 있다. 여기서는 온 세상이라는 뜻으로 쓰였다. 송나라 양만리(楊萬里)의 〈눈이 개다(雪晴)〉 「온 세상이 모두 은색으로 뒤덮였고, 구슬 숲 일만 겹이나 되네.」(銀色三千界, 瑤林一萬重)

10 동정(彤庭): 궁전을 말한다. 한나라 때는 궁전에 붉은 칠을 하였으므로 이렇게 말한다.

산백료(散百寮): 「寮」는 「僚」와 통하여 쓰며, 「百寮」는 곧 「百官」과 같은 뜻이다. 당나라 두보의 〈동지(冬至)〉 「명아주 지팡이 짚고서 눈 덮인 붉은 계곡에 다다르고, 패옥 소리 울리며 조알하러 와서 대궐에 흩어지네.」(杖藜雪後臨丹壑, 鳴玉朝來散紫宸)

이 구절은 눈이 흩어지는 것이 백관들이 조정에 조회를 하러 왔다가 흩어지는 것 같다는 표현이다.

梅塢恁從長笛弄　　매화 제방에선 마음
　　　　　　　　　　내키는 대로 긴 피리 불고,
竹窓閒把短檠挑[11]　　대나무 창 아래선 한가로이
　　　　　　　　　　짧은 등잔걸이 들고 심지 돋우네.
何人剝啄傳淸唱[12]　　누가 문을 두드리며
　　　　　　　　　　낭랑하게 노래 부르는가?
更喜殘年樂事饒　　여생에 즐거운 일
　　　　　　　　　　많음 더욱 기쁘네.

11 단경도(短檠挑): 경(檠)은 곧 등경(燈檠)을 말한다. 등경은 등잔을 적당한 높이에 얹도록 한 등대(燈臺)로서 흔히 등경걸이, 또는 등잔걸이라고 한다. 당나라 한유(韓愈)의 시에 〈짧은 등잔걸이(短檠歌)〉가 있는데, 그 가운데「긴 등잔걸이 여덟 자는 공연히 길기만 한데, 짧은 등잔걸이 두 자는 편하고 또 밝네. …… 옷 지어 멀리 부치려니 눈물에 눈 어두워지고, 머리 긁으며 자주 돋우고 침상 가까이 옮기네.」(長檠八尺空自長, 短檠二尺便且光……裁衣寄遠淚眼暗, 搔頭頻挑移近床)라는 구절이 있다.

12 박탁(剝啄): 《차의》「『喙』는 당본에는 『啄』으로 되어 있다. 『박탁』은 문을 두드리는 소리이다.」(喙, 唐本作啄. 剝啄叩門聲) 당나라 한유의 〈똑똑 문을 두드리다(剝啄行)〉「똑똑하고 문 두드리며, 어떤 손님 문에 이르렀네.」(剝剝啄啄, 有客至門) 오백가주(五百家注)에서는「박탁은 문을 두드리는 소리이다.」(剝啄叩門聲)라 하였다. 당나라 고적(高適)의 〈중양절(重陽)〉「어찌 흰 옷 입은 사람 와서 문을 두드릴 것인가? 한결같이 검은 모자 삐딱하게 기울어진 사람 따른다네.」(豈有白衣來剝啄, 一從烏帽自欹斜)

90. 次韻劉秀野早梅

유수야의 일찍 핀 매화 시의 각운자를 써서 짓다

可愛紅芳愛素芳[1]	붉은 꽃 사랑스럽지만 흰 꽃 사랑하는데,
多情珍重老劉郎[2]	다정하고 진중하시네 늙으신 유씨 어르신.
疏英的皪尊中影[3]	성긴 꽃부리 또렷하게 잔 속에 비치고,
微月黃昏句裏香[4]	초승달 해질 무렵에 싯구 속에서 향기롭네.

1 가애~소방(可愛~素房): 당나라 두보(杜甫)의 〈강가를 홀로 걸으며 꽃을 찾다가 일곱 절구를 읊다(江畔獨步尋花七絶句)〉 제5수「복사꽃 한 무더기 모두 주인 없는데, 짙은 붉은 색 사랑스럽고 옅은 붉은 색 사랑스럽네.」(桃花一簇皆無主, 可愛深紅愛淺紅)《익증》「두보 시의 구법을 썼을 것이다. 사랑스러운 것은 흰 꽃으로 붉은 것은 비할 바가 아님을 이른다.」(盖用杜法, 謂可愛者素芳, 非紅之比也)《차보》「이 말은 사랑스러운 것은 붉은 꽃이고 흰 꽃은 정말 사랑스럽다는 것이다. 두보 시 또한 이런 뜻이다.」(此言可愛者紅芳乎, 素芳眞可愛也. 杜詩亦此意)

2 다정~노유랑(多情~老劉郎): 《남사·원제 서비열전(元帝徐妃列傳)》「계강이 매번 탄식하여 말하였다. 『백직의 개는 아무리 늙었어도 사냥을 잘 하고, 소율양의 말은 아무리 늙었어도 빼어나며, 서낭은 비록 늙었지만 아직도 다정하다.』」(季江每歎曰, 栢直狗雖老猶能獵, 蕭溧陽馬雖老猶駿, 徐娘雖老猶尙多情)《차의》「아마 (당나라) 유우석의 『전도유랑』이란 말을 쓴 것 같다. 수야의 성이 유씨이기 때문에 말한 것이다.」(盖用劉禹錫前度劉郎之語, 以秀野姓劉故云) 당나라 유우석의 〈다시 현도관에서 놀며, 절구(再遊玄都觀絶句)〉「복숭아 심은 도사는 어디로 돌아갔는가? 전번의 유랑 이제 홀로 왔다네.」(種桃道士歸何處, 前度劉郎今獨來) 송나라 소식(蘇軾)의 〈양반(楊蟠)의 삼가 매화를 의논하다라는 시의 각운자를 써서 짓다(次韻楊公齊奉議梅花)〉 제3수「이제 마음대로 늙어 서리 뿌리 있고, 유랑 다시 홀로 옴 볼 수 있다네.」(而今縱老霜根在, 得見劉郎又獨來)

3 적력(的皪): 「的歷」 또는 「的皪」이라고도 하며, 빛나는 모양, 선명한 모양을 나타내는 첩운(疊韻) 연면(聯緜) 의태어.

4 미월황혼(微月黃昏): 미월(微月)은 눈썹달, 초승달을 말한다. 진(晉)나라 부현(傅玄)의 〈잡시(雜詩)〉「맑은 바람 얼마나 불어오는가? 눈썹달 서쪽에 나타나네.」(清風何飄颻, 微月出西方) 송나라 임포(林逋)의 〈산속 동산의 작은 매화(山園小梅)〉 두 수 중 첫째 시「성긴 그림자 비스듬히 얕고 맑은 물에 걸쳐 있고, 그윽한 향기는 달 있는 황혼에 떠서 움직이네.」(疏影橫斜水清淺, 暗香浮動月黃昏)

胸次自憐眞玉雪[5] 가슴 속에 참된 옥 같은 눈
절로 사랑스러운데,
人間何處有氷霜 인간 세상 어느 곳에
얼음과 서리 있는가?
巡簷說盡心期事[6] 처마 찾아 마음 속
기약한 일 모두 말하였더니,
肯醉佳人錦瑟傍[7] 기꺼이 고운 사람
비단 슬 옆에서 취하려네.

[여설] 원나라 방회(方回)의《영규율수(瀛奎律髓)》의 시평「이는 모두 매화에 뜻을 부치고 있는데 공자가 말한『해가 추워진 다음에야 소나무와 잣나무가 나중에 시든다는 것을 안다.』는 것과 같다. 위의 문장도 없고 아래의 문장도 없이 다만 이 열 글자로 사군자의 사람됨을 충분히 보게 된다.」(此皆寄意於梅, 猶孔子所言歲寒然後知松柏之後彫也. 無上文, 無下文, 只此十箇字, 足見士君子之爲人也)

5 흉차(胸次): 가슴 속, 마음을 말한다.《장자·전자방(田子方)》「희노애락이 가슴 속에 들지 않는다.」(喜怒哀樂不入於胸次)

6 순첨(巡簷): 당나라 두보의〈아우인 관이 남전으로 가서 처자를 데리고 강릉에 이름에 기뻐서 부침(舍弟觀赴藍田取妻子到江陵, 喜寄)〉제2수「집 처마 찾아 매화와 함께 웃음 구하니, 차가운 꽃술 성긴 가지 반은 금치 못하네.」(巡簷索共梅花笑, 冷蕊疏枝半不禁)

7 금슬(錦瑟): 당나라 두보(杜甫)의〈곡강에서 비를 마주하다(曲江對雨)〉「어느 때 이곳에 금전회를 조명(詔命)하셨던가? 잠깐 가인 비단 슬 곁에 있음에 취하네.」(何時詔此金錢會, 暫醉佳人錦瑟傍)

91. 次秀野極目亭韻[1]

유수야의 극목정 시의 각운자를 써서 짓다

偶向新亭一破顔[2]	우연히 새 정자 보고 한번 웃어 보이고,
高情直寄有無間[3]	고아한 정취 바로 있음과 없음 사이에 부치네.
地偏已隔東西路	땅 구석져 이미 동쪽 서쪽 길 떼어놓았고,
天闊長違遠近山[4]	하늘 넓어 길게 멀고 가까운 산과 어긋났다네.
浩蕩祇愁春霧合[5]	넓고 크니 다만 봄 안개 모임 걱정스럽고,
輪囷却喜暮雲還[6]	구불구불 오히려 저녁 구름 돌아옴 기뻐하네.

1 첫째 구의 「새로운 정자」(新亭), 다섯째 구의 「봄 안개」(春霧) 등의 시어로 보아 극목정이 봄에 완공되어 놀러가서 지은 것으로 보인다.

2 파안(破顔): 웃는 모습을 보이다. 당나라 두보(杜甫)의 〈새벽에 사홍현 남쪽을 떠나 도중에 짓다(早發射洪縣南途中作)〉「쇠약한 얼굴 우연히 한번 웃어 보이나, 빼어난 일 여러 차례 뜨기 힘드네.」(衰顏偶一破, 勝事難屢挹) 《차의》「파안은 미소로 본래 불가의 말이다.」(破顔, 微笑, 本佛家語)

3 유무간(有無間): 불교용어로 있는 것도 아니며 없는 것도 아닌 깨끗하고 속된 기운이 없는 경지를 가리키는 말. 당나라 가도(賈島)의 〈중을 떠나보내다(送僧)〉「말은 문자 바깥으로 돌아가고, 뜻은 있는 듯 없는 듯한 사이로 나오네.」(言歸文字外, 意出有無間)

4 천활(天闊): 당나라 두보의 〈삼가 엄중승님의 서쪽 성에서 저녁에 바라보다라는 시의 10운에 화답하다(奉和嚴中丞西城晩眺十韻)〉「땅 평평하니 강 촉군 움직이고, 하늘 넓으니 나무 진에서 떠오르네.」(地平江動蜀, 天闊樹浮秦)

5 춘무합(春霧合): 당나라 한산자(寒山子)의 〈한산(寒山)〉 제13수 「동쪽 집에서 봄 안개 합쳐지고, 서쪽 집에서 가을바람 일어난다네.」(東家春霧合, 西舍秋風起)

6 윤균(輪囷): 구부러진 모양. 한나라 추양(鄒陽)의 〈옥중에서 양왕께 올리는 편지(獄中上梁王書)〉「구부러진 나무뿌리는 서리고 굽고 뒤틀어진 것인데도 만승의 천자가 쓰는 기물이 될 수 있는데, 이는 좌우에 있는 자들이 먼저 그것을 꾸미기 때문입니다.」(蟠木根柢, 輪囷離奇, 而爲萬乘器者, 以左右先爲之容也) 당나라 안사고(顔師古)의 주석 「윤균이기는 구부러지고 꼬여서 어그러진 것이다.」(輪囷離奇, 委曲盤戾也)

不堪景物撩人甚[7]	경물 사람 심하게 부추김 참지 못하여,
倒盡詩囊未許慳[8]	시 주머니 다 쏟아 아낌 허락지 않네.

7 료(撩): 《차의》「음은 『료』이고 가지고 논다는 뜻이다.」(憐蕭切, 挑弄也) 당나라 한유(韓愈)의 〈동관협 시의 각운자를 써서 짓다(次同冠峽)〉「무심결에 영북 생각하노라니, 원숭이와 새 서로 놀리지 말라.」(無心思嶺北, 猿鳥莫相撩)

8 시낭(詩囊): 당나라 이상은(李商隱)이 지은 〈시인 이하(李賀)의 약전(李長吉小傳)〉「(이하는) 매일 아침에 나가면 여러 친구들과 어울려 놀았다. …… 늘 어린 종을 하나 딸리고서, 나귀를 타고서 낡아빠진 비단주머니 하나를 그 종에게 짊어지어 다니게 하고서는 우연히 시상이 떠오르면, 곧 글을 적어 그 주머니에 던져 넣었다.」(每旦日出, 與諸公游,……恒從小奚奴, 其距驢, 背一古破錦囊, 偶有所得, 卽書投囊中)

92. 又

또 짓다

坐看山花落幔顏[1] 앉아서 산의 꽃
장막 표면에 떨어짐 구경하노라니,
不知身在翠雲間 이 몸 비취빛 구름 사이에
있는 줄 모르겠네.
食寒到處雨復雨[2] 밥 차가우니 곳곳에
비 내리고 또 내리고,
客裏歸來山又山 나그네 살이 돌아오니
산에 또 산이라네.
永夜孤燈閑照影[3] 긴 밤 외로운 등불
한가로이 빛 내고,
無心棲鳥暮忘還[4] 무심히 깃든 새는
저녁에 돌아감 잊었다네.
世情分逐流年去 세상의 정리 나누어 좇다
세월 흘러 가는데,
只有詩情老更慳 다만 시 짓는 마음
늙어서 더욱 아낀다네.

1 만안(幔顏): 《차의》「휘장의 앞쪽을 말한다.」(謂帷幔前面) 《익증》「무이산의 만정봉 앞인 것 같다.」(恐是武夷幔亭峯面)

2 식한(食寒): 《익증》「이때 한식절을 맞은 것 같다.」(似時値寒食節) 당나라 두보의 〈소한식에 배 안에서 짓다(小寒食舟中作)〉「좋은 때 억지로 먹자니 밥 오히려 찬데, 안궤에 기대어 쓸쓸하게 갈관 썼다네.」(佳辰强飯食猶寒, 隱几蕭條帶鶡冠)

3 영야·조영(永夜·照影): 원래는 결자(缺字)였는데 《정와(正訛)》에서 인용한 사당본(祠堂本)에 근거하여 보충하였다.

4 서조모망환(棲鳥暮忘還): 진나라 도연명(陶淵明)의 〈돌아가자꾸나(歸去來辭)〉「구름은 무심결에 산 굴에서 나오고, 새는 지쳐서 돌아올 줄 안다네.」(雲無心以出岫, 鳥倦飛而知還)

93. 次秀野春晴山行紀物之句

유수야의 봄날 개어 산에 간 일을 적다라는 시의 구절의 각운자를 써서 짓다

祗憑詩律作生涯	오직 시율 기대어 평생 살아왔는데,
到處山林總是家	산림 곳곳 모두가 집이라네.
便與清尊臥芳草[1]	곧 맑은 술잔 더불어 향기로운 풀더미에 누우니,
不妨皂蓋拂殘花[2]	검은 일산 남은 꽃 떨어버림 개의치 않네.
側聞溫詔詢耆艾[3]	곁에서 듣자니 간절한 조서로 오십 육십 늙은이에게 물으니,

1 청준와방초(淸尊臥芳草): 준(尊)은 준(樽)과 통하여 쓴다. 송나라 왕안석(王安石)의 〈청명(淸明)〉「사람 긴 술병 더불어 향기로운 풀밭에 누워 있는데, 바람 빠른 피리소리 파란 가지 지나네.」(人與長瓶臥芳草, 風將急管度青枝)

2 조개(皂蓋): 검은 색의 명주 일산(日傘)을 말한다. 한나라의 관제에 태수는 검은 일산에 붉은 수레 흙받이를 했다. 《한나라의 역사·수레와 복식에 관한 기록(輿服志) 상》「중앙 정부의 고급 관직인 9경(九卿)에 해당하는 중 2천 석과 지방 장관인 군수에 해당하는 2천 석의 관작은 모두 검은 명주 일산에 붉은 양 흙받이를 했다.」(中二千石, 二千石皆皂蓋, 朱兩轓) 당나라 두보의 〈왕씨네 17째인 시어사 륜께서 술을 지니고 초당에 이르는 것을 허락하시어 삼가 이 시를 부쳐드리고 곧 고씨네 35째 사군과 함께 이르도록 청하다(王十七侍御掄許攜酒至草堂奉寄此詩便請邀高三十五使君同到)〉「수의 여러 번 집에서 빚은 술 지님 허락하였고, 검은 일산 들판의 매화 꺾음 잊을 수 있네.」(繡衣屢許攜家醞, 皂蓋能忘折野梅)

3 온조(溫詔): 언사가 간절한 조서(詔書).
기애(耆艾): 오십 육십 된 늙은이를 말한다. 《예기·곡례(曲禮) 상》「나이 오십을 애라고 하는데 이때는 관정에 복무한다. 나이 육십을 기라고 하는데 이때는 남에게 지시하여 시킨다.」(五十曰艾, 服官政. 六十曰耆, 指使) 《시경·노송·비궁(魯頌·閟宮)》「당신 창성하고 크게 하며, 당신 오십 육십까지 오래 살게 하리라.」(俾爾昌而大, 俾爾耆而艾)

好趁春風入殿衙[4] 봄 바람 잘 틈타
전아로 들어가시네.
回首能忘舊猿鶴[5] 고개 돌리니 옛 산의
원숭이와 학 잊을 만한데,
一篇聊爾記年華[6] 한 편 시 잠깐 만에
세월 기록한다네.

4 전아(殿衙): 아(衙)는 본래「牙」라고 하였으며, 전아는 관청 또는 관아를 가리키는 말이다. 《차의》「천자가 거처하는 곳을 아라고 한다. 또한 군행에 아가 있는데 높은 사람이 있는 곳이다. 후인들은 이 때문에 다스리는 것을 아라고 한다.」(天子居曰衙. 又軍行有牙, 尊者所在, 後人因以所治爲衙)

5 구원학(舊猿鶴): 벼슬을 탐내어 은둔 생활을 버리고 떠난 가짜 도사를 비난하는, 도사가 은둔했던 산에 살고 있는 원숭이와 백학들. 남조 제나라 공치규(孔稚圭)의 〈북산의 산신령이 (고을원이 되어 간 가짜 도사에게) 띄우는 공문(北山移文)〉「혜초로 만든 장막 비었음이여! 밤에 깃드는 학도 원망할 것이고, 산 사람 떠남이여! 새벽 원숭이 놀라네.」(蕙帳空兮夜鶴怨, 山人去兮曉猿驚) 송나라 소식(蘇軾: 호 東坡)의 〈비각에서 숙직하며 지어 왕민보에게 드림(夜直祕閣呈王敏甫)〉「큰 은자 원래 경계 없으니, 북산의 원숭이와 학 공문 함부로 어지럽히네.」(大隱本來無境界, 北山猿鶴漫移文)

6 요이(聊爾): 잠시, 잠깐.

94. 再用韻題翠壁[1]

다시 취벽에 적다라는 시의 각운자를 써서 짓다

孤亭一目盡天涯[2]	외로운 정자 한눈에 하늘 끝이 다 하고,
俯瞰烟村八九家[3]	굽어보니 안개 낀 마을에 집 여덟 아홉 채 보이네.
翠壁何年懸布水	취벽에 어느 해부터 폭포수 내걸리었던가?
綠陰經雨墮危花[4]	녹음에 비 지나가니 높이 핀 꽃 떨어지네.
杖藜徙倚凝春望	명아주 지팡이 짚고 배회하며 봄 뚫어지게 바라보고,
覓句淹留到晚衙[5]	구 찾아 오래 머무르다보니 저녁 조회 되었다네.
珍重詩翁莫相惱	시 짓는 늙은이 진중하여 고민하지 말게나,

1 취벽(翠壁): 오부리(五夫里)에 있으며 극목정이 그곳에 있다.

2 고정(孤亭): 이 구절 전체의 뜻을 보건대 아마 극목정을 가리켜 말한 것 같다.

3 연촌팔구가(烟村八九家): 당나라 두보의 〈농사를 짓다(爲農)〉「금리 연기와 먼지 바깥에, 강촌에 여덟 아홉 집 있네.」(錦里煙塵外, 江村八九家)

4 위화(危花): 《집람》「곧 지려는 꽃이다.」(將落之花)

5 만아(晚衙): 당나라 이래 관청의 관리들은 아침 저녁으로 하루 두 번씩 속관들의 참배를 받고 업무를 처리하였는데 저녁조회를 만아(晚衙)라 하였다. 《차보》「당나라 사람들은 관부에서 아침저녁으로 조정에 들어가는 것을 아라 하였다.」(唐人官府以早晚庭參爲衙) 당나라 백거이의 〈서원외께서 향산사에서 여러 날 놀면서 돌아오지 않고 아울러 편지를 보내어 빼어난 일을 크게 자랑하였다. 당시 마침 관아에 앉아 죄수를 걱정하던 때를 맞아 붓을 휘갈겨 긴 구절을 써서 주었다(舒員外遊香山寺數日不歸兼辱尺書大誇勝事時正値坐衙慮囚之際走筆題長句以贈之)〉「흰 머리의 늙은 부윤 부중에 앉아서, 아침 조회에서 겨우 물러났는데 저녁 조회 재촉

枯腸攪斷鬢絲華[6] 메마른 속 어지러이 끊기고

실 같은 흰머리만 늘어간다네.

하네.」(白頭老尹府中坐, 早衙纔退暮衙催) 같은 사람의 〈성 위에서(城上)〉「성 위에서 둥둥 북소리 나니, 아침 조회에 다시 저녁 조회라네.」(城上鼕鼕鼓, 朝衙復晚衙)

6 고장(枯腸): 당나라 노동(盧仝)의 〈차를 노래함(茶歌)〉「셋째 잔은 메마른 창자 찾으니, 오로지 문자 오천 권만 남았다네.」(三碗搜枯腸, 惟有文字五千卷)

95~97. 次亭字韻詩呈秀野丈, 兼簡王宰, 三首[1]

「정자 정」자를 각운자로 쓴 시를 차운하여 유수야 어르신께 드리고 아울러 왕재에게 부친다. 세 수

95

不駕朝車叩九扃[2]	조거 타고 구중궁궐 문 두드리지 않고,
獨携靈壽向新亭[3]	홀로 영수목 지팡이 짚고 새 정자 향하네.
人言洞裏春長在[4]	사람들 동천에는 봄 오래 있다고 말하는데,
自慶樽前老復丁[5]	술바리 앞에서 스스로 늙었는데 또 정정함 경하하네.

1 왕재(王宰): 왕제여(王齊輿)를 말한다. 자는 지익(之益)으로 태주(台州) 영해(寧海) 사람. 소흥(紹興) 3년(1133) 진사가 되었으며 곤산위(崑山尉)를 거쳐 지악주(知鄂州)와 제점동천형옥(提點東川刑獄)을 역임하고, 직환장각(直煥章閣)으로 치사하였다.

2 조거(朝車): 군신이 조석례와 잔치에 나갈 때 타는 수레. 《예기·옥조(玉藻)》「천자와 제후의 제거에는 새끼 양가죽의 덮개와 범 가죽의 가장자리 장식을 한다. 대부의 제거와 조거와 사의 제거에는 사슴가죽의 덮개와 표범 가죽의 가장자리 장식을 한다.」(君羔幦虎犆, 大夫齊車, 鹿幦豹犆, 朝車. 士齊車鹿幦豹犆)

구경(九扃): 구중(九重)과 같은 뜻이며, 궁궐을 가리킨다. 《차의》「구관과 같으며 관문이라는 뜻이다.」(猶九關, 關門也)

3 영수(靈壽): 《한서》 권81 〈공광전(孔光傳)〉「태사로 하여금 조회에 나오지 말게 하고 열흘에 한번 식사를 내리라. 태사에게는 영수목 지팡이를 내릴지어다.」(其令太師毋朝, 十日一賜餐. 賜太師靈壽杖) 맹강(孟康)의 주석「늙은이를 받쳐주는 지팡이이다.」(扶老杖也) 복건(服虔)의 주석「영수는 나무의 이름이다.」(靈壽, 木名) 안사고(顏師古)의 주석「나무가 대나무와 비슷하며 가지와 마디가 있고, 길이는 여덟 아홉 자를 넘지 않으며 둘레는 서너 치로 자연히 지팡이의 규격에 맞아 깎아서 가공할 필요가 없다.」(木似竹, 有枝節, 長不過八九尺, 圍三四寸, 自然有合杖制, 不須削治也)

4 동리(洞裏): 동천(洞天)의 가운데를 말한다. 도가에서는 신선이 사는 곳을 동천이라 하는데 이른바「동천에서는 겨우 수일인데 세상에서는 이미 천년이라네.」(洞天方數日, 世上已千年)라는 말이 있다. 여기서는 유온이 신선이 사는 곳인 동천에 거처하는 것 같다고 아름답게 일컬은 것이다.

5 노부정(老復丁): 《통지(通志)》 권61 〈정중(丁中)〉「당나라 무덕 7년(624)에 남녀가 막 태어나면 황이라 하고, 4세를 소, 16세를 중, 21세를 정, 60세를 노라 하도록 정하였다.」(唐武德七年, 定令男女始生爲黃. 四歲爲小, 十六爲中, 二十一爲丁, 六十爲老)

魚樂波閑詩欲就[6]　물고기 즐거움 물결 한가로우니
시 이루어지려 하고,
鴻冥天闊酒初醒[7]　아득히 나는 큰기러기 하늘 넓으니
술 갓 깨었다네.
晩來却向南堂坐　저녁 되어 오히려
남쪽 대청 향하여 앉으니,
珍重家山數點青　진중하게나, 고향산천
여러 군데 푸르러니.

96

吏散庭空晝掩扃[8]　관리들 흩어져 뜰 비니
낮에도 문 닫고,
行春只到柳邊亭[9]　봄 행차 다만
버들 가 정자에 이르렀네.
唱酬共喜摛鴻藻[10]　시 주고 받으며 함께
큰 문장 펼침 기뻐하는데,

6 어락(魚樂): 《장자·가을 강(秋水)》「장자가 혜자와 더불어 호수(濠水)의 봇둑을 거닐고 있었다. 장자가 『피라미가 나와서 유유히 헤엄치고 있으니, 이는 고기의 즐거움이다.』라 하자, 혜자가 말했다. 『그대는 고기가 아닌데 어찌 고기가 즐거울 것임을 아는가?』 장자가 말했다. 『그대는 내가 아닌데 어찌 내가 고기가 즐거워할 것임을 모르리라는 것을 아는가?』…… 장자가 말했다. 『…… 나는 호수 가에서 물고기와 일체가 되었으므로 그것을 아는 것이다.』」(莊子與惠子游于濠梁之上, 莊子曰, 儵魚出游從容, 是魚之樂也. 惠子曰, 子非魚, 安知魚之樂. 莊子曰, 子非我安知我不知魚之樂……莊子曰……我知之濠上也)

7 홍명(鴻冥): 「鴻飛冥冥」의 준말. 한나라 양웅(揚雄)의 《법언·밝음을 물음(法言·問明)》「잘 다스려지는 세상에서는 드러낼 것이요, 어지러운 세상에서는 숨을 것이다. 큰 기러기가 아득히 하늘 높이 난다면 주살을 가진 자인들 어떻게 그것을 잡겠는가?」(治則見, 亂則隱, 鴻飛冥冥, 弋人何篡焉)

8 이산정공(吏散庭空): 송나라 소식의 〈자유[소철]의 삼나무와 대나무를 심다라는 시의 각운자를 써서(次韻子由種杉竹)〉「관리들 흩어지고 뜰 비니 참새 처마에서 지저귀고, 문 닫고 홀로 자니 밤 고요하네.」(吏散庭空雀噪簷, 閉門獨宿夜厭厭)

9 행춘(行春): 《차의》「『갈 행』자는 『돌 순』자와 같은 뜻으로 쓰였다.」(行猶巡) 봄 농사가 어찌되었는가를 순시하여 나가본 것이다. 《태평어람(太平御覽)》 권906 〈수부·록(獸部·鹿)〉「《후한서》에 서 말하기를 『정홍이 임회태수가 되었는데 봄 순행을 나가니 흰 사슴 두 마리가 수레의 좁은 바퀴를 따라서 갔다.』는 말이 있다.」(後漢書曰, 鄭弘爲臨淮太守, 行春, 兩白鹿隨車俠轂而行)

10 이홍조(摛鴻藻): 리(摛)는 펼친다는 뜻이다. 한나라 양웅(揚雄)의 《태현경·리(太玄經·摛)》「현이라는 것은 만물을 깊이 펴는데도 형체를 드러내지 않는 것이다.」(玄者, 幽摛萬類而不見形者也) 조(藻)는 말로 수초

來往何勞笑白丁[11] 오가며 어찌 수고롭게
백성들 웃게 하리?

一笑歌呼從自醉[12] 한번 웃으며 노래하고 부르니
되는대로 절로 취하겠는데,

幾年燠暍爲誰醒[13] 몇 년째 더위 먹음
누구 위해 깨치겠는가?

定知細札褒揚後[14] 정녕 알았다네, 조서로
칭찬한 후에,

名入麟臺汗簡靑[15] 이름 비서성의
문서에 들었음을.

(水草)인데, 문조(文藻)를 나타낸다. 당나라 양형(楊炯)의 〈당나라 항주자사 건창공주의 신도비(唐恒州刺史建昌公王公神道碑)〉「문장의 뜻 펼침이여 하늘의 뜰 빛내도다.」(摛藻思兮掞天庭) 홍조(鴻藻)는 내용이 풍부하고 다채로운 문장을 말한다. 한나라 반고(班固)의 〈동도부(東都賦)〉「내용이 다채롭고 풍부한 문장 펼치고, 큰 아름다움 편다네.」(鋪鴻藻, 信景鑠)

11 내왕소백정(來往笑白丁): 「笑」자는 《고이》에서 「부를 환」(喚)자로 되어 있는 판본도 있다고 하였다. 백정은 일반 백성들, 평민을 말한다. 당나라 유우석(劉禹錫)의 〈누실명(陋室銘)〉「이야기하며 웃는데 큰 선비 있고, 가고 오는 사람들 가운데 평민 없다네.」(談笑有鴻儒, 往來無白丁)

12 가호종자취(歌呼從自醉): 《익증》「『종』자는 『임』자와 뜻이 같다. 조참의 전고를 썼다.」(從, 猶任也. 用曹參事) 《사기·조상국세가(曹相國世家)》「상국의 집 후원은 관리들의 숙사와 가까웠는데 관리들이 하루 종일 술을 마시고 노래하며 큰소리로 떠들어댔다. 조참을 수행하는 관리가 그들을 미워하였으나 어찌할 도리가 없었다. 이에 그 수행 관리가 조참에게 후원에 나와 놀게 하고 관리들이 취해서 떠들고 노래하는 것을 듣게끔 하여 상국이 그들을 불러 적당히 조치해주기를 바랬다. 그런데 조참은 도리어 술을 가지고 오게 하여 술자리를 벌여 그들과 함께 마시기 시작하여 또한 노래를 부르고 크게 떠들며 그들과 사이좋게 지내는 것이었다.」(相舍後園近吏舍, 吏舍日飮歌呼. 從吏惡之, 無如之何, 乃請參游園中, 聞吏醉歌呼, 從吏幸相國召按之. 乃反取酒張坐飮, 亦歌呼與相應和)

13 욱갈(燠暍): 《장자·즉양(則陽)》「대체로 몸이 언 자는 봄이 되어서야 옷을 빌리고, 더위를 먹은 사람은 겨울이 되어서야 찬바람을 맞습니다.」(夫冬者假衣於春, 暍者反冬乎冷風) 《경전석문(經典釋文)》「《자림》에서 말하기를 『더위에 몸이 상한 것이다.』라 하였다.」(字林云, 傷暑也) 당나라 한유의 〈당나라의 고 강남서도관찰사 중대부 홍주자사 왕공의 신도비와 명문(唐故江南西道觀察使中大夫洪州刺史王公神道碑銘)〉「시들고 마르려는 사람에게는 기름을 주고, 더워서 더위를 먹은 사람은 깨쳐주었다.」(萎枯以膏, 燠暍以醒)

14 세찰(細札): 조서(詔書)를 말한다. 《후한서·순리열전(循吏列傳)》「그 손으로 써서 방국에 내린 것은 모두가 하나의 첩에 십행으로 잔 글씨로 문장을 이루었다.」(其以手迹賜方國者, 皆一札十行, 細書成文)

15 인대(麟臺): 《차의》「한나라 관직에 기린각과 천록각이 있는데, 이 두 곳에 비서를 보관하였다. 당나라 때는 비서를 인대로 고쳤다.」(漢官有麒麟天祿二閣藏秘書, 唐改秘書曰麒臺)

한간청(汗簡靑): 《후한서·오우전(吳祐傳)》의 주석 「살청이라는 것은 불로 죽간을 구워 진을 내게 하여 푸른 빛을 빼고 쓰기 쉽게 하여 더 이상 좀이 슬지 않게 하는 것을 일러 살청이라 하며, 또한 한간이라고도 한다.」(殺靑者, 以火炙簡令汗, 取其靑易書, 復不蠹, 謂之殺靑, 亦謂汗簡) 《풍속통(風俗通)》「살청은 생각건대 살청을 하

97

幾年寂寞掩柴扃	몇 해던가? 적막하게 삽짝문 닫고서,
抱膝長吟竹下亭[16]	무릎 껴안고 대나무 아래 정자에서 오래도록 읊조린 것이.
不向參同論納甲[17]	이제 《참동계》에 납갑 논함일랑 그만 두고,
且將耘耔付添丁[18]	장차 밭가는 일꾼이나 하나 더 보태려네.
思玄賦罷驚遙擧[19]	〈사현부〉 다 끝나니 아득히 들림 놀라고,
止酒詩成恨獨醒[20]	〈지주시〉 이루어지니 홀로 깨어 있음 한스럽네.
却笑春風兩峰鬢	오히려 봄바람 쑥대 같은 양 귀밑머리 스쳐감에 웃나니,
飄蕭無復舊時靑	쓸쓸함에 지난 젊은 시절 더 이상 돌이킬 수 없구나.

여 죽간을 만들어 쓰는 것이다. 새 대나무에는 진이 있어 나중에 불을 쬐므로 죽간을 만드는 사람은 불에 구워서 그것을 말린다.」(殺靑, 按殺靑作簡書之. 新竹有汁, 後加於火, 故作簡者, 於火上炙乾之) 《태평어람》 권962에서 재인용.

16 포슬장음(抱膝長吟): 권2 112번 시의 주 2)를 보라.

17 참동(參同): 곧 《참동계(參同契)》를 말한다. 한나라의 위백양(魏伯陽)이 지은 《주역》의 주석·해설서.

남갑(納甲): 천간(天干)을 팔괘(八卦)에 나누어 넣는 것을 말한다. 곧 건(乾)은 갑임(甲壬)에, 곤(坤)은 을계(乙癸)에 해당되는 등의 따위를 말한다.

18 운자부첨정(耘耔付添丁): 첨정(添丁)은 당나라의 시인인 노동(盧仝)의 아들이다. 당나라 한유(韓愈)의 〈노동에게 부치다(寄盧仝)〉「지난해 아이 낳아 첨정이라 이름 지으니, 그 뜻 하여금 나라에 김매는 사람 보태려는 것일세.」(去年生兒名添丁, 意令與國充耘耔) 여기서 첨정은 나라에 힘센 장정을 하나 더 보탠다는 뜻이며, 이 말이 나중에는 사내아이를 나타내는 말로 가차되어 쓰이게 되었다.

19 사현부(思玄賦): 한나라의 장형(張衡)이 지었다.

20 지주시(止酒詩): 진나라 도연명(陶淵明)이 지었다. 모두 20구로 되어 있는데, 매 구마다 「그칠 지」(止)자가 들어가 있는 것이 특색이다. 그 가운데 「다만 아느니 끊음 즐겁지 않음이요, 끊는 것 몸에 이로움은 알지 못하네. 비로소 끊는 것 좋음 깨닫고서, 오늘 아침 정말로 끊어버렸다네.」(徒知止不樂, 未知止利己. 始覺止爲善, 今朝眞止矣)라는 구절이 있다.

독성(獨醒): 굴원의 〈어부(漁父詞)〉「온 세상이 모두 탁한데 나만 홀로 맑소. 모든 사람들이 다 취하였는데 나만 홀로 깨어 있소.」(擧世皆濁, 我獨淸. 衆人皆醉, 我獨醒)

98~100. 次山行佳句, 呈秀野丈, 三首

산행이란 아름다운 구절의 각운자를 써서 지어 수야 어르신께 드림, 세 수

98

幾日春陰鎖翠巖[1]	몇 날이나 봄날의 흐린 음침한 기운 푸른 바위 걸어 잠궜던가?
忽驚飛蓋度晴嵐[2]	별안간 나는 듯한 수레 갠 이내 지남 놀라네.
身輕似起煙霞痼[3]	몸 가벼워 연하고질 일어나는 듯하고,
意適寧論祿位貪	뜻 알맞으니 어찌 녹봉과 관위 탐함 논하겠는가?
句法舊超常語六[4]	구법은 옛날에 보통 시어 여섯 자는 뛰어넘으셨으며,

1 춘음(春陰): 흐린 봄날의 음침한 기운. 봄날의 시간, 나무그늘이라는 뜻도 있다.

2 비개(飛蓋): 높은 수레 덮개라는 뜻인데, 수레를 대신 가리키는 말로 쓰인다.

3 연하고(烟霞痼): 《구당서·전유암전(田遊巖傳)》「전유암은 경조 삼원 사람이다. …… 기산에 들어가 허유의 사당 동쪽에 집을 짓고 살면서 자칭『허유의 동쪽 이웃』이라고 하였다. 조로 연간에 고종이 숭산에 행차하였는데, 전유암이 산사람의 옷에다 농부의 관을 쓰고 나와 절을 하니 황제가 좌우의 사람들에게 그를 부축해 주게 하고는 말했다.『선생은 산 속에서 도를 닦는 것이 좋은가?』전유암이 말하였다.『신은 천석고황과 연하고질이 있사온데, 이미 성대를 만나 다행히 마음껏 소요할 수 있습니다.』…… 황제가 매우 기뻐하며 숭문관학사에 제수하고 …… 아울러 친히 그 문에 현액을 써주기를『은사전유암택』이라고 하였다.」(田遊巖, 京兆三原人也……入箕山, 就許由廟東築室而居, 自稱許由東鄰. 調露中, 高宗幸嵩山, 遊巖山衣田冠出拜, 帝令左右扶止之, 謂曰, 先生養道山中, 比得佳否? 遊巖曰, 臣泉石膏肓, 煙霞痼疾, 旣逢聖代, 幸得逍遙……帝甚歡, 授崇文館學士……仍親書題額懸其門, 曰隱士田遊巖宅)

4 상어륙(常語六): 당나라 한유의 〈꿈을 기록하다(記夢)〉「씩씩함 젊은이가 읊조릴 7언 아니니, 여섯 자는 상투적인 말인데 마지막 한 자는 읊기 어려운 자라네.」(壯非少者哦七言, 六字常語一字難)

年華今富達尊三[5] 연세 지금 넉넉하시니
천하에서 높이는 세 가지 이루셨네.
從容笑語無餘事 조용하게 웃으며 말하니
남은 일 없고,
興在南山更向南[6] 흥 남산에 있어
다시 남쪽 향하네.

99

几杖歸來覓故巖[7] 안석에 지팡이 짚을 나이에
돌아와 옛 바위 찾았더니,
眼中猶記舊煙嵐 눈 아직도 옛 안개와
이내 기억하고 있네.
詩情自昔元無敵[8] 시정은 예로부터
원래 적수 없으셨고,
世味而今更不貪 세상 맛 지금
다시 탐내지 않네.
黙數流年欣望八[9] 잠자코 흐르는 세월 헤아리니
흔연히 팔십 바라고,

5 달존삼(達尊三): 세상 사람들이 모두 존귀하게 여기는 높은 관작[爵], 장수[齒], 덕행[德]의 세 가지, 이른바 삼달존(三達尊)을 말한다. 《맹자·공손추(公孫丑) 하》 「천하에 존귀한 데 이르렀다는 것이 세 가지가 있으니 관작이 하나요, 연치가 하나이며, 덕이 하나이다. 조정에서는 관작 만한 것이 없으며, 향당에서는 연치 만한 것이 없고, 세상을 돕고 백성을 기르는데는 덕 만한 것이 없다.」(天下有達尊三, 爵一, 齒一, 德一. 朝廷莫如爵, 鄕黨莫如齒, 輔世長民莫如德) 주희의 주석 「달은 통함이다. 온 천하에서 공통으로 높이는 것이 이 세 가지가 있다.」(達, 通也. 蓋通天下之所尊, 有此三者)

6 향(向): 「가리킬 지」(指)자로 되어 있는 판본[淳熙本]도 있다.

7 궤장(几杖): 《예기·곡례(曲禮) 상》 「어른에게 어떤 일을 물을 때는 반드시 안석과 지팡이를 가지고 간다.」(謀於長者, 必操几杖以從之)

8 시정~무적(詩情~無敵): 당나라 두보(杜甫)의 〈봄날 이백을 그리워하다(春日憶李白)〉 「이백의 시는 대적할 이 없어, 표연한 그 생각 짝할 이 없네.」(白也詩無敵, 飄然思不羣)

9 망팔(望八): 당나라 한유의 〈두사업에게 바치는 제문(祭竇司業文)〉 「70 넘고 80 바라보니 나이 누가 늙은이가 아니겠습니까?」(踰七望八, 年孰非翁)

閑尋隱訣話存三[10]	한가로이 숨은 비결 찾는다 말 30년 간직하셨다네.
小生自愧衰頹早	소생 일찍 쇠퇴함 부끄럽기만 한데,
箇裏憑公爲指南[11]	그 가운데 공 의지함을 지남거로 삼네.

100

曈曈朝日出高巖[12]	둥실둥실 아침 해 높은 바위 위로 떠오르고,
簌簌征衣曳曉嵐[13]	누추한 나그네 옷깃 새벽 이내 이끄네.
仕宦向來孤舊意[14]	벼슬살이 예로부터 옛 뜻 외롭고,
林泉老去覺眞貪	숲과 샘에서 늙어감 참된 탐욕임 느껴지네.
凄涼烟火一百五[15]	연기 불 쓸쓸한 한식날에,

10 화존삼(話存三): 《차의》「도가에는 삼주가 있는데 심주는 기주이고 기주는 신주이다. 이것이 이른바 존재하는 것을 보존하여 하나로 지키는 것이다. 도가에는 또한 세 단전을 보존하고 생각한다는 말이 있다. 백옥섬의 노래에 『셋을 보존하고 하나를 지키는 것 바닥까지 다 말하니, 구년 연단이 생각 안에 있네.』라는 말이 있다.」(道家有三住, 心住則氣住, 氣住則神住. 此所謂存存守一. 道家又有存想三丹田之語. 白玉蟾歌, 說盡存三守一底, 九年煉丹思想裏)

11 공(公): 《고이》에서는 「임금 군」(君)자로 되어 있는 판본도 있다고 하였다.

12 동동(曈曈): 먼동이 트는 모양. 《차의》「해가 나오려는 것이다.」(日欲出)

13 속속(簌簌): 《시경·소아·정월(正月)》「보잘 것 없는 저 소인들 집 가지고 있고, 가난한 자들은 녹을 가지고 있다네.」(佌佌彼有屋, 蔌蔌方有穀) 주희의 주석 「속속은 가난하고 누추한 모양이다.」(蔌蔌, 窶陋貌) 《차의》「『簌』자는 『풀 초』부를 따라야 한다. 자서에는 『대 죽』부를 따르지 않았다.」(簌, 當從草. 字書無從竹)

14 사환(仕宦): 원래 궐자(闕字)였는데 《정와(正訛)》본에 의거하여 보충하였다.

15 일백오(一百五): 백오(百五) 또는 백오절(百五節)이라고도 하며, 한식을 말한다. 한식이 동지로부터 105일째 되는 날이기 때문에 이렇게 부른다. 송나라 갈립방(葛立方)의 《운어양추(韻語陽秋)》 권17「동지로부터 백오일이면 한식이 되기 때문에 세상에서는 한식을 모두

零落交遊十二三	사귀던 친구들 열에 둘 셋은 죽었다네.
歎息幽棲忘世事[16]	탄식하며 그윽이 깃들어 세상 일 잊고,
臥吹橫笛過溪南[17]	누워서 피리 불며 시내 남쪽 지나시네.

일백오라고 한다.」(自冬至一百有五日至寒食, 故世言寒食皆稱一百五) 《형초세시기(荊楚歲時記)》「동지절로부터 105일이 되면 세찬 바람과 심한 비가 내리는데 한식이라 하며, 3일 동안 불을 금하고 엿과 보리죽을 만든다.」(去冬至節一百五日, 卽有疾風甚雨, 謂之寒食, 禁火三日, 造餳, 大麥粥)

16 식유서망(息幽棲忘): 원래 궐자(闕字)였는데 《정와(正訛)》본에 의거하여 보충하였다.

17 와취횡적(臥吹橫笛): 횡적은 후대의 가로로 눕혀 부는 일곱 구멍 짜리 피리로, 고대의 세워서 부는 피리와 상대하여 이른다. 당나라 장순(張巡)의 〈밤에 피리 소리를 듣다(夜聞笛)〉「아침 저녁으로 번갈아 누대에 오르니, 아득히 피리 읊조리는 소리 들리네.」(旦夕更樓上, 遙聞橫笛吟) 송나라 심괄(沈括)의 《몽계필담(夢溪筆談)》 권5 〈악률(樂律) 1〉「일곱 구멍에 길이가 한 자 네 치 되는 것이 곧 지금의 횡적이다.」(七孔長一尺四寸, 此乃今之橫笛耳) 주희의 부친인 주송(朱松)의 〈여름 밤 꿈속에서 짓다(夏夜夢中作)〉「만경 은하수에 태극의 배 있는데, 누워서 피리 불며 물결 속에서 일렁이네.」(萬頃銀河太極舟, 臥吹橫笛漾中流)

101. 次秀野泛滄波館至赤石觀刈早稻韻[1]

수야의 창파관에 배를 띄우고 적석에 이르러 벼 베는 것을 구경하다라는 시의 각운자를 써서 짓다

綠雲黃半武夷鄉[2]　　푸른 구름 반은 누런
　　무이 고을에,
碧水縈紆一帶長[3]　　파란 물 얽히어
　　띠 하나 길게 뻗어 있네.
聞道放船飛皂蓋[4]　　배 띄워 검은 일산
　　날렸다는 말 듣고,
定知行酒載紅裳[5]　　술 돌리고 붉은 치마
　　태웠음 딱 알았다네.
櫂謳如賀豊年信[6]　　뱃 노래 풍년 소식
　　다시 경하하는 것 같고,
　　農家以早稻爲晚禾信　농가에서는 이른 벼를 늦은 벼 소식으로 생각한다
樂飮閑酬此日凉　　즐겁게 마시며 이날의 시원함
　　한가로이 답하네.

1 창파관(滄波館)은 유온의 집이며, 적석(赤石)은 지명으로 숭안 남쪽 무이산 기슭에 있는데 아마 유온의 전답이 있는 곳일 것이다.

2 녹운황반(綠雲黃半): 녹운은 들판의 아직 푸른 빛을 띠고 있는 농작물을 말한다. 다 익은 농작물을 황운이라고 한다. 《차의》「이른 벼는 이미 누렇게 되었는데 늦은 벼는 아직 푸르기 때문에 푸른 구름 반이 누렇게 되었다라고 하였다.」(謂早稻已黃而晩稻尙靑, 故云綠雲黃半)

3 영우일대장(縈紆一帶長): 당나라 백거이의 〈동남쪽으로 가며 1백 운자를 써서 통주의 원씨네 아홉째 시어……에게 부침(東南行一百韻寄通州元九侍御……)〉「여산 봉우리의 연꽃은 깎였는데, 분포에는 물 얽히었네.」(廬峯蓮刻削, 湓浦帶縈紆)

4 조개(皂蓋): 검은 색의 명주 일산(日傘)을 말한다. 위 93번 시의 주 2)를 보라. 여기서는 그냥 유온이 관직생활을 했었다는 것을 말한다.

5 홍상(紅裳): 술 시중을 드는 기생을 말한다.

6 도구(櫂謳): 도가(棹歌), 곧 뱃노래를 말한다.

禾黍誰言不陽艶[7]	벼와 기장 누가 밝고 곱다 말하지 않는가?
晩炊流詠有餘香	늦은 식사 흐르는 물결에 시 읊으니 남는 향기 있다네.

7 화서영염(禾黍陽艶): 《익증》 「벼와 기장이 봄날의 곱고 빛남이 아니라는 것 같다.」(疑禾黍非春物艶陽) 당나라 정곡(鄭谷)의 〈감흥(感興)〉 「벼와 기장 밝고 곱지 않아, 다투어 봄날 복숭아와 오얏 심네.」(禾黍不陽艶, 競栽桃李春)

102. 次秀野韻題臥雲菴

수야가 지은 시의 각운자를 써서 와운암에 적다

君家丘壑本圓成[1]　　그대 집 언덕과 골짜기
본래부터 원만하게 이루어졌는데,
何意尋荒入翠屛[2]　　무슨 뜻으로 거친 곳 찾아
푸른 병풍까지 들어왔던가?
爲愛晴雲薦孤枕　　맑은 날 구름
외로운 베개 받침 사랑하여,
故將閑日付新亭　　한가로운 해
새로운 정자에 부치네.
夢魂寂寂衣裳冷[3]　　꿈속 혼 쓸쓸하니
의상 차갑고,
心事悠悠簡策青　　심사 유유하니
간책 푸르다네.
更把枯桐寫奇趣　　다시 마른 오동나무 잡고
기이한 홍취 써내어,
鵾絃寒夜獨泠泠[4]　　곤계 현만 차가운 밤에
유독 스르릉스르릉 소리 낸다네.

1 원성(圓成): 《차의》「불가의 책에 『부처의 성품은 하나하나가 원만하게 이루어졌다.』라는 말이 있다.」(佛書有佛性箇箇圓成之語)

2 심황(尋荒): 황심(荒尋)으로 된 판본도 있다.

3 의상랭(衣裳冷): 당나라 두보의 〈용문의 봉선사에서 놀다(遊龍門奉先寺)〉「하늘 궁궐 문 가깝고, 구름 위에 누우니 의상 차갑네.」(天闕象緯逼, 雲臥衣裳冷)

4 곤현(鵾絃): 송나라 소식(蘇軾)의 〈옛 전두의 노래(古纏頭曲)〉「곤계의 현이며 쇠 술채 세상에 없고, 악부의 옛 악공들 생각건대 여전히 늙었다네.」(鵾絃鐵撥世無有, 樂府舊工惟尙叟) 왕문고(王文誥)가 인용한 《비파록(琵琶錄)》「개원 연간에 이원에는 낙공봉과 하회지, 뇌청이 있었다. 그들의 악기는 돌로 통을 만든 것이 있는가하면 곤계의 힘줄로 현을 만든 것도 있는데 쇠로 된 술채로 그것을 탄다.」(開元中, 利園則有駱供奉賀懷智雷淸. 其樂器, 或以石爲槽, 鵾雞筋作絃, 用鐵撥彈之) 당나라 위응물(韋應物)의 〈정장원을 보내다(送鄭長源)〉「스르릉스르릉 곤계로 만든 현만 구슬프고, 겨울 밤만 조용하고 슬피 한가롭네.」(泠泠鵾絃哀, 悄悄冬夜閒)

103. 奉和秀野見留之句

삼가 유수야가 남겨주신 구절에 화답하다

閑臥秋山塵事稀[1]　한가로이 가을 산에 누워 있자니
속세의 일 드물고,

西風催喚出巖扉　서풍은 바위 사립문 나오라고
재촉하여 부르네.

來看甲第淸泉好[2]　으리으리한 집 와서 보니
맑은 샘물 좋고,

更喜仙翁丹頰肥[3]　신선 늙은이 붉은 뺨
살짐 더욱 기쁘네.

捫虱坐談端未厭[4]　이 잡으며 앉아서 이야기 하는데도
오로지 싫증나지 않으며,

1 추산진사희(秋山塵事稀): 당나라 잠삼(岑參)의 〈언사동이 한준과 함께 경운의 취스님을 찾은 일을 그대로 적다(偃師東與韓樽同詣景雲暉上人卽事)〉「빈 산에 종일 속세의 일 적고, 평평한 들에는 멀리 지나가는 사람 작게 보이네.」(空山終日塵事少, 平郊遠見行人小)

2 갑제(甲第): 으리으리한 저택, 명문대가의 저택. 《사기·효무제 본기(孝武帝本紀)》「여러 제후들에게 으리으리한 저택과 종 천 명을 내려주었다.」(賜列侯甲第, 僮千人) 《사기》의 주석서인 남조 송나라 배인(裴駰)의 《집해(集解)》「《한서음의》에서는 『갑을의 차례가 있었으므로 제라고 하였다.』라 하였다.」(漢書音義曰, 有甲乙第次, 故曰第) 《한서》 권68 〈곽광전(霍光傳)〉「상으로 전후로 황금 7천 근과 …… 으리으리한 저택 한 채를 내려주었다.」(賞賜前後黃金七千斤……甲第一區)

3 단협(丹頰): 《씨족대전(氏族大全)》 권14 〈은사풍(隱士風)〉「(송나라의) 두개지는 경주 사람으로 사람이 진실되고 순수하였으며 들에 숨어 살았는데 은사의 풍도가 있었다. 이광이 그에게 시를 지어주어 말하기를 『흰 머리 붉은 뺨에 비치니, 복희 시대 사람인 듯.』이라 하였다.」(杜介之, 瓊州人. 眞純野逸, 有隱士風. 李光贈詩云, 白髮映紅頰, 疑是羲皇人) 송나라 소식의 〈붉은 매화(紅梅)〉 제3수「붉은 솥 태색(胎色) 빼앗으니 어느 것이 보배인가? 옥인의 성난 뺨 자태 더욱 많다네.」(丹鼎奪胎那是寶, 玉人頩頰更多姿) 왕문고(王文誥)의 주석「병은 노기 띤 얼굴빛이다. 옥인이 노하면 뺨이 붉어지므로 홍매에다 비겼다.」(頩, 怒色也. 玉人怒則頰紅, 故以比紅梅也)

4 문슬(捫蝨): 이를 잡다. 뜻이 바뀌어 주위의 사람들에 대해서는 전혀 안중에 두지 않는 대범함을 이르게 되었다. 《진서(晉書)》 권114 〈재기(載記) 14·왕맹전(王猛傳)〉「환온이 관으로 들어오자 왕맹은 털옷을 입고 그를 찾았는데 한편으로는 당세의 일에 대하여 이야기하면서 이를 잡으며 말하는데 곁에 아무도 없는 듯이 행동하였다.」(桓溫入關, 猛被褐而詣之, 一面談當世之事,

連環入夢却思歸[5] 이어진 고리 꿈에 드니
　오히려 돌아갈 생각하네.
明朝振策千峯頂 내일 아침 천 개의 봉우리
　꼭대기에서 채찍 휘두르며,
滿袖瓊琚背夕暉 소매 가득 옥 같은 시문 넣고
　저녁 빛 등지리라.

捫蝨而言, 旁若無人)

단(端): 《익증》「오로지라는 뜻이다.」(專也)

5 연환(連環): 《장자·천하(天下)》「이어진 고리는 풀려 나 있다고 할 수 있다.」(連環可解也) 당나라 한유(韓愈)의 〈장도사를 전송하다(送張道士)〉「내게 답하길 일이란 그렇지 않고, 내 친척은 나의 일이라 하네. 어젯밤 꿈 속에 문에 기대어, 손에는 이어진 고리 쥐고 있네.」(答我事不爾, 吾親屬吾事. 昨霄夢倚門, 手取連環持) 손여청(孫汝聽)의 주석「이어진 고리를 잡고 있는 것은 돌아갈 뜻을 내보이는 것이다.」(持連環, 以示還意)

104. 次秀野種粟韻

유수야의 곡식을 심다라는 시의 각운자를 써서 짓다

阿香一笑走豊隆[1]	아향 한번 웃으며 풍륭에게 달려가니,
雨遍平疇萬頃中	비 평평한 밭두둑 만 이랑에 내리네.
舊喜樊遲知學圃[2]	옛날에는 번지 채마지기 일 배움 기뻐하였는데,
今看許子快論功[3]	지금은 허자 흔연히 공 논함 본다네.

1 아향(阿香): 진(晉)나라 도연명(陶淵明)이 지었다고 전해지는 《수신후기(搜神後記)》「진나라 영화 연간에 의흥의 성이 주씨인 사람이 서울을 나섰다. 날은 저물어 길가의 새로 이은 조그마한 집에 다다랐는데, 마침 어떤 여자가 문밖으로 나와 주씨가 지나가는 것을 바라보고 있었다. 주씨는 곧 그 여자에게 하룻밤만 자고갈 수 있도록 부탁하였다. 한식경이나 지났을까 밖에서 한 어린아이가 아향이라는 이름을 부르며 『관청에서 너를 불러 뇌거(천둥을 말함)를 밀라고 하신다.』라고 말하는 것이 들렸다. 이에 그 여자는 곧 인사를 하고서 그 집을 나갔다. 밤이 되자 갑자기 큰 우레와 비가 마구 쏟아졌다. 아침이 다 되어갈 무렵 주씨가 묵었던 곳을 둘러보니 새로 만든 무덤 속에 있었다.」(晉永和中, 義興人姓周出都. 日暮, 道邊有一新草小屋, 一女子望見周過, 周便求寄宿. 向一更, 門外有小兒喚阿香云, 官喚汝推雷車. 女乃謝行. 夜, 遂大雷雨. 向曉, 周看宿處, 止見一新塚) 아향은 우레의 신이었다. 송나라 소식의 〈무석을 지나던 도중에 물레방아를 읊다(無錫道中賦水車)〉「하느님 늙은이 우는 것은 보지 못하고, 아향 불러 들여 우레 수레 밀라 하네.」(天公不見老翁泣, 喚取阿香推雷車) 풍륭(豊隆): 신의 이름. 맡은 일에 대해서는 전설상 일치하지 않으며, 운사(雲師), 뇌공(雷公) 또는 우사(雨師)로 불리기도 한다. 《회남자·천문훈(天文訓)》「(음력) 늦봄 3월이 되면 풍륭이 나와서 비를 내린다.」(季春三月, 豊隆乃出, 以將其雨)

2 번지지학포(樊遲知學圃): 번지는 공자의 제자이다. 번지가 공자에게 농사일을 물은 것을 말한다. 《논어·자로(子路)》「번지가 농사를 배우기를 청하자 공자께서는 『나는 늙은 농부만 못하다.』라 하시었고, 채마밭 일을 배우기를 청하자 『나는 늙은 채마지기만 못하느니라.』라 하시었다.」(樊遲請學稼, 子曰, 吾不如老農, 請學爲圃, 曰, 吾不如老圃)

3 허자(許子): 곧 허행(許行)을 말한다. 《맹자·등문공(滕文公) 상》「맹자가 말하였다. 『허자는 반드시 곡식을 심고 난 뒤에 먹었습니까?』 (陳相이 대답하기를) 『그렇습니다.』 하고 말하였다.」(孟子曰, 許子必種粟而後食乎? 曰, 然)

遙憐鬱鬱翻秋隴	아득히 가을 두둑 성하게 뒤집음 어여삐 여기고,
預想垂垂弄晩風[4]	점점 저녁 바람 읾 미리 생각한다네.
珍重詩翁且彊健	진중하시게, 시 짓는 늙은이여 또한 강건하시어,
東阡南陌興無窮[5]	동쪽 남쪽으로 난 밭두둑길에 흥 끝이 없다네.

4 수수(垂垂): 점차, 점점. 당나라 두보의 〈배적이 촉주의 동정에 올라 손님을 보내며 이른 매화를 만나 그리워하며 부쳐온 시에 화답하다(和裴迪登蜀州東亭送客逢早梅相憶見寄)〉「강변의 한 그루 점점 꽃 피우는데, 아침 저녁으로 사람 절로 백발 되게끔 재촉한다네.」(江邊一樹垂垂發, 朝夕催人自白頭)

5 동천남맥(東阡南陌): 동서로 난 두렁을 천(阡)이라 하고, 남북으로 난 두렁을 맥(陌)이라 한다. 권2 5번 시의 주 7)을 보라.

105. 和秀野蘄簟之句[1]

유수야의 기주의 대자리라는 구절에 화답함

史君兩鬢尙靑靑	사군 양쪽 귀밑머리 아직도 푸릇푸릇한데,
學道仍抛後院笙[2]	도 배우시더니 또한 후원의 자리 던져버렸다네.
溽暑快眠知簟好[3]	무더위에 상쾌하게 잠드니 대자리 좋음 알겠고,
晩凉徐覺喜詩成	저녁 서늘함 서서히 느껴지니 시 이루어짐 기뻐하네.
人從蘄水當年寄[4]	사람 기수 따라 그 해에 부치고,
詩比韓公此日淸[5]	시는 한공에 비해 이날 더 맑다네.

1 기점(蘄簟)은 기주(蘄州)의 기춘(蘄春)에서 나는 대자리로 당나라 때 이미 유명하였다. 당나라 한유의 〈정군이 대자리를 주다(鄭羣贈簟)〉「기주의 적죽 천하가 다 아는데, 정군이 보배롭게 여기는 것 더욱 아름답고 기이하네.」(蘄州笛竹天下知, 鄭君所寶尤瑰奇)

2 후원생(後院笙): 진(晉)나라 좌사(左思)의 〈오도부(吳都賦)〉「복숭아 나무 자리와 상아 자리, 통 속에 넣어두네.」(桃笙象簟, 韜於筒中) 유량(劉良)의 주석「도생은 복숭아나무 가지로 만든 자리이다. 오나라 사람들은 자리를 생이라 하였다.」(桃笙, 桃枝簟也. 吳人謂簟爲笙) 여연제(呂延濟)의 주석「복숭아나무 자리와 대나무 자리, 그리고 상아자리는 모두 대나무 통에 넣어서 공물로 바쳤다.」(桃笙竹簟與象牙簟, 皆藏於竹筒而致貢也)

3 욕서(溽暑):《예기·월령(月令)》6월[季夏之月]「이 달에 흙은 습기가 차고 무더우며, 큰비가 이따금씩 내린다.」(是月也, 土潤溽暑, 大雨時行) 주석에서 욕(溽)은 습한 것이라 하였다.

4 인종~당년기(人從~當年寄): 기수(蘄水)는 곧 기하(蘄河)이다. 호복성 기춘현 동북쪽에 있는 대부산(大浮山)에서 발원하여 현의 서남쪽을 지나 기구(蘄口)에 이르러 장강(長江)으로 흘러 들어간다.《집람》「당나라 정군은 기주의 대자리를 한문공에게 부쳤다.」(唐鄭羣以蘄州竹簟寄韓文公)

5 시비한공(詩比韓公): 한공은 당나라의 한유(韓愈)를 말한다.《집람》「한문공에게는 〈정군이 대자리를 주다〉라는 시가 있다.」(韓文公有鄭羣贈簟詩)

坐對更深誰是伴[6] 앉아서 마주하여 밤 더 깊어지니
누구와 짝하려나?
唯應闕月共長庚[7] 다만 이지러진 달만
장경성 함께 응하네.

6 수시반(誰是伴): 당나라 백거이의 〈자미화(紫薇花)〉 「홀로 해질 녘에 앉아 누구를 짝할까? 자미화 자미랑을 마주하네.」(獨坐黃昏誰是伴, 紫薇花對紫微郎)

7 궐월공장경(闕月共長庚): 장경은 태백성이다. 옛날에 저녁 무렵 서쪽 하늘에 나타나는 금성을 가리키는 말. 태백성, 또는 명성(明星)이라고도 하였다. 봄에는 장경(長庚)이 되고, 가을에는 계명(啓明)이 된다. 《시경·소아·대동(大東)》 「동쪽에는 계명성 있고, 서쪽에는 장경성 있다네.」(東有啓明, 西有長庚) 당나라 한유(韓愈)의 〈동방이 반쯤 밝아오다(東方半明)〉 「동쪽 반쯤 밝아오니 큰 별 지고, 태백성만이 그믐달 짝하네.」(東方半明大星沒, 獨有太白配殘月) 송나라 소식의 〈이공택을 전송하다(送李公擇)〉 「장경성과 달 있는 듯, 새벽까지 빛 거두지 않네.」(有如長庚月, 到曉爛不收) 같은 사람의 〈임사중을 애도하다(任師中挽詞)〉 「보아하니 샛별 반은 진 것 같은데, 태백성 그믐달 짝함 어여쁘네.」(相看半作晨星沒, 可憐太白配殘月)

106~108. 次韻寄題芙蕖館, 三首[1]

같은 각운자를 써서 지어 부거관에 부침. 세 수

106

亂山叢裏有江鄕[2]　　어지러이 산 모인 곳에
　　강 낀 고을 있으니,

華館淸波引興長[3]　　빛나는 집 맑은 물결
　　흥 길게 잡아끄네.

正喜白鷗輕易狎[4]　　마침 흰 갈매기 바꾸어가며
　　쉬 친함 기뻐하고,

忽驚紅妓儼分行[5]　　별안간 붉은 기녀
　　엄연히 갈라져 있음 놀라네.

臨流更好揮椽筆[6]　　흐르는 물 내려다보니
　　서까래 마냥 굵은 붓 놀리기 더 좋고,

---

1 부거관(芙蕖館): 미상. 부거는 연, 특히 연꽃을 달리 이르는 말.

2 강향(江鄕): 강이 많은 지역이나 강을 끼고 있는 곳을 이르는 말. 당나라 맹호연(孟浩然)의 〈늦봄에 병져 누워 장씨네 여덟째에게 부침(晩春臥病寄張八)〉「생각해보니 나 평생 좋았는데, 강 낀 고을에서 정치 좇음 멀리 하였다네.」(念我平生好, 江鄕遠從政)

3 인흥장(引興長): 당나라 두보의 〈가을 들판(秋野)〉 제2수「예와 악 나의 단점 치고, 산과 숲은 흥 길게 끄네.」(禮樂攻吾短, 山林引興長)

4 백구경이압(白鷗輕易狎): 《열자·황제(黃帝)》「바닷가에 사는 사람 중에 갈매기를 좋아하는 사람이 있었다. 매일 아침 바닷가로 나가서 갈매기를 좇으면서 놀았는데 이르는 갈매기가 백 마리도 훨씬 넘었다. 그 아버지가 말했다.『내가 듣자하니 갈매기들이 모두 너를 따라 논다고 한다. 네가 한 마리 잡아오면 내가 가지고 놀고 싶다.』다음날 바닷가로 나가니 갈매기들은 춤추며 내려오지 않았다.」(海上之人, 有好漚鳥者. 每旦之海上, 從漚鳥游, 漚鳥之至者, 百位而不止. 其父曰, 吾聞漚鳥皆從汝游. 汝取來, 吾玩之. 明日之海上, 漚鳥舞而不下也)

5 홍기(紅妓): 《집람》「연꽃을 가리켜 말하였다.」(指芙蕖而言)

엄분행(儼分行): 당나라 두보의 〈여러 번 이재주를 모시고 강에 배를 띄웠는데 어떤 여악이 여러 배에 있어 장난삼아 아름다운 곡조 두 수를 지어 이재주께 드린다(數陪李梓州泛江, 有女樂在諸舫, 戲爲艷曲二首贈李)〉 제2수「푸른 눈썹엔 부르는 노래 소리 얽히었고, 구름같이 숱 많은 귀밑머리 엄연히 갈라져 있네.」(翠眉縈度曲, 雲鬢儼分行)

6 연필(椽筆): 서까래처럼 굵은 붓. 문호(文豪)라는 뜻

俯檻何妨接羽觴[7]	난간에서 굽어보니 깃 술잔 이어짐 무엇 거리끼겠는가?
空說仙翁閑日月	부질없이 신선 늙은이 해와 달 한가로이 말함은,
不因春草夢池塘[8]	못 가에서 봄 풀 꿈꾸기 때문 아니라네.

107

幻成飛閣笑談餘[9]	나는 듯한 누각 기이하게 이루어져 웃고 이야기하던 끝에,
便有新荷水面鋪	곧 새 연꽃 온 수면 뒤덮었네.
指點淸波浮菡萏[10]	맑은 물결에 연꽃 떠 있음 손가락으로 짚어가며,

으로 남의 문필이 출중함을 칭찬하는 말로 쓰인다. 《진서(晉書)》 권65 〈왕순전(王珣傳)〉「왕순이 꿈을 꾸었는데 어떤 사람이 서까래 만한 큰 붓을 주는 것이었다. 조금 후 깨어서 사람들에게 말하기를 『곧 큰 붓을 쓸 일이 있을 것이다.』라 하였다. 얼마 안 있어 무제(武帝)가 돌아가시어 슬피 시호의 책봉에 관한 논의를 하였는데 모두 왕순이 기초한 것이었다.」(珣夢人以大筆如椽與之, 旣覺, 語人云, 此當有大手筆事. 俄而帝崩, 哀册謚議, 皆珣所草)

7 우상(羽觴): 《초사·혼을 부름(招魂)》「미주 구기 덮음이여, 깃 술잔 채운다네.」(瑤漿蜜勺, 實羽觴些) 주희 자신의 주석 「우상은 술을 마시는 기물로 산 참새의 형태이다. 흡사 머리와 꼬리의 깃날개가 있는 듯하다.」(羽觴, 飮酒之器, 爲生爵形, 似有頭尾羽翼也) 《진서·속석전(晉書·束晳傳)》「옛날에 주공이 낙읍을 이루고는 흐르는 물을 따라 술잔을 띄웠는데 이 때문에 《일시》에서 『깃 술잔 물결을 따르네.』라 하였습니다.」(昔周公成洛邑, 因流水以汎酒, 故逸詩云, 羽觴隨波) 당나라 두보의 〈형주로 들어가다(入衡州)〉「지난 날 아름다운 나무 사이에서, 고아한 담론에 깃 술잔 따랐다네.」(昨者間瓊樹, 高談隨羽觴) 여규(余葵)의 주석 「아마 술잔이 가볍기가 새의 깃이 나는 것과 같다는 것을 말하였을 것이다.」(蓋言觴輕如鳥羽之飛也)

8 춘초지당(春草池塘): 남조 양(梁)나라 종영(鍾嶸)의 《시품·중품·송나라의 법조참군 사혜련(詩品·中品·宋法曹參軍謝惠連)》「《사씨가록》에서 말했다. 『사령운은 사혜련을 마주 대할 때마다 번번이 훌륭한 시어를 얻었다. 훗날 영가현의 서쪽 별채에서 시어를 구상하였는데 종일토록 이루지를 못했다. 졸면서 정신이 오락가락하는 사이에 문득 사혜련을 보았는데 그 즉시 「못 가에선 봄풀이 돋아나고」라는 구절을 지어낼 수 있었다. 그런 까닭에 늘 말하기를 「이 말은 신의 도움이 있어서 지은 것이지 내가 지은 말이 아니다.」라 하였다.』」(謝氏家錄云, 康樂每對惠連, 輒得家語. 後在永嘉西堂, 思詩竟日不就. 寤寐間, 忽見惠連, 卽成池塘生春草. 故常云, 此語有神助, 非吾語也) 이 고사는 《남사·사혜련전(南史·謝惠連傳)》에도 나온다. 이 구절의 뜻은 유온의 못에는 연꽃만 있을 뿐 봄풀은 없다는 말이다.

9 환(幻): 기이하게 변화하다. 《광운·간운(廣韻·襉韻)》

驚呼紅影碎陬隅[11] 붉은 그림자 물고기에
부서짐 놀라 소리치네.
且將伴侶同盃酒 또한 장차 짝과 함께
잔 술 들면,
不用君王予鏡湖[12] 임금께서 경호 내리심
필요 없으리라.
多少故交臺閣上[13] 얼마나 많은 옛 친구들
대각 위에서,
問渠落拓更能無[14] 묻노니 어쩌면 뜻 잃고 방황함
다시는 없게 할 수 있을런지?

「환은 기이하게 변화하는 것이다.」(幻, 幻化) 누각의 신기함을 극언한 것이다.

10 함담(菡萏): 연꽃. 《시경·진풍·못둑(陳風·澤陂)》「저 못의 둑에, 부들과 연꽃 있다네.」(彼澤之陂, 有蒲菡萏)

11 추우(陬隅): 추(陬)는 「娵」로 된 판본도 있다. 추우는 옛날 중국의 서남방에 살던 소수민족들이 물고기를 부르던 말. 남조 송나라 유의경(劉義慶)의 《세설신어·배조(排調)》「학륭이 환온(桓溫)의 남만 참군이 되었다. 3월 3일의 모임에서 시를 짓게 되었는데 시를 못 짓는 사람은 벌주 세 되가 내려졌다. 학륭이 처음에는 시를 짓지 못하여 벌주를 받았는데, 벌주를 다 마시고 난 다음에 붓을 쥐고 곧 한 구절을 지어 말하기를 『추우 맑은 못에서 뛰노네.』라 하였다. 환온이 묻기를 『추우는 어떤 것인가?』라 하니 학륭이 답하여 말하였다. 『남만에서는 물고기를 추우라고 합니다.』」(郝隆爲桓公南蠻參軍, 三月三日會, 作詩, 不能者罰酒三升. 隆初以不能受罰, 旣飮, 攬筆便作一句云, 娵隅躍淸池. 桓問, 娵隅是何物? 答曰, 蠻名魚爲娵隅)「陬」와「娵」는 통하여 쓴다.

12 군왕여경호(君王予鏡湖): 《신당서·하지장전(賀知章傳)》「천보 초(3년) 병이 들어 …… 이에 도사가 되어 귀향할 것을 청하자 조서를 내려 이를 허락하였으며 …… 또 조서로 경호와 섬천의 땅 일대를 하사하였다.」(天寶初, 病,……乃請爲道士, 還鄕里, 詔許之.……有詔賜鏡湖剡川一曲)《구당서》에 의하면 이때 하지장의 나이는 80이었다고 한다. 경호는 소흥현(紹興縣) 남쪽에 있는 호수인 감호(鑑湖)의 별칭으로, 동서가 20리이고 남북이 몇 리나 되는데, 그 주위에 있는 산봉우리들이 맑은 물에 비친 모습이 꼭 거울에 비친 듯이 아름다우므로「거울 못」(鑑湖)이라고 한다 한다.

13 대각(臺閣): 한나라 때 상서대(尙書臺)를 가리켰다. 나중에는 중앙 행정부의 정치기구를 두루 가리키게 되었다. 송나라 왕안석(王安石)의 〈이선숙 원님을 장주로 보내드림(送李宣叔倅漳州)〉「조정에서 어진 준걸 숭상하니, 크고 훌륭한 인물 대각에 가득 찼다네.」(朝廷尙賢俊, 磊砢充臺閣)

14 낙탁(落拓): 《차의》「낙탁은 비틀거리며 때를 만나지 못한 모양이다.」(落拓蹭제足+祭不遇貌)《한서·양웅전(揚雄傳)》「어찌 그리 관직생활이 불우하였던가?」(何爲官之拓落也?) 당나라 안사고(顔師古)의 주석「낙탁은 마음에 들지 않는다는 뜻이다.」(拓落, 不耦也)

108

不須艇子棹歌來	배 노 젓는 노래 부를 필요 없고,
且看芙蓉面面開	또한 연꽃 하나하나 핌 본다네.
卷裏有詩都錦繡	두루마리에 있는 시 모두가 비단 수놓은 것 같아,
席間無地可塵埃	자리에는 먼지 있을 만한 곳 없다네.
風淸月白琴三弄	바람 맑고 달 희니 거문고 세 번 뜯고,
綠暗紅深酒一盃[15]	녹색 짙고 붉은 색 깊으니 술 한 잔 든다네.

15 심(深): 《고이》에서는 「감」(酣)으로 된 판본도 있다고 하였다.

16 중선루(仲宣樓): 곧 호북성 당양현(當陽縣)의 성루를 말한다. 중선(仲宣)은 후한 말기와 삼국시대 위나라 때 활약한 왕찬(王粲: 177~217)의 자이다. 건안칠자(建安七子)의 하나이다. 당나라 두보의 〈곧 형남으로 가려하면서 이검주에게 알림(將赴荊南寄別李劍州)〉「병마 서로 만남 또 어느 날이런가? 봄바람에 중선루로 고개 돌린다네.」(戎馬相逢更何日, 春風回首仲宣樓) 윤수(尹洙)의 주석 「형주에 중선루가 있다. 《삼국지·위지》에 의하면 왕찬은 자가 중선이다. 17세 때 사도가 되었으며 부름을 받아 황문시랑에 제수되었다. 서경(장안)의 난리로 아무 곳에도 나아가지 못하였다. 이에 형주로 가서 유표에게 몸을 의탁하였는데 마침내 강릉의 성루에 올라 부를 지었다.」(荊州有仲宣樓. 魏志, 王粲字仲宣. 年十七司徒, 辟詔除黃門侍郎. 以西京擾亂, 皆不就. 乃之荊州依劉表, 遂登江陵城樓作賦云)

17 월음(越吟): 《사기·장의열전(張儀列傳)》「진진이 마침 진나라에 이르렀으므로 혜왕이 말하기를 『그대가 과인을 떠나서 초나라로 갔는데도 또한 과인을 생각하오. 그렇지 않소?』라 하였다. 진진이 대답하여 말하였다. 『임금께서는 저 월나라 사람 장석에 대하여 들은 적이 있습니까?』 왕이 말하였다. 『듣지 못하였소.』『월나라 사람 장석이 초나라에서 집규 벼슬을 하고 있었는데, 조금 후에 병이 들었습니다. 이에 초왕이 말하기를 「장석은 본래 월나라의 비천한 사람이다. 이제 초나라에서 집규 벼슬을 하면서 부귀해졌다. 또한 월나라를 생각하는가 하지 않는가?」라 하였다. 이에 중사가 대답하기를 「대체로 사람이 고국을 생각하는 것은 병들었을 때 있는 일입니다. 저 사람이 월나라를 생각하면 월나라 소리를 할 것이고 생각하지 않는다면 초나라 소리를 낼 것입니다.」 사람을 보내어 가서 듣게 하였더니 아직 월나라 소리를 하고 있다고 합니다.』」(陳軫適至秦, 惠王曰, 子去寡人之楚, 亦思寡人不? 陳軫對曰, 王聞夫越人莊舃乎? 王曰, 不聞. 曰, 越人莊舃仕楚執珪, 有頃而病. 楚王曰, 舃故越之鄙細人也, 今仕楚執珪, 貴富矣, 亦思越不? 中謝對曰, 凡人之思故, 在其病也. 彼思越則越聲, 不思越則楚聲. 使人往聽之, 猶尙越聲也) 한나라

明日仲宣樓上去[16] 내일 아침이면
중선루에 올라,
越吟應是首頻回[17] 월나라 곡조 읊조리며
고개 자주 돌리시겠지.

왕찬(王粲)의 〈누대에 오르다(登樓賦)〉「종리 숨어서 초나라 곡조 연주함이여, 장석은 드러내어 월나라 소리 읊조린다네.」(鍾離幽而楚奏兮, 莊舃顯而越吟)

109~110. 次韻雪後書事, 二首

눈 온 뒤의 일을 적다라는 시의 각운자를 써서 짓다, 두 수

109

惆悵江頭幾樹梅	슬피 강가의 몇 그루 매화나무를,
杖藜行遶去還來	명아주 지팡이 짚고 맴돌며 갔다가는 다시 오네.
前時雪壓無尋處	저번에는 눈에 눌리어 찾을 길 없었더니,
昨夜月明依舊開	지난 밤에는 달 밝아 예전처럼 피었네.
折寄遙憐人似玉[1]	가지 하나 꺾어서 멀리 옥 같이 어여쁜 님에게 보내나니,
相思應恨劫成灰[2]	그리움 겁화(劫火)의 재 될까 한 되네.

1 절기(折寄): 《형주기(荊州記)》「육개는 범엽과 사이가 좋았다. 강남땅에서 매화 한 가지를 부쳐 장안에 가서 범엽을 찾아 주게 하고 아울러 〈꽃을 주다〉라는 시를 지어 말하였다.『매화 꽃 꺾다가 역리 만나, 농두의 사람에게 부쳤다네. 강남땅에서는 가진 것 없어, 애오라지 봄 한 가지 부쳐 드린다네.』」(陸凱與范曄相善. 自江南寄梅花一枝, 詣長安與曄, 并贈花詩曰, 折花逢驛使, 寄與隴頭人. 江南無所有, 聊贈一枝春) 《형주기(荊州記)》는 《전송시(全宋詩)》에서 재인용.

2 겁회(劫灰): 겁(劫)은 불교용어로 범어(梵語) kalpa를 음역한 겁파(劫波)의 준말. 하늘과 땅이 한번 개벽한 때로부터 다음 개벽할 때까지의 사이를 가리키며, 매우 길고 오랜 시간을 나타낼 때 쓰는 말이다. 겁회는 겁화(劫火)로 말미암아 생기는 재를 말한다. 겁화는 삼겁재(三劫災)의 하나로 세계가 파멸되는 괴겁(壞劫) 때 일어나는 큰 화재. 나중에는 전란이나 큰 화재가 휩쓸고 난 뒤 타고 남은 재를 가리키는 말로 쓰인다. 당나라 두보의 〈유협주 백화사군께 40운자를 써서 지어부침(寄劉峽州伯華使君四十韻)〉「약주머니 도사와 가까이하고, 겁화의 재 호승에게 묻네.」(藥囊親道士, 灰劫問胡僧) 윤수(尹洙)의 주석「(한)무제가 곤명지를 파는데 모두가 검은 재였다. 어떤 외국의 호도사가 이르기를『이것은 천지의 겁회의 찌꺼기이다.』라 하였다.」(武帝穿昆明池, 悉是灰墨. 有外國胡道人云, 此是天地劫灰之餘) 《고증》「《분서》에서는 한 세대를 일겁이라 하였다.」(焚書以一世爲一劫)

沈吟日落寒鴉起[3] 지는 해에 낮에 읊조리자니
겨울 까마귀 날아오르고,
却望柴荊獨自面 오히려 삽짝문 바라며
홀로 마주한다네.

110

滿山殘雪對虛堂[4] 온 산 가득한 잔설
빈집 마주하여,
想似當年輞口莊[5] 생각해보니 그 해
망구장과 흡사하다네.
門掩不須垂鐵鎖[6] 문 닫혀 있으니 쇠사슬
드리울 것 없고,

3 일락한아(日落寒鴉): 송나라 진여의(陳與義)의 〈시월(十月)〉「까치 돌아가고 해 지니 하늘의 조화에 따라 꾸며지는 기밀 무르익고, 늙은 기러기 긴 구름에 갈 길 험난하기만 하네.」(歸鴉落日天機熟, 老雁長雲行路難)

4 만산잔설(滿山殘雪): 당나라 백거이의 〈눈 온 뒤에 동궤점에서 묵으며 법호사의 종루에 올라 달을 바라보다(雪後宿同軌店上法護寺鐘樓望月)〉「온 산에 잔설이고 온 산에 바람 부는데, 들의 절에 문 없고 온 뜰은 비어 있네.」(滿山殘雪滿山風, 野寺無門院院空)

5 망구장(輞口莊): 당나라 때 왕유(王維)가 은거하던 곳으로 섬서성(陝西省) 남전현(藍田縣)에 있었다. 《구당서·문원전·왕유전(文苑傳·王維傳)》「송지문의 남전 별장을 샀는데 망천의 입구에 있었다. 망천의 물이 집 아래를 둘러싸고 있었으며 특히 대나무가 빽빽했고 꽃이 가득한 제방둑이 있었는데 도우인 배적과 배를 띄우고 왕래하며 거문고를 타고 시를 짓고 종일 긴 곡조를 읊었다.」(得宋之問藍田別墅, 在輞口, 輞水周於舍下, 別漲竹洲花塢, 與道友裵迪浮舟往來, 彈琴賦詩, 嘯詠終日) 《망천집》이란 연작시집을 지어 20수를 남겼다.

6 수철쇄(垂鐵鎖): 당나라 두보(杜甫)의 〈현도단가를 지어 원일인에게 부침(玄都壇歌寄元逸人)〉「쇠사슬 높이 드리워 오를 수 없으나, 몸 복된 땅에 두니 얼마나 상쾌한지!」(鐵鎖高垂不可攀, 致身福地何蕭爽) 《익증》「《도장경》 진나라 때 수자리를 서는 병졸이 있었는데 자오곡의 서쪽에 진을 치고 있었다. 3백 리 떨어진 곳에 시냇물이 두 갈래 있었고 옆에는 대나무가 있었는데 둘레가 세 자였다. 수졸이 가서 그것을 잘라 울짱을 만들려고 하여 끝까지 갔더니 별안간 쇠사슬이 아래로 약 백여 길이나 드리워져 있어서 수졸이 당기려 하였다. 그러나 위에는 호랑이가 그 곁에 웅크리고 앉아 있는 바람에 수졸이 놀라서 달아나 돌아가서 알렸다. 이에 수비대장이 부대를 이끌고 함께 그곳에 가보았으나 길이 헷갈려 그 곳을 알지 못하였다.」(道藏經. 晉時有戍卒, 屯於子午谷之西, 去三百里有澗二, 傍有竹, 其圍三尺, 戍卒往取之, 以爲寨柵. 及至窮處, 忽有鐵鎖, 下垂約百有餘丈. 戍卒欲挽, 因以上有虎蹲踞其傍, 戍卒驚走歸告, 戍長率其隊, 共往視之, 迷而不知其所)

客來聊復共藜牀[7] 손님 오니 애오라지 다시
명아주 침대 마주한다네.
故人聞道歌圍暖[8] 옛 친구 듣자하니
가기 따뜻하게 에워쌌다 하고,
妙語空傳醉墨香[9] 신묘한 말 부질없이
취한 묵매 향기 전하네.
莫爲姬姜厭憔悴[10] 희씨와 강씨라고 보잘 것
없는 사람 싫어하지 마시게,
論文把酒話偏長[11] 글 논하고 술잔 잡으니
말 유독 길어진다네.

7 여상(藜牀): 동한 황보밀(皇甫謐)의 《고사전·관녕(高士傳·管寧)》「항상 같은 나무 평상에 앉았는데 55년이 되도록 한번도 다리를 뻗고 앉은 적이 없어 평상 위의 무릎이 닿는 곳은 모두 구멍이 났다.」(常坐一木榻上, 積五十五年, 未嘗箕踞, 榻上當膝皆穿) 당나라 두보의 〈찬비가 아침에 지나가 동산의 나무를 보다(寒雨朝行視園樹)〉「쇠약한 얼굴 움직여 명아주 평상 찾아 앉고, 느린 걸음 또한 대나무 지팡이 의지함 필요하네.」(衰顔動覓藜牀坐, 緩步仍須竹杖扶)

8 가위난(歌圍暖): 가기(歌妓)가 둘러싸고 있는 것을 말한다. 《고금사문유취·후집(古今事文類聚·後集)》 권16 〈위지기위(謂之妓圍)〉「당나라 신왕은 매년 겨울달이 되어 몹시 추우면 궁녀들로 하여금 빽빽이 둘러앉게 하였는데 이것을 일러 『기위』라고 하였다.」(唐申王每冬月苦寒, 令宮女密圍而坐, 謂之妓圍) 출처를 《천보유사(天寶遺事)》라 밝혀 놓았다.

9 취묵향(醉墨香): 묵향은 묵매(墨梅)를 말하는 것 같다. 《주문공집》 권9에 묵매(墨梅)를 읊은 시가 있다.

10 희강초췌(姬姜憔悴): 희강(姬姜)은 주나라와 제나라 같은 강대국의 미녀를 말하고, 초췌는 지위가 낮은 사람을 말한다. 《좌전·성공(成公) 9년》「《시》에서 말하기를『…… 희씨와 강씨 같은 큰 나라의 미녀가 있어도 비쩍 마른 못난이를 버리지 않는다. ……』고 하였는데, 이는 대비함을 그만둘 수 없음을 말한 것이다.」(詩曰……雖有姬、姜, 無棄蕉萃……言備之不可以已也) 이 구절은 유온을 희강에 견주고 자신은 초췌에 견주어 말한 것이다.

11 화편장(話偏長): 송나라 소식의 〈장씨네 일곱째가 호주태수로 나가며 지은 시에 화답하다(和章七出守湖州)〉「일찌감치 돌아가 쉬니 마음 함께 있고, 훗날 서로 만나니 말 유독 길어지네.」(早歲歸休心共在, 他年相見話偏長)

111~112. 和秀野韻, 二首

유수야가 지은 시의 각운자를 써서 화답하다, 두 수

111

聞道無餘事	도 듣는 일 외의 일은 않으니,
翛然百慮空	온갖 잡념 빠르게 사라지네.
何心分彼我	무슨 마음 저와 나 갈라놓았는지,
無地著窮通	빈궁과 영달 드러날 곳 없네.
昨日青衿子[1]	어제의 옷깃 푸른 젊은 학생,
明朝白髮翁[2]	내일 아침은 백발 늙은이.
天機元自爾[3]	하늘의 이치 원래 그러하거늘,
不是故匆匆[4]	세월 바빠서가 아니라네.

112

久矣安岑寂	오래 되었어라, 높고 고요함 편안히 여긴 지,

1 청금자(靑衿子): 《시경·정풍·자금(鄭風·子衿)》「푸르고 푸른 그대 옷깃이여, 아득하고 아득한 내 마음이로다.」(靑靑子衿, 悠悠我心) 주희의 주석「청청은 옷에 선 두른 색깔이며, 금은 옷깃이다.」(靑靑, 純緣之色, 衿, 領也) 《시경》의 〈소서(小序)〉「학교가 폐지됨을 풍자한 것이다.」(刺學校廢也)

2 작일~백발옹(昨日~白髮翁): 당나라 진자앙(陳子昂)의 〈택주성 북쪽의 누대에 올라 연회를 하다(登澤州城北樓宴)〉「옷깃 푸른 학생 되지 말게나, 아아! 그대 흰머리 늙은이여.」(勿使靑衿子, 嗟爾白頭翁) 송나라 구양수(歐陽脩)의 〈수재 구세영이 은혜로이 돌아갈 때 찾아주어 문득 지어 준다(秀才歐世英惠然見訪於其還也聊以贈之)〉「지난 날 푸른 적삼의 현령, 지금은 백발의 늙은이 되었다네.」(昔日靑衫令, 今爲白髮翁)

3 천기(天機): 《장자·대종사(大宗師)》「욕망이 깊은 자는 천기가 얕다.」(其耆欲深者, 其天機淺) 주석에서 천기는 천리(天理)라 하였다.

4 총총(匆匆): 《설문해자(說文解字)》「물은 마을에 세운 깃발이다. 형상은 자루에 세 개의 깃발이 있다. …… 백성들을 모으는데 쓰이기 때문에 갑자기 『물물』이라 하였다. 민간에서는『勿』자 가운데 비스듬하게 점 하나를 더하기도 하는데, 음은 총이다.」(匆, 州里所建之旗, 象其柄及三斿之形, 所以趍民事, 故忽遽曰勿勿. 俗於勿中斜加一點, 音聰)

山棲恨不深[5] 산에 깃들며 깊지 않음 한하네.
謾將門自掩 천천히 문 스스로 닫으니,
那有客相尋 어찌 손님 찾겠는가?
炙背迎朝景[6] 등 쬐며 아침 볕 맞고,
加趺度夕陰[7] 가부좌로 저녁 그늘 지나네.
感君傳秀句 그대 빼어난 구절 전함 느끼어,
把卷獨呻吟[8] 시권 잡고 홀로 신음한다네.

5 산서한불심(山棲恨不深): 송나라 소철(蘇轍)의 〈왕적을 맞이하여 부침(迎寄王適)〉「모든 산에 몸 던져 숨기나 산 깊지 않음 한스럽고, 조각배 여름에 건너니 기운 찌는 듯하네.」(投竄千山恨不深, 扁舟夏涉氣如烝)

6 자배(炙背): 《열자·양주편(楊朱篇)》「옛날 송나라에 농부가 있었는데 …… 햇볕을 쬐면서 …… 그 아내를 돌아보며 말했다. 『햇볕을 쪼이면서도 그 따사로움을 아는 사람이 없소. 이것을 임금님께 알려드리면 후한 상을 내리실 것이오.』 이에 그 마을의 부자가 그에게 말하였다. 『옛날 사람 중에 콩나물과 수삼, 미나리와 개구리밥을 맛있다고 생각하여 고을의 귀한 신분의 사람에게 추어올리며 말했습니다. 고을의 귀한 신분의 사람이 그것을 가져다 맛을 보니 입을 쏘고 배를 아프게 하였답니다. 이에 여러 사람들이 웃고 그를 원망하였습니다.』」(昔者, 宋國有田父……曝於日……顧於其妻曰, 負日之暄, 人莫知者. 以獻吾君, 將有重賞. 里之富室告之曰, 昔人有美戎菽. 甘枲莖芹萍者, 對鄉豪稱之. 鄉豪取而嘗之, 蜇於口, 慘於服, 衆哂而怨之) 삼국시대 위나라 혜강(嵇康)의 〈산도와 교유를 끊으면서 보내는 편지(與山巨源絶交書)〉「농부 중에 등에 볕을 쪼이는 것을 좋아하고 미나리를 맛있게 생각하는 사람이 있었는데, 그것들을 지극히 높은 분들에게 바치려고 하였습니다. 비록 구구한 뜻은 있지만 또한 거리가 먼 것입니다.」(野人有快炙背而美芹子者, 欲獻之至尊. 雖有區區之意, 亦已疏矣)

7 가부(加趺): 「跏趺」, 「加跗」라고도 하며, 결가부좌(結跏趺坐)의 준 말. 길상(吉祥)과 항마(降魔)의 두 가지 방법이 있으며 불도들이 수행할 때 쓰는 좌법(坐法)이다. 양발을 모두 넓적다리에 올려 놓는 것을 전가좌(全跏坐)라 하고, 왼발이나 오른발 중 하나만을 다른 넓적다리에 올려놓는 것을 반가좌(半跏坐)라고 한다. 송나라 소식의 〈또 두 태수가 새 거처를 들름을 허락하다라는 시의 각운자를 써서 짓다(又次韻二守許過新居)〉「또한 집 지음 진짜 집 아님 알겠으니, 애오라지 가부좌 틀고 이 마음이나 보려네.」(也知卜築非眞宅, 聊欲跏趺看此心) 시원지(施元之)의 주석 「《대비파사론》에 결가부좌는 원만한 상이다.」(大毗婆娑論, 結跏趺坐, 是相圓滿)

8 파권(把卷): 송나라 소식의 〈한강공을 애도함(韓康公挽詞)〉 제3수 「시 지으니 아직도 먹물 축축한데, 시권 붙잡고 홀로 수건 적신다네.」(賦詩猶墨濕, 把卷獨沾巾)

113~114. 次秀野暑中, 二首

유수야의 무더위 속에서라는 시의 각운자를 써서 짓다, 두 수

113

劇暑悲難度[1]	지독한 무더위 나기 어려움 슬프고,
淸秋喜却回	맑은 가을 다시 돌아옴 기쁘다네.
病隨庚伏盡[2]	병 삼복 따라 다 하고,
尊向晩涼開[3]	술잔 저녁 서늘함에 여네.
臨水看雲去	물 앞에 다다라 구름 가는 것 보고,
鉤簾待月來[4]	주렴 끌어당기며 달 떠오름 기다리네.
勝遊驚昨夢	승경 노닐자니 어젯밤 꿈 놀란다네,
曾上鬱蕭臺[5]	수풀 우거진 높은 곳 오름.

熹新自雲谷還來[6] 나는 운곡에서 막 돌아왔다.

1 극서(劇暑): 극서(極暑), 혹서(酷暑)와 같은 뜻. 송나라 육유(陸游)의 〈새벽에 호숫가에 이르다(晨至湖上)〉「검남에는 혹독한 무더위 없어, 긴 여름 사람에게 더욱 알맞다네.」(劍南無劇暑, 長夏更宜人)

2 경복(庚伏): 삼복(三伏)을 말한다. 초복과 중복은 하지 후 셋째 넷째 경일에 들고, 말복은 입추 후 첫째 경일에 드는 등 삼복이 모두 경일에 들기 때문에 이렇게 말한다. 《차보》「사철은 신진대사를 하는데 모두 상생을 한다. 유독 입추 후에는 금(金)이 화(火)를 대신하는데 화가 금을 이기므로 반드시 경일이 되면 엎드리게 된다. 진나라 덕공 때 복날이 처음 생겼다.」(四時代謝, 皆以相生. 獨立秋金代火, 火克金, 故必庚日, 必伏. 自秦德公時, 始有伏日)

3 준향만량개(尊向晩涼開): 송나라 정호(程顥)의 〈요부 선생[邵雍]에게 화답하다(和堯夫先生)〉 제2수 「만물 이미 가을 경치 따라 바뀌었고, 술 한 잔 애오라지 저녁 서늘함 위해 열어둔다네.」(萬物已隨秋色改, 一樽聊爲晩涼開)

4 구렴(鉤簾): 당나라 두보의 〈달 뜬 배에서 역참 근처의 절을 마주하다(舟月對驛近寺)〉「흰 머리에 강호 떠도는 나그네, 주렴 당기며 홀로 잠 못드네.」(皓首江湖客, 鉤簾獨未眠)

5 울소대(鬱蕭臺): 수풀이 우거진 높은 곳을 말한다. 《차의》「운곡에 있는 것 같다.」(疑在雲谷) 여기서는 운곡의 노산(蘆山) 꼭대기에 있는 혁희대(赫曦臺)를 가리켜 말한 것이다.

6 운곡(雲谷): 건양현(建陽縣)의 노산(蘆山) 꼭대기에 있는 골짜기 이름. 주희가 이곳에 회암(晦菴)을 짓고 늘 가던 곳이며 시와 기문을 짓기도 하였다.

114

絶境人難到[7]	빼어난 곳 사람들 이르기 힘들어,
唯堪樂此身	오직 이 몸 즐길 만하네.
泉吟青玉峡[8]	샘물 푸른 옥 같은 골짜기에서 읊조리듯 흐르고,
風度白綸巾[9]	바람은 흰 윤건 스쳐지나가네.
獨往寧無意	홀로 감 어찌 뜻 없으리오?
長閑未有因	오랜 한가로움 까닭 있지 않았다네.
雲山天賜履[10]	구름 낀 산 하늘이 밟음 내린 것이니,
吾道豈全貧	나의 도 어찌 온전히 가난하리오?

雲谷絶頂四望雲山環數百里

운곡의 꼭대기에서 사방을 바라보면 구름 덮인 산이 수백 리에 걸쳐 둘러싸여 있다

7 절경(絶境): 외부세계와 단절된 곳이라는 뜻도 있지만 여기서는 경치가 빼어난 곳이라는 뜻으로 쓰였다. 당나라 두보의 〈배씨네 둘째 규가 영가현위가 되어감에 전송하다(送裴二虬作尉永嘉)〉「옛 친구 이곳으로 벼슬하러 가니, 빼어난 경치 누구와 함께 할까?」(故人官就此, 絶境與誰同)

8 청옥협(靑玉峡): 청은 벽(碧)자와 같은 의미로 쓰였다. 청옥(靑玉)은 협곡의 물이 맑고 푸름을 말한다. 송나라 소식(蘇軾)의 〈개선의 수옥정(開先漱玉亭)〉「푸른 옥 같은 골짜기 쪼개어 여니, 두 마리 흰 용 날아 오르네.」(擘開靑玉峡, 飛出兩白龍)

9 백륜건(白綸巾): 풍류인(風流人)이나 은자(隱者)가 썼다는 두건. 푸른 실로 만든 두건으로, 제갈량(諸葛亮)이 즐겨 썼다고 해서 「제갈건」이라고도 한다. 남조 송나라 유의경(劉義慶)의 《세설신어·간오(簡傲)》「사중랑[謝萬]은 왕남전[王述]의 사위였는데 일찍이 흰 윤건을 쓰고 다녔었다.」(謝中郎是王藍田女壻, 嘗箸白綸巾) 송나라 왕안석(王安石)의 〈정숙이 그 형의 초당을 그리워하며 지은 시에 화답하다(和正叔懷其兄草堂)〉「현령의 도장 집어던지고 누런 인끈 사퇴하고자 하여, 와서 산사람의 갓 짝하고 윤건 썼다네.」(欲抛縣印辭黃綬 來伴山冠戴白綸)

10 운산(雲山): 구름 덮인 산이라는 뜻이지만, 여기서는 운곡(雲谷)을 가리켜 말한 것이다.

천사리(天賜履): 《좌전·희공(僖公) 4년》「제게 선왕께서 밟고 다니시던 곳을 내려주셨는데, 동으로는 바다에까지 이르고 서로는 황하까지, 남으로는 목릉, 북으로는 무체에까지 이르렀습니다.」(賜我先君履, 東至于海, 西至于河, 南至于穆陵, 北至于無棣) 진나라 두예(杜預)의 주석 「『리』는 걸어서 밟고 다닌 경계이다.」(履, 所踐履之界) 나중에는 군왕이 내린 봉지를 가리키게 되었다. 이때 주희는 이미 운곡을 사서 개인 소유로 가지고 있었다.

115~134. 次秀野雜詩韻

유수야가 지은 여러 시의 각운자를 써서 짓다

115 葺居二首	띠집을 짓고 살다, 두 수
丈人高臥碧江頭[1]	어르신 짙푸른 강가에 높이 누웠는데,
門掩西風萬木秋	문 닫긴 채 서풍 부니 나무들은 온통 가을이라네.
重喜青山還遶屋	거듭 푸른 산 집 둘러 싼 것 기뻐하나,
却嫌黃葉漸平溝	누른 잎새 점차 도랑 평평하게 메움 오히려 싫다네.
開軒且放浮嵐入	문 활짝 열어 놓으니 떠다니던 이내 날아들고,
決水徐通廢圃流	물결 틔워 천천히 통하게 하니 버려두었던 밭으로 흘러드네.
便覺園林頓蕭爽[2]	문득 동산 숲 갑작스레 상쾌하게 느껴지니,
不妨隨境味玄幽[3]	어디선들 현묘하고 깊은 뜻 맛보지 못하랴?

1 고와(高臥): 세속의 굴레를 벗어나 마음 내키는 대로 사는 것을 말한다. 당나라 백거이의 〈악공의 전기를 읽다(讀鄂公傳)〉「깊숙한 거처에 높이 누우니 사람 보이지 않고, 공명 떨쳐버림 재와 먼지 떠는 듯하네.」(高臥深居不見人, 功名斗藪似灰塵)

2 원림소상(園林蕭爽): 당나라 백거이(白居易)의 〈같은 고을의 자사를 따라 벼슬이 바뀌어 태자소부의 일을 나누어 맡게되다(從同州刺史改授太子少傅分司)〉「노래와 술 한가로이 즐기며 애오라지 해 마치고, 동산의 숲 상쾌하고 시원하여 평생을 지낼 만하네.」(歌酒優遊聊卒歲, 園林蕭灑可終身)

3 현유(玄幽): 《차의》「심원하고 미묘하며 그윽하고 깊은 뜻이다.」(玄遠幽深之意)

116

向來鞅掌元非病[4]	이제껏 허겁지겁 서둔 것 원래 병 아니니,
此日徜徉詎有妨[5]	이날 편안하고 한가로이 지냄 어찌 거리끼리오?
自喜登臺閑瘦竹[6]	스스로 기뻐하네, 누대 오르니 마른 대나무 한가로워 보임,
人驚步屧響空廊[7]	사람들 놀라네, 나막신 발자국 빈 행랑에 울려 퍼짐.
高齋雨過新山色	높은 서재에 비 지나가니 산의 경치 새롭고,
曲沼風來舊水光	굽은 못에 바람 불어오니 물빛 예전 그대로라네.

4 앙장(鞅掌): 모양을 잃은 것. 《시경·소아·북산(小雅·北山)》「어떤 자는 뒹굴뒹굴 편히 놀고, 어떤 이는 나라 일로 급히 돌아치네.」(或棲遲偃仰, 或王事鞅掌) 한나라 정현(鄭玄)의 주석「앙은 짐을 진다[荷]는 뜻이다. 장은 손으로 받든다는 뜻이다. 짐을 짊어지고 물건을 받들고 빨리 달리는 것이다. 급히 재촉함을 말한다.」(鞅, 猶何也. 掌謂捧之也. 負何捧持以趨走. 言促遽也) 주희의 주석「앙장은 모양을 잃은 것이다. 일이 번거롭고 수고로워 모양을 낼 겨를이 없음을 말한 것이다.」(鞅掌, 失容也言. 事煩, 勞不暇爲儀容也)

5 상양(徜徉): 「徜」은 「倘」으로도 쓴다. 배회함, 방황함, 그리고 편안하고 한가로이 자신에 찬 모양이라는 뜻도 있는데, 여기서는 세 번째 뜻으로 쓰였다. 당나라 한유(韓愈)의 〈이원이 반곡으로 돌아감에 전송하면서 지은 글(送李愿歸盤谷序)〉「내 수레 그림 칠함이여 내 말 여물 먹이고 그대 따라 반곡에서 내 생명 다할 때까지 소요자적 하고 싶네.」(膏吾車兮, 秣吾馬, 從子于盤兮, 終吾生以徜徉)

6 한수죽(閑瘦竹): 수죽(瘦竹)은 가는 대나무로 곧 공죽(筇竹)을 말하며, 지팡이를 만들기에 적합한 대나무이다. 수장(手杖) 곧 지팡이를 가리킨다. 《차의》에서는 「보는 사람이 없는 것이다.」(無人看也)라 하였다.

7 보섭향공랑(步屧響空廊): 섭은 나막신[屐]이다. 《송서·원찬전(元粲傳)》「일찍이 나막신을 끌고 백양이 늘어선 교외를 걷다가 한 사대부를 만나자 즉시 불러 함께 얼큰하게 취하도록 마셨다.」(嘗步屧白楊郊野間, 道遇一士大夫, 便呼與酣飮) 당나라 두보의 〈전준(田畯)을 만나 술을 마시며 중승이신 엄무(嚴武)를 찬미하다(遭田父泥飮美嚴中丞)〉「나막신 신고 봄바람 따라 마음껏 거니니, 마을마다 버들 꽃 절로 피었네.」(步屧隨春風, 村村自花柳) 송나라의 왕우칭(王禹偁)은 섭(屧)을 짚신[草履]이라 하였다. 랑(廊)은 복도, 행랑(行廊), 주랑(走廊)이다. 건물과 건물 사이의 지붕이 있는 통로를 말한다. 송나라 소식(蘇軾)의 〈선우자준의 운주의 새집에서의 달밤이라는 시에 화답하다(和鮮于子駿鄆州新堂月夜)〉 제2수「일어나 은하수 흐름 살펴보자니, 나막신 소리 긴 행랑에 울려퍼지네.」(起觀河漢流, 步屧響長廊) 《익증》「오나라 왕 부차의 오궁에는 향극랑이 있는데 이 전고를 썼다.」(吳王夫差吳宮有響屐廊事) 향극랑은 곧 향섭랑(響屧廊)을 말하는데, 그 유지는 지금의 강소성(江蘇省) 소주시(蘇州市) 서쪽에 있는 영암산(靈巖山)에 있다. 전하는 바에 따르면 오나라 왕 부차가 서시의

千里壯心殊未已[8]　　천리 가려는 씩씩한 마음
특히 끝나지 않아,
不應疎懶興能長[9]　　성글고 게으름 응하지 않으니
흥 길게 갈 수 있다네.

117 刻漏[10]　　물시계
無疑莫詣君平肆[11]　　엄군평의 가게
찾지 않음 의심할 바 없고,
任運休尋季主家[12]　　운에 맡기어 계주의 집
찾지 말게나.

무리를 이 행랑에서 걷게 하였는데 행랑이 비어서 발자국 소리가 울렸기 때문에 이렇게 부른다고 한다.

8 천리~미이(千里~未已): 삼국시대 위나라 조조(曹操)의 〈보출하문행·귀수수(步出西門行·龜雖壽)〉「늙은 천리마 구유 곁에 엎드려 있어도 뜻은 천리를 달리려는 생각에 있고, 열사 비록 늙어 늘그막에 있지만 씩씩한 뜻은 아직 그치지 않았네.」(老驥伏櫪, 志在千里. 烈士暮年, 壯志未已)

9 소라(疎懶): 삼국시대 위나라 혜강(嵇康)의 〈산도와 교유를 끊으며 보내는 편지(與山巨源絶交書)〉「성품이 다시 성글고 게을러졌으며, 힘은 둔하고 몸은 느려졌습니다.」(性復疎嬾, 筋駑肉緩) 당나라 두보의 〈그믐날 최집과 이봉을 찾다(晦日尋崔戢李封)〉「흥 올라 게으를 겨를 없어, 오늘 새벽 내 머리 빗는다네.」(興來不暇懶, 今晨梳我頭)

10 각루(刻漏): 후위(後魏)의 도사인 이란(李蘭)의 〈누각법(漏刻法)〉「그릇에 물을 저장하고 구리로 갈오(渴烏: 물을 빨아들이는 굽은 통)를 만드는데 모양은 굽은 갈고리 같다. 그릇 속의 물을 은으로 만든 용의 입 속으로 끌어다가 저울에다 토해놓는데 한 되의 물이 새면 한 근의 무게가 되고 시간은 일각이 흐른다.」(以器貯水, 以銅爲渴烏, 狀如鉤曲, 以引器中水於銀龍口中, 吐入權器, 漏水一升, 秤重一觔, 時經一刻) 유서(類書)인 《금수만화곡속집(錦繡萬花谷續集)》 권6에서 재인용.

11 무의(無疑): 《좌전·환공(桓公) 11년》「막오가 말하였다. 『점은 쳤습니까?』 대답하여 말하기를 『점은 의심나는 것을 결정짓고자 하는 것이니, 의심도 나지 않는데 어찌 점을 치겠습니까?』라 하였다.」(莫敖曰, 卜之? 對曰, 卜以決疑. 不疑, 何卜?)

군평사(君平肆): 진나라 황보밀(皇甫謐)의 《고사전·엄준(高士傳·嚴遵)》「(前漢의) 엄준은 자가 군평이며 촉땅 사람이다. 숨어 살면서 벼슬을 하지 않고 늘 성도의 저자거리에서 점을 쳐주며 먹고 살았는데, 하루에 백 전만 벌면 점치는 것을 그만 두고 가게의 문을 닫고 발을 내리고서는 책을 짓는 것을 일삼았다. …… 군평은 점을 팔았는데, 양웅(揚雄)이 스승으로 삼았네.」(嚴遵字君平, 蜀人也. 隱居不仕, 常賣卜于成都市. 日得百錢以自給, 卜訖則閉肆下簾以著書爲事……君平賣卜, 子雲所師)

12 임운(任運): 운명에 맡김. 《송서·왕경문전(宋書·王景文傳)》「화를 피하는데 신경을 쓰는 것보다는 운에 맡기고 신경을 쓰지 않는 것이 더 낫다.」(有心於避禍, 不如無心於任運)

계주(季主): 《사기·일자열전(日者列傳)》「사마계주란 사람은 초나라 사람이다. 장안의 동쪽 저자에서 점을 쳤다.」(司馬季主者, 楚人也. 卜於長安東市) 당나라 이백의 〈심양의 자극궁에서 가을이 느껴워서 짓다(尋陽紫極宮感秋作)〉「게으르게 점쟁이 당거(唐擧) 좇아 의심

謾設銅壺候尺咫[13]　무람없이 구리 항아리 설치하여
지척간 살피고,
閑參玉表驗分差[14]　한가로이 옥 바늘 일 끼어들어
분의 차이 실험하네.
不妨啓處知時節[15]　편안히 사는 곳
시절 앎 거리낌 없으니,
那更榮枯紀歲華[16]　어찌 다시 영고성쇠
세월 기록하리.
却羨昇平好官府[17]　오히려 태평성세
관가 좋아함 부러워하니,
日高三丈放朝衙[18]　해 세 길이나 높이 솟아 올라
관아의 조회에서 물러나네.

풀어볼까 망설여지기도 하고, 부끄럽게도 점장이 사마계주(司馬季主) 방문해 볼까도 싶네.」(嬾從唐生決, 羞訪季主卜)

13 동호(銅壺): 《차의》「물을 흘리어 새게 하는 통이다.」(漏水筒) 곧 물시계의 몸통이다.

척지(尺咫): 《익증》「물 새는 양을 헤아리어 시간을 새겨놓은 곳이다.」(漏籌刻時候處)

14 옥표(玉表): 《차의》「해 그림자를 측량하는 옥으로 된 규홀 모양의 막대이다.」(測景玉圭) 《사기·사마양저열전(司馬穰苴列傳)》「사마양저가 먼저 군대에 달려가서 표목을 세우고 물시계를 흘리어 장가(莊賈)를 기다렸다.」(穰苴先馳至軍, 立表下漏待賈) 《사기》의 주석서인 당나라 사마정(司馬貞)의 《색은(索隱)》「입표라는 것은 나무를 세워 표를 하여 해 그림자를 보는 것을 말하고, 하루라는 것은 물을 아래로 새게 하여 시각의 수를 아는 것이다.」(立表, 謂立木爲表以視日景. 下漏, 謂下漏水知刻數也)

15 계처(啓處): 《차의》「기거한다는 말과 같다.」(猶言起居) 곧 안거(安居), 일상생활을 가리킨다. 《시경·소아·사모(四牡)》「나라 일 끝나지 않아, 편히 앉아 있을 틈도 없네.」(王事靡盬, 不遑啓處) 주희의 주석「계는 꿇어앉는 것이다. 처는 거하는 것이다.」(啓, 跪也. 處, 居也)

16 영고(榮枯): 관직에서의 궁통(窮通)과 영욕(榮辱)을 비유하는 말.

17 승평호관부(昇平好官府): 승평(昇平)은 태평하다는 뜻. 《신당서·강모전(姜謩傳)》「강모는 진주 상영 사람이다. …… 진주자사로 발탁되었다. 사람들이 기뻐하며 말하기를 뜻밖에 태평한 관부를 다시 보게 되었구나.」(姜謩秦州上邽人……擢秦州刺史. 人喜曰, 不意復見太平官府)

18 일고삼장(日高三丈): 당나라 노동(盧仝)의 〈차를 노래함(茶歌)〉「해 한자 반이나 높이 떴어도 잠 마침 달콤한데, 군의 장교 문 두드려 주공의 꿈 깨우네.」(日高丈五睡正濃, 軍將扣門驚周公)

방조아(放朝衙): 방아(放衙)는 관아에서 퇴근한다는 뜻. 송나라 소식(蘇軾)의 〈손동년의 변산 용동에서 날씨가 개이기를 기원하다라는 시에 화답하다(和孫同年卞山龍洞禱晴)〉「그대 보니 비단 이불 안고, 저녁에 관아에서 물러나 높이 누워 있다네.」(看君擁黃紬, 高臥放晚衙) 정연(程縯)의 주석「세상에 전하는 말에 태조황제께서 한 현령에게 말하기를『부디 누런 비단 이불 안의 관청에서 퇴근하지 말라.』하였다 한다.」(世傳太祖皇帝謂一

118 栗熟　　　　밤이 익다

樹雜椅桐繼國風[19]　　밤나무 의나무와 오동나무에 섞임
　　《시경》의 기록 이었고,

莫敎林下長蒿蓬　　숲 아래 쑥대
　　자라지 못하게 하네.

種樹法栗下不得有草木

나무를 심는 법에 밤나무 아래에는 초목이 자랄 수 없다고 하였다

共期秋實充腸飽　　가을 열매 배불리 채움
　　함께 기약하고,

不羨春華轉眼空　　봄꽃 눈 하늘로
　　돌리게 함 부러워하지 않네.

病起數升傳藥錄　　몇 되에 병에서 일어남
　　약서의 기록대로 전하고,

本草云, 人有脚弱, 往栗樹下, 啖及數升, 遂能起行

《본초》에 이르기를「사람이 다리가 약하면 밤나무 밑에 가서 여러 되를 집어 삼키면 마침내 일어나 걸을 수 있다.」고 했다

晨興三咽學仙翁　　새벽에 일어나 세 번 삼킴
　　신선 늙은이에게서 배우네.

蘇黃門詩云, 老去自添腰脚病, 山翁服栗舊轉方. 客來爲說晨興晩, 三嚥徐收白玉漿[20]

소황문의 시에「이르기를 늙어가며 허리와 다리의 병 절로 더해져, 산

縣令曰, 謹勿於黃紬被內放衙)

19 의동계국풍(椅桐繼國風): 국풍(國風)은《시경》의 각국의 민가를 수록한 15국풍을 말한다. 여기서는 그냥《시경》을 가리켜서 한 말.《시경·용풍·정성(鄘風·定方之中)》「개암나무 밤나무, 의나무 오동나무 가래나무 옻나무를 심는다네.」(樹之榛栗, 椅桐梓桼) 주희의 주석「의는 가래나무 열매에 오동나무 껍질이다. 오는 오동나무이다.」(椅, 梓實桐皮. 桐, 梧桐也)

20 소황문시(蘇黃門詩): 소황문은 곧 송나라의 소철(蘇轍)을 말하는데, 일찍이 문하시랑(門下侍郎)의 벼슬을 지냈던 적이 있기 때문에 이렇게 말한다. 인용된 시는〈밤을 복용하다(服栗)〉이며, 율시의 첫 련과 마지막 련이다. 첫째 련 첫 구절의「自添」은 원시에는「日添」으로 되어 있다.

늙은이 밤 복용하니 옛날의 처방대로 한 것이라네. 나그네 와서 말하기를 새벽에 늦게 일어난다 하여, 세 번 삼키고 천천히 맑은 술 들이키네.」라 하였다

櫻桃浪得銀絲薦[21]	앵도 함부로 은실로 짠 깔개 얻는데,
一笑纔堪發面紅	한번 웃으니 얼굴에 비로소 붉은 빛 돌 만하네.

銀絲見杜詩.[22] 本草云, 櫻桃服之令人美顏色

「은사」라는 말은 두보의 시에 보인다. 《본초강목》에 『앵도를 복용하면 사람의 안색을 아름답게 한다』하였다

119 山藥[23]	산약
怪來朽壤耀瓊英	이상하여라, 썩은 흙 속에 옥 같은 꽃부리 빛나,
小斸頃筐可代耕[24]	조금씩 찍어 바구니 기울게 하니 밭 갊 대신할 수 있음.
豢豹於人儘無分[25]	가축과 표범 사람에 있어서 모두 가리지 않겠고,

21 은사(銀絲): 은사는 은실을 꼬아서 만든 기물이나 장식품을 말한다.

22 두시(杜詩): 당나라 두보의 〈지난 날에(往在)〉「붉은 섬돌의 앵도나무 가지, 은근히 은실 바구니에 비치네. 천년토록 능에 깔리어, 오래오래 끝없이 드리우네.」(赤墀櫻桃枝, 隱映銀絲籠. 千春薦陵寢, 永永垂無窮)

23 《집람》「의서에 참마 가운데 산에서 나는 것을 산약이라고 하는데 일명 산우라고도 한다라 하였다.」(醫書, 薯蕷生於山者名山藥. 一名山芋)

24 경광(頃筐): 주둥이가 비스듬히 기울어진 대광주리를 말한다. 《시경·주남·권이(周南·卷耳)》「도꼬마리 캐고 캐어도, 비스듬한 대광주리도 다 채우지 못하네.」(采采卷耳, 不盈頃筐) 주희의 주석「경은 기울었다는 뜻이다. 광은 대나무 기물이다.」(頃, 欹也. 筐, 竹器) 모씨(毛氏)의 주석「경광은 삼태기 류이며, 채우기가 쉬운 기물이다.」(頃筐, 畚屬, 易盈之器也)

25 환표(豢豹): 환은 양육된 가축을 말한다. 《문선(文選)》 한나라 매승(枚乘)의 〈칠발(七發)〉「산의 들보의 바탕이요, 가축과 표범의 태라네.」(山梁之資, 豢豹之胎) 당나라 한유(韓愈)의 〈유유주의 하마를 먹다라는 시에 답하다(答柳柳州食蝦蟆)〉「그대 또 무엇 하려는가? 맛있는 음식 가축과 표범에 비길 만하네.」(而君復何爲, 甘食比豢豹) 주석「〈육도기〉에서 『주왕은 곰 발바닥과 표범의 태를 맛있는 음식으로 여겼다.』라 하였다.」(六韜記, 紂以熊蹯豹胎爲美也)

蹲鴟從此不須生[26] 알토란 이제부터
낼 필요 없겠네.
雪鑱但使身長健[27] 눈 같은 보습 다만
몸 오래도록 건강하게 하니,
石鼎何妨手自烹[28] 돌솥에 손수 익힘
무엇 거리끼겠는가?
欲賦玉延無好語[29] 옥연 읊고자 하나
좋은 말 없어,
羞論蜂蜜與羊羹 다만 벌꿀이며
양고기 국만 부끄러이 논한다네.

陳簡齋玉延賦,[30] 有蜂蜜羊羹之句[31]

진간재의 〈옥연부〉에 「벌꿀, 양고깃국」이란 구절이 있다

26 준치(蹲鴟): 「鴟蹲」이라고도 하며, 토란[芋]의 다른 명칭이다.

종차불수생(從此不須生): 당나라 두보(杜甫)의 〈9월 9일(九日)〉 「천 개의 잎 사람에게 이미 구분 없으니, 국화 지금부터 필 필요 없으니.」(竹葉于人旣無分, 菊花從此不須開)

27 설참(雪鑱): 《차의》에서 「당본에는 『경』자가 『참』자로 되어 있다.」(唐本鏡作鑱)라 한 것으로 보아 『鑱』이 『鏡』자로 된 판본도 있는 것 같다. 참은 쟁기의 술바닥에 맞추는 쟁기 날, 곧 보습을 말하며, 창옥은 대나무를 가리키는 말이다. 당나라 두보의 〈건원 연간에 동곡현에 우거하면서 짓다(乾元中寓居同谷縣作)〉 일곱 수 중 둘째 시 「삽이여! 긴 삽이여! 흰 나무로 자루 만든, 나의 목숨 너에게 맡기고 살아가네. 눈 쌓여 약에 쓸 황정초 캐지 못하고, 옷 짧아 자꾸 추켜올려도 정강이 가리지 못하네.」(長鑱長鑱白木柄, 我生託子以爲命. 黃精無苗山雪盛, 短衣數挽不掩脛)

28 석정~자팽(石鼎~自烹): 당나라 한유의 〈석정연구(石鼎聯句)〉 「솜씨 좋은 장인 산의 뼈 같은 바위 깎아서, 가운데 쪼개어 달이고 삶는 일 하네.」(巧匠斲山骨, 刳中事煎烹)

29 옥연(玉延): 서여(薯蕷), 곧 마의 다른 이름. 송나라 소식의 〈도연명의 유시상에게 답하다라는 시에 화답하다(和陶酬劉柴桑)〉 「기수 가의 흰 옥연, 다시 이것보다 나을 수 있는지 없는지?」(淇上白玉延, 能復過此不) 소식 자신의 주석 「기수의 가에는 산약이 나는데 일명 옥연이라고 한다.」(淇上出山藥, 一名玉延) 《본초강목》 권27 〈채(菜) 2·옥연(玉延)〉 「진나라와 초나라에서는 옥연이라고 한다.」(秦楚名玉延)

30 간재(簡齋): 간(簡)은 난(蘭)으로 된 판본도 있다. 간재는 송나라 때의 문인인 진여의(陳與義: 1090~1138)의 호이다.

옥연부(玉延賦): 옥(玉)자는 왕(王)자로 된 판본도 있다. 진여의는 일찍이 〈옥연부〉를 지은 적이 있는데 《간재집》 권1에 수록되어 있으며, 그 부에 「꿈틀거리는 것 같은 것이 붉은 진흙으로 빚은 창자 같고, 빛나기는 흰 무지개 꽃부리 같다.」(蜿蜒赤埴之腴, 煌扈白虹之英)는 표현이 있다.

31 봉밀양갱(蜂蜜羊羹): 진여의의 〈옥연부〉 「저 순화의 대부, 삼생의 숙취 머금었다네. 벌꿀로 더럽히고, 양고기 국으로 욕보이네.」(彼徇華之大夫, 含三生之宿酲. 汚之以蜂蜜, 辱之以羊羹) 《관보》 「아마 단 맛과 누린내를 섞어서 오히려 본래의 맛을 잃어버린 것을 이르는 것일 것이다.」(盖謂雜以甘羶, 反失本味也)

120 食梨	배를 먹다
珍實渾疑露結成	진귀한 열매 온통 이슬 맺어 이루어진 듯하고,
香葩況是雪儲精	향기로운 꽃은 게다가 눈의 정함 담고 있다네.
乍驚磊落堆盤出[32]	언뜻 주렁주렁 접시에 쌓아 내놓음에 놀라는데,
旋剖輕盈照骨明[33]	조금 후 가벼이 찬 것 쪼개니 뼈 밝게 비추네.
盧橘謾勞誇夏熟[34]	노귤 멋대로 수고로이 여름에 익음 자랑하고,
柘漿未許析朝酲[35]	사탕수수즙 아침에 숙취 깸 허락지 않네.
啖餘更檢桐君錄[36]	먹던 끝에 다시 동군의 《약록(藥錄)》 검사하자니,

32 뇌락퇴반(磊落堆盤): 당나라 한유(韓愈)의 〈영정행(永貞行)〉「공연히 한낮에 뇌물 받은 것인데, 화제 구슬 금쟁반에 많이 주렁주렁 쌓여 있다네.」(公然白日受賄賂, 火齊磊落堆金盤)

33 조골명(照骨明): 당나라 유우석(劉禹錫)의 〈마외행(馬嵬行)〉「가락지는 뼈 밝게 비추고, 머리장식은 이어진 성 필적할 만하네.」(指環照骨明, 首飾敵連城)

34 노귤~하열(盧橘~夏熱): 한나라 사마상여(司馬相如)의 〈임금님의 숲(上林賦)〉「검은 귤 여름에 익고, 탱자는 노랗고 달다네.」(盧橘夏孰, 黃甘橙榛) 《사기》의 주석서인 남조 송나라 배인(裴駰)의 《집해(集解)》에서 인용한 《광주기(廣州記)》「노귤은 껍질이 두꺼우며 크기는 감람만 하고 신맛이 난다. 9월에 열매를 맺는데 순 붉은 색을 띠며 이듬해 2월에는 더욱 푸르고 검게 되고 여름에 익는다.」(盧橘皮厚, 大小如甘, 酢多, 九月結實, 正赤, 明年二月更青黑, 夏孰)

35 자장~조정(柘漿~朝酲): 초나라 굴원(屈原)의 《초사·초혼(招魂)》「자라 삶고 새끼 양 구움이여, 사탕수수 즙 있다네.」(胹鼈炮羔, 有柘漿些) 주희의 주석「자는 사탕수수이다. 사탕수수의 즙을 취하여 음료수를 만드는 것을 말한다.」(柘, 藷蔗也. 言取藷蔗之汁, 爲漿飮也) 《차의》「『柘』는 『蔗』와 같다. 사탕감자는 교지에서 나며 둘레가 몇 촌이고 길이는 한 길 남짓이며 즙은 숙취를 해소시킬 수 있다.」(柘與蔗同. 甘蔗交趾所生者, 圍數寸, 長丈餘, 汁可解酲) 한나라 〈교사가·경성(郊祀歌·景星)〉「백 가지 맛의 좋은 술 난초 나는 곳에 널려 있고, 큰 술잔의 사탕수수 즙은 아침 숙취 해소시키네.」(百味旨酒布蘭生, 泰尊柘漿析朝酲)

36 동군(桐君): 《차의》「황제의 신하로 《채약록》을 지었다.」(黃帝臣, 著採藥錄) 《당서·예문지(藝文志)》에 《동군약록(桐君藥錄)》 3권이 있다고 하였다. 《가경중수일통지·엄주부·동군산(嘉慶重修一統志·嚴州府·桐君山)》「동려현 동쪽 2리 지점에 있으며 일명 동려산이라고도 하는데, 현은 이것을 가지고 이름을 삼았다. …… 《명

快果知非浪得名　　쾌과 함부로 이름
　　얻음 아닌 것 알겠네.

本草謂, 梨爲快果[37]

《본초강목》에는 배를 쾌과라 했다

121 導引[38]　　도인

聞說牛刀久不更　　듣자하니 소 잡는 칼
　　오래도록 갈지 않았다 하니,

閑中應接羨門生[40]　　한가한 가운데
　　선문생 맞아야 하리.

向來已悟藏千界　　이전에 이미 대천세계
　　감춤 깨달았는데,

呂公詩云,[41] 一粒粟中藏世界[42]

여공의 시에 「밤 한 톨에 세계가 감추어져 있네.」라는 구절이 있다

통지》에 전하는 바에 따르면 옛날에 이곳에 이인이 있었는데 약을 캐면서 도를 구하며 오동나무 아래에 오두막을 짓고 살았다. 사람들이 그 성씨를 물으니 오동나무를 가리켜 보여주므로 동군산이라 불렀다.」(在桐廬縣東二里, 一名桐廬山, 縣以此名……明統志相傳, 昔有異人於此, 採藥求道, 結廬於桐木下, 人問其姓, 則指桐以示之, 因號爲桐君山)

37 쾌과(快果): 《본초강목》 권30 〈과(果) 2〉에 나오며, 쾌과 이외에도 과종(果宗), 옥유(玉乳), 밀보(蜜父)라는 별칭도 있다.

38 《집람》 「수양가들이 지체를 안마하는 법이다.」(修養家按摩肢體之法)

39 우도구불경(牛刀久不更): 《장자·양생주(養生主)》 「백정인 포정이 문혜군에게 소를 잡아 주었다. …… 문혜군이 말하기를 『허야! 훌륭하도다. 기술이 어찌하면 이 경지에까지 이르렀단 말인가!』라 하자 포정이 칼을 놓고 대답했다. 『…… 훌륭한 백정은 해마다 칼을 바꾸는데 베기 때문입니다. 평범한 백정은 달마다 칼을 바꾸는데 자르기 때문입니다. 지금 신의 칼은 19년이나 되었으며, 잡은 소만 해도 수천 마리가 됩니다만 칼날은 막 숫돌에 간 것과 같습니다.』」(庖丁爲文惠君解牛……文惠君曰, 譆! 善哉. 技蓋至此乎? 庖丁釋刀對曰……良庖歲更刀割也. 族庖月更刀折也. 今臣之刀十九年矣, 所解數千牛矣, 而刀刃若新發於硎) 《차의》 「선생은 일찍이 《참동계》를 논하여 소칼로 닭을 잡는 것과 같다고 하였다.」(先生嘗論參同契若牛刀割鷄)

40 선문생(羨門生): 《한서·교사지(郊祀志)》 「이에 진시황은 마침내 동쪽으로 바다에 가서 놀았는데 명산과 하천 및 여덟 신에게 예의를 갖추어 제사를 지내고 신선 선문 따위를 찾았다.」(於是始皇遂東遊海上, 行禮祠名山川及八神, 求僊人羨門之屬) 응소(應劭)의 주석 「선문은 이름이 자고이며 옛날의 신선이다.」(羨門名子高, 古仙人也)

41 여공(呂公): 《익증》 「신선 여동빈이다.」(仙人呂洞賓) 동빈은 여암(呂巖)의 자(字)인데, 이름보다는 자로 많이 알려져 있다.

42 이 시는 《전당시》 권857에 수록되어 있으며 제목은 없고 그냥 〈칠언(七言)〉이라고만 되어 있다. 바로 다음 구절은 「두 되면 솥 안에서 산천 삶겠네.」(二升鐺內煮

今日何勞倒五行[43] 오늘 어찌 수고롭게
오행 전도시키는가?

道書云, 五行顚倒術龍從火裏出[44]

도가의 책에 이르기를 「오행전도술을 쓰면 용이 불에서 나온다.」라 하였다

按蹻有時聊戲劇[45] 안마와 발꿈치 듦
때로 장난 같지만,

居心無物轉虛明[46] 마음 편안히 가지니
빈 곳 밝아짐 알겠네.

擧觴試問同亭侶[47] 술잔 들고
동정의 짝에게 물어보니,

九轉工夫早晩成[48] 아홉 번 단약 굴리는 공부
조만간에 이루리라.

山川)이다.

43 오행(五行): 만물을 구성하고 있는 목(木)·화(火)·토(土)·금(金)·수(水)의 다섯 원소를 말한다.

44 이 말은 《운급칠첨(雲笈七籤)》 권70 〈내단결법(內丹訣法)〉에 나오는 말이다.

45 안교(按蹻): 《차의》 「도인법으로 고개를 숙이고 발을 잡아당기는 따위이다. 교는 복사뼈 아래이다.」(導引法. 如低頭扳足頻之類. 蹻, 踝下也) 《중광보주황제내경소문(重廣補註黃帝內經素問)》 권1 〈금궤진언론(金匱眞言論)〉 「그러므로 겨울에는 안교를 하지 않는다.」(故冬不按蹻) 왕빙(王冰)의 주석 「안은 안마이고, 교는 빨리 걷는 사람의 거동과 같은 것이다.」(按謂按摩, 蹻謂如蹻捷者之擧動)

46 거심(居心): 《차의》 「도인법으로 눈을 감고 마음을 가라앉혀 앉아 있는 것 같은 따위이다.」(導引法. 如閉目冥心坐之類) 남조 송나라 유의경(劉義慶)의 《세설신어·언어(世說新語·言語)》 「태부가 사경중에게 농담으로 말하기를 『그대의 마음가짐이 맑지 않으면 그뿐이지 어찌 다시 맑디맑은 하늘을 더럽히려고 하는가?』라 하였다.」(太傅因戲謝曰, 卿居心不淨, 乃復强欲滓穢太淸邪?) 허명(虛明): 《장자·인간세(人間世)》 「저 텅빈 것을 보라, 아무 것도 없는 텅빈 방에 눈부신 햇빛이 비쳐 환히 밝지 않느냐? 좋은 일도 이 호젓하고 텅빈 곳에 머무는 것이다.」(瞻彼闋者, 虛室生白, 吉祥止止)

47 상(觴): 《고이》에서는 「머리 두」(頭)로 된 판본도 있다고 하였다. 동정려(同亭呂): 《차의》 「〈무이기〉에서는 『만정은 또한 동정이라고도 한다.』고 하였다.」(武夷記, 幔亭又曰同亭) 〈무이기〉는 곧 〈무이산기(武夷山記)〉로 송나라의 두광정(杜光庭)이 지었다고 하는데, 지금은 온전히 전하여지지 않고 있다.

48 구전(九轉): 《차의》 「《황정경》에 『여덟 경단을 아홉 번 굴린다.』는 말이 있다. 아홉 번 순환한다는 말이다.」(黃庭經, 九轉八瓊丹. 言九遍循環) 《포박자·금단(金丹)》에 의하면 한번 굴린[一轉] 것에서 아홉 번 굴린[九轉] 단약이 있는데, 한번 굴린 단약을 복용하면 3년 만에, 두 번 굴린 것은 2년, 세 번은 1년, 네 번은 반 년, 다섯 번은 백 일, 여섯 번은 40일, 일곱 번은 30일, 여덟 번은 열흘, 아홉 번 굴린 단약을 복용하면 사흘 만에 신선이 된다고 하였다. 이 구절에서는 유온의 공덕이 원만

122~123 假山焚香作煙雲掬水爲瀑布, 二首[49]

가산에 향을 태워 운무를 만들고 물을 떠서 폭포를 만들다, 두 수

122

平地俄驚紫翠堆	평지에 자줏빛과 비취빛 언덕에 깜짝 놀랐는데,
便應題作小飛來[50]	곧 응답하여 소비래산 시 지었다네.
爐熏細度巖姿出[51]	향로의 연기 가늘게 지나가니 바위의 자태 나오고,
綫溜遙分壁色開[52]	실 같은 흐름 아득히 나뉘니 벽의 색 여네.
獨往但憑南郭几[53]	홀로 가서 다만 남곽자기의 안석에 기대고,
遠游休剪北山萊[54]	멀리 놀러가서 북산의 명아주 자르지 말게나.

하여 신선이 될 만하다고 찬미하여 말한 것이다.

49 가산(假山): 동산이나 정원 따위에 인공으로 만든 자그마한 산. 보통 바위 같은 것을 쌓아서 만들며, 축산(築山) 또는 석가산(石假山)이라고도 한다. 나무로 만든 것도 있는데 목가산(木假山)이라고 한다.

50 소비래(小飛來): 《집람》「비래는 산 이름이다. 가산이기 때문에 『소』라고 하였다.」(飛來山名, 以假山故曰小) 《일통지(一統志)》 권38 〈항주부(杭州府)〉「【비래봉】진나라 함화 연간에 서천의 중인 혜리가 이 산에 올라 감탄을 하여 말하기를 『이는 중천축국의 영취산의 작은 산봉우리인데, 언제 이곳으로 날아왔는지 모르겠다.』라 하여 그 산봉우리를 비래라 부르게 되었고, 또한 취령봉이라고도 불렀다.」(【飛來峯】在晉咸和中, 西天僧慧理登此山嘆曰, 此是中天竺國靈鷲山之小嶺, 不知何年飛來, 因號其峯曰飛來. 一曰鷲靈) 송나라 조보지(晁補之)의 〈원경도가 거둔 소비래산에 적다(題袁耕道所收小飛來)〉「생각해보니 차가운 샘 정자 가에 보이는데, 그대 위해 소비래산 시 지어 읊조린다네.」(憶似冷泉亭畔見, 爲君題作小飛來)

51 노훈(爐熏): 향로에서 나는 향불 연기를 말한다.

52 선류(綫溜): 선(綫)은 선(線)과 뜻이 같은 이체자. 선류는 가늘고 긴 산천과 시냇물. 가산의 골짜기를 가리킨다. 《한서·매승전(枚乘傳)》「태산의 낙숫물이 바위를 뚫는다.」(泰山之霤穿石) 「霤」자는 「溜」자와 통하여 쓴다. 당나라 한유(韓愈)의 〈남산시(南山詩)〉「험준한 길 긴 얼음 이끌고, 곧바로 오름 물방울 걸린 것 같네.」(峻塗拖長冰, 直上若懸溜)

53 남곽궤(南郭几): 《장자·제물론(齊物論)》「남곽자기가 안석에 기대어 앉아 하늘을 우러르며 『후~』하고 길게 숨을 내쉬는데, 멍하니 자기의 몸을 잊은 듯했다.」(南郭子綦隱几而坐, 仰天而噓, 荅焉似喪其耦)

54 북산래(北山萊): 《시경·소아·남산에 향부자 있고(南山有臺)》「남산에 향부자 있고, 북산에 명아주 있네.」(南山有臺, 北山有萊)

人言造化無私力　　사람들 조화에는 사적인
　　공력 없다 말하는데,
珍重仙翁晩得回　　진중한 신선 늙은이
　　저녁 때 돌아올 수 있다네.

123

一簣工夫莫坐談[55]　　한 삼태기 공로
　　앉아서 말하지 말라,
便教庭際湧千巖　　뜰의 가에
　　천 개의 바위 솟게 하였네.
眼中水石今成趣　　눈에 드는 수석
　　이제 흥취 이루었고,
物外烟霞久所耽[56]　　사물 바깥의 안개와 놀
　　오래도록 탐내던 것이었네.
泉細寒聲生夜壑　　가는 샘 차가운 소리
　　밤 골짜기에서 생겨나고,
香鎖暝靄變晴嵐　　향기 잠긴 어두운 놀
　　갠 이내로 변하네.
兒童也識幽棲地[57]　　아이들도 그윽이
　　깃드는 곳 알고서,

55 일궤공부(一簣工夫): 《서경·주서·여독의 개(周書·旅獒)》「잗다란 행동을 삼가지 않으면 마침내 큰 덕에 누를 끼치게 되니, 산을 만드는데 아홉 길을 쌓았어도 공이 한 삼태기에서 어그러집니다.」(不矜細行, 終累大德, 爲山九仞, 功虧一簣)

56 물외연하(物外烟霞): 송나라 소옹(邵雍)의 〈꽃을 보며 술을 마시다(對花飮)〉「사람들 사물 바깥에 안개와 놀 있다고 하는데, 사물 바깥의 안개와 놀 어찌 자랑할 만하겠는가?」(人言物外有煙霞, 物外煙霞豈足誇)

57 유서지(幽棲地): 당나라 두보의 〈최부마의 산정에서 모이다(崔駙馬山亭宴集)〉「소사 그윽하게 깃들던 곳, 숲 사이에서 새 깃털 밟는다네.」(蕭史幽棲地, 林間踏鳥毛)

58 남산갱근남(南山更近南): 《익증》「가산이 남쪽에 있어 남산에 더욱 가깝다는 것과 같음을 말한다.」(謂假山在南如南山更近) 《차보》「남산의 남쪽은 동쪽 또 동쪽이라는 말과 같다. 위의 『남산갱향남』과 같은 뜻이다.」(南山之南猶言東復東也. 如上文南山更向南同意) 위 98번 시의 마지막 구절을 보라.

59 질애(銍艾): 《시경·주송·관리들(周頌·臣工)》「우리 백성들에게 명하여, 가래와 호미 마련케 하오, 곧 곡식

共指南山更近南[58] 함께 남산 남쪽과
더욱 가까움 가리키네.

124~125 家釀, 二首

가양주, 두 수

124

銍艾無中熟[59]	곡식 수확함에 중간 정도의 풍년도 없어,
懽謠闕屢豊[60]	즐거운 노래 잦은 풍년에 빼먹는다네.
但知愁鬢白	다만 귀밑머리 흼 근심하나니,
那復醉顔紅	어찌 다시 얼굴 붉게 하겠는가?
田舍寒如此	농가는 이렇게 썰렁한데,
侯家事不同[61]	제후 집 하는 일 같지 않다네.
新醅撥浮蟻[62]	새 술의 개미 같은 거품 떠내는데,
春滿夜堂中	봄에 빈 집에 가득하다네.

거두게 될 것이니.」(命我衆人, 庤乃錢鎛, 奄觀銍艾) 주희의 주석「질은 벼를 수확하는 짧은 낫이고, 애는 수확함이다.」(銍, 穫禾短鎌. 艾, 穫也) 질(銍)은 그러나 모씨(毛氏)의 주석과《경전석문(經典釋文)》에서는「거두다」(穫)의 뜻이라고 하였다.

중숙(中熟):《차의》「중간 정도의 풍년이 든 해이다.」(中豐之年)《한서·식화지(食貨志) 상》「해에는 상·중·하의 삼숙이 있다. …… 중숙은 그 수확량이 (평년 수확량인 150석의) 세 배로 삼백 석이 남는다.」(歲有上中下孰……中孰自三, 餘三百石)

60 누풍(屢豐):《시경·주송·용감함(桓)》「온 세상 평화롭게 하시니, 풍년 거듭된다네.」(綏萬邦, 屢豐年)

61 후가사부동(侯家事不同):《차의》「제후의 집에서는 농사일에 종사하지 않음을 이른다.」(謂諸侯之家不事耕作)《익증》「선생 집에서 담근 술은 묽은데 수야 집의 술은 진하므로『전사』는 선생이 스스로를 이른 것이고,『후가』는 수야를 가리킨 것이다. 수야의 정대의 음식은 모두 풍부하고 후하게 하니 아마 제후 가문의 자손일 것이다.」(先生家釀則薄, 而秀野家釀則必醇, 故田舍則先生自謂, 而侯家則指秀野也. 秀野亭臺飮食, 皆富厚之則恐是侯家子孫也)《차보》「『후가』는 수야를 가리키는 것 같다. 농가의 빈한함과는 같지 않다는 것을 말하였으며, 아래 구절은 곧 같지 않은 일을 든 것이다.」(侯家似指秀野. 言不似田舍之寒. 下句卽其不同之事)

62 신배(新醅): 배(醅)는 원래 거르지 않은 술을 가리키나 나중에는 그냥 일반적으로 술을 가리키는 말로 쓰이게 되었음. 당나라 백거이(白居易)의〈유씨네 열아홉째에게 묻다(問劉十九)〉「녹색 개미 같은 거품은 새로 담근 술이고, 붉은 진흙 같은 것은 작은 화로라네.」(綠蟻新醅酒, 紅泥小火爐)

부의(浮蟻):《차의》「술이다.《이아》에『술에는 번제라는 것이 있는데, 개미가 위에 둥둥 떠 있다.』」(酒也. 爾雅, 酒有汎齊浮蟻, 在上汎汎然)라 하였다. 인용된《이아》의 말은 원래《석명(釋名)》권4〈석음식(釋飮食)〉에 나오는 말이다. 송나라 소철(蘇轍)의〈술자리에서 왕공을 전별하다(飮餞王鞏)〉「그대 보내며 말술 사올 줄 모르는데, 떠낸 술의 뜬 개미 같은 거품 그대 있는 줄 아네.」(送君不辦沽斗酒, 撥醅浮蟻知君有)

125

聞道兵廚盛[63]	보병의 주방에 많다는 소리 들었는데,
春泉響臘篘[64]	봄 샘소리 섣달의 술 짜는 틀에 울리네.
定知盈榼送[65]	술통 채워 보내심 딱히 알고서,
不待扣門求[66]	문 두드려 구함 기다리지 않네.

63 병주(兵廚): 《진서·완적열전(阮籍列傳)》「완적은 보병의 주방장이 술을 잘 빚는데 술 3백 휘를 쌓아놓았다는 말을 듣고는 보병 교위가 되기를 구하였다.」(籍聞步兵廚營人善釀, 有貯酒三百斛, 乃求爲步兵校尉) 이 때문에 나중에는 병주가 좋은 술을 저장하는 곳이란 뜻으로 쓰이게 되었다. 송나라 소철(蘇轍)의 〈장난삼아 집에서 술을 빚다(戲作家釀)〉「완적 오히려 출사하여, 보병의 주방인 좋은 술 있는 곳으로 늘 이를 수 있었다네.」(嗣宗尙出仕, 兵廚可常到)

64 납추(臘篘): 납(臘)은 섣달을 말한다. 《차의》「추는 술을 거르는 도구이다.」(篘, 漉酒具)

65 영합(盈榼): 합(榼)은 주기(酒器)이다. 공부(孔鮒)가 지었다고 하는 《공총자·유복(孔叢子·儒服)》「옛날부터 전하여 내려온 속담에 요임금과 순임금은 천 종을 마시고 공자는 백 잔을 마시며, 자로는 수다를 떨며 열 잔을 마신다 하였으니, 옛 성현들은 술을 못 마시는 사람이 없었다.」(昔有遺諺, 堯舜千鍾, 孔子百觚, 子路嗑嗑尙飮十榼, 古之賢聖無不能飮也) 당나라 이조(李肇)의 《국사보(國史補)》 권3「이필은 허탄함으로 자처하였는데 …… 어떤 사람이 좋은 술 한 통을 보내왔다. 마침 어떤 객이 이르러 이에 말하기를『마고가 술을 보내 왔으니 그대와 함께 기울이세.』라 하였다. 술잔을 기울이다 끝나지도 않았는데 문지기가 말하기를『어떤 시랑께서 술통을 가져갔는데요.』라 하자 이필은 도로 가져오게 하였는데 부끄러운 기색이라고는 없었다.」(李相泌以虛誕自任……有人遺美酒一榼. 會有客至, 乃曰, 麻姑送酒來, 與君同傾. 傾之未畢, 閽者云, 某侍郞取榼子, 泌命倒還之, 略無怍色)

66 구문구(扣門求): 당나라 정계(鄭棨)의 《개천전신기(開天傳信記)》「도사 섭법선은 …… 현진관에 거처하고 있었다. 일찍이 조정의 벼슬아치 수십 명이 찾아와 관복의 띠를 풀어놓고 머물렀는데 모두들 술 생각이 났다. 문득 어떤 사람이 문을 두드리며 (스스로를)『국수재』라 하였다. …… 한 행동거지가 아름다운 사람이 거만하게 흘겨보면서 들어왔는데 나이는 스물 남짓 되어 보였으며 살이 찌고 피부가 흰 것이 볼만했다. 웃으며 여러 사람에게 읍을 하더니 저 끝에 자리를 잡고는 큰소리로 담론을 하는데, 옛사람들을 끌어다 이야기를 하니 온 자리의 사람들은 예측을 할 수가 없어 두려워하며 우두커니 그를 살펴볼 뿐이었다. 오래 있다가 잠깐 일어났는데 빙 돌아나가는 것이었다. 섭법선이 여러 사람들에게 말하기를『이 사람이 갑자기 들어와 이렇게 이야기를 잘 하니 어찌 이매라는 의혹이 들지 않겠소? 여러분들께서는 잠시 피해주시오.』국생이 다시 이르더니 팔을 휘두르고 손바닥을 치며 어려운 것을 논하니 예리한 기세가 일어 그 기세를 당해낼 수가 없었다. 섭법선이 몰래 작은 검으로 그를 내리쳤더니 그대로 계단 아래로 떨어지더니 술통으로 변했다. 온 좌석에서 놀라며 급히 그곳을 보니 곧 통 가득히 진한 술이 있었다. 모두들 크게 웃으면서 그것을 마셨는데 그 맛이 매우 좋았다. 좌석의 나그네들이 취하여 그 통에 읍을 하고는 말하기를『국생의 풍미는 잊을 수가 없소이다.』라 하였다.」(道士葉法善……居玄眞觀, 嘗有朝客數十人詣之, 解帶淹留, 滿座思酒. 忽有人叩門云麴秀才……有一美措傲睨而入, 年二十餘, 肥白可觀. 笑揖諸公居末席, 抗聲談論, 援引古人, 一席不測, 恐聳觀之, 良久蹔起旋轉. 法善謂諸公曰, 此子突入, 語辯如此, 豈非魑魅爲惑乎? 試與諸公避之. 麴生復至, 扼腕抵掌, 論難鋒起, 勢不可當. 法喜密以小劍擊之, 隨手失墜於階下, 化爲瓶榼. 一座驚慑, 遽視其所, 乃盈瓶濃醞也. 咸大笑飮之, 其味甚嘉. 座客醉而揖其瓶曰, 麴生風味, 不可忘也)

沆瀣應難比[67]	항해 비교하기 어려울 것이고,
茅柴祗自羞[68]	모시주 다만 스스로 부끄럽다네.
病身從法縛[69]	병든 몸 이전부터 법에 속박되어,
好客爲公留	좋은 손님 공 위해 남겨 놓았네.

熹近戒酒, 故有法縛之句. 旣作此詩, 而白衣已至,[70] 賓朋已集, 可謂詩讖矣.[71] 一笑

내 근자에 술을 경계하던 터라 「법박」의 구절이 있게 되었다. 이미 이 시가 지어짐에 백의가 이미 이르렀고, 손과 벗들이 이미 모였으니 가히 시참이라 이를 만하겠다. 한번 웃는다

67 항해(沆瀣): 굴원(屈原)의 《초사·원유(遠遊)》 「육기 먹고 밤 안개 마심이여, 햇빛으로 양치하고 아침 안개 머금는다네.」(餐六氣而飮沆瀣兮, 漱正陽而含朝霞) 주희의 주석 「겨울에는 항해를 먹는데 북방의 한밤중의 기운이다.」(冬食沆瀣, 北方夜半氣也) 《차의》 「《운회》에서는 바다 기운이라고 하였다.」(韻會, 海氣)

68 모시(茅柴): 송나라 소식의 〈기정(岐亭)〉 제4수 「몇 번이나 압모시 생각했던가? 금지의 법망 밤낮으로 급하다네.」(幾思壓茅柴, 禁網日夜急) 정연(程縯)의 주석 「남방에는 모시주라는 것이 있다.」(南方有茆柴酒) 조차공(趙次公)의 주석 「모시는 곧 촌락에서 담근 묽은 술이다.」(茆柴乃村落所釀醨薄酒也) 임거실(任居實)의 주석 「황주 사람들은 사적으로 술을 만드는데, 속칭 압모시라고 한다.」(黃州人造私酒俗謂之壓茅柴也)

69 법박(法縛): 《차의》 「법에 얽매였다는 것이다. 선생이 술을 경계하여 마시지 않았기 때문에 이렇게 말한 것이다.」(謂爲法所縛. 先生戒酒不飮故云) 《차보》 「《원각경》에서 나왔다.」(出圓覺經) 송나라 남헌(南軒) 장식(張栻)의 〈주원회에게 답하다(答朱元晦)〉 「갑오년(1174)의 병 이후 괴로워서 술 마시는 것을 절제하기는 했지만 쭈욱 주독이 배에 쌓여 있어 겨우 한 두 잔만 마셔도 곧 우레 소리가 났다. 이에 마침내 끊고 다시는 마시지 않았으니 대체로 또한 현자의 결정을 본받은 것이리라.」(自甲午病後, 雖痛節飮, 但向來有酒積在腹間, 才飮一兩杯, 便覺隱隱地, 遂禁絶不復飮, 蓋亦效賢者之決也)

70 백의(白衣): 당나라 이백의 〈9월 9일 중양절에 산에 오르다(九日登山)〉 「이에 흰 옷 입은 사람 불러, 웃으며 누런 국화주 따르네.」(因招白衣人, 笑酌黃花菊) 양제현(楊齊賢)의 주석 「《진양추》에서는 말하였다. 도잠은 9월 9일 중양절에 술이 없자 집가의 국화더미에 가서 앉아 있었다. 한참이 지나서 흰 옷을 입은 사람이 오는 것이 바라보였는데 곧 자사 왕홍이 술을 보낸 것이었다. 이에 즉시 술을 따라 취할 때까지 마시고 난 후에 돌아갔다.」(晋陽秋曰, 陶潛九日無酒, 出宅邊菊叢中坐. 久之, 望見白衣人來, 乃刺史王弘送酒, 卽便就酌取醉而後歸) 이때부터 「白衣」는 술을 보내주는 관리라는 뜻으로 쓰이게 되었다.

71 시참(詩讖): 시로서 지은 참언(讖言). 시에서 무의식 중에 나중에 일어날 일을 말하는 것을 말한다.

126~127 酒市, 二首

주시, 두 수

126

聞說崇安市[72]	듣자니 숭안의 저자거리,
家家麴米春[73]	집집마다 국미춘 있다네.
樓頭邀上客[74]	누대 어귀에서 귀한 손님 맞고,
花底覓南隣[75]	꽃나무 아래서 남쪽 이웃 찾네.
詎有當壚子[76]	목로 앞 사람 어찌 있으리오?

72 숭안(崇安): 《차의》「선생은 이때 숭안에 있었던 것 같다.」(疑先生時在崇安)

73 국미춘(麴米春): 당나라의 술 이름. 당나라 두보(杜甫)의 〈번민을 덜다(撥悶)〉「듣자하니 운안의 국미춘 한 잔만 기울여도 사람 취하게 한다네.」(聞道雲安麴米春, 纔傾一醆卽醺人) 《전당시》의 주석「당나라 사람들은 술을 춘이라 불렀다.」(唐人呼酒爲春) 송나라 소식의 《동파지림(東坡志林)》「한유의 시(〈感春〉 제4수)에『백살 차지 않았으니 죽을 수는 없지만, 장차 부지런히 포청춘(청춘을 버린다는 뜻)은 살 만하네.』라는 구절이 있다. (당나라 李肇의) 《국사보》에 이르기를『술에는 영의 부춘과 오정의 약하춘, 형양의 사굴춘, 부평의 석동춘, 검남의 소춘이 있다.』고 하였다. 두보 또한 (〈撥悶〉에서) 말하기를『듣자하니 운안의 국미춘, 한 잔만 기울여도 사람 취하게 한다네.』라 하였다. 배형은 전기를 지어 배항의 일을 기록하였는데, 또한 송료춘이라는 술이 있다. 이로써 당나라 사람들은 유명한 술에『봄 춘』자를 많이 썼음을 알 수 있으니 포청춘 또한 술 이름이다.」(退之詩曰, 百年未滿不得死, 且可勤買抛靑春. 國史補云, 酒有郢之富春, 烏程之若下春, 滎陽之土窟春, 富平之石凍春, 劒南之燒春. 杜子美亦云, 聞道雲安麴米春, 才傾一盞便醺人. 裴鉶作傳奇, 記裴航事, 亦有酒名松醪春, 乃知唐人名酒多以春, 則抛靑春亦是酒名也)

74 누두요상객(樓頭邀上客): 당나라 위응물(韋應物)의 〈군의 누대에서 봄연회를 열다(郡樓春燕)〉「여러 음악에 군대의 말 위에서 치는 북소리 섞여, 높은 누대에서 귀한 손님 청하네.」(衆樂雜軍鞞, 高樓邀上客)

75 남린(南鄰): 원래의 의미는 남방(南方)이라는 뜻인데, 이웃을 두루 일컫는 말로 쓰인다. 당나라 두보(杜甫)의 〈강변에서 홀로 걸으며 꽃을 찾다(江畔獨步尋花)〉 제1수「달리며 남쪽 이웃의 술 좋아하는 짝 찾는데, 열흘 넘게 나가서 마시니 빈 침상 외롭다네.」(走覓南鄰愛酒伴, 經旬出飮獨空牀) 당나라 잠삼(岑參)의 〈기주의 객사에서 술에 얼큰하게 취하여 왕기에게 주고 남루에 지어부침(冀州客舍酒酣貽王綺寄題南樓)〉「객사에 배꽃 많은데, 깊은 꽃 속에서 비둘기 숨어 우네. 남쪽 이웃에 새 술 익어 가는데, 어떤 여인 공후 탄다네.」(客舍梨花繁, 深花隱鳴鳩. 南隣新酒熟, 有女彈箜篌)

76 당로자(當壚子): 《사기·사마상여열전(司馬相如列傳)》「사마상여는 그(탁문군)와 함께 임공으로 가서 수레와 말을 모두 팔아 한 술집을 사서 술을 팔았는데 탁문군을 목로에 앉혔다.」(相如與俱之臨邛, 盡賣其車騎, 買一酒舍酤酒, 而令文君當鑪) 배인(裴駰)의 《집해(集解)》에서 인용한 위소(韋昭)의 주석「『로』는 술집이다. 흙을 쌓아 무더기를 만드는데 가장자리가 높아 화로와 비슷하다.」(鑪, 酒肆也. 以土爲墮, 邊高似鑪) 《한서》에도 같은 내용이 수록되어 있는데 로(鑪)가「盧」로 되어 있다. 진나라 곽박(郭璞)은「로는 주로이다.」(盧, 酒盧)라 하였다. 안사고(顏師古)는「술을 파는 곳은 흙을 쌓아 로를 만들어 술단지를 앉히는데 네 변이 불쑥 솟았고 한쪽은 높아서 형태가 화로와 같으므로 로라고 한다. 세속의 학자들은 모두『당로』를『술을 데우는 화로를 마주하는』것으로 생각하는데 그 올바른 뜻을 잃은 것이다.」(賣酒之處累土爲盧以居酒瓮, 四邊隆起, 其一面高, 形如鍛盧, 故名盧耳. 而俗之學者, 皆謂當盧爲對溫酒火盧, 失其義矣)라 하였다.

應無折券人[77]　문서 없앤 사람 응당 없으리.
勸君渾莫問　권컨대 그대 아예 묻지를 말길,
一酌便還醇[78]　한잔 곧 다시 순후하게 된다네.

127

麗藻摛雲錦[79]　아름다운 문장 구름 같은 비단에 펴고,
新章寫陟釐[80]　새 문장 척리지에 쓰네.
詩傳國風體[81]　시는《국풍》의 체제 전하고,
興發酒家旗[82]　흥은 술집의 깃발에서 발하네.
見說難中聖[83]　성인 만나기 어려움 말하는 것 보았으니,

77 절권인(折券人):《사기·고조본기(高祖本紀)》「장성하자 시험으로 관리에 임용되어 사수정의 정장이 되었다. …… 술과 여색을 좋아하여 항상 왕오와 무부의 주점으로 가서 외상으로 술을 마셨는데 술에 취했다하면 벌렁 드러누웠다. 왕오와 무부는 그럴 때마다 그 위에 항상 용이 나타나는 것을 보고 이상하게 생각하였다. 고조가 술을 사서 마실 때마다 술이 평소의 몇 배는 팔렸는데 그 괴이한 일을 보고 연말에 이 두 술집에서는 외상장부를 파기하고 술값을 받지 않았다.」(及壯, 試爲吏, 爲泗水亭長……好酒及色. 常從王媼·武負貰酒, 醉臥, 武負·王媼見其上常有龍, 怪之. 高祖每酤留飮, 酒讎數倍. 及見怪, 歲竟, 此兩家常折券棄責) 당나라 안사고의 주석「간독으로 장부를 만들었는데 이미 징수를 하지 못하게 되었으므로 그 장부를 쪼개어 없애 그 빚진 것을 받지 않은 것이다.」(以簡牘爲契券, 旣不徵索, 故折毁之, 棄其所負)

78 변(便):《고이》에서는「길 경」(逕)자로 된 판본도 있다고 하였다.
환순(還醇):「醇」은「淳」과 통하여 쓴다. 당나라 두보의〈위좌상께 20개의 운자를 써서 지어 올림(上韋左相二十韻)〉「묘당에서는 지극한 이치 알고, 풍속 모두 다시 순후케 되었다네.」(廟堂知至理, 風俗盡還淳)

79 여조(麗藻): 진나라 곽박(郭璞)의〈이아서(爾雅序)〉「영명한 유학과 문식이 풍부한 선비와 큰 문필과 아름다운 사조를 가진 나그네.」(英儒贍聞之士, 洪筆麗藻之客)
운금(雲錦): 아침놀, 채색구름을 말한다.《문선》진나라 목화(木華)의〈바다(海賦)〉「구름 비단이 모래 물굽이에서 무늬를 흩트릴 때.」(雲錦散文於沙汭之際) 당나라 장선(張銑)의 주석「운금은 아침놀이다.」(雲錦, 朝霞也)

80 척리(陟釐): 석발(石髮)이라고도 하며, 고사리류의 식물로 못가의 음습한 돌 위에서 자란다. 약용으로도 쓰고 종이를 만드는데도 쓴다. 여기서는 곧 척리지란 종이를 가리켜 말한다.《차의》「종이의 이름이다. 남월에서는 김으로 종이를 만든다. 그 결이 곁으로 기울어졌으므로 측리지라고도 한다. 왕자모가 말하기를 본래 척리지인데 한나라 사람들이 잘못 말했을 따름이다.」(紙名也. 南越以海苔爲紙. 其理倒側, 故名側理紙. 王子牟云, 本陟釐紙, 漢人語訛爾)《차보》「《본초》에서는『이끼는 물속에서 자라며 돌 위에서 자라는 것은 척리라 한다.』라고 하였다.」(本草, 苔生水中, 石上曰陟釐)

81 국풍체(國風體):《시경·빈풍·칠월(豳風·七月)》「시월에 벼 베어, 약주 담고 …… 10월에 타작 마당 치우는데, 두어 통 술 마련한다네.」(十月穫稻, 爲此春酒……十月滌場, 朋酒斯饗)

82 주가기(酒家旗):《차의》「술집에서는 푸른 천으로 깃발을 만든다.」(酒家以靑帘爲旗)

83 중성(中聖): 술을 마신다는 뜻의 은어.《삼국지·위지·서막전(三國志·魏志·徐邈傳)》「서막은 자가 경산으

遙知但啜醨[84] 아득히 다만 탁주 마실 줄만 안다네.
盤餐雜鮭菜[85] 접시의 음식에 화채 섞여 있으니,
那有蟹螯持[86] 어찌 게 집게발 가질 일 있겠는가?

128 黃雀鮓[87] 섬참새 젓
黃雀飛鳴處 섬참새 울며 나는 곳에서,
交交異竊脂[88] 파닥파닥 기름진 것 훔침 다르네.

로, 위나라 건국 초기에 상서랑이 되었다. 당시에는 법령으로 금주령을 내리고 있었으나 서막은 혼자 몰래 매우 취하도록 마셨다. 형리(刑吏)인 조달이 관청에서 업무상 취조를 하였더니, 막이『성인을 마시고 왔소이다.』라고 하였다. 조달이 이 말을 위 태조〔曹操〕에게 아뢰자 태조는 크게 노하였다. 그때 도료장군 선우보가 나아가서 말하기를『평소에 취객들은 맑은 술을 성인이라 말하고, 탁주는 현인이라 하는데, 서막은 성격이 평소에 신중한데, 어쩌다가 취하여 그렇게 말했을 따름입니다.』…… (文帝 曹조가) 서막에게 물었다.『자못 다시 성인을 마시지는 않는가?』서막이 대답하여 말했다.『옛날에 자반은 곡양에서 죽었고, 어숙은 술을 마시다가 벌을 받았습니다. 신은 두 사람을 좋아하여 스스로 징계할 수 없으면 이따금 그들(성인)을 마십니다.』」(徐邈字景山, 魏國初建, 爲尙書郎. 時科禁酒, 而邈私飮至於沈醉. 校事趙達問以曹事, 邈曰, 中聖人. 達白之太祖, 太祖甚怒. 度遼將軍鮮于輔進曰, 平日醉客謂酒淸者爲聖人, 濁者爲賢人, 邈性脩愼, 偶醉言耳.……問邈曰, 頗復中聖人. 邈對曰, 昔子反斃於穀陽, 御叔罰於飮酒, 臣嗜二子, 不能自懲, 時復中之)

84 철리(啜醨): 리(醨)는「釃」라고도 한다. 굴원의〈어부사(漁父辭)〉「어부가 보고 묻기를 ……『어쩌다가 이 지경에 이르렀소?』라 하니, 굴원이 말하였다.『온 세상이 모두 탁한데 나만 홀로 맑소. 모든 사람들이 다 취하였는데 나만 홀로 깨어 있소.』…… 어부가 말하였다.『…… 세상 사람들이 모두 탁하면 어찌 진흙을 흐리게 하고 그 물결을 치지 않소? 뭇사람들이 모두 취하였으면 어찌 술지게미를 먹고 탁주를 마시지 않소?』(漁父見而問之曰……何故至於斯. 屈原曰, 擧世皆濁, 我獨淸. 衆人皆醉, 我獨醒……漁父曰……世人皆濁, 何不淈其泥而揚其波. 衆人皆醉, 何不餔其糟而歠其釃) 주희의 주석「포는 먹는 것이다. 철은 마시는 것이다. 조와 리는 모두 술찌끼이다. 물로 찌끼를 거르는 것을 시라 한다. 리는 묽은 술이다.」(餔, 食也. 歠, 飮也. 糟釃, 皆酒滓也. 以水제糟曰釃. 醨, 薄酒也)

85 화채(鮭菜):《차의》「화(鮭)는 물고기 이름이다. 진나라 사람들은 물고기를 화채라고 한다.」(鮭, 魚名. 晉人以魚爲鮭菜) 당나라 두보의〈왕경이 술을 지니다(王竟攜酒)〉「물고기 안주 없음 스스로 부끄러운데, 공연히 번거롭게 말 안장 푼다네.」(自愧無鮭菜, 空煩卸馬鞍)

86 해오지(蟹螯持): 오(螯)는 게의 머리 위로 솟은 큰 집게발을 말한다.《순자·권학(勸學)》「게는 발이 여섯 개이고 집게는 두 개이다.」(蟹六跪而二螯)《진서·필탁전(晉書·畢卓傳)》「필탁이 일찍이 사람들에게 말하였다.『수백 휘나 되는 술을 가득 실은 배를 얻어 사철 양쪽에 두고 달게 맛보며 오른손에는 술잔을 잡고 왼손에는 게의 집게발을 들고 술 실은 배를 띄워 박자를 맞추면 일생 동안 만족하겠다.』」(卓嘗謂人曰, 得酒滿數百斛船, 四時甘味置兩頭, 右手持酒杯, 左手持蟹螯, 拍浮酒船中, 便足了一生矣)

87 황작(黃雀): 섬참새라고 하며 상호(桑扈, 혹은 鳸) 또는 절지(竊脂)라고도 한다.《차의》「『鮓』의 음은『자』이다. 본래는『鮺』라고 하였다. 남방에서는 잠이라고 하였고 북방에서는 추라고 하였는데, 지금은 자라고 한다. 소금과 쌀로 물고기를 섞어서 절이는 것을 말하며 추라고도 한다.」(鮓, 側下切. 本作鮺. 南方謂之魿, 北方謂之

桑扈竊脂, 盖以不食穀得名

상호니 절지니 하는 것은 모두 대체로 곡식을 먹지 않으므로 붙여진 이름이다

稻粱求易足[89]	양식은 쉽사리 충분히 구했거늘,
羅網去何遲[90]	그물 피함 어찌 그리 더딘가?
味厚資偏嗜	맛좋은 것 즐기는 바탕 너무 지나쳐,
謀疎闕自爲[91]	자신 위한 계책 소홀하였다네.
韓彭尙葅醢[92]	한신과 팽월도 오히려 젓 담아졌거늘,
幺麽爾誠宜[93]	너의 정성 너무나 적었기 때문이라네.

鱃, 今作鮓. 以鹽米釀魚爲葅, 亦作鱃)

88 교교(交交): 새가 이리저리 날아다니는 모양. 《시경·진풍·황조(秦風·黃鳥)》「꾀꼴꾀꼴 꾀꼬리, 대추나무에 앉았네.」(交交黃鳥, 止於棘) 주희의 주석「교교는 날아서 왔다갔다 하는 모양이다.」(交交, 飛而往來之貌)

절지(竊脂): 새 이름으로 곧 상호(桑扈)이다. 《이아·석조(釋鳥)》「상호는 절지이다.」(桑扈竊脂) 진나라 곽박(郭璞)의 주석「속칭 청작이라고 하는데 털뿔이 굽었고 고기를 먹으며 기름진 것을 곧잘 훔치기 때문에 그런 이름이 붙었다 한다.」(俗謂之靑雀, 觜曲食肉, 好盜脂膏, 因名云)

88 도량구이족(稻粱求易足): 당나라 두보(杜甫)의 〈이씨네 열두째 백에게 스무 자의 운자를 써서 부침(寄李十二白二十韻)〉「벼와 기장 구함 충분치 못하여, 율무 비방함 자못 잦다네.」(稻粱求未足, 薏苡謗何頻)

89 도량구이족(稻粱求易足): 당나라 두보(杜甫)의 〈이씨네 열두째 백에게 스무 자의 운자를 써서 부침(寄李十二白二十韻)〉「벼와 기장 구함 충분치 못하여, 율무 비방함 자못 잦다네.」(稻粱求未足, 薏苡謗何頻)

90 거하지(去何遲): 「去」는 《차의》에서 「피한다는 뜻이다.」(避也)라 하였다. 당나라 위응물(韋應物)의 〈서정자가 쉬파리를 그린 것을 보고 읊음(詠徐正字畫靑蠅)〉「붓끝에 온지 이미 오래 되었는데, 자리에서 떠남 어찌 이리 더딘가?」(筆端來已久, 座上去何遲)

91 궐자위(闕自爲): 《장자·달생(達生)》「(한 祝史가 말했다.) 돼지를 위해서 생각한다면 『겨나 술찌끼를 먹으면서라도 돼지우리 안에 있는 것만 못하다.』고 할 것이다. 사람은 스스로를 위하여 생각할 때 적어도 살아서 높은 벼슬자리에 있게 되면 곧 죽어서 상여에 실려 장식된 관속에 들어갈 처지인데도 이러한 입신출세를 바라는 것이다. 돼지를 위해 생각할 때는 지위나 좋은 대우를 물리치면서 자기 자신을 위해서 생각할 때는 지위나 좋은 대우를 얻으려 한다. 돼지의 경우와 다른 것은 어째서인가?」(爲彘謀, 曰不如食以糠糟而錯之牢筴之中, 自爲謀, 則苟生有軒冕之尊, 死得於豚楯之上, 聚僂之中則爲之. 爲彘謀則去之, 自爲謀則取之, 所異彘者何也?) 《익증》「자신을 위한 계책에 뛰어나지 못하여 그물에 걸리게 된 것을 말한다.」(謂不善爲謀而罹於網羅)

92 한팽상저해(韓彭尙葅醢): 한팽은 한나라 때 고조 유방(劉邦)을 도와 한나라를 세우는데 큰공을 세웠던 회음후(淮陰侯) 한신(韓信)과 건성후(建成侯) 팽월(彭越)로, 한나라가 안정되자 유방에게 피살되었다. 저해는 사람을 죽여 소금에 절이는 형벌로 나중에는 일반적으로 처형을 가리키게 되었다. 한나라 이릉(李陵)의 〈다시 소무에게 답함(重報蘇武書)〉「옛날에 소하(蕭何)와 번쾌(樊噲)는 묶여서 갇혔고, 한신과 팽월은 젖으로 담가졌습니다.」(昔蕭樊囚縶, 韓彭葅醢)

93 요마(幺麽): 《차의》「작다는 뜻이다.」(小也)

129 檳榔[94]	빈랑
憶昔南遊日[95]	지난 날 남쪽에서 놀던 날 생각해보니,
初嘗面發紅[96]	처음 맛보고는 얼굴 붉어졌다네.
藥囊知有用	약 주머니 쓸모 있음 알지만,
茗盌詎能同[97]	차 사발 어찌 같을 수 있겠는가?
蠲疾收殊效[98]	병 낫는데 남다른 효과 거두고,
修眞錄異功[99]	도 닦는데 특이한 공 기록하였다네.
三彭如不避[100]	삼팽 피하지 못한다면,
糜爛七非中	칠비 중에서 썩어 문드러지리.

本草云, 檳榔殺三蟲. 柳子罵尸蟲文云,[101] 擊汝酆都,[102] 糜爛縱横. 七非

94 빈랑(檳榔): 야자나무과에 속하는 상록 교목으로, 열매는 약재로 쓰이는데 건위(健胃), 이뇨(利尿), 강치(强齒)의 효과가 있다. 《차의》「나무 이름으로 열매는 계란 같다. 빛을 향하는 것을 빈랑이라 하고 그늘을 향하는 것을 대복자라 하는데, 빈랑이라 통칭한다.」(木名, 實如鷄子. 向陽者曰檳榔. 向陰者曰大腹子. 通作賓郎)

95 남유(南遊): 《차보》「동안주부직을 맡았을 때를 가리키는 것 같다.」(疑指主同安簿時)

96 면발홍(面發紅): 송나라 소식의 〈강수랑의 안석 사이에 적음(題姜秀郎几間)〉「그윽한 사향 머금은 사람 말리 비녀 하고, 붉은 조수 뺨에 올라 빈랑에 취하네.」(暗麝著人簪茉莉, 紅潮登頰醉檳榔) 같은 사람의 〈묽디묽은 술(薄薄酒)〉「문장은 봉사나 귀머거리 속임 스스로 만족하니, 누가 하루아침에 부귀롭게 하여 얼굴 붉게 하는가?」(文章自足欺盲聾, 誰使一朝富貴面發紅)

97 명완(茗盌): 다완(茶碗), 곧 차를 따르는 주발을 말한다. 여기서는 그냥 차의 대칭(代稱)으로 쓰였다. 당나라 육우(陸羽)의 《다경(茶經)》 권상 〈차의 기원(茶之源)〉「그 명칭은 첫째가 다이며, 둘째는 가, 셋째는 설, 넷째는 명, 다섯째는 천이다.」(其名一曰茶, 二曰檟, 三曰蔎, 四曰茗, 五曰荈) 같은 책 권하 〈차에 관련된 일(茶之事)〉「지금은 일찍 채취한 것을 다라 하고, 늦게 채취한 것을 명이라 하며 일명 천이라고도 한다.」(今呼早取爲茶, 晩取爲茗. 或一曰荈)

98 견질(蠲疾): 견(蠲)은 치료하다의 뜻. 명나라 이시진(李時珍)의 《본초강목(本草綱目)》 권31 〈과(果) 3·빈랑(檳榔)〉「기와 맛이 쓰고 매우며 따뜻하고 떫으며 독이 없다. …… 삼충을 빨아 죽이며 …… 모든 풍을 없애고 모든 기를 내려가게 한다.」(氣味苦辛, 溫澀無毒……避殺三蟲……除一切風, 下一切氣)

99 수진(修眞): 도를 배워 수행한다. 본령을 닦고 품성을 함양한다.

100 삼팽(三彭): 곧 삼시(三尸)를 말한다. 사람의 몸 안에 있으면서 해를 입힌다고 하는 세 가지 벌레. 일진(日辰)이 경신(庚申)인 날 밤에 나와서 사람의 비밀을 천제(天帝)에게 고한다고 한다. 삼고(三姑), 또는 삼신(三神), 삼충(三蟲)이라고도 한다. 청나라 서애(西厓)의 《담징·군부·삼시신(談徵·軍部·三尸神)》「도를 수행하는 사람들이 말하기를 몸 안에는 삼시신이 있는데 항상 경신일에 본인의 죄과를 상제께 아뢰어 복과 명을 깎는다고 한다. 삼시의 이름은 팽거, 다음은 팽질, 마지막은 팽교이다.」(修眞家言, 身中有三尸神, 常以庚申日, 將本人罪過奏聞上帝, 減其祿命. 三尸名彭倨, 次名彭質, 下名彭矯)

101 유자(柳子): 당나라의 문인 유종원(柳宗元)을 말한다.

102 풍도(酆都): 《차의》「유종원의 글의 『격여풍도』의 주석에서는 곧 북제의 귀도라 하였다. ○ 『교』는 『도』자의 오자이다. ○ 부주 풍도관은 곧 북도 나풍이 다스리

見眞誥.[103] 酆都者, 六天之一也

《본초》에서는 「빈랑은 삼충을 죽인다.」라고 하였다. 유자의 〈시충을 꾸짖음〉에서는 「너의 풍도를 이리저리 썩어문드러지게 하겠다.」라 하였다. 칠비는 《진고》에 보인다. 풍도라는 것은 육천궁의 하나이다.

130~134 又五絶. 卒章戱簡及之主簿[104]

다시 다섯 절구를 짓는다. 마지막 시는 장남 삼아 급지 주부에게 부친다

130

暮年藥裹關身切[105]　늘그막에 약 주머니
　몸에 밀접하게 걸리고,
此外翛然百不貪[106]　이외에는 걸리는 것 없어
　아무것도 탐내지 않네.
薏苡載來緣下氣[107]　율무 싣고 옴
　기운 가라앉히기 위함이고,

는 곳으로 이름은 평도이다. 또한 나풍산이 북쪽에 있는데, 육천 귀신의 궁으로 사람이 죽으면 모두 그 가운데에 이른다.」(柳文, 擊汝酆都, 註郞北帝鬼都. ○ 郊, 都字之誤. ○涪州酆都觀, 乃北都羅酆所治, 名平都. 又羅酆山在北方, 是爲六天鬼神之宮, 人死皆至其中)

103 칠비(七非): 도교에서 말하는 육천궁(六天宮)의 제5궁. 《진고·협창기(協昌期) 2》「세상 사람들은 풍도육천궁의 문 이름을 알고 있으니 백귀가 감히 해를 끼치지 못한다. …… 제5궁의 이름은 종령칠비천궁이다.」(世人有知酆都六天宮門名, 則百鬼不敢爲害……第五宮名宗靈七非天宮)

104 「簿」는 원래 「얇을 박」(薄)자로 되어 있었다.
급지(及之)는 꿔치(郭齊)에 따르면 미상이나, 유온(劉韞)의 증손자 항렬로 이름이 「학○」(學○)일 것이라고 하였다.

105 약과(藥裹): 약포(藥包), 약낭(藥囊) 곧 약봉지라는 뜻. 《차의》『안 리』자는 당본에는 『쌀 과』자로 되어 있다. ○ 팽조는 약을 백 봉지나 복용하였는데, 혼자 잠만 못하였다.」(裏, 唐本作裹. ○彭祖服藥百裹不如獨宿) 당나라 두보(杜甫)의 〈곽씨네 열다섯째의 판관에 임명되다라는 시에 답하다(酬郭十五受判官)〉「약봉지 마음에 걸려 시 짓는 일 모두 그만두었는데, 꽃가지 눈에 비치니 구절 또한 이루어지네.」(藥裹關心詩總廢, 花枝照眼句還成)

106 숙연(翛然): 「翛」은 「倏」과 통하여 쓴다. 구속이나 매인 것이 없는 모양. 초탈한 모양.

107 의이(薏苡): 율무를 말한다. 《후한서·마원전(馬援傳)》「마원이 교지에 있을 때 늘 율무 열매를 먹었는데, 몸을 가볍게 하고 욕심을 줄여서 장기를 이길 수 있었다. 남방의 율무는 열매가 커서 마원은 그것을 심어서 군대가 돌아올 때 한 수레 가득 싣고 오려고 하였다.」(援在交阯, 常餌薏苡實, 用能輕身省慾, 以勝瘴氣. 南方薏苡實大, 援欲以爲種, 軍還, 載之一車) 당나라 이현(李賢)의 주석 「《신농본초경》에서 말하기를 『율무는 맛이 달고 약간 차며 주로 풍과 습한 기운, 마비증세의 기운이 내려가며 근육과 뼈의 나쁜 기운이 없어지고 오랫동안 복용하면 몸이 가벼워지고 기가 더해진다.』라고 하였다.」(神農本草經曰, 薏苡味甘, 微寒, 主風溼痹下氣, 除筋骨邪氣, 久服輕身益氣)

檳榔收得爲祛痰	빈랑 거두어 들임 가래 없애기 위함이네.

131

錦文縷切勸加餐[108]	물고기 같은 비단 무늬 잘게 찢어 들라 권하고,
蜃炭扶留共一柈[109]	대합과 등나무 한 쟁반에 함께 올렸다네.
食罷有時求不得	다 먹고나면 이따금씩 구할 수 없어,
英雄邂逅亦飢寒[110]	영웅들 우연히 만나도 또한 주리고 춥다네.

108 금문루절(錦文縷切): 《차의》「물고기 회이다.」(魚膾) 《익증》「빈랑에 반점 무늬가 있기 때문에 이렇게 부른다.」(檳榔班文故稱) 《차보》「금문은 물고기이다.」(錦文魚也) 진나라 반악(潘岳)의 〈서정부(西征賦)〉「요리사 잘게 써는데 방울 달린 칼 나는 듯하네.」(雍人縷切, 鑾刀若飛)

권가찬(勸加餐): 당나라 두보의 〈늙어서 헤어짐(垂老別)〉「이번에 가면 반드시 돌아오지 못하리니, 또한 밥 많이 들라 권하는 소리 들리네.」(此去必不歸, 還聞勸加餐)

109 진탄부류(蜃炭扶留): 대합조개를 태워서 만든 재라는 뜻인데 실은 대합을 가리킨다. 부류는 등나무의 다른 이름. 빈랑의 맛이 쓰고 떫어 종종 부류와 함께 먹는다. 《차의》「진은 대합이다. 사람들이 그것을 취하여 재로 만든다. 『盤』은 본래 『槃』이라 하였으며, 혹은 『柈』이라고도 한다. 빈랑은 맛이 쓰고 떫어 등나무와 미옥자의 재를 얻어 씹으면 부드럽고 매끄러우며 달게 된다.」(蜃, 大蛤. 人取之爲灰. 盤, 本作槃, 或作柈. 檳榔味苦澁, 得扶留藤與尾屋子灰嚼之, 則柔滑而甘)

110 식파~기한(食罷~飢寒): 《남사·유목지전(南史·劉穆之傳)》「유목지는 젊었을 때 집이 가난한데다 방종하여 제멋대로 굴었다. …… 처형 집에 가서 걸식하기를 즐겼는데 욕을 많이 보았지만 부끄럽게 생각하지 않았다. 그의 처인 강사의 딸은 식견이 매우 밝았는데 매번 금하여 강씨에게 가지 못하게 하였다. 나중에 경사스런 연회가 있었는데 오지말도록 부탁을 하였다. 유목지는 그래도 가서 다 먹고 난 후에 빈랑을 구하였다. 강씨의 형제들이 놀리며 말했다. 『빈랑은 음식을 소화시키는데 그대는 늘 굶주리니 어찌하여 갑자기 이것이 필요하오?』…… 유목지가 단양윤이 되었을 때 처의 형제를 부르고자 하여 …… 유목지는 이에 주방의 사람으로 하여금 금쟁반에 빈랑 한 휘를 쌓아서 주게 하였다.」(穆之少時, 家貧誕節……好往妻兄家乞食, 多見辱, 不以爲耻. 其妻江嗣女, 甚明識, 每禁不令往江氏. 後有慶會, 屬令勿來. 穆之猶往, 食畢求檳榔. 江氏兄弟戲之曰, 檳榔消食, 君乃常飢, 何忽須此?……及穆之爲丹陽尹, 將召妻兄弟……穆之乃令廚人以金柈貯檳榔一斛以進之)

132

向來試吏著南冠[111]	지난 번 시험관리 남방의 모자 쓰고,
馬甲蠔山得飫餐[112]	마갑주와 굴 물리도록 먹을 수 있었다네.
却藉芳辛來解穢	오히려 향기와 매움 의지하여 더러움 없애고,
雞心磊落看堆柈[113]	대추 우루루 쟁반에 쌓임 본다네.

133

箇中有味要君參[114]	그 가운데 맛 있어 그대 알게 부르는데,
螫吻舂喉久不甘[115]	입술 쏘고 목구멍 찧어 오래도록 달지 않다네.
珍重人心亦如此	진중한 사람의 마음 또한 이러하나니,

111 남관(南冠): 《좌전·성공(成公) 9년》「진나라 후작[景公]이 무기 창고를 둘러보다가 종의를 보고 그에 대하여 묻기를『남쪽 나라의 갓을 쓰고 묶여 있는 사람이 누구냐?』라고 하였다.」(晉侯觀于軍府, 見鍾儀. 問之曰, 南冠而縶者, 誰也?)

112 마갑호산(馬甲蠔山): 당나라 한유의 〈처음으로 남쪽으로 가서 먹으면서 협률랑 원씨네 열여덟째[元集虛]에게 드림(初南食貽元十八協律)〉「굴 달라붙어 산 이루었는데, 백 개 열 개 각기 절로 자라네. …… 장거와 마갑주 같은 물고기, 어지러이 스스로 드림 괴상하네.」(蠔相粘爲山, 百十各自生……章擧馬甲柱, 鬪以怪自呈) 한순(韓醇)의 주석「호는 물고기 속이다. 《영표록이》에서는 말했다.『호는 곧 굴이다. 처음에는 해변에서 나는데 주먹 만한 돌 같은데 사면이 점점 자라서 높이가 한두 길이나 되며 가파르기가 산과 같이 된다.』」(蠔, 魚屬. 嶺表錄異云, 蠔, 卽牡蠣也. 初生海邊, 如拳石, 四面漸長, 高一二丈者, 巉巖如山) 마갑은 물고기 이름으로 곧 지금의 강요주(江瑤柱)이며, 옥요주(玉珧柱)라고도 한다. 《임해이물지(臨海異物志)》에서는「옥요주는 그 껍질이 아름답기가 자개옥과 같다.」(玉珧柱, 厥甲美如珧玉)라 하였다.

113 계심(雞心): 대추의 일종. 《차의》「《본초》에서 빈랑은 계심의 형상과 같다고 하였다.」(本草檳榔如雞心狀)

114 요군참(要君參): 《익증》「『參』의 음은 참이며,『참식』이라는 뜻이다.」(參倉含切, 參識之意)

115 석문용후(螫吻舂喉): 《차의》「빈랑의 맛이 쓰다는 것을 말한다.」(言檳榔味苦)

莫將寒苦換春醅[116] 차고 쓴 맛
봄술과 바꾸지 말게나.

134

高士沈迷簿領書[117] 뜻 높은 선비 주부의
서류에 깊이 빠져,
有時紅糝綴玄須[118] 이따금 붉은 낟알
검은 수염 꿴다네.
定知不著金柈貯 정녕 금 쟁반에 쌓임
드러나지 않음 알고,
兒女心情本自無[119] 아녀자의 심정
본래부터 없다네.

---

116 한고(寒苦): 《익증》「빈랑의 성질과 맛을 말한다.」(言檳榔性味)

117 고사(高士): 《한서·손보전(孫寶傳)》「손보는 자가 자엄으로 영천 언릉 사람이다. 명경으로 군리가 되었다. 어사대부 장충이 손보를 불러 관속으로 삼았으며 자식들에게 경서를 가르치게 하고자 하였다. …… 손보가 탄핵으로 떠나게 되었는데 장충이 굳이 그를 돌려보내자 내심 마음이 편치 않았다. 나중에 손보를 주부로 임용했다. …… 친한 사람이 손보에게 물었다. 『전대부께서 그대를 위해 대사를 설치하여 제수하였는데 그대는 탄핵으로 떠난 후에 높은 절개를 지키고자 하였소. 지금 두 막부에서 뜻 높은 선비는 속세에서 주부가 되지 않는다고 하였는데 그대가 이미 그렇게 되고서 대사로 옮기면서 심히 기뻐하였소. 어찌하여 앞뒤가 서로 따르지 않는가?』 손보가 말하였다. 『뜻이 높은 선비는 주부가 되지 않는데 대부께서 손보라면 되겠다고 하였으며 한 막부에서 아무도 그르다고 하지 않았으니 선비가 어찌 홀로 스스로 뜻이 높아질 수 있겠소?』」(孫寶字子嚴, 潁川鄢陵人也. 以明經爲郡吏. 御史大夫張忠辟寶爲屬, 欲令授子經……寶自劾去, 忠固還之, 心內不平. 後署寶主簿……所親問寶, 前大夫爲君設除大舍, 子自劾去者, 欲爲高節也. 今兩府高士俗不爲主簿, 子旣爲之, 徙舍甚說, 何前後不相副也? 寶曰, 高士不爲主簿, 而大夫君以寶爲可, 一府莫言非, 士安得獨自高?) 《차의》「선생은 동안 주부가 되어서 고사헌을 짓고 손보의 이야기를 끌어다가 기문을 지었다. 급지가 주부이기 때문에 이렇게 말하였다.」(先生爲同安主簿, 作高士軒, 引寶說以爲記, 及之是主簿故云)

118 홍삼(紅糝): 삼(糝)은 낟알이라는 뜻이다. 당나라 한유의 〈무본 스님이 범양으로 돌아감에 송별하다(送無本師歸范陽)〉「낙양의 봄날에 처음 보았는데, 복사꽃 붉은 낟알 같은 꽃망울 점점이 이어졌다네.」(始見洛陽春, 桃之綴紅糝)

현수(玄須): 수는 수염이란 뜻으로 「鬚」자와 통용하여 쓴다. 《차보》「《이아》에서는 『물고기가 쉬는 것을 수라고 한다.』고 하였다. 주석에서 『물고기는 숨을 쉬는 것이 아가미에 있다.』라 하였다.」(爾雅, 魚曰須. 注, 魚之鼓息在須) 《차보》의 주석은 수(須)를 아가미로 본 것이다.

119 아녀심정(兒女心情): 《차의》「위에 보인다. 『식파』 아래의 강씨를 가리킨다. 심정은 강씨에게 보복하려는 마음이다.」(見上. 食罷下指江氏也. 心情謂報復江氏之心情) 위 주석 6)을 보라.

劉穆之初仕爲主簿[120]

유목지의 첫 벼슬은 주부였다

120 사(仕): 「선비 사」(士)로 되어 있는 판본도 있다. 유목지(劉穆之): 자는 도화(道和)이며 남조 송 동완(東莞)의 거(莒)땅 사람이다. 낭야내사(琅邪內史)인 강개(江凱)가 그를 주부로 삼았다.

朱熹 詩 譯註

제4권

1. 答王無功在京思故園見鄉人問[1] 王詩云, 旅泊多年歲, 老去不知回.[2] 忽逢門外客, 道發故鄉來. 斂眉俱握手, 破涕共銜杯. 殷勤訪朋舊, 屈曲問童孩. 衰宗多弟侄, 若箇賞池臺.[3] 舊園今在否, 新樹也應栽. 柳行疎密布, 茅齋寬窄裁.[4] 經移何處竹, 別種幾株梅. 渠當無絶水, 石計總生苔. 院果誰先熟, 林花那後開. 羈心祗欲問, 爲報不須猜. 行當驅下澤,[5] 去剪故田萊.

왕무공의 서울에서 고향의 동산을 그리워하다가 고향 사람을 만나서 묻다라는 시에 답하다 왕무공의 시에서는 말했다. 「나그네 살이 해 많은데, 늙어 가면서도 돌아갈 줄 모르네. 별안간 길에서 바깥 나그네 만났는데, 고향에서 왔다고 하네. 미간 찡그리며 함께 손 잡고, 눈물 그치고 함께 술잔 든다네. 은근히 옛 친구들 찾고, 완곡하게 아이들에게 물었지. 쇠락한 종족은 자질들 얼마나 되며, 어떤 사람이 못과 누대 감상하는가? 옛 동산 지금 있는지 없는지, 새 나무 또한 심었을 것이네. 버들 행렬 성근 듯 빽빽한 듯 펼쳐져 있고, 띠 서재에 넓은 듯 좁은 듯 심겨져 있네. 어느 곳으로 대나무 옮겼으며, 따로 매화 몇 그루나 심어 놓았을까? 시내에는 물 끊어지지 않았을 것이며, 돌에는 생각건대 온통 이끼 끼었으리라. 뜰의 과실 어느 것이 먼저 익으며, 숲의 꽃 어떤 것이 나중에 피는가? 나그네 마음 다만 묻고자 하니, 대답 모름지기 의심없이 하오. 갈 때는 응당 하택거 몰고, 오래된 밭의 명아주 잘라 없애려네.」

1 왕무공(王無功): 당나라 초의 문인인 왕적(王績: 590?~644)의 자이다. 호는 동고자(東皐子)이며 강주(絳州) 용문(龍門) 사람이다. 문중자(文中子) 왕통(王通)의 아우이며 초당사걸의 하나인 왕발(王勃)의 종조부이다. 술을 즐겨 한번 마셨다 하면 다섯 말을 마셨으므로 오두선생(五斗先生)으로 불렸으며, 문집은 일찍이 산일 되었으나 후인들이 다시 엮었는데 3권본과 5권본이 있다. 《동고자집(東皐子集)》에는 「鄕人」 다음에 「遂以爲」 석 자가 더 있다. 이 시는 《전당시》 권38에도 〈왕무공이 고향의 동산에 대해 묻기에 답하다(答王無功問故園)〉라는 제목으로 수록되어 있는데, 작자는 주중회(朱仲晦)로 되어 있다.

2 노(老): 원래는 「잊을 망」(忘)자로 되어 있었으며, 송본(宋本)과 민본(閩本)에는 「늙을 로」(老)자로 되어 있다. 《동고자집》에 의거하여 「老」자로 고쳤다.

3 약개(若箇): 《차의》 「몇 사람이라는 말과 같다.」(猶言幾人) 어떤 사람, 혹은 어느 곳이라는 뜻이 있는데 여기서는 전자의 뜻으로 쓰였다.

4 모재(茅齋): 띠로 지붕을 이은 집. 재는 주로 서재(書齋)나 학사(學舍)를 가리킨다.

5 하택(下澤): 하택거(下澤車)의 준말. 논밭이나 늪지를 다니기에 알맞게 바퀴통이 짧고 차체를 가볍게 만든 수레를 말한다. 《후한서·마원전(馬援傳)》 「선비가 일생을 사는데 다만 의식은 겨우 족할 정도면 되고 하택거를 탄다.」(士生一世, 但取衣食裁足, 乘下澤車) 당나라 이현(李賢)의 주석 「《주례》에서 말하기를 『거인이 수레를 만드는데 늪지를 가는 사람은 바퀴를 짧게 하고자 하고 산을 가려는 사람은 바퀴를 길게 하려고 하는데, 바

我從銅川來[6]	내 동천에서 와서,
見子上京客[7]	그대 서울의 나그네 만났다오.
問我故鄕事	내게 고향의 일 물으니,
慰子羈旅色[8]	그대 타향살이 나그네 얼굴 위로한다네.
子問我所知	그대 내게 아는 것 묻는데,
我對子應識	내 그대에게 알만한 것으로 대꾸하네.
朋遊總强健[9]	놀던 벗들 모두 튼튼하고 건강하며,
童稚各長成[10]	아이들은 각기 잘 자랐다오.
華宗盛文史[11]	빛나는 종족 문사 성하고,

퀴가 짧으면 이롭고 바퀴가 길면 편안하다.』라 하였다.」(周禮曰, 車人爲車, 行澤者欲短轂, 行山者欲長轂, 短轂則利, 長轂則安也)

6 동천(銅川): 《익증》「동천은 왕적의 고향이다. 문중자의 책에 그 부친을 동천부군이라 일컬었으며, 왕적이 고향의 동산을 그리워하며 시를 지었고 선생이 고향 사람이 대답한 말에 비겨서 이 시를 지었기 때문에『나는 동천에서 왔다』고 하였을 따름이다. 《당지리지》에 강주 익성현은 또한 동원이라고도 하며, 내는 용문에 있으며 익성에서 발원하였을 것이라고 하였다.」(銅川無功故鄕. 文中子書稱其父爲銅川府君, 無功思故園作詩, 故先生擬鄕人所答之語, 而爲是詩故曰我從銅川來云耳. 唐地理志, 絳州翼城縣, 亦曰銅源, 疑川在龍門, 發源於翼城也) 《퇴계집》 권37 〈유희범에게 답함(答柳希范)〉「동천은 《당서·지리지》의 익성현이며 동원이라고도 하는데 동원이 곧 동천입니다. 왕무공은 강주 용문 사람인데 경사에 있었습니다. 고향의 전원을 그리워하여 고향 사람을 보고 물은 시가 있었기에 주선생이 고향 사람으로 보고 모의하는 시로 이 시를 지었기 때문에 내가 동천에서 왔다고 하였을 뿐이니 그렇다면 동천은 바로 용문인 듯합니다.」(銅川, 唐地理志, 絳州翼城縣, 亦曰銅源, 銅源, 卽銅川也. 王無功, 絳州龍門人, 而有在京思故園. 見鄕人問詩, 先生擬鄕人所答之語而作是詩, 故曰我從銅川來云耳, 然則銅川, 其龍門歟) 당나라 왕통(王通)의 《중설(中說)》 권1 〈왕도편(王道篇)〉에서는「우리 집이 지난 날 동천에 온 지 6세가 되었다. 일찍이 사문(斯文)을 도타이 하지 않은 적이 없었지만 또한 일찍이 그 쓰임을 펼 수도 없었다.」(吾家頃銅川六世矣. 未嘗不篤於斯, 然亦未嘗得宣其用) 송나라 완일(阮逸)의 주석에서는「상당에 동제현이 있다.」(上黨有銅堤縣)라고 하였다. 《관보》「이것을 보면 동천은 왕씨의 세거지이다.」(觀此則銅川王氏世居之地也)

7 상경(上京): 옛날 서울에 대한 통칭. 한나라 반고(班固)의 〈유통부(幽通賦)〉에「서울에 훌륭한 의표가 있었다.」(有羽儀於上京)라는 말이 있는데, 당나라의 이선(李善)은「경사에 보좌하는 사람이 있는 것이다.」(有羽翼於京師也)라 하였다.

8 기려(羈旅): 기려(羇旅)라고도 하며,「羈旅」는 뜻이 같은 연면사(連綿詞)이다. 행려(行旅)와 같은 말이다. 《좌전·장공(莊公) 22년》에「나그네 살이 하는 신하」(羈旅之臣)라는 말이 나오는데 진나라의 두예(杜預)는「기는 기탁한다는 뜻이고, 려는 나그네이다.」(羈, 寄. 旅, 客也)라 하였다.

9 붕유(朋遊): 곧 벗, 친구라는 뜻.

10 동치각장성(童稚各長成): 당나라 백거이(白居易)의 〈예순 여섯에(六十六)〉「아이들 모두 성인 되었고, 동산의 숲 반은 큰 나무 되었다네.」(童稚盡成人, 園林半喬木)

11 화종(華宗): 귀족과 같은 뜻. 왕적 시의 쇠종(衰宗)에 대가 되는 개념으로 썼으며, 남의 가문을 아름답게 일컬은 것이다.

連牆富池亭　　이어진 담장에는 못과 정자 많다오.
獨子園最古　　유독 그대 동산 가장 오래 되었는데,
舊林間新坰[12]　　옛 숲 사이에 새로운 들판 있다오.
柳行隨堤勢[13]　　버드나무 행렬 둑의 형세 따르고,
茅齋看地形　　띠집은 땅의 형세 보고 있답니다.
竹從去年移　　대나무는 작년부터 옮겨 심었고,
梅是今年榮　　매화는 올해 꽃 피웠다오.
渠水經夏響　　시냇물은 여름 내내 울리고,
石苔終歲青　　바위의 이끼는 일년 내내 푸르다오.
院果早晚熟　　뜰의 과실은 아침 저녁으로 익고,
林花先後明　　숲의 꽃은 전후로 밝게 빛난다오.
語罷相歎息　　말 끝내자 서로 한숨 쉬며,
浩然起深情[14]　　호탕하게 깊은 정 일으키네.
歸哉且五斗[15]　　돌아가자꾸나! 다섯 말 술,

12 경(坰): 「坰」과 통하여 쓴다. 《시경·노송·살지고 큰 말(魯頌·駉)》「살지고 큰 말, 먼 들밖에 달리고 있네.」(駉駉牡馬, 在坰之野) 《이아·석지·들(釋地·野)》「읍의 바깥을 교라 하고, 교의 바깥을 목이라 하며, 목의 바깥을 야라 하고, 야의 바깥을 림이라 하며, 림의 바깥을 경이라 한다.」(邑外謂之郊. 郊外謂之牧. 牧外謂之野. 野外謂之林. 林外謂之坰)

13 원래 「세」(勢) 자가 빠져 있었으나, 《왕무공집(王無功集)》 본시의 부기에 의거하여 고증하였다.

14 기심정(起深情): 진나라 도연명(陶淵明)의 〈9월 9일 중양절에 한가로이 거처하다(九日閑居)〉「옷깃 여미고 홀로 한가로이 노래하니, 아득하게 깊은 정 불러일으키네.」(斂襟獨閑謠, 緬焉起深情)

15 귀재차오두(歸哉且五斗): 《남사·도잠전(陶潛傳)》「집 주위에 버드나무 다섯 그루가 있어서 일찍이 〈오류선생의 전기〉를 지었다. …… 군에서 감찰관을 현에 파견하자 현리들은 의관을 정제하고 뵈어야 한다고 아뢰었다. 도잠이 탄식하여 말하기를 『나는 쌀 다섯 말에 향리의 소인배에게 허리를 구부릴 수 없다.』 하고는 그날로 관인주머니를 끌러놓고는 관직을 떠났는데 〈돌아가리라〉는 사를 지어 그 뜻을 이루었다.」(宅邊有五柳樹, 嘗著五柳先生傳云……郡遣督郵至縣, 吏曰應束帶見之, 潛歎曰, 我不能爲五斗米折腰向鄕里小人. 卽日解印綬去職, 賦歸去來以遂其志) 《신당서》 권196 〈은일전·왕적전(隱逸傳·王績傳)〉「고조 무덕 초에 전의 관직으로 대조문하성이 되었다. 옛 제도에 관에서 하루에 술 세 되를 주었는데, 누가 묻기를 『대조께서는 무엇을 즐기시는지요?』라 하니 대답하기를 『좋은 술이 있으면 좋아할 만할 따름이오!』라 하였다. 시중 진숙달이 그 말을 듣고 하루에 한 말을 주어 당시에 두주학사라 일컬어졌다. …… 〈오두선생전〉을 지었다.」(高祖武德初, 以前官待詔門下省. 故事, 官給酒日三升, 或問, 待詔何樂邪? 答曰, 良醞可戀耳! 侍中陳叔達聞之, 日給一斗, 時稱斗酒學士……著五斗先生傳) 《차의》「『또 차』자는 어기사인 것 같다.」(且恐是語辭)

餉子東皐耕[16] 동쪽 언덕서 밭가는 그대에게 내리.

16 동고(東皐): 왕적의 별호. 《신당서》 권196 〈은일전·왕적전〉 「(王績은) 황하의 물가 사이에 밭 60이랑이 있었다. …… 왕적에게는 노비가 여러 명 있었는데 기장을 심어 봄 가을로 술을 빚었으며, 오리와 기러기를 기르고 약초를 심어 자급하였다. …… 《주역》과 《노자》, 《장자》를 침상 끄트머리에 두고 다른 책은 거의 보지 않았다. 북산의 동고에서 놀고 책을 지었는데 자호를 동고자라고 하였다.」(有田十六頃在河渚間……績有奴婢數人, 種黍, 春秋釀酒, 養鳧鴈, 蒔藥草自供. 以周易·老子·莊子置牀頭, 他書罕讀也……游北山東皐, 著書自號東皐子)

2. 送吳茂實[1]
오무실을 전송하다

朝市令人昏[2] 조정과 저자 사람 흐리게 하고,

山林使人傲 산과 숲은 사람 오만하게 한다네.

誰知昏傲兩俱非 누가 알겠는가? 흐리고 오만함 둘 다 모두 그름을,

但說山林是高蹈[3] 다만 말하노니 산과 숲은 은거하는 곳이라네.

1 오무실(吳茂實): 이름은 영(英)으로 주희의 제자이며, 복건(福建) 소무군(邵武軍) 소무현(昭武縣) 사람이다. 소흥(紹興) 33년(1148) 진사가 되었으며 천주교수(泉州教授)를 지냈다. 주희는 일찍이 그의 집에 이르러 연화봉(蓮花峯)에서 강학을 한 적이 있다. 《문공집》 권44에 답서가 두 통 수록되어 있으며, 주희보다 먼저 죽어 주희가 조문을 가려고 하였으나 갈 수가 없었다는 내용이 권44의 방백모(方伯謨: 이름은 士繇)에게 보낸 편지에 보인다.

2 조시(朝市): 조정과 저자를 말한다. 《사기·장의열전(張儀列傳)》「신이 듣건대, 명예를 다투는 자는 조정에 있고, 이익을 다투는 자는 저자에 있다고 하였는데 지금 하수(河水)·낙수(洛水)·이수(伊水)의 삼천과 주왕실은 천하의 조정과 저자입니다.」(臣聞, 爭名者於朝, 爭利者於市, 今三川 · 周室, 天下之朝市也) 나중에 이 말은 주로 속세, 곧 명리를 추구하는 곳이라는 뜻으로 쓰이게 되었다.

3 고도(高蹈): 발을 들어 땅을 구른다는 뜻인데, 여기서는 은거의 뜻으로 쓰였다. 《문선》 한나라 장형(張衡)의 〈칠명(七命)〉 제1수 「용이 서린 것처럼 훌륭하게 은둔하고, 세상을 즐기며 속세를 멀리 피하네.」(嘉遯龍盤 翫世高蹈)

3~4. 短句, 奉迎荊南幕府, 二首[1]

짧은 구절로 삼가 형남 막부를 맞다, 두 수

3

雄藩荊楚地[2]	웅장한 울타리 형초 땅,
自古國西門[3]	예로부터 나라의 서쪽 문이었다네.
客有籌邊略[4]	막부의 객에게 변방의 책략 있고,
人知幕府尊[5]	사람들 막부 높은 줄 안다네.
時平烽燧冷[6]	시절 평화로우니 봉홧불 차갑게 식고,

1 《차의》 「『맞을 영』자는 『보낼 송』자의 오자인 것 같다.」(迎, 疑送字之誤)

이 시는 주희가 그의 옛 친구인 유공(劉珙: 1122~1178)을 맞으면서 쓴 시이다. 오부(五夫)의 《유씨가보(劉氏家譜)》에 의하면 유공은 건도(乾道) 원년(1165) 지형호남로안부사(知荊湖南路安扶使)에 임명되었으며 3년 정월에 조정의 부름을 받아 8월에 입조하여 한림학사가 되었다. 대략 이 시기에 유공이 잠시 오부리의 집에 들렀던 것 같으며, 이 시는 이때 지은 것이다. 《차보》 「형남은 강릉부를 가리키며, 막부는 그 참모이다.」(荊南疑指江陵府, 幕府其參佐也)

2 웅번(雄藩): 아주 험요한 방진(方鎭). 번은 원래 울타리라는 뜻이다.

형초(荊楚): 지금의 호남(湖南)과 호북(湖北) 일대를 말한다. 형(荊)은 곧 초(楚)나라의 옛 이름이다. 《시경·소아·채기(采芑)》에 「어리석은 형땅의 오랑캐」(蠢爾蠻荊)라는 말이 있고, 《좌전·소공(昭公) 26년》에 「지금 나는 지위가 흔들리어 먼 곳으로 옮겨 형만(荊蠻)에 숨어 있소」라 한 것으로 보아 형이 곧 초나라의 본래 명칭이었음을 알 수 있다. 또한 〈소공 12년〉에서 초나라의 우윤(右尹) 자혁(子革)의 말을 서술하면서 「옛날 우리 선왕이신 웅역(熊繹)이 형산(荊山)으로 피신하였습니다.」라 하였는데, 이것이 형(荊)이라고 일컫게 된 까닭이며 지명을 가지고 국호로 삼은 것이다. 이후 희공(僖公) 원년에 이르러 초(楚)라고 부르게 되었다. 《시경·상송·은무(商頌·殷武)》에서는 「씩씩한 은나라의 무용, 떨치어 형초 쳤다네.」(撻拔殷武, 奮伐荊楚)라 하여 「형초」를 병칭하고 있다.

3 국서문(國西門): 《삼국지·오지·육항전(陸抗傳)》 「3년 여름 (육항이) 상소를 올려서 말하였다. 『…… 서릉을 나라의 서쪽 관문이라 생각하였는데 비록 지키기가 쉽다지만 또한 더욱이 잃기도 쉽다고 합니다.』」(三年夏……上疏曰……以為西陵國之西門, 雖云易守, 亦復易失)

4 객(客): 막객(幕客), 곧 막부의 요속(僚屬), 막료(幕僚)를 말한다. 모사(謀士)로 풀이해도 된다.

주변(籌邊): 《차의》 「(당나라) 이덕유는 수서천(守西川)으로 있으면서 주변루를 세웠다.」(李德裕守西川建籌邊樓)

5 막부(幕府): 원래의 뜻은 장수가 바깥에 나가 있을 때의 군영의 천막이다. 이 때문에 옛날에 장수나 군정을 다스리는 관리들의 부서를 또한 막부라고 일컬었다.

6 봉수랭(烽燧冷): 「가무성」(歌舞盛)으로 되어 있는 판본도 있다.

봉수는 옛날 변방에서 위급함을 알리는 신호이다. 낮에 연기를 올리는 것을 봉(烽)이라 하고, 밤에 불을 올리는 것을 수(燧)라고 한다.

事省笑談溫[7] 일 줄어들어 따뜻하게 웃고 이야기하네.
宛洛何年向[8] 완현과 낙양 어느 해나 향하리오?
奇功要一論 기이한 공 한번 논해야 하리.

4

軍府資長算[9] 장군의 막부에서 오래도록 책략 내느라,
家山輟勝遊[10] 고향 산에서 빼어난 놀이 그쳤다네.
故人千里別 옛 친구 천리 길 헤어졌는데,
歸騎兩年秋 돌아오는 말 2년 만에 왔다네.
弔古寧忘恨[11] 옛일 조문함 어찌 한 잊겠는가?
開尊且破愁 술잔 들고 잠시 시름 풀어보네.
相思欲回首 그리움에 고개 돌아가려 하여,
但上曲江樓[12] 다만 곡강루에 오른다네.

7 소담온(笑談溫): 송나라 소식의 〈노원한 소경이 지위주로 감에 송별하다(送魯元翰少卿知衛州)〉「때는 얼음 얼고 눈 오는 중인데, 웃으며 하는 이야기 봄날 따뜻함 일으키네.」(時於冰雪中, 笑語作春溫)

8 완락하년향(宛洛何年向): 완현(宛縣)과 낙양(洛陽)을 말하며 모두 하남성에 있다. 완현은 곧 남양(南陽)을 말한다. 낙양은 후한의 도성으로 장안의 동쪽에 있기 때문에 동도(東都)라고 불린다. 삼국시대 위나라와 북위, 오대의 당이 모두 이곳에 도읍을 두었으며, 이곳의 완락은 송나라 때 북방의 실지(失地)를 두루 가리키는 말로 쓰였다. 《삼국지·촉지·제갈량전(諸葛亮傳)》「(제갈량이 유비에게 말하였다.) 천하에 변고가 발생하면 한 명의 상장군에게 명하여 형주의 군사를 거느리고 완현과 낙양으로 향하게 합니다.」(天下有變, 則命一上將將荊州之軍以向宛洛)

9 군부(軍府): 장군의 막부.

자(資): 여기서는 동사로 쓰였다. 공(供)자와 같은 뜻.

10 가산(家山): 오부리에 있는 수야(秀野) 유온(劉韞)의 당인 가산당(家山堂)을 가리키는 것 같다. 유온은 숭안(崇安) 사람으로 호가 가산당주인(家山堂主人)이며, 선생의 매서(妹婿)인 유자상(劉子翔)의 아버지이다. 권3 57번 시에 〈가산당(家山堂)〉이 있다. 가산은 고향이라는 뜻도 있는데 이곳에서는 곧 유씨의 집성촌인 오부리를 가리키므로 마찬가지이다.

철(輟): 정(停), 지(止)와 같은 뜻. 《논어·미자(微子)》의 「곰방매질을 그치지 않았다」(耰而不輟)의 철(輟)과 같은 뜻으로 쓰였다.

11 조고(弔古): 지난 일을 슬퍼하며 위로하는 것을 말한다. 문집 권78의 〈강릉부 곡강루의 기문(江陵府曲江樓記)〉「한번 경부(장식)와 함께 그 위에서 종유하던 때를 생각해보았는데, 강산을 바라보고 형세를 살펴보며 초한 이래 성패와 흥망의 드러남을 생각하였다. …… 장공의 시를 읊으며 천년 동안 그 사람을 볼 생각을 한다.」(思得一與敬夫相從遊於其上, 瞻眺江山, 覽觀形制, 按楚漢以來成敗興亡之效……以詠張公之詩而想見其人於千載之上)

12 곡강루(曲江樓): 여기서 곡강은 전당강(錢塘江)을 가리킨다. 전당강의 본명은 절강(浙江)인데, 조수가 절

張敬夫作此樓, 熹爲之記

장경부가 이 누대를 지었는데, 내가 그를 위해 적어둔다

산(浙山)의 아래에서 꺾여 바다로 흘러들어가므로 또 한 곡강이라고도 한다. 곡강루는 순희(淳熙) 6년(1179) 11월에 남헌 장식(張栻)이 강릉부(江陵府)의 소재지에 세운 것으로 당나라 때의 명재상 장구령(張九齡)의 호를 따다가 명명한 것이다.

5. 趙君澤攜琴載酒見訪, 分韻得琴字[1]

조군택이 거문고를 들고 술을 싣고 찾아와 운자를 나누어 시를 지었는데 「거문고 금」자를 얻었다

山城夜寥闃[2]	산성 밤 되니 쓸쓸하고 조용하며,
虛堂杳沈沈[3]	빈 집 아득히 멀어 잠잠하네.
王孫有高趣[4]	왕손 고상한 취미 있어,
挈榼來相尋[5]	술통 들고 찾아왔다네.
喜玆煩抱舒[6]	이 가슴 속 번뇌 펴짐 기쁘고,
未覺杯酒深	잔술 깊은 줄 깨닫지 못하네.
一爲塵外想	한번 속세 바깥 생각하더니,
再撫丘中琴[7]	거듭 언덕의 거문고 어루만지네.

1 조군택(趙君澤): 미상.

2 야요격(夜寥闃): 당나라 두보의 〈밤에 허씨네 열째가 시를 외는 것을 보고 사랑스러워 짓다(夜聽許十誦詩愛而有作)〉「그대 뜻 사람들 아무도 알지 못하니, 인간세상 밤에 쓸쓸하고 고요하다네.」(君意人莫知, 人間夜寥闃)

3 묘침침(杳沈沈): 당나라 장교(張喬)의 〈회란각에서 바라본 것을 쓰다(回鑾閣寫望)〉「회란각 이제 보이지 않고, 연무만 아득하니 조용하다네.」(回鑾今不見, 煙霧杳沉沉)

4 왕손(王孫): 《차의》「군택의 성이 송나라의 성씨이므로 이렇게 말했다. 그러나 어느 황제에게서 났는지는 모른다.」(君澤是國姓故云. 然不知出於何帝)

5 설합(挈榼): 진나라 유령(劉伶)의 〈술의 덕을 칭송함(酒德頌)〉「머물러 있을 때는 크고 작은 술잔을 잡고, 움직일 때는 술통과 술병을 들고 오직 술에만 힘을 쓰니 그 나머지 일이야 어찌 알리오?」(止則操巵執觚, 動則挈榼提壺, 惟酒是務, 焉知其餘)

6 번포서(煩抱舒): 당나라 위응물(韋應物)의 〈서재를 새로 수리하다(新理西齋)〉「비로소 뜰과 집 넓어진 것 보니, 갑자기 가슴속 번뇌 펴지게 하네.」(始見庭宇曠, 頓令煩抱舒)

7 구중금(丘中琴): 은거자의 거문고를 말한다. 《주례·춘관·대사악(大司樂)》「운화의 금슬과 운문의 춤을 동지에 땅위의 둥근 언덕에서 연주하고 …… 공상의 금슬과 함지의 춤을 하지에 늪 속의 모난 언덕에서 연주한다.」(雲和之琴瑟, 雲門之舞, 冬日至, 於地上之圜丘奏之…… 空桑之琴瑟, 咸池之舞, 夏日至, 於澤中之方丘奏之) 진나라 좌사(左思)의 〈은사를 부르다(招隱)〉「바위 구멍 속에 맺고 얽은 것 없으며, 언덕 안에 울리는 거문고 있네.」(巖穴無結構, 丘中有鳴琴) 당나라 이백(李白)의 〈사마이신 왕숭을 남겨놓고 떠나다(留別王司馬嵩)〉「훗날 한가로이 서로 찾으면, 언덕에 줄 없는 거문고 있겠네.」(他日閒相訪, 丘中有素琴)

餘音殷雷動[8]　　남은 소리 우르릉하고 우레처럼 크게 울리니,
爽籟悲龍吟[9]　　맑은 바람 같은 소리 용의 읊조림인 듯 슬프네.
寄謝箏笛耳[10]　　쟁과 피리 듣던 귀에 고마움 부쳤으니,
寧知山水音[11]　　산수의 소리 어찌 알겠는가?

---

8 은뢰동(殷雷動): 《시경·소남·천둥 소리(召南·殷其雷)》「우르릉 천둥소리, 남산 남쪽에서 울리네.」(殷其雷, 在南山之陽) 주희의 주석 「『은』은 우레 소리이다.」(殷, 雷聲也)

9 상뢰(爽籟): 맑은 바람이 물건에 부딪치는 모양. 여기서는 거문고의 소리를 형용한 것이다.

용음(龍吟): 유서(類書)인 《천중기(天中記)》의 권56에 인용된 《영괴록(靈怪錄)》「태위인 방관이 일찍이 종남산에서 수학하였는데 골짜기 중간에서 별안간 소리가 들렸으며 구리 그릇을 치는 것 같은 것이 전에는 들어본 적이 없는 것이었다. 늙은이에게 물어보았더니 『이는 용의 읊조림이다.』라고 하였다.」(太尉房琯嘗修學終南山, 谷中間忽聞聲, 若戛銅器之韻, 蓋未之前聞也. 問父老云, 此龍吟也) 송나라 소식(蘇軾)의 〈자유의 조카 천지를 보내다라는 시의 각운자를 쓰다(次韻子由送千之姪)〉「강가의 소나무와 녹나무 깊고 또 깊으며, 온 산의 비바람 소리 용이 읊조리는 소리 내네.」(江上松楠深復深, 滿山風雨作龍吟)

10 쟁적이(箏笛耳): 음률과 절주 등 외재적인 형식만 감상할 줄 아는 사람을 말한다. 송나라 소식의 〈현스님의 거문고를 듣다(聽賢師琴)〉「집에 돌아와 잠시 천 휘의 물 찾아, 종전에 쟁과 피리 소리 듣던 귀 깨끗하게 씻는다네.」(歸家且覓千斛水, 淨洗從前箏笛耳)

11 산수음(山水音): 백아(伯牙)와 종자기(鍾子期)의 아아양양(峨峨洋洋)의 고사를 쓴 것 같다. 《열자·탕문(列子·湯問)》「백아가 금을 타면서 높은 산을 생각하자 종자기는 말하기를 『좋다, 높고도 높아서 태산과 같구나』라고 하였고, 뜻이 흐르는 물에 있자 『넓고도 넓어서 양자강이나 황하나 같구나』라고 하였다.」(伯牙鼓琴, 志在高山, 鍾子期曰, 善哉! 峨峨兮若泰山, 志在流水, 洋洋兮若江河)

6~7. 寄題瀏陽李氏遺經閣, 二首[1]

유양에 있는 이씨의 유경각에 지어 부침, 두 수

6

老翁無物與孫兒	늙은이 손자에게 줄 물건 없고,
樓上牙籤滿架垂[2]	서루에는 상아 서첨 서가 가득 드리웠네.
更得南湖親囑付[3]	더욱이 남호께서 친히 부탁하셨으니,

1 《차의》「유양현은 장사에 속해 있다.」(瀏陽縣屬長沙) 《익증》「선생의 〈방사요(方士繇)에게 답함〉에 『장진주가 남을 위해 시를 구하여 위현이 명각에 대하여 한 말을 썼다』는 말이 있는데 이 시인 것 같다. 그러나 방사요에게 보낸 답장은 곧 계사년(1173)과 갑오년(1174) 사이에 있었다. 이 시는 정해년(1167)의 남악에서 지은 여러 시 앞에 편집되어 연조가 같지 않으니 아마 잘못 편집된 것 같다.」(先生荅方伯謨書, 有章辰州爲人求詩, 用韋賢語名閣之說, 疑卽此詩. 然荅方書, 乃癸巳甲午間. 此詩編在丁亥南嶽諸詩之前, 年條不同, 恐是誤編) 〈방사요(方士繇)에게 답함〉은 권44에 수록되어 있으며 〈여방사모(與方伯謨)〉로 되어 있다.

유양 이씨는 이작예(李作乂)와 이일남(李日南), 이지전(李之傳)의 조손 삼대를 가리킨다. 이씨네는 대대로 독서를 하였으나 벼슬길에 나가는 것을 좋아하지 않았으며, 이일남은 일찍이 남헌 장식에게 배운 적이 있다. 유경각은 바로 이씨들이 책을 수장하는 곳으로 융흥(隆興) 2년(1164)에 처음 지었으며 건도(乾道) 연간에 중수하였다.

2 아첨(牙籤): 《익증》「당나라 정관과 개원 연간에는 임금이 문아한 것을 숭상하여 그 서화에 모두 상아로 된 서첨과 은으로 만든 띠를 둘렀다.」(唐貞觀開元間, 人主崇尙文雅, 其書畵, 皆用牙籤錦帶) 《차보》「《당서·경적지》에 의하면 경서는 붉은 색 상아 서첨을 썼고, 사서는 녹색 상아 서첨을, 자서는 푸른 색 상아 서첨을, 집서는 흰색 상아 서첨을 썼다.」(唐經籍志, 經書紅牙籤, 史書綠牙籤, 子書碧牙籤, 集書白牙籤) 《당서》는 곧 《구당서》이며 권47 〈경적지 하〉를 말한다. 당나라 한유(韓愈)의 〈제갈각이 수주로 가서 독서를 함에 송별하다(送諸葛覺往隨州讀書)〉「업후의 집에 책 많아, 서가에 삼만 축이나 꽂혀 있다네. 일일이 상아 서첨 달려 있는데, 새롭기가 손도 대지 않은 것 같다네.」(鄴侯家多書, 插架三萬軸. 一一懸牙籤, 新若手未觸)

3 남호(南湖): 남헌(南軒) 장식(張栻)을 가리킨다. 《퇴계집》 권37 〈유희범에게 답함(答柳希范)〉「남호는 바로 납호입니다. 《대명일통지》에 의하면 장사부에 성남서원이 있는데 성의 남쪽 임상문 바깥에 있으며, 송나라의 장식이 강학한 곳이라고 되어 있습니다. 그렇다면 납호가 성 남쪽에 있기 때문에 남호라고 하는 것이며, 이 상수가 돌아나가면서 호수가 되었고 장남헌의 옛 집이 그 곁에 있었을 따름입니다.」(南湖, 卽納湖. 大明一統志, 長沙府, 有城南書院, 在府城南臨湘門外, 宋張栻講學之地云云. 然則納湖在城南, 故曰南湖, 是湘水之匯爲湖者, 而南軒舊居在其上耳)

歸來端的有餘師[4] 돌아오면 분명히
남은 스승 있으리.

南湖, 張敬夫書院

남호는 장식(張栻)의 서원이다

7

讀書不見行間墨 글 읽는 것 줄 사이의
글자만 보는 것 아니니,
始識當年教外心[5] 비로소 알았네, 그 해에
마음 바깥에 두라는 가르침.
箇是儂家眞寶藏[6] 이것이야말로 우리 집안의
참된 보배이러니,
不應猶羡滿籯金[7] 오히려 광주리 가득한 황금
부러워하지 말지리니.

4 유여사(有餘師): 《맹자·고자(告子) 하》「도는 큰 길과 같은 것이니 어찌 알기가 어렵겠는가? 사람들이 구하지 않는 것이 병일 따름이지 그대가 돌아가서 찾기만 한다면 남은 스승이 있을 것이다.」(夫道若大路然, 豈難知哉? 人病不求耳. 子歸而求之, 有餘師)

5 독서~외심(讀書~外心): 《차의》「책을 읽는 사람은 행간의 글자를 찾아야할 뿐 아니라 언외의 뜻도 알아야 한다.」(讀者不但尋行數墨, 當識言外之旨) 《익증》「《주자어류》에서는 말하였다. 『숙독을 한 다음에는 도리가 글자가 없는 곳에 있다.』」(語類云, 熟讀後道理在無字處) 《주자어류》 권11 〈학(學) 5·독서법(讀書法) 하〉「선생이 장난삼아 선어를 끌어다 말하였다. 『한 중이 다른 사람과 비석을 읽으며 말하기를 「현자가 읽으면 모두가 글자인데, 내가 읽으니 모두가 선어이다.」라 하였다.』」(先生戲引禪語云, 一僧與人讀碑, 云, 賢讀着, 總是字, 某讀着, 總是禪)

6 개(箇): 지시대명사로 쓰였다. 이것, 또는 저것.

농(儂): 《차의》「한유 시의 주석에서 『儂』의 음은 농이며, 오 지방 사람들은 나를 일러 농이라 한다.』라 하였다.」(韓詩註, 音農, 吳人謂我曰儂) 한유의 시는 〈농리(瀧吏)〉이며, 「儂幸無負犯」이라는 시구가 있다.

보장(寶藏): 《익증》「《중용》에서 나왔으며 또한 불가어이기도 하다.」(出中庸, 亦佛家語) 《차보》「《연주시격》의 주석에서 말하기를 장은 거성이며, 물건을 쌓아두는 곳이다라 하였다.」(聯珠詩格注, 藏去聲, 物所畜也)

7 만영금(滿籯金): 《한서·위현전(韋賢傳)》「작은 아들 현성은 다시 명경으로 여러 관직을 역임하여 승상에 이르렀으므로 추로의 속담에서 말하기를 『자식에게 황금을 광주리에 가득 담아 주는 것이 경서 한 권을 가르치는 것만 못하다.』라 하였다.」(少子玄成, 復以明經歷位至丞相, 故鄒魯諺曰, 遺子黃金滿籯, 不如一經) 당나라 안사고는 여순(如淳)의 말을 인용하여 「영은 대나무 그릇으로 서너 되를 담는다.」(籯, 竹器, 受三四斗)라 하였고 또 채모(蔡謨)의 말을 인용하여「만영이라는 것은 그 많은 것을 말하였을 따름이다.」(滿籯, 言其多耳)라 하였다.

8. 題鄭德輝悠然堂[1]

정덕휘의 유연당에 적다

高人結屋亂雲邊	고아한 사람 집 지었네 어지러운 구름 곁에,
直面群峰勢接連[2]	뭇 봉우리 짝 이루어 마주보고 있는데 형세 연이어 있네.
車馬不來眞避俗[3]	수레며 말 오지 않으니 실로 속세 피하였고,
簞瓢可樂便忘年[4]	대바구니 밥 표주박 물 즐길 만하니 곧 나이 잊는다네.
移筇綠幄成三徑[5]	지팡이 푸른 장막으로 옮기니 세 오솔길 이루고,

1 정덕휘(鄭德輝)는 미상.

2 치면(直面): 《익증》「『直』는 『値』로 읽는다. 대치라는 말이다.」(直讀曰値, 言對値也) 대치(對値)는 짝, 배우자라는 뜻이다.

3 거마불래(車馬不來): 진나라 도연명의 〈술을 마시며(飮酒)〉 제5수「띠집 이어 사람들 사는 곳에 있으나, 수레나 말 달리는 시끄러움 없네.」(結廬在人境, 而無車馬喧) 도연명은 사람들 사는 경계에 집을 지었지만 정덕휘의 유연당은 실제 사람 사는 곳을 벗어났다는 말.

4 단표가락(簞瓢可樂): 《논어·옹야(雍也)》에서 나온 말로, 안회가 가난한 가운데서도 그 삶을 즐기는 것을 말한다.「공자께서 말씀하셨다.『어질도다, 안회여! 한 대밥그릇의 밥과 한 표주박의 마실 물로 누추한 골목에 있음을 남들은 그 시름을 이겨내지 못하거늘, 안회는 그 즐거움을 고치지 않으니, 어질도다, 안회는!』」(子曰, 賢哉, 回也! 一簞食, 一瓢飮, 在陋巷, 人不堪其憂, 回也不改其樂. 賢哉, 回也!) 삼국 위(魏)나라 조식(曹植)의 〈간취제국십식표(諫取諸國十息表)〉「쑥대 지게문과 띠를 엮은 창은 원헌의 집이요, 누추한 골목의 대바구니 도시락과 표주박은 안자의 사는 모습이다.」(蓬戶茅牖, 原憲之宅也, 陋巷簞瓢, 顏子之居也)

5 이공(移筇): 《집람》「공은 대나무 이름으로 지팡이를 만들 수 있다. (한나라 때) 장건이 대원에 사신으로 갔다가 얻었다.」(筇, 竹名, 可爲杖. 張騫使大宛得之) 여기서는 지팡이라는 뜻으로 쓰였다.

녹악(綠幄): 취악(翠幄), 엽악(葉幄)이라는 말과 같다. 진나라 육기(陸機)의 〈은사를 부르다(招隱)〉「가벼운 가지는 구름 얽어놓은 것 같고, 빽빽한 잎은 비취빛 장막에 이어졌네.」(輕條象雲搆, 密葉承翠幄) 송나라 황정견(黃庭堅)의 〈이씨네 여섯째 아우의 제남군의 성의 다리에 있는 정자의 시와 같은 각운자를 써서 부치다(次韻寄李六弟濟南郡城橋亭之詩)〉「비취빛 잎은 해 가리

回首黃塵自一川[6]	누런 먼지 고개 돌리니 절로 한 내 이루네.
認得淵明千古意[7]	도연명이 말한 천고의 뜻 알았으니,
南山經雨更蒼然	남산에 비 지나가 더욱 푸르다네.

는 장막 펼치고, 붉은 꽃잎은 땅 옷으로 덮네.」(翠葉張日幄, 紅英鋪地衣)

삼경(三徑): 「徑」은 「逕」과 통하여 쓴다. 서한(西漢) 장후(蔣詡)가 벼슬을 사직하고 고향으로 돌아와 은거하면서 정원에 소나무를 심은 길[松徑]·국화를 심은 길[菊徑]·대나무를 심은 길[竹徑]을 만들어 놓고 은거하였다는 고사. 은사의 거처를 말한다. 권2 47번 시 〈다시 화답하다(再和)〉의 주 4)를 보라.

6 회수황진(回首黃塵): 송나라 왕안석(王安石)의 〈왕탁 주부에게 보임(示王鐸主簿)〉 「동문에서 20년 전 일 떠올리니, 누런 먼지 한 꿈 사이에서 고개 돌렸다네.」(東門二十年前事, 回首黃塵一夢間)

일천(一川): 《시경·주송·아아(噫嘻)》의 「만 사람 동원하기를」(十千維耦)이란 구절에 대한 정현의 주석[箋] 「온 내 사이에 만부가 있으므로 만 명이 있는 것이다.」(一川之間萬夫, 故有萬耦)

7 연명천고의(淵明千古意): 진나라 도연명의 〈술을 마시며(飲酒)〉 제5수 「동쪽 울타리 아래서 국화 따노라니, 한가로이 남쪽 산 눈에 드네.」(採菊東籬下, 悠然見南山) 집 이름을 유연당(悠然堂)이라고 지은 유래를 말하였다.

9~10. 長溪林一鶚秀才有落髮之願, 示及諸賢詩卷, 因題其後, 二首[1]

장계의 임일악 수재가 머리를 깎기를 바라며 여러 현사들의 시권을 보여주므로 이로 인하여 그 뒤에 적는다, 두 수

9

聞說當機百念休[2]　　듣자하니 기회에 맞추어
　　온갖 생각 쉰다고 하더니,
區區何更苦營求　　구구하게 어찌 다시
　　실로 구하는데 애쓰는고?
早知名教無窮樂[3]　　일찌감치 명교
　　즐거움 무궁함 알아서,
陋巷簞瓢也自由[4]　　누추한 골목 대밥그릇과 표주박도
　　또한 자유로이 여겼다네.

1 장계(長溪): 복주(福州)의 속현이며, 임일악은 미상이다.
낙발(落髮): 머리를 깎고 출가하는 것을 말한다. 《익증》「삭발을 이른다. 불가의 책에 그 번뇌의 머리카락을 떨어뜨린다는 말이 있다.」(謂削髮, 佛書, 落其煩惱之髮) 이 시는 사인(士人)이 삭발을 하고 출가하는 데 대한 명확한 비평 태도를 보이고 있다.

2 당기(當機): 《차의》「《능엄경》주석에서 부나의 후에 또 아난으로 어려운 것을 물었다. 모든 법이 이미 밝아지면 나아가 닦는데 막힘이 없으며 곧 깨끗하게 닦는 문을 보여줄 것이므로 다시 기회를 맞은 사람을 일으킬 것이다라고 하였다.」(楞嚴經註, 富那之後, 又以阿難問難者, 諸法旣明, 則進修無滯, 將示修澄之門, 故復以當機之人發起) 《익증》「『當』은 만나는 것이다. 『機』는 선기이다. 그 기회를 만나는 것을 이른다.」(當, 値也. 機禪機. 謂當其機會)

3 명교락(名教樂): 《자치통감》 권82 〈진기(晉紀) 4〉「필탁이 일찍이 이부랑이 되었는데 이웃집 낭의 술이 익었다. 필탁이 술이 취하여 밤에 술독 사이에 이르러 그것을 훔쳐 먹다가 술을 관리하는 사람에게 포박을 당하였다. 다음날 아침 보니 곧 이부랑 필탁이었다. 악광이 듣고는 웃으면서 말하기를 『명교 안에 절로 즐거운 땅이 있는데 왜 꼭 그렇게 하는가!』라 하였다.」(畢卓嘗爲吏部郎, 比舍郎釀熟, 卓因醉, 夜至甕間盜飮之, 爲掌酒者所縛, 明旦視之, 乃畢吏部也. 樂廣聞而笑之, 曰, 名教內自有樂地, 何必乃爾!)

4 누항단표(陋巷簞瓢): 바로 위 8번 시의 주 4)를 보라.
자유(自由): 《익증》「자득과 같은 말이다. 임일악은 아마 가난 때문에 출가하기를 구하였으므로 중이 되는 것을 추구하지 말 것을 경계하고, 명교와 안빈의 도를 모르는 것을 기롱하였다.」(猶言自得. 林蓋爲貧而求出家, 故戒其勿營求, 而譏不識名教安貧之道也)

10

貧里煩君特地過[5]	가난한 마을 그대 번거로이 특별히 지나가니,
金幱誰與換魚蓑[6]	금 가사 누가 어부 도롱이와 바꾸겠는가?
它年雲水經行遍[7]	훗날 구름과 물 두루 거쳐 가리니,
佛法元來本不多[8]	불법은 원래부터 근본 많지 않다네.

5 특지(特地): 특별히와 같은 뜻.

6 금란(金幱): 원나라 석(釋) 염상(念常)의 《불조력대통재(佛祖歷代通載)》 권20「금나라에서는 다시 청혜 불지호국대사 호 등국사좌에게 특별히 금란대의를 내렸다.」(金復賜清惠佛智護國大師號登國師座特賜金襴大衣) 《차의》「금란은 승복인 것 같다. 운서에서 『幱』과 『襴』은 모두 적삼이라 하였는데 위에 초두가 없다.」(金襴似是僧服. 韻書幱與襴皆衫而上無艹) 《퇴계집》 권37 〈유희범에게 답함(答柳希范)〉「금란은 난의로 저고리와 치마가 이어진 것이며 줄여서 철릭이라 하며 세속에서는 난삼이라고 합니다. 일찍이 동인의 시 제목을 보니 〈금란굴〉이란 것이 있었으니, 금란은 아마 승려의 의복 이름인 듯 싶습니다.」(金襴, 襴衣, 與裳連也. 省作幱, 俗作襴. 嘗見東人詩題, 有金幱窟. 金幱, 疑是禪僧衣服之名)

7 경행(經行): 《익증》「경행은 중이 여러 곳으로 떠돌아다니며 구도하는 것을 말한다.」(經行言行脚求道) 당나라 양형(楊炯)의 〈우란분부(盂蘭盆賦)〉「산속에서 선 안정되었고, 나무 아래서 다니며 구도하네.」(山中禪定, 樹下經行)

편(遍): 순희본(淳熙本)에는「곳 처」(處)자로 되어 있다.

9 불법~부다(佛法~不多): 《전등록(傳燈錄)》 권12「(臨濟의 義玄禪師가 黃蘗에게) 묻기를 『이 조사께서 서쪽에서 오신 분명한 뜻이 무엇입니까?』라 하였더니 황벽은 곧 이렇게 세 번을 물을 때마다 세 번을 때렸다. 마침내 황벽에 작별을 고하고 …… 대우에게 갔다. 대우가 말하였다. 『황벽은 이렇게 노파심으로 절실히 너를 위하여 분명히 피곤하셨을 텐데 아직도 찾으며 지나가고 있구나.』 선사는 이에 크게 깨닫고 말하기를 『불법은 또한 많지 않구나.』라 하였다.」(問如何是祖師西來的的意, 黃蘗便打如是三問三遭打, 遂告辭……往大愚……愚曰, 黃蘗恁麽老婆爲汝得徹困, 猶覔過在, 師於是大悟云, 佛法也無多)

11~12. 送德和弟歸婺源, 二首[1]

덕화 아우가 무원으로 돌아감에 전송하다, 두 수

11

十舍辛勤觸熱來[2]　　삼백 리 길 고달프게
　더위 무릅쓰고 왔는데,
琴書曾未拂塵埃[3]　　거문고와 책 일찍이
　먼지 턴 적 없었다네.
秋風何事催歸興　　가을 바람 무슨 일로
　돌아갈 마음 재촉하는가?
步出閩山黃葉堆　　민산 걸어 나오니
　누런 낙엽 쌓여 있네.

12

十年寂寞抱遺經[4]　　십년 동안 쓸쓸히
　경서 끌어 안았으나,
聖路悠悠不計程　　성현의 길 아득하여
　여정을 헤아릴 수 없네.

1 덕화제(德和弟): 미상이나 제목으로 보건데 주희의 조적(祖籍)인 무원에 사는 친척인 것 같다.
무원(婺源): 강동로(江東路) 휘주(徽州)에 속한 현 이름.

2 십사(十舍): 하룻밤 자는 것을 사(舍)라 하는 것은 옛날에 군대는 행군을 할 때 하루에 30리를 갔으며 30리가 1사(舍)이므로 하룻 밤 묵는 것을 또한 사(舍)라고 하였다. 《좌전·장공(莊公) 3년》「무릇 군대가 하루를 묵는 것을 사라 하고 이틀을 묵는 것을 신이라 하며 이틀을 넘기는 것을 차라고 한다.」(凡師一宿爲舍, 再宿爲信, 過信爲次)

3 금서~진애(琴書~塵埃): 《차의》「강습에 미치지 못하였음을 말한다.」(言未及講習)

4 포유경(抱遺經): 당나라 한유(韓愈)의 〈노동에게 부침(寄盧仝)〉「《춘추》의 세 주석서 묶어 다락 높이 두고, 홀로 경서 안고서 한결같이 연구하네.」(春秋三傳束高閣, 獨抱遺經究終始)

悞子南來却空去　그대 그르쳐 남으로 오게 하였으나
오히려 부질없이 떠나보내니,
但將迂闊話平生　다만 우활함
평생토록 말하리라.

13. 仲縝尊兄對策南宮相顧田舍, 輒賦小詩, 攀餞行李[1]

중진 존형이 남궁에서 대책 시험을 치려고 하면서 전사를 돌아봄에 문득 짧은 시를 지어 행리를 전별한다

三徑荒凉獨掩門[2] 세 오솔길 황량하고
　홀로 문 닫혀 있는데,
故人車馬過相存[3] 옛 친구 말과 수레
　아직도 서로 지나가네.
長安此去無千里[4] 서울 여기에서
　천리도 떨어져 있지 않으니,
濁酒何妨盡一尊 탁주 무엇 거리끼리,
　한 동이 다 마신들.
共說淵源非曩日[5] 함께 연원 이야기함
　지난 날 아니건만,

---

1 중진(仲縝): 《익증》「성은 조이고 이름은 임경이며 호는 매천이다.」(姓趙, 名任卿, 號梅川)
남궁(南宮): 예부(禮部)를 일컫는 말이다. 송나라 진경기(陳景沂)의 〈칠언고시·한퇴지(七言古詩·韓退之)〉「남궁선생 흔연히 그것 얻었는데, 파도가 붓에 들어 문사 내달리네.」(南宮先生欣得之, 波濤入筆驅文詞)
행리(行李): 옛날에 전적으로 외교를 담당한 관리로 행인의 관리이다. 행리(行理)라고도 한다. 《좌전·희공(僖公) 30년》「행리가 왕래할 때 모자란 것을 대주면 임금께도 해가 없을 것입니다.」(行李之往來, 共其乏困, 君亦無所害)

2 삼경~엄문(三徑~掩門): 「徑」은 「逕」과 통하여 쓴다. 서한(西漢) 장후(蔣詡)가 벼슬을 사직하고 고향으로 돌아와 은거하면서 정원에 소나무를 심은 길[松徑]·국화를 심은 길[菊徑]·대나무를 심은 길[竹徑]을 만들어 놓고 은거하였다는 고사. 은사의 거처를 말한다. 권2의 47. 〈다시 화답하다(再和)〉의 주 4)를 보라. 진나라 도연명의 〈돌아가자꾸나(歸去來辭)〉「뜰의 세 오솔길에는 풀 우거졌어도, 소나무, 국화는 그대로라네. …… 날로 동산 가로지르니 흥취 생기고 문은 달아놓았어도 늘 닫혀있다네.」(三徑就荒, 松菊猶存……園日涉而成趣, 門雖設而常關)

3 고인~상존(故人~相存): 진나라 도연명의 〈산해경을 읽고(讀山海經)〉 첫째 시「궁벽한 골목에는 깊은 수레 자국 끊겼고, 옛 친구의 수레도 자못 되돌려 보낸다네.」(窮巷隔深轍, 頗迴故人車) 이 구절은 도연명의 싯구의 의미를 반대로 쓴 것 같다.

4 장안(長安): 《익증》「임안을 가리킨다.」(指臨安)
무(無): 《익증》「차지 않는다는 말이다.」(言不滿)

5 연원(淵源): 《익증》「지난날에 학문에 진전이 있었음

好披肝膽奉明恩 속내 잘 드러내보이며
밝은 은혜 받드네.

不辭妄竊仁人號[6] 망령되어 인덕 있다는 이름
훔침 사양치 않고,

執手臨岐敢贈言[7] 손 잡고 갈림길에서
감히 한 마디 말 지어주네.

을 이른다.」(謂學問進於向日)

6 인인(仁人): 인의(仁義), 덕행(德行)이 있는 사람. 《상서·태서(泰誓) 중》「비록 두루 친한 사람이 있다고 하더라도 어진 사람만은 못하오.」(雖有周親, 不如仁人)

7 증언(贈言): 삼국 위나라 왕숙(王肅)의 《공자가어·관주(孔子家語·觀周)》「(孔子가) 주나라에 이르러 노담에게 예에 대하여 물었다. …… 주나라를 떠날 때 노자가 공자를 보내면서 말하였다. 『내가 듣건대 부귀한 사람은 사람을 보낼 때 재물로 송별을 하고, 어진 사람은 사람을 보낼 때 말로써 전송한다고 하였소. 내 비록 부귀로울 수는 없지만 어질다는 이름을 훔쳐 청컨대 그대를 말로 전송하여도 되겠소?』」(至周問禮於老聃……及去周, 老子送之曰, 吾聞富貴者送人以財, 仁者送人以言, 吾雖不能富貴, 而竊仁者之號, 請送子以言乎?)

14. 分水鋪舖壁間讀趙仲縝留題二十字，戲續其後[1]

분수포의 벽에 조중진이 지어 남긴 20자의 시를 읽고 장난삼아 그 뒤에 붙임

水流無彼此	물은 피차가 없이 흐르고,
地勢有西東	땅은 동서의 구별이 있네.
若識分時異	만약 나뉘는 때 다름 안다면,
方知合處同[2]	바야흐로 합치는 곳이 같음 안다네.

觀者請下一轉語[3] 보는 사람은 밑에서 한번 깨달아가는 말을 청한다

1 분수포(分水鋪): 분수령(分水嶺)에 있다. 《팔민통지(八閩通志)》에 의하면 분수령은 강·민(江·閩: 江西省과 福建省)을 경계 짓는 산으로 팔민(八閩)의 첫 번째 산이다. 두 강이 그 아래에서 발원하는데 하나는 강서의 경계로 유입되고 하나는 복건의 경계로 유입된다고 하였다.

2 약식~합처동(若識~合處同): 물의 지류는 비록 다르지만 그 근원은 서로 같다는 것을 말한다. 곧 학술의 갈래가 많으니 견해가 일치하는 점은 취하고 다른 부분은 잠시 보류하라는 것을 비유한 것이다.

3 하일전어(下一轉語): 원래 불교용어로, 선종(禪宗)에서 이르는 마음의 기능을 다스리어 전환시켜 마음으로 하여금 멍하게 크게 깨닫게끔 하는 날카로운 말을 말한다. 《경덕전등록(景德傳燈錄)》 권15 「여기서는 밑에서 한번 깨닫는 말을 얻음과 부합한다.」(遮裏合下得一轉語) 《익증》 「이 시는 수련에서는 대체로 천하의 이치가 본래는 하나인데 나누어지면 달라진다는 것을 말하였다. 다음 연에서는 이치를 보는 사람은 모름지기 그 다른 까닭을 이해한 연후라야 그것이 하나로 같다는 것을 이해할 수 있음을 말하였다.」(此詩首聯, 蓋言天下之理, 本則一而分則異也. 次聯言, 觀理者須先理會其所以異, 然後乃可以會其一而同也) 《퇴계집》 권37 〈유희범에게 답함(答柳希范)〉 「황이 망령됨을 헤아리지 않고 말하기를 『기로 말미암아 만 가지로 나누어졌지만 원리는 같지 않음이 없다.』고 하였습니다.」(滉不揆妄下語云, 由氣而有萬別, 原理則無不同)

15~16. 次劉明遠宋子飛反招隱韻, 二首[1]

유명원과 송자비가 지은 반초은시의 각운자를 써서 짓다, 두 수

15

先生留落歲時多[2]　선생 곤궁하게 떠돈 지
　세월 오래 되었으나,

氣湧如山不易磨[3]　기운 산과 같이 용솟음쳐
　갈기 쉽지 않다네.

却學幽人陶靖節[4]　오히려 그윽한 은자
　도연명 배워,

正緣三徑起絃歌[5]　마침 세 오솔길 따라
　현악에 맞춰 노래 부른다네.

1 유명원(劉明遠): 유여우(劉如愚)의 자이다. 숭안(崇安) 사람으로 종자인 유공(劉共)과 함께 소흥(紹興) 12년(1142)에 진사가 되었으며, 해염위(海鹽尉) 등 주현(州縣)에서 여러 관직을 역임하였고 강서참의관(江西參議官)까지 올랐다. 주희와 창화한 시가 있다.
송자비(宋子飛): 송상(宋翔)의 자이다. 역시 숭안 사람이며 호는 매곡(梅谷)이다. 유여우와 같은 해에 진사가 되었으며 누차 승진하여 국자감부(國子監簿)에까지 올랐으며, 조산대부(朝散大夫)로 치사하였다. 장준(張浚)의 십객(十客) 중 한 사람이다. 남헌(南軒) 장식(張栻)이 일찍이 〈앙지당기(仰止堂記)〉를 지어준 적이 있다.

2 유락(留落): 낮은 지위에 머무른 채 승진하지 못하다. 또는 곤궁하여 이리저리 떠돌아다님을 이르는 말. 《사기·위장군표기열전(衛將軍驃騎列傳)》「그러나 여러 노련한 장수들은 늘 한 곳에 오래 머물러 불우하였다.」(然而諸宿將常坐留落不遇)

3 기용여산(氣湧如山): 《차의》「공손연이 오나라의 사자를 참수하자 손권이 그 말을 듣고 말하기를 『사람으로 하여금 산과 같이 기운이 솟구치게 하는군.』이라 하였다.」(公孫淵斬吳使者, 孫權聞之, 大怒曰, 令人氣溶如山)

4 도정절(陶靖節): 도연명의 시호. 조정에서 받은 것이 아니라 문인들이 지어준 사시(私諡)이다.

5 삼경(三徑): 위 13번 시의 주 2)를 보라.
현가(絃歌): 음악과 노래로써 다스리는 것으로, 태평성세의 다스림을 말한다. 《논어·양화(陽貨)》「공자가 무성에 가셨는데, 악기와 노래 소리를 들으셨다.」(子之武成, 聞絃歌之聲)

16

榮醜窮通祇偶然[6] 영예와 수치 궁함과 통함
　다만 우연일 뿐이니,
未妨閑共聳吟肩[7] 한가로이 함께 시 짓느라
　어깨 곧추세움 무방하리.
君能觸處眞齊物[8] 그대 닿는 곳 실로
　사물 동일시할 수 있는가?
我亦平生不怨天 나 또한 평생토록
　하늘 원망하지 않는다네.

6 영추궁통(榮醜窮通): 영추는 영욕(榮辱)과 같은 뜻이다. 《고이》에서는 「榮遇或窮」으로 된 판본도 있다고 하였다.

7 용음견(聳吟肩): 송나라 소식의 〈하충 수재를 그린 그림에 바치다(贈寫眞何充秀才)〉「또 보지 못하였는가? 눈 속에 나귀 탄 맹호연, 눈썹 찌푸리고 시 읊조리느라 어깨 산처럼 솟은 것을.」(又不見雪中騎驢孟浩然, 皺眉吟詩肩聳山) 청나라 풍응류(馮應榴)의 《소문충시합주(蘇文忠詩合註)》「《북몽쇄언》 당나라의 정계는 시로 이름을 날렸다. 누군가 말하기를 『상국께서는 근자에 새로 지은 시가 있으신지요?』라 하니, 대답하기를 『시의 생각이 파교의 눈보라 속과 나귀 위에 있는데 이런 곳을 어떻게 얻을 수 있겠는가?』라 하였다. …… (당나라의) 당언겸(?~893?)의 〈맹호연을 생각하다〉라는 시에서 『교외에서 덜덜 떨면서 서쪽으로 갔다가 또 동쪽으로, 눈 맑게 개니 나귀 위에서 흥 무궁하다네. 시구 찾아 밝은 달 배꽃 속 헤매다보니, 봄바람 버들솜 속으로 뛰어 들어갔다네.』라 읊은 것을 보면 양양의 나귀 등에서 시를 찾던 일은 그 당시 이미 전하여졌을 것이다.」(北夢瑣言, 唐鄭綮有詩名. 或曰, 相國近有新詩否? 對曰, 詩思在灞橋風雪中·驢子上, 此處何以得之?……唐彥謙憶孟浩然詩, 郊外凌兢西復東, 雪晴驢背興無窮. 句搜明月梨花內, 趣入春風柳絮中. 則襄陽驢背尋詩事, 當時已傳之矣)

8 제물(齊物): 송나라 임희일(林希逸)의 《장자구의(莊子口義)》「옳고 그름을 모두 잊고 자연으로 돌려보내는 것이다.」(是非兩忘而歸之自然)

17. 送謝周輔入廣[1]

사주보가 광으로 들어감에 송별하다

夫君壯節與奇謀[2]	그대 씩씩한 절개와 기이한 계책 가졌는데,
屈首微官世所羞	보잘 것 없는 벼슬아치에 고개 숙이어 세상의 멸시 받았다네.
攬轡未妨聊矍鑠[3]	고삐 잡음 애오라지 눈빛 번쩍번쩍 빛나니 거리낄 것 없을 것이고,
賦詩直爲寫離憂[4]	시 지음 바로 슬픔 만남 써내기 때문이라네.
蒼茫嶺海三年別[5]	아득한 고개와 바다 3년을 헤어져 있었는데,
珍重親朋幾日留	진중하게나 친한 벗이여 몇 일이나 머물려는가?

1 사주보(謝周輔)는 미상.
광(廣): 《익증》「광은 영남과 광주이다.」(廣嶺南廣州)
2 부군(夫君): 임금, 아내가 남편을 일컫는 말로도 쓰이나 여기서는 벗을 가리키는 말로 쓰였다.
3 남비(攬轡): 《후한서·범방전(范滂傳)》「범방은 자가 맹박이다. …… 당시에 기주는 기아에 허덕이고 도적이 떼를 지어 일어났는데 이에 범방을 청조사로 삼아 안찰케 하였다. 범방은 수레에 올라 고삐를 잡더니 개연히 천하를 맑게 하려는 뜻을 가졌다.」(范滂字孟博……時冀州飢荒, 盜賊群起, 乃以滂爲淸詔使, 案察之. 滂登車攬轡, 慨然有澄淸天下之志)
확삭(矍鑠): 노인의 눈빛이 형형(炯炯)함을 형용하는 말로, 정신이 아직도 왕성함을 가리키는 말. 《후한서·마원전(馬援傳)》「마원이 안장에 기대어 돌아보며 아직 쓸 만함을 보여주었다. 황제[光武帝]가 웃으면서 말하기를 『눈빛이 번쩍번쩍 빛이 나는구나, 이 늙은이는.』이라 하였다.」(援據鞍顧眄, 以示可用. 帝笑曰, 矍鑠哉, 是翁也)
4 이우(離憂): 《사기·굴원가생열전(屈原賈生列傳)》「시름에 젖어 깊은 생각을 하여 〈이소〉를 지었다. 『이소』라는 것은 슬픔을 만난다는 뜻의 이우와 같다.」(憂愁幽思而作離騷. 離騷者, 猶離憂也) 당나라 허혼(許渾)의 〈장수재와 헤어지다(別張秀才)〉「어떻게 이별의 슬픔 써 낼지 모르겠는데, 만 리 산천 반은 옛날 놀던 곳이라네.」(不知何計寫離憂, 萬里山川半舊遊)
5 영해삼년별(嶺海三年別): 송나라 진사도(陳師道)의 〈학사이신 장순민(張舜民)에게 부침(寄張學士)〉「호수와 바다 3년간 헤어져 있었고, 초군과 서주 하루 사이

滿意分携一盃酒	뜻 흡족하여 한 잔 술 나누어 지니고,
登山臨水不能休[6]	산에 올라 물 굽어봄 그칠 수 없다네.

라네.」(湖海三年別, 譙徐一日間)

6 등산임수(登山臨水): 초나라 송옥(宋玉)의 초사 〈구변(九辯)〉「산에 올라 물 내려다봄이여 장차 돌아가려함에 송별하고, 쓸쓸함이여 하늘은 높고 기운은 맑다네.」(登山臨水兮送將歸, 泬寥兮天高而氣淸)

18. 和亦樂園韻[1]

역락원 시의 각운자에 화답하다

莫笑君家五畝園[2]	그대 집 오무원 비웃지 말게나,
要須胸次亦平寬[3]	모름지기 흉금 또한 온화하고 너그러워야 한다네.
坐間花柳陰初合[4]	꽃과 버들 사이에 앉으니 응달 막 합쳐지고,
望外山河勢若蟠	바깥 산과 내 바라보니 형세 마치 똬리 튼 듯.
把酒儘誇雙鬢綠[5]	술잔 들고 있는 대로 양 귀밑머리 검음 자랑하고,
擊鮮爭見兩輪丹[6]	사냥하며 어찌 두 붉은 수레바퀴 보겠는가?

1 역락원(亦樂園): 마유량(馬惟良)의 동산 이름이다. 마유량은 자가 소장(少張)이며 건주(建州) 사람으로 사적은 상세하지 않다. 주필대(周必大)의 《문충집(文忠集)》 권8과 양만리(楊萬里)의 《성재집(誠齋集)》 권29에도 〈역락원시〉에 화답한 시가 수록되어 있는데 모두 같은 각운자를 쓴 것으로 보아 동시기에 전후로 화답한 것 같다. 주필대의 시 제목 아래에는 임자년에 지었다는 주석이 있는데 곧 소희(紹熙) 3년(1192)이다.

2 오무원(五畝園): 원래는 송나라 사마광의 독락원(獨樂園)을 가리킨 말이다. 소식이 나중에 이것을 본받아 역시 오무원을 지은 적이 있다. 소식의 〈사마군실의 독락원(司馬君實獨樂園)〉 「푸른 산 집 위에 있고, 흐르는 물 집 아래에 있네. 그 가운데 다섯 이랑의 동산 있는데, 꽃과 대 빼어나고 소박하다네.」(青山在屋上, 流水在屋下. 中有五畝園, 花竹秀而野) 같은 사람의 〈기이한 까치(異鵲)〉 「집에 오무원 있는데, 작은 봉황 오동나무 꽃으로 모여드네.」(家有五畝園, 么鳳集桐花)

3 흉차(胸次): 마음속, 흉금과 같은 뜻.

4 음초합(陰初合): 송나라 구양수(歐陽脩)의 〈비가 오기를 기원하면서 호숫가를 지나다(祈雨曉過湖上)〉 「새벽해 떠오르기 전에 안개 먼저 일고, 녹음 막 합쳐지자 운무 절로 피어나네.」(曉日未昇先起霧, 緑陰初合自生烟)

5 쌍빈록(雙鬢綠): 녹(綠)은 검고 윤기가 흐르는 것을 말한다.

6 격선(擊鮮): 사냥을 말한다. 《한서·육가전(漢書·陸賈傳)》 「자주 사냥을 하면 너희를 오래 괴롭히는 일은 없

隣翁未到心先識[7]	이웃 늙은이 이르지 않았지만 맘속으로 먼저 아는데,
更喜詩筒得細觀[8]	시통 자세히 관찰할 수 있음 더욱 기쁘네.

을 것이다.」(數擊鮮, 毋久溷女爲也) 당나라 안사고(顏師古)의 주석「선은 막 죽인 짐승의 고기를 말하는 것이다.」(鮮謂新殺之肉也) 송나라 소식의〈사죽감이 갈대동산을 태워 이에 도순을 불러 땔나무를 검사하여 욱좌장에게 주고 그 무리들과 동산 아래에서 만나 사냥하다(司竹監燒葦園, 因召都巡檢柴貽勗左藏, 以其徒會獵園下)〉「사냥하며 말 달림 특히 싫증나지 않으나, 다만 지는 해 까마귀 깃듦 재촉할까 걱정되네.」(擊鮮走馬殊未厭, 但恐落日催棲鴉)

쟁(爭):「어찌 하」(何)자와 같은 뜻이다.

양윤단(兩輪丹): 신분이 귀하여진 것을 말한다. 한나라 양웅(揚雄)의〈조롱하는 글에 해명함(解嘲)〉「파란색 도장끈을 두르고, 자줏빛 도장끈을 차며, 붉은 색으로 수레바퀴를 장식하였다.」(紆青拖紫, 朱丹其轂)《한서·경제본기(景帝本紀)》「(中) 6년(B.C. 144) 장리(6백석 이상의 녹봉을 받는 관원)로서 2천석 이상의 녹봉을 받는 관리들에게에는 수레의 양쪽 흙받이를 붉게 칠하도록 하였고, 천석에서 6백석 이상은 왼쪽 흙받이를 붉게 칠하게 하였다.」(六年. 令長吏二千石車朱兩轓, 千石至六百石朱左轓)《후한서·수레와 복식에 관한 기록(輿服志)》「중이천석과 이천석의 녹봉을 받는 관리는 모두 검은 덮개와 양 바퀴에 붉은 흙받이를 했고, 천석에서 육백석의 녹봉을 받는 관리는 왼쪽 바퀴에 붉은 흙받이를 했다.」(中二千石二千石皆皁蓋, 朱兩轓. 其千石六百石, 朱左轓)《한서·양운전(楊惲傳)》「양운의 집안이 한창 융성했을 때는 붉은 바퀴를 한 수레를 탄 사람이 열 명이었다.」(惲家方隆盛時, 乘朱輪者十人)

7 인옹(隣翁):《집람》「선생 자신을 이른다.」(先生自謂)

8 시통(詩筒): 권2 105번 시의 주 2)를 보라.

19~20. 次韻謝劉仲行惠筍, 二首[1]

같은 각운자를 써서 유중항이 죽순을 보내줌을 고마워하다. 두 수

19

誰寄寒林新斸筍	누가 차가운 숲 속으로 금방 자른 죽순 보냈는가?
開奩喜見白差差[2]	상자 열어 즐겁게 들쭉날쭉 쌓인 하얀 죽순 보네.
知君調我酸寒甚[3]	알겠네, 그대 내 가난에 찌듦 놀리어,
不是封侯食肉姿[4]	제후처럼 고기 먹을 형편 아니라는 것을.

20

君詩高處古無師	그대 시 드높은 곳 예로부터 스승 없었으니,

1 유중항(劉仲行)에 대해서는 미상이다.

2 렴(奩): 《차의》「《운회》에서 말하기를 『奩』은 본래 『籢』이라고 하였으며, 경렴이다. 세속에서는 『奩』이라고 하였는데, 작은 상자이다.」(韻會, 奩本作籢, 鏡籢也. 俗作奩, 匣也)

백치치(白差差): 《차의》「『差』의 음은 치이다. 차례로 배열한다는 뜻이다. 등급이 같지 않은 것이다.」(差, 叉宜切. 次也, 不齊等) 당나라 한유(韓愈)의 〈장도사를 전송하다(送張道士)〉「입 열어 이해 논하고, 칼끝은 희게 들쭉날쭉하네.」(開口論利害, 劍鋒白差差)

3 조아(調我): 《차의》「조는 놀리는 것이다.」(調, 調戲)

산한(酸寒): 곧 한산(寒酸)과 같다. 가난하고 군색함, 가난하고 고달픈 선비.

4 봉후식육자(封侯食肉姿): 《후한서·반초전(後漢書·班超傳)》「관상쟁이에게 갔는데 관상쟁이가 말했다. 『그대는 지금 이름 없는 서생(書生)에 불과하나, 나중에 마땅히 만리타향에 나가서 큰 공로를 세워 공작 · 백작과 같은 작위를 얻게 될 것이오.』 반초가 그 상을 물으니 관상쟁이가 (반초의) 얼굴을 가리키면서 말하였다. 『제비와 같은 턱, 호랑이와 같은 목을 타고 났으니, 날아다니며 고기를 먹게 될 팔자라, 이것이 바로 만 리 밖에 나가서 공을 세워 후작이 될 상이라오.』」(行詣相者, 曰, 祭酒布衣諸生耳, 而當封侯萬里之外. 超問其狀. 相者指曰, 生燕頷虎頸, 飛而食肉, 此萬里侯相也)

島瘦郊寒詎足差[5] 가도 야위었고 맹교 추웠다는 말과
어이 족히 다르리?
縛得獰龍幷寄我[6] 사나운 용 묶어
함께 내게 부쳐오니,
句中仍喜見雄姿 싯구 속에 또한
씩씩한 모습 보임 기뻐하네.

5 도수교한(島瘦郊寒): 명나라 팽대익(彭大翼)의 《산당사고(山堂肆考)》 권110 〈인품·빈사(人品·貧士)〉 「송나라 장뇌(張耒)가 말하기를 『당나라의 시인들은 대부분 궁핍하였는데, 가도는 더욱 심했다. 맹교의 시(〈艮居〉)에서는 「맑은 물에 벼 심고 김매고, 푸른 산에서는 장작 패어 지고 오네.」라 하였다. 가도의 시(〈朝飢〉)에서는 「저자거리에는 땔나무 산더미처럼 쌓여 있지만, 이 집에는 아침에도 연기 피어오르지 않네. 샘 바닥에서는 달콤한 물 솟아오르지만, 솥 안은 늘 바짝 말라 있다네.」라 하였다. 맹교는 땔나무와 쌀이나마 자급자족할 처지가 되었지만 가도는 땔나무와 쌀조차도 모두 없었으므로 「맹교는 춥고 가도는 야위었다」라 말한 것이다』라 하였다.」(宋張文潛曰, 唐詩人多窮, 賈島為甚. 孟郊詩云, 種稻耕白水, 負薪斫青山. 島詩云, 市中有樵山, 客舍寒無烟. 井底有甘泉, 釜中常苦乾. 盖孟氏薪米自足, 島則薪米俱無也. 故曰, 郊寒島瘦) 「도수교한」은 곧 맹교와 가도 같은 만당의 시인들이 그들의 시 속에다 생활의 궁핍함을 많이 읊었다는데서 유래한 말로, 나중에는 시의 내용이 괴롭고 궁핍한 것이 많음을 비유하는 말로 쓰이게 되었다. 송나라 소식의 〈유자옥에게 바치는 제문(祭柳子玉文)〉 「원진은 가볍고 백거이는 속되며, 맹교는 춥고 가도는 야위었다.」(元輕白俗, 郊寒島瘦)

6 박득영용(縛得獰龍): 영용은 《집람》에서 「《화엄경》에서는 독룡이라 하였다.」(華嚴經, 毒龍也)라 하였다. 여기서는 죽편(竹鞭) 곧 대나무의 땅속 줄기를 말한다. 이 땅속 줄기의 마디에서 싹이 나서 죽순이 되므로 여기서는 죽순을 가리켜 말하였다. 죽순을 용의 뿔에 비유함으로써 죽순을 보내어 온 것을 용을 묶어 보냈다고 표현하였다. 《차의》 「영용은 죽순을 이른다.」(獰龍謂筍)

21. 次季通韻贈范康侯[1]

계통이 지은 시의 각운자를 써서 범강후께 드림

朝霜逼凋梅	아침 서리 매화 시들게 내몰더니,
夕露忽團菊[2]	저녁 이슬 불현듯 국화에 맺혀 있네.
百年風雨過[3]	백년 비바람 같이 지나감,
宜笑不宜哭	웃을 일이지 울 일은 아니라네.
口川失自防[4]	입과 시내 스스로 막지 못하여,
心兵幾回觸[5]	마음 속 병사 몇 번이나 맞닥뜨렸던가?
年來身老大	근년 들어 몸 늙고 나이 들어,
甘此跨下辱[6]	이 가랑이 아래로 기어가는 욕 달갑게 여긴다네.

1 계통(季通): 채원정(1135~1198)의 자이다. 남송 건주(建州) 건양(建陽: 지금의 복건성) 사람이며 호는 서산(西山)이다. 일찍이 우무(尤袤)와 양만리(楊萬里)에 의해 조정에 천거되기도 하였으나 나가지 않았다. 주희를 사사하였는데 주희가 그의 학문을 매우 중히 여겨 사우(師友)로 대하였다. 한탁주(韓侂冑)에 의하여 경원당적(慶元黨籍)에 들어 호남 도주(道州)로 쫓겨난 후 용릉(舂陵)에서 죽었다. 서산 진덕수(眞德秀)와 함께 주자의 양대 제자로 꼽히며, 《황극경세지요(皇極經世指要)》 등 많은 저술을 남겼다.
범강후(范康侯)는 미상이다.

2 조상~단국(朝霜~團菊): 봄 매화가 아침에 지고 가을 국화가 저녁에 피는 것을 말한다. 세월에 물 흐르듯 하여 눈 깜짝할 사이에 지나가버림을 말한다.

3 백년풍우과(百年風雨過): 인생이 짧기가 비바람이 한차례 지나가는 것과 같다는 말. 송나라 진여의(陳與義)의 〈여러 수를 써서 진국좌와 호원무에게 보임(雜書示陳國佐胡元茂)〉 제4수 「십년 비바람 같이 지나가고, 이렇게 별 우수수 떨어짐 본다네.」(十年風雨過, 見此落落星)

4 구천(口川): 《국어·주어(周語) 上》 「사람의 입을 막는 것은 시내를 막는 것보다 심하다. 시내를 막아 둑이 터지면 다치는 사람이 반드시 많은데 백성들 또한 이와 같다.」(防民之口, 甚於防川. 川壅而潰, 傷人必多, 民亦如之)

5 심병(心兵): 《장자·경상초(庚桑楚)》 「무기에 상하는 것은 뜻이 상처를 입는 것에 비하면 슬픔이 훨씬 적다. 막야의 검도 해가 적다. 해를 입는 것은 음양의 작용만큼 크지는 않다. 천지의 사이에 있으므로 도망할 곳이 없다. 이는 음양이 해를 끼쳐서가 아니고 마음이 그렇게 시켜서이다.」(兵莫憯於志, 鏌鋣爲下, 寇莫大於陰陽, 无所逃於天地之間. 非陰陽賊之, 心則使之也) 당나라 한유(韓愈)의 〈가을에 느낌(秋懷)〉 11수 중 열 번째 시 「말을 고의로 구불구불하게 꼬아서 함정에 빠지는 것을 회피하려 하니, 광활한 천지는 마음의 갈등 촉발해 내네.」(詰屈避語穽, 冥茫觸心兵)

6 과하욕(跨下辱): 《사기·회음후열전(淮陰侯列傳)》 「회음의 도살업을 하는 사람 가운데 한신을 모욕하는 젊은이가 있었는데 말하기를 『네가 신체가 건장하고 칼을

永謝五鼎烹[7]　다섯 솥 벌려놓고 삶아 먹음 영원히 그만두고,
聊寄一瓢足[8]　애오라지 한 표주박에 의탁함 족하다네.
雖慙龍蟠泥[9]　비록 용 진흙에 서림 부끄럽지만,
肯羨鶯出谷[10]　꾀꼬리 골짝 벗어남 기꺼이 부러워한다네.
適意超混茫[11]　뜻 맞으니 혼돈한 상태 뛰어넘고,
放情遺結束[12]　근심스런 뜻 보내고도 얽매임 남았다네.
俯仰天壤間　하늘과 땅 우러르고 숙여보는 사이에,
靜勝惟我獨[13]　깨끗하게 이김 오직 나 혼자만 그렇다네.

차고 다니기를 좋아하지만 속은 비겁할 뿐이다.』라 하였다. 모두들 그를 욕하며 말하였다. 『한신, 죽을 수 있다면 나를 찔러라. 죽을 수 없다면 내 바짓가랑이 아래로 기어나가라.』 이에 한신은 그를 한참 쳐다보다가 고개를 숙이고 바지가랑이 아래로 기어나왔다. 온 저자의 사람이 모두 한신을 비웃으며 겁이 많다고 생각하였다.」(淮陰屠中少年有侮信者, 曰, 若雖長大, 好帶刀劍, 中情怯耳. 衆辱之曰, 信能死, 刺我, 不能死, 出我袴下. 於是信孰視之, 俛出袴下, 蒲伏. 一市人皆笑信, 以爲怯)

7 오정팽(五鼎烹): 다섯 정에 담긴 음식을 먹다. 고관 귀족의 호사스런 생활이나 많은 봉록을 비유하는 말. 《사기·평진후주보열전(平津侯主父列傳)》「또한 사나이가 살아서 오정의 음식을 먹지 못하면 죽어서 오정에 삶겨질 뿐입니다.」(且丈夫生不五鼎食, 死即五鼎烹耳)

8 일표(一瓢): 청렴하게 곤궁을 견디어 냄을 비유하는 말이다. 《논어·옹야(雍也)》「한 대나무 그릇의 밥과 한 표주박의 마실 것으로 누추한 골목에 있는 것을 남들은 그 근심을 견디어 내지 못하는데 안회는 그 즐거움을 바꾸지 않는다.」(一簞食, 一瓢飮, 在陋巷, 人不堪其憂, 回也不改其樂)

9 용반니(龍蟠泥): 한나라 양웅(揚雄)의 《법언·문신편(法言·問神篇)》「용이 진흙 속에 있으면 도롱뇽이 그곳에 함께 있다.」(龍蟠于泥, 蚖其肆矣) 당나라 장적(張籍)의 〈세상살이의 어려움(行路難)〉「용 진흙 속에 서리어 구름 가지지 못하여, 저 하늘 오르는 날개 돋아날 수 없다네.」(龍蟠泥中未有雲, 不能生彼升天翼) 송나라 소식(蘇軾)의 〈천승과 천능 두 조카가 고향으로 돌아감에 송별하다(送千乘千能兩姪還鄉)〉「그대들 방덕공 보게나, 흰 머리 되도록 끝내 진흙에 서리고 있었다네.」(君看龐德公, 白首終泥蟠)

10 앵출곡(鶯出谷): 《시경·소아·벌목(伐木)》「새 짹짹 울면서, 깊은 골짜기에서 나와, 큰 나무로 옮겨가네.」(鳥鳴嚶嚶, 出自幽谷, 遷于喬木)

11 초혼망(超混茫): 혼망(混茫)은 혼돈(混沌)과 같은 말로, 곧 혼혼망망(混混芒芒)하여 천하가 분화되기 이전의 시기를 말한다. 망(芒)과 망(茫)은 옛날에는 통용하였다. 《장자·선성(繕性)》「옛날 사람들은 혼돈 속에 있으며 모든 세상 사람들과 함께 편안한 고요함을 터득하고 있었다.」(古之在混芒之中, 與一世而得澹漠焉) 당나라 유종원(柳宗元)의 〈우계시의 서문(愚溪詩序)〉「홍몽을 초월하고 희이와 뒤섞여 적막히 나 자신도 알지 못하게 될 것이다.」(超鴻蒙, 混希夷, 寂寥而莫我知也) 당나라 두보의 〈염여퇴(灩澦堆)〉「하늘의 뜻 기울어 엎어진 것 남기고, 귀신의 공 혼망한 것 잇네.」(天意存傾覆, 神功接混茫)

12 결속(結束): 구속(拘束)과 같은 뜻. 〈고시십구수·동성고차장(東城高且長)〉「온갖 근심 깨끗하게 쓸어버렸는데, 어찌하여 스스로 얽어매는가?」(蕩滌放情志, 何爲自結束)

13 정승(靜勝): 《노자》 제45장 「뜀으로 추위를 이기고 쉼으로 더위를 이기는데 쉬어서 깨끗함이 하늘 아래 바른 것이다.」(躁勝寒, 靜勝熱, 淸靜爲天下正)

蒼蒼有心栢[14]	푸릇푸릇 속 찬 잣나무 있는데,
落落無瑕玉	뜻 커서 흠 있는 옥 없다네.
年紀尙無聞[15]	이 나이에 아직 이름 알려지지 않았으니,
頭顱豈須卜[16]	머리 어찌 모름지기 점 치겠는가?

14 유심백(有心栢): 《예기·예기(禮器)》「예는 사악한 곳으로 돌아가려는 것을 풀고 아름다운 바탕을 증대시키는 것이다. …… 그것은 사람에게 있어 대나무 가지가 푸른 것과 같고 소나무와 잣나무에 심이 있는 것과 같다. …… 그러므로 사철 내내 가지는 시들어 바뀌지 않고 잎도 색깔이 바뀌지 않는다.」(禮釋回, 增美質……其在人也, 如竹箭之有筠也, 如松栢之有心也……故貫四時而不改柯易葉)

15 상(尙): 《고이》「『향할 향』자로 되어 있는 판본도 있다.」(一作向)

무문(無聞): 《논어·자한(子罕)》「공자께서 말씀하셨다. 『나중에 오는 사람이 두려워할 만하다. 올 사람이 지금 사람보다 못하리라는 것을 어찌 알겠는가? 사십, 오십이 되어도 이름이 나지 않으면 이런 사람은 또한 두려워할 만한 것이 없다.』」(子曰, 後生可畏, 焉知來者之不如今也? 四十五十而無聞焉, 斯亦不足畏也已)

16 두로(頭顱): 남조 양나라 도홍경(陶弘景)의 〈종형에게 보내는 편지(與從兄書)〉「벼슬을 하면서 40세 전후에 상서랑이 되면 비녀를 뽑고 멀리 떠날 것을 기약하였습니다. 지금 나이 36세에 바야흐로 봉조청이 되었으니 머리로 알만함이 일찍 떠남만 못합니다.」(仕宦期四十左右, 作尙書郎, 卽抽簪高邁. 今三十六, 方作奉朝請, 頭顱可知, 不如早去)

22. 同張明府登凌風亭懷韓無咎[1]

장명부와 함께 능풍정에 올라 한무구를 생각함

日夕和風至[2]	저녁 무렵 온화한 바람 불어오고,
西山淡無姿[3]	서산은 희미하여 자태 보이지 않네.
危亭極遠眺[4]	높은 정자에서는 아주 멀리까지 볼 수 있으니,
勝處良在玆	빼어난 곳 실로 이곳에 있다네.
憶昔韓令尹	지난날 생각해보니 한영윤님,
青雲乃心期[5]	푸른 구름 곧 마음속으로 기약하였다네.
鞿羈不得騁[6]	고삐와 굴레에 얽매여 달려갈 수 없어,

1 장명부(張明府): 장동(張棟)을 말한다. 장동의 자는 언보(彥輔)이며, 《주자어류》 권132와 《복건통지(福建通志)》에 보이다. 영벽(靈壁) 사람이며, 건도(乾道) 7년(1171) 지양양부(知襄陽府)가 되었다는 것 외에 자세한 사적은 미상이다. 권2 151번 시와 152번 시, 156번 시에 보인다.

능풍정(凌風亭): 《익증》「능풍정은 건안현에 있다.」(凌風亭在建安縣) 한원길의 《남간갑을고(南澗甲乙稿)》 권9의 〈능풍정사장(凌風亭事狀)〉에 의하면 건안읍(建安邑) 치소(治所)의 남산(南山) 서쪽에 있는 남산당(南山堂) 아래 서남쪽 모서리에 있다고 하였다.

한무구(韓無咎): 한원길(韓元吉: 1118~1187)의 자. 호는 남간(南澗)으로 개봉(開封) 사람이다. 이부상서(吏部尙書)와 용도각학사(龍圖閣學士)까지 올랐으며, 영천군공(穎川郡公)에 봉하여짐. 윤돈(尹焞)의 제자로 《하남사설(河南師說)》을 편찬하였다.

《남간갑을고(南澗甲乙稿)》에 능풍정을 읊은 시가 여러 수 수록되어 있으나 이 시와 같은 각운자를 쓴 시는 없다.

2 화풍지(和風至): 당나라 노조(盧肇)의 〈바람이 가지를 울리지 않다(風不鳴條)〉「훈훈하게 부드러운 바람 이르는데, 가지 지나도 스스로 울리지 않네.」(習習和風至, 過條不自鳴)

3 서산담무자(西山淡無姿): 당나라 두보의 〈비(雨)〉 제2수「푸른 산 희미하여 모습 보이지 않는데, 맑은 이슬 누가 헤아릴 수 있는가?」(青山澹無姿, 白露誰能數)

4 위정(危亭): 위는 여기서 높다는 뜻으로 쓰였다. 위정은 까마득히 높은 곳에 있는 정자.

5 청운(青雲): 여러 가지 뜻이 있는데 여기서는 은거한다는 뜻으로 쓰인 것 같다. 《남사·제형양왕 소균전(齊衡陽王鈞傳)》「몸은 붉은 궁궐의 문에 처하여 있으나 마음은 강과 바다에 있고, 형체는 자줏빛 궁궐 문에 들어가지만 뜻은 푸른 구름에 있습니다.」(身處朱門而情遊江海, 形入紫闥而意在青雲)

6 기기(鞿羈): 원래의 의미는 재갈과 굴레를 말하였으나 나중에는 주로 몸이 속박됨을 가리켜 말한다. 초나라 굴원의 《초사·슬픔을 만남(離騷)》「내 비록 수행과 아름다움 좋아하나 방종하지 않음이여, 아침에 충언을 하였다가 저녁에 쫓겨났다네.」(余雖好脩姱以鞿羈兮, 謇朝誶而夕替) 주희의 주석「기기는 말로 스스로를 비유한 것이다. 고삐가 입에 있는 것을『鞿』라 하고, 가죽끈으로 머리를 묶은 것을『羈』라 하니 스스로 속박하여 방종하지 않음을 말한다.」(鞿羈, 以馬自喻. 韁在口曰鞿, 革絡頭曰羈. 言自繩束不放縱也)

發此胸中奇[7]　　가슴속 기이함 이곳에다 폈다네.
前瞻千仞岡[8]　　앞으로는 천 길이나 되는 언덕 쳐다보고,
俯視萬頃陂　　아래로는 끝없는 못 굽어본다네.
神襟一以曠[9]　　흉금 한결 같이 넓으니,
我志浩渺瀰[10]　　내 뜻 크고 아득해지네.
飛車越滄浪[11]　　나는 수레 푸른 물결 넘어서니,
天風振裳衣　　하늘의 바람 옷깃 휘날리네.
懷哉此焉薄[12]　　이를 생각하니 여기 어찌 머무르겠는가?
問訊無邊辭[13]　　소식 물으니 말 끝이 없으리.
今公豈不佳[14]　　지금 공 어찌 아름답지 않은가?
宮商似前徽[15]　　음조 전인의 미덕 같다네.

7 흉중기(胸中奇): 당나라 한유의 〈장적을 대신하여 이절동에게 보내는 편지(代張籍與李浙東書)〉「입을 열면 한번 흉중의 기이한 말을 토해내는 것인가?」(開口一吐出胷中之奇乎) 《차보》「능풍정에 한원길이 지은 시가 있어 이렇게 읊은 것 같다.」(凌風亭盖有韓無咎題咏故云)

8 천인강(千仞岡): 진나라 좌사(左思)의 〈역사를 소재로 읊음(詠史詩)〉 제5수「천 길의 언덕에서 옷 떨치고, 만 리의 시냇물에서 발 씻는다네.」(振衣千仞岡, 濯足萬里流)

9 신금일이광(神襟一以曠): 당나라 백거이의 〈여름날 혼자 숙직을 하며 소시어께 부치다(夏日獨直寄蕭侍御)〉「마음속 한결 같이 넓어서, 바깥의 얽매인 것 모두 잃어버린 듯.」(中臆一以曠, 外累都若遺)

10 묘미(渺瀰): 《집람》「큰 물의 모양이다.」(大水貌)

11 비거(飛車): 전설상의 나라인 기굉국(奇肱國) 사람들이 만들어 바람을 타고 날아다닌다는 수레. 남조 진(晉)나라 장화(張華)의 《박물지(博物志)》「기굉국의 백성들은 교묘한 기계를 잘 만드는데 온갖 날짐승들을 죽여서 날아다니는 수레를 만들어 바람을 따라 멀리 갈 수 있다.」(奇肱民善為機巧, 以殺百禽, 能為飛車, 從風遠行) 《진고(眞誥)》「옛날에 동해의 청동군은 회오리바람을 타고 날아다니는 수레바퀴에 의지하여 동천을 돌아다녔다.」(昔東海青童君乘風飈飛輪車, 按行洞天)
창랑(滄浪): 원래는 하천의 이름이나 여기서는 하늘의 파란 빛깔을 가리킨다. 곧 하늘이라는 뜻으로 쓰였다.

12 박(薄): 「박」(泊)과 통하여 쓴다. 정박하다.

13 무변사(無邊辭): 《차의》「끝없는 말이 마음속으로부터 나옴을 말한다.」(謂無邊幅之辭言, 由中而出)

14 금공(今公): 장명부(張明府)를 말한다.

15 궁상(宮商): 궁과 상은 모두 오음(五音) 중의 하나. 음악을 두루 가리키며, 여기서는 음조라는 뜻으로 쓰였다.
전휘(前徽): 전인의 미덕이라는 뜻. 한무구가 아마 장동의 전임자였기 때문에 이렇게 말한 것 같다. 《익증》「능풍정이 한무구가 수령으로 있을 때 지은 것인 것 같으므로 『전인의 미덕 같다』는 말로 찬미하였다.」(凌風亭似是韓無咎爲守時所作, 故云以似前徽美之) 《문선》 안연년(顔延年)의 〈송나라 문황제와 원황후의 애책문(宋文皇帝元皇后哀策文)〉「황고 흠숭하여, 실로 전인의 아름다움 이끌었다네.」(欽若皇姑, 允迪前徽) 당나라 한유의 〈학질 귀신을 보내다(譴瘧鬼)〉「할아버지는 헌원황제요 아버지는 전욱이니, 전인의 아름다움 거품 되지 않았다네.」(祖軒而父頊, 未沫於前徽) 손(孫)씨의 주석「전휘는 전인의 아름다움이다.」(前徽前人之美也) 《차의》「혹자는 말하기를 휘는 금휘라고 하였는데 궁자와 상자로 보건대 후자의 설이 옳은 것 같다.」(一云徽謂琴徽, 以宮商字觀之, 後說似是)

相携岸晚幘[16]	서로 끌며 두건 벗고 저녁길 산책하며,
共此長相思	함께 여기서 그리워하네.

16 안책(岸幘): 안건(岸巾)과 같다. 두건을 벗고 이마를 내어놓는다는 뜻으로 친밀하여 예의를 차리지 않아도 될 정도를 비유한다. 《진서·사혁전(謝奕傳)》「환온(桓溫)의 자리에 있기를 좋아하였는데 두건을 벗고 웃으며 시를 읊조리는 것이 평상시와 다름이 없었다.」(好在溫坐, 岸幘笑詠, 無異常日)

23. 次王宰立春日大雪韻[1]

왕재의 입춘날 큰 눈이 내리다라는 시의 각운자를 써서 짓다

是身已分老菟裘[2] 이 몸 이미 토구에서
늙음 분수에 알맞아,
肯爲春回作許愁[3] 기꺼이 봄 되어 돌아오니
근심 허락함 일어난다네.
偶去尋芳朝信馬[4] 우연히 꽃 찾으러 감에
아침에 말 믿고,
却來踏雪夜驅牛[5] 오히려 와서 눈 밟음에
밤에 소 몬다네.
鋪筵不見小垂手[6] 자리 깔았으나
소수수의 춤 안 보이고,

1 왕재(王宰): 왕제여(王齊輿)를 말한다. 왕제여에 대해서는 3번 시의 주 95)를 보라. 이 시와 다음의 시는 모두 주희가 유온(劉韞) 및 숭안현령 왕제여와 함께 유온이 지은 극목정(極目亭)에 올라 놀면서 지은 시이다.

2 토구(菟裘): 노나라의 지명으로 태산 양보현 남쪽에 있으며 은거지라는 뜻으로 쓰인다. 권2 60번 시의 주 6)을 보라.

3 이 구절은 《고이》에서는 「時來時去肯作愁」로 되어 있는 판본도 있다고 하였다. 「이따금 왔다갔다 하자니 기꺼이 근심 일어난다네.」라는 뜻이다.

4 거심방(去尋芳): 《고이》에서는 「向花城」으로 되어 있는 판본도 있다고 하였다. 「꽃 핀 성으로 향하여」라는 뜻이 된다.

5 내답설(來踏雪): 《고이》에서는 「歸雲谷」으로 되어 있는 판본도 있다고 하였다. 「운곡으로 돌아가네」라는 뜻이 된다.

심방~구우(尋芳~驅牛): 송나라 소식의 〈정월 초하룻날 단양을 지나는데 다음날이 입춘이어서 노원한에게 부치다(元日過丹陽, 明日立春, 寄魯元翰)〉「죽마 훗날 어찌 늙음 믿으리오? 토우 내일 봄 마다않으리.」(竹馬異時寧信老, 土牛明日莫辭春)

6 포연(鋪筵): 《예기·악기(樂記)》「자리를 펴고 준조를 늘어놓고 변두를 나열하며 올라갔다 내려갔다 하면서 예를 행하는 것이 예의 마지막 예절이다.」(鋪筵席, 陳尊俎, 列籩豆, 以升降爲禮者, 禮之末節也)

소수수(小垂手): 춤 이름. 악부(樂府)의 잡곡(雜曲) 이름이기도 하다. 줄여서 그냥 소수(小垂)라고도 한다. 당나라 이백(李白)의 〈난리를 겪은 후 천자의 은혜로 야랑을 돌아다니다가 옛날에 놀던 일이 생각나서 마음속의 생각을 써내어 강하태수 위경준(韋景駿)에게 드림(經亂離後, 天恩流夜郎, 憶舊遊, 書懷贈江夏韋太守良宰)〉「소수수의 춤으로 손님 대하는데, 비단 옷 봄바람에 춤추네.」(對客小垂手, 羅衣舞春風) 청나라 왕기(王琦)의 주석에서 인용한 《악부잡록(樂府雜錄)》「춤은 음악의

聯句空慙高結喉[7] 싯구 이어 지으나 공연히
울대만 툭 튀어나옴 부끄럽네.
更約桃花紅浪暖[8] 다시 기약하였다네, 도화수
붉은 물결 따뜻할 때
却陪履舃上蘭舟[9] 오히려 자취 모시고
목란 배에 오르기로.

얼굴이다. 대수수와 소수수가 있는데 어떨 때는 놀란 기러기 같고, 어떨 때는 나는 제비 같다.」(舞者, 樂之容也. 有大垂手小垂手, 或如驚鴻, 或如飛燕) 송나라 곽무천(郭茂倩)의 《악부시집·잡곡가사(雜曲歌辭)》 오균(吳均)의 〈대수수(大垂手)〉의 해제 「대수수와 소수수는 모두 춤을 추면서 손을 드리우는 것이다.」(大垂手小垂手, 皆言舞而垂其手也) 송나라 소식의 〈장난삼아 드림(戲贈)〉 「작은 누대 여전히 볕 비낀 속에 있는데, 누대에는 소매 드리우고 춤추는 사람 보이지 않네.」(小樓依舊斜陽裏, 不見樓中垂手人)

7 연구~고결후(聯句~高結喉): 결후(結喉)는 곧 후결(喉結)로 울대를 말한다. 고결후는 울대가 툭 튀어 나온 것을 말한다. 당나라 한유의 〈석정에서 여러 구절씩 이어 지은 시의 서문(石鼎聯句序)〉 「헌원미명(軒轅彌明)이 그 곁에 있었는데 외모가 아주 추하였으며 흰 수염에 검은 얼굴을 한데다가 목은 길고 울대는 툭 튀어 나왔으며, 게다가 목구멍에서는 또한 남방의 초나라 사투리가 나왔다.」(彌明在其側, 貌極醜, 白鬚黑面, 長頸而高結, 喉中又作楚語) 병들고 쇠약한 노인을 지칭하는 말로 쓰인다.

8 도화홍랑난(桃花紅浪暖): 도화는 곧 도화수(桃花水)를 말한다. 《한서·구혁지(溝洫志)》에 도화수라는 말이 나오는데 당나라 안사고(顏師古)는 「〈월령〉에 『중춘지월(음력 2월)에 비로소 비가 내리고 복사꽃이 비로소 피기 시작한다.』라 하였다. 대체로 복사꽃이 바야흐로 필 때는 이미 비가 내리고 시내 골짜기의 얼음이 녹아 여러 시냇물이 마구 모여들어 물결이 높아지므로 그것을 일러 도화수라고 할 따름이다. 그리고 《한시외전》에서는 『삼월도화수』라고 하였다.」(月令, 仲春之月, 始雨水, 桃始華. 蓋桃方華時, 旣有雨水, 川谷冰泮, 衆流猥集, 波瀾盛長, 故謂之桃華水耳. 而韓詩傳云三月桃華水)

9 이석(履舃): 원래는 신이라는 뜻이다. 이(履)는 바닥이 홑으로 된 신이고, 석(舃)은 바닥이 겹으로 된 신이다. 뜻이 발전하여 발 또는 발자취라는 뜻으로 쓰이고, 상대방을 높여 부를 때도 쓰인다.

난주(蘭舟): 목란나무로 만든 배. 목란은 나무의 재질이 아름답기 때문에 옛날 사람들이 흔히 이 나무로 배를 만들었다. 나중에 뜻이 변하여 배를 아름답게 표현하는 말로 쓰이게 되었다. 권3 19번 시의 주 59)를 보라.

24. 再次王宰韻

다시 왕재가 지은 시의 각운자를 써서 짓다

相隨到處一羊裘[1]	모든 곳 서로 따라다니던 양 갖옷 입은 사람,
況有澄江散客愁[2]	하물며 맑은 강 가에 쓸모없는 나그네 시름 있다네.
且看跳魚幷集鳥[3]	또한 물고기 뛰고 새 모여드는 것 보고,
莫思去馬與來牛[4]	가는 말과 오는 소 생각지 말게나.
歡情往日空回首	기쁜 마음 지난 날 부질없이 고개 돌렸는데,
酒味今年不下喉	술 맛 올해는 목구멍 내려가지 않는다네.
只待兩公高宴罷	다만 두 분 격조 높은 연회 끝나기 기다려,

1 양구(羊裘): 은자를 가리키는 말. 또는 은자의 생활을 가리키기도 한다. 《후한서》 권73 〈일민전·엄광전(逸民傳·嚴光傳)〉 「나중에 제나라에서 글을 올려 말하기를 『어떤 한 남자가 양 갖옷을 입고 못에서 낚시를 하고 있습니다.』라 하였다. 광무제는 그 사람이 엄광일 것으로 의심하여 이에 안거와 검은 비단을 갖추어 관리를 보내어 그를 초빙하게 하였다.」(後齊國上言, 有一男子, 披羊裘釣澤中. 帝疑其光, 乃備安車玄纁, 遣使聘之)

2 징강산객수(澄江散客愁): 당나라 두보(杜甫)의 〈살 곳을 정하다(卜居)〉 「이미 성곽 나서니 속세의 일 적음 알겠고, 게다가 맑은 강 나그네 시름 삭이네.」(已知出郭少塵事, 更有澄江銷客愁)

3 도어집조(跳魚集鳥): 당나라 한유(韓愈)의 〈운주 계당시(鄆州溪堂詩)〉 「시내에는 뛰는 물고기 있고, 언덕에는 모여드는 새 있네.」(流有跳魚, 岸有集鳥)

4 거마래우(去馬來牛): 왔다 갔다 하는 우마를 말한다. 당나라 두보(杜甫)의 〈가을비를 탄식하다(秋雨嘆)〉 제2수 「가는 말 오는 소 더 이상 구분 않으니, 흐린 경수와 맑은 위수 어찌 분별해야하리?」(去馬來牛不復辨, 濁涇淸渭何當分) 인간의 시비와 분쟁을 비유하는 말로 쓰인다.

却携茶鼎上漁舟 오히려 차 끓이는 솥 들고
고깃배에 오른다네.

25. 送張彥輔赴闕[1]

장언보가 궁궐로 감에 전송하다

執手何草草[2]	손 잡고서 얼마나 서두르는가?
送君千里道[3]	그대 천리 길 송별하네.
君行入修門[4]	그대 가서 궁궐문 들어서면,
披膽謁至尊[5]	속 내보이며 지극히 높은 분 알현하겠지.
問君此去談何事	묻노니 그대 이번에 떠나면 무슨 일 말하려는가?
袖有諫書三萬字	소매에는 간언하는 글 삼 만자나 있다네.
明堂封禪不要論[6]	명당과 봉선은 논할 것 없고,

1 장언보(張彥輔): 장동(張棟)의 자. 장동에 대해서는 위 22번 시의 주 1)을 보라.
궐(闕): 황제의 궁궐, 또한 도성을 가리키기도 한다.

2 초초(草草): 여러 가지 뜻이 있는데 여기서는 급히 서두르는 모양, 또는 바쁘고 급한 모양이라는 뜻으로 쓰였다. 당나라 두보의 〈장손씨네 아홉째 시어사께서 무위판관으로 부임함에 송별하다(送長孫九侍御赴武威判官)〉「묻노니 그대 만 리 길 간다는데, 이별 취함 어찌 그리 서두르는가?」(問君適萬里, 取別何草草)

3 천리도(千里道): 당나라 유우석(劉禹錫)의 〈석량호에서 육겸에게 부치다(石梁湖寄陸兼)〉「옛 친구 천리 길에서, 푸른 물결 10년간 헤어졌다네.」(故人千里道, 滄波十年別)

4 수문(修門): 초나라의 도성인 영(郢)의 성문. 《초사·혼을 부르다(招魂)》「혼이여 와서, 수문으로 들어오라.」(魂兮歸來, 入修門些) 한나라 왕일(王逸)의 주석「수문은 영의 성문이다.」(修門, 郢城門也) 나중에는 도성의 성문을 널리 가리키는 말로 쓰이게 되었다. 송나라 육유(陸游)의 〈도성을 나서다(出都)〉「도성의 성문 거듭 들어온 지 겨우 한 해 남짓 되었는데, 또 거문고와 칼 지니고 강호로 돌아가는구나.」(重入修門甫歲餘, 又携琴劍返江湖)

5 피담알지존(披膽謁至尊): 당나라 위응물(韋應物)의 〈이씨네 열넷째가 동쪽으로 놀러감에 송별하다(送李十四山東遊)〉「성스런 조대에 유일 있는데, 속 내보이며 지극히 높은 분 알현한다네.」(聖朝有遺逸, 披膽謁至尊)

6 명당(明堂): 천자의 정치가 행하여지는 곳. 조회며 제례, 경상(慶賞), 선비의 선발, 양로(養老), 교학 등의 대전(大典)이 모두 여기서 행하여진다. 《차의》「가의의 대책이다.」(賈誼策) 한나라 가의의 《신서(新書)》 권5에 나온다. 주희도 〈명당설(明堂說)〉을 지었다.
봉선(封禪): 천자가 천하에 제사를 지내는 의식. 《차의》「사마상여의 말이다.」(司馬相如說) 한나라의 사마상여가 죽고 난 뒤에 천자가 소충(所忠)이란 사람을 시켜 그

智名勇功非所敦[7]	지혜롭단 명예와 용감한 공로는 처 죽이는 것 아니라네.
願言中興聖天子	원컨대 중흥 성스런 천자가 말씀드릴 때,
脩政攘夷從此始[8]	정치 닦고 외적 몰아냄 여기서부터 시작된다고.
深仁大義天與通	깊은 어짊 큰 의리 하늘과 통하고,
農桑萬里長春風[9]	농업과 양잠 만 리에 봄 바람 길다네.
朝綱清夷軍律擧[10]	조정의 기강 크게 화평하고 군율 세우면,
邊屯不驚臥哮虎[11]	변방의 진 친 군대 놀라지 않으니 누워 포효하는 호랑이 같네.

의 저술을 가져오게 하였으나 사람들이 다 가져가 버리고 남긴 서찰이라고는 봉선의 일을 말한 것 뿐이었다는 것을 말한다. 《사기·사마상여열전》에 보인다.

7 지명용공(智名勇功): 《손자·군형(軍形)》「전쟁을 잘하는 사람의 승리는 지혜롭다는 이름도 없고 용맹한 공로도 없다.」(善戰者之勝也, 無智名, 無勇功) 송나라 황정견의 〈범덕유가 지경주로 감에 송별하다(送范德孺知慶州)〉「지혜로운 명예와 용감한 공로 눈에 들지 않고, 채찍 꺾어 오랑캐 칠 만하다네.」(智名勇功不入眼, 可用折箠笞羌胡)

퇴(敦): 여기서는「대」(譈)자와 통하여, 죽인다는 뜻으로 풀이된다. 《시경·노송·비궁(閟宮)》「상나라 무리 쳐 죽여, 큰 공 이루었네.」(敦商之旅, 克咸厥功)

8 수정양이(脩政攘夷): 안으로는 국정을 닦고 밖으로는 이적(夷狄)을 제거하는 것을 말한다.

9 농상만리(農桑萬里): 주희의 부친인 위재(韋齋) 주송(朱松)의 〈지과당(止戈堂)〉「농업과 양잠 만리에 공과 같기 바라고, 원컨대 사해에 진 치는 일 없음 보았으면.」(農桑萬里望公等, 願見四海無營屯)

10 청이(淸夷): 청평(淸平), 태평(太平)과 같은 말이다. 《문선》 진(晉)나라 부함(傅咸)의 〈하소왕 제에게 드림(贈何劭王濟)〉「다만 원컨대 큰 아름다움 일으키어, 왕의 법도 날로 크게 평탄해지길.」(但願隆弘美, 王度日淸夷)

거(擧): 세우다, 일을 처리하다.

11 와효호(臥哮虎): 당나라 두보(杜甫)의 〈위장군의 노래(魏將軍歌)〉「군문의 우림군 만명의 용맹한 군사, 사납기 포효하는 호랑이 같은데 그대가 거느린다네.」(君門羽林萬猛士, 惡若哮虎子所監) 《표보》「누워서 포효하는 호랑이는 변방에 주둔하여 놀라지 않음을 말하는 것이므로 포효하는 호랑이 같은 군사는 일이 없어서 엎드려 있는 것이다.」(臥哮虎言邊屯不驚, 故哮虎之士, 無事而臥也) 《자치통감》 권146 〈양기(梁紀) 2〉「또한 노래하여 부르기를 『소랑과 여모 두려워하지 않고, 다만 합비에 위호 있음만 두려워한다네.』라 하였다. 호는 위예이다.」(且歌之曰, 不畏蕭娘與呂姥, 但畏合肥有韋虎. 虎謂韋叡也)

一朝決策向中原	하루 아침에 대책 결단하여 중원으로 향하니,
著鞭寧許他人先[12]	채찍 잡고 어찌 다른 사람 먼저 들어감 허락하리?

12 착편(著鞭): 《진서·유곤전(劉昆傳)》「범양의 조적과 사귀었는데 조적이 등용되었다는 말을 듣고 친구에게 편지를 보내어 말하기를 『내가 창을 베고 아침을 기다려 용맹하게 적을 맞을 뜻을 가졌는데 늘 조적이 나보다 먼저 채찍을 잡을까 걱정하였다.』라고 하였다.」(與范陽祖逖爲友, 聞逖被用, 與親故書曰, 吾枕戈待旦, 志梟逆虜, 常恐祖生先吾着鞭) 노력하여 앞으로 나아가는 것을 비유한다.

26. 天湖四乙丈坐間賞梅作, 送劉充甫平甫如豫章[1]

천호산에서 사을 어르신께서 앉은 자리에서 매화를 감상하는 시를 지어 유충보와 유평보가 예장으로 감에 송별하다

竹外橫枝老屈盤[2]	대나무 바깥의 비낀 가지 늙어서 구불구불한데,
冰壺遙夜玉窓寒[3]	얼음 같은 화병 긴 밤에 옥 같은 창문에서 차갑네.
兩公明日江南路	두 분 내일 강남 가는 길에,
雪後園林子細看[4]	눈 온 후의 동산 숲 자세히 보게나.

1 천호(天湖): 숭안현 동쪽 오부리(五夫里) 선정산(仙亭山) 아래에 있으며 주희는 이곳에 누차 놀러간 적이 있다.
사을장(四乙丈): 곧 사십일장(四十一丈)으로 덕경장(德慶丈) 유여우(劉如愚)를 말한다. 유여우에 대해서는 권2 162번 시를 보라.
유충보(劉充甫): 유충(劉珫)이다. 유자익(劉子翼)의 막내 아들.
유평보(劉平甫): 유평(劉玶)이다. 역시 유자익의 아들이다.
예장(豫章): 곧 융흥부(隆興府)이다. 이때 유평 형제의 형인 유공(劉珙)이 지융흥부로 있었기 때문에 두 사람이 그곳으로 가려고 한 것이다.

2 죽외횡지(竹外橫枝): 송나라 소식(蘇軾)의 〈진관(秦觀)의 매화시에 화답함(和太泰虛梅花)〉「강가의 천 그루 봄인데 어렴풋하고, 대나무 바깥의 한 가지 비스듬한 것이 더욱 좋다네.」(江頭千樹春欲闇, 竹外一枝斜更好)

3 빙호(冰壺): 얼음을 넣은 옥항아리. 주희의 〈연평 이동(李侗)의 행장(延平行狀)〉「(부친께서) 일찍이 사현의 등적 천계(이름은 적, 자는 천계)와 선생에 대하여 언급한 적이 있는데, 등적 천계가 말했다. 『원중은 얼음을 넣은 옥항아리와 가을 달과 같아 맑고 투명한 것이 흠이라고는 없어 우리네가 언급할 수 있는 것이 아니다.』」(嘗與沙縣鄧迪天啓語及先生, 鄧曰, 愿中如冰壺秋月, 瑩澈無瑕, 非吾曹所及) 여기서는 매화를 꽂아놓은 투명한 빛이 도는 흰색 화병을 가리킨다.

4 설후원림(雪後園林): 송나라 임포(林逋)의 〈매화(梅花)〉「눈 온 뒤 동산의 숲 겨우 반 나무 뿐인데, 물가의 울타리에 별안간 가지 비꼈네.」(雪後園林纔半樹, 水邊籬落忽橫枝)
자세간(子細看): 당나라 두보의 〈9월 9일 중양절에 남전의 최씨네 장원에서(九日藍田崔氏庄)〉「내년에 여기서 만나면 누가 튼튼할까? 취하여 수유 잡고 자세히 본다네.」(明年此會知誰健, 醉把茱萸子細看)

27~28. 哭羅宗約, 二首[1]

나종약의 영전에 곡하다, 두 수

27

江閣論心地	강가 누각에서 심지 논하였는데,
重來感慨多	다시 오니 감개 많다네.
故人今已矣	옛 친구 지금 세상 떴으니,
此道竟如何	이 도 마침내 어떻게 하리?
但使窮新得	다만 궁구하여 새로운 뜻 얻게 하여,
終當訂舊訛	끝내 지난날 잘못됨 바로 잡았다네.
話言雖永隔	말 나눔 비록 영원히 멀어졌지만,
吾欲問滄波	내 푸른 하늘에 묻고 싶네.

28

行義追前輩	의 행함 옛 무리 좇아,
孤風凜一生	외로운 풍도 일생 동안 늠름하였네.
子平婚嫁了[2]	상자평 혼사 다 마쳤고,
元亮去留輕[3]	도원량 떠나고 남음 가벼이 여겼다네.

1 나종약(羅宗約): 나박문(羅博文: 1116~1168)의 자. 또는 자를 종례(宗禮)라고도 하였으며, 남검주(南劍州) 사현(沙縣) 사람이다. 예장(豫章) 나종언(羅宗彦)의 종질이며 연평 이동을 좇아 배웠다. 지서금현(知瑞金縣)을 거쳐 왕응진(汪應辰)이 전촉(全蜀) 제치사(制置使)로 나갈 때 참의관(參議官)이 되었으며, 승의랑(承議郎), 주관태주숭도관(主管台州崇道觀)까지 올랐다. 주희가 지은 행장(〈承議郎主管台州崇道觀賜緋魚袋羅公行狀〉)이 《주문공집》 권97에 보인다.

2 자평혼가료(子平婚嫁了): 《후한서·일민전·상장(逸民傳·向長)》「상장의 자는 자평인데 은거하면서 벼슬길에 나아가지 않았다. …… 《주역》을 읽어 〈손〉·〈익〉괘에 이르자 탄식하여 말했다.『내 이미 부유한 것이 가난한 것만 못하고, 귀한 것이 천한 것만 못하다는 것은 알겠으나 죽음은 삶에 비해 어떠한 지를 모를 따름이다.』건무 중에 아들 딸이 모두 장가가고 시집을 가자 …… 마침내 마음을 풀어놓고서 행동하면서 취미를 같이 하는 북해의 금경과 함께 더불어 오악의 명산을 유람하였는

涪萬無歸棹[4]	부주와 만주 돌아갈 노 없고,
嚴揚有舊盟[5]	엄자평 양자운 옛 맹세 있다네.
空令同社客[6]	공연히 같은 사단의 나그네로 하여금,
生死痛交情	생과 사 나눈 정 아프게 하네.

데 끝내 그가 어디에 가서 일생을 마쳤는지 알지 못하였다.」(向長字子平, 隱居不仕……讀易至損益卦, 喟然歎曰, 吾已知富不如貧, 貴不如賤, 但未知死何如生耳. 建武中, 男女娶嫁既畢……遂肆意, 與同好北海禽慶, 俱遊五嶽名山, 竟不知所終) 「向」자는 《고사전(高士傳)》에는 「尙」으로 되어 있다. 권5 33번 시에 〈상자평의 일로 느낌이 일어(感尙子平事)〉라는 시가 수록되어 있다. 당나라 백거이의 〈속마음을 읊음(詠懷)〉 「상자평 혼사 끝내어 걸리는 것 없고, 풍익은 부절과 도장 봉하고 다시 돌아갔다네.」(尙平婚嫁了無累, 馮翊符章封却還)

3 원량거류경(元亮去留輕): 《남사·도잠열전(南史·陶潛列傳)》 「도잠의 자는 연명이며, 또한 자가 심명, 이름은 원량이라고도 한다. …… 집 주위에 버드나무 다섯 그루가 있어서 일찍이 〈오류선생의 전기〉를 지어서 말했다. 『…… 취하고 나서야 물러서는데 쩨쩨하게 떠나거나 머무는 데 마음을 둔 적이 없었다.』 …… 그날로 관인주머니를 끌러놓고는 관직을 떠났는데 〈돌아가리라〉는 사를 지어 그 뜻을 이루어 말하였다. 『…… 관두자꾸나! 우주간에 육체 기탁하였으니 살아있는 것 그 얼마나 되리? 어찌하여 마음이 가고 머무르는 데로 맡겨두지 않는가? 무엇 때문에 허둥대며 어디로 가려는가?』」(陶潛字淵明, 或云字深明, 名元亮……宅邊有五柳樹, 嘗著五柳先生傳云……既醉而退, 曾不吝情去留……卽日解印綬去職, 賦歸去來以遂其志……已矣乎, 寓形宇內復幾時, 曷不委心任去留, 胡爲遑遑欲何之)

4 부만(涪萬): 부주(涪州)와 만주(萬州)를 말하며 모두 촉(蜀)의 지명이다. 이 두 주는 송나라 때 모두 사천(四川)의 기주로(夔州路)에 속하였다. 《표보》 「〈행장〉에 의하면 왕응진이 전촉 제치사(制置使)로 나가자 공을 참의관으로 불렀으며 왕응진이 소환되자 공은 다시 동쪽에서 가주에 이르러 죽었다. 『부주와 만주로 돌아갈 노가 없다』고 한 것은 실기일 것이다.」(行狀, 汪公應辰制置全蜀, 辟公參議官, 汪公召還, 公復從東至嘉州卒. 涪萬無歸棹盖記實也) 여기서 「부만」은 사천을 대신 가리키며, 나박문이 촉땅에서 죽었기 때문에 이렇게 읊은 것이다.

5 엄양(嚴揚): 한나라의 엄준(嚴遵)과 양웅(揚雄)을 말한다. 《차의》 「엄은 군평을 가리키고 양은 자운을 가리킨다. 나종약이 촉 사람이기 때문에 촉땅과 촉땅의 사람으로 비긴 것 같다.」(嚴指君平, 揚指子雲. 羅宗約似是蜀人, 故以蜀地及蜀人擬之) 《표보》 「부주와 만주는 촉땅을 이르며, 엄준과 양웅은 촉땅 사람을 이른다. 《차의》의 풀이는 그 뜻을 얻었지만 나공이 촉땅에서 죽었기 때문에 이렇게 말하였다. 나종약이 촉땅 사람이라고 말한다면 이는 검증을 제대로 하지 못한 것이다.」(涪萬謂蜀地, 嚴揚謂蜀人. 箚訓得之而羅公卒於蜀故云. 謂羅是蜀人則未免失檢) 이 구절은 나종약이 촉땅에서 죽어 엄준 및 양웅 같은 촉땅 사람과 영원히 짝이 될 것이라는 말이다.

6 동사객(同社客): 《집람》 「선생 자신을 이른다.」(先生自謂)

29. 題米元暉畫[1]

미원휘의 그림에 적다

楚山直叢叢[2]	초산 총총히 곧게 서 있고,
木落秋雲起[3]	나뭇잎 떨어지고 가을 구름 인다네.
向曉一登臺	새벽 무렵 한번 누대에 오르니,
滄江日千里	푸른 강 하루 천리 가네.

1 미원휘(米元暉): 송나라의 유명한 서화가(書畫家)인 미불(米芾)의 아들인 미우인(米友仁: 1072~1151)의 자. 또는 자를 군인(君仁)이라고도 하였으며, 소자(小字)는 호아(虎兒)라 하였고 자호를 나졸노인(懶拙老人)이라 하였다. 서화에 뛰어났으며 아버지와 구분하여 세상에서는 소미(小米)라고 하였다. 이 시는 미우인이 그린 〈초산추제도(楚山秋霽圖)〉의 화제시이다.

2 초산직총총(楚山直叢叢): 당나라 한유(韓愈)의 〈오늘은 슬퍼할 만하나, 장적에게 드림(此日足可惜, 贈張籍)〉「회수는 천천히 흐르고, 초산은 총총하게 곧게 서 있네.」(淮之水舒舒, 楚山直叢叢)

3 목락(木落): 나뭇잎이 떨어지다, 낙엽이 지다. 당나라 한유의 〈또 짓다(又)〉「회남왕 낙엽 지는 것 슬퍼하였는데, 지금 나도 가을을 슬퍼한다네.」(淮南悲木落, 今我亦傷秋)

30~34. 觀劉氏山館壁間所畵四時景物, 各有深趣, 因爲六言一絶, 復以其句爲題作五言四詠[1]

유씨네 산관의 벽 사이에 있는 사철의 경물을 그린 그림을 보니 각기 깊은 흥취가 있어 육언 절구 한 수를 짓고 다시 그 구절을 제목으로 삼아 오언시 네 수를 짓는다

30

絶壑雲浮冉冉[2]	험한 골짝에 구름 하늘하늘 떠 있고,
層巖日隱重重	층진 바위로는 해 겹겹이 숨어 있네.
釋子巖中宴坐[3]	중은 암자에서 좌선하고 있고,
行人雪裏迷蹤	행인은 눈 속에서 자취 잃었다네.

31

頭上山洩雲	머리 위로는 산에서 구름 새어나오고,
脚下雲迷樹[4]	다리 아래에는 구름 나무 흐리게 하네.
不知春淺深	봄이 얕은지 깊은지는 알지 못하겠고,
但見雲來去	보이느니 구름만 오락가락할 뿐이라네.

1 《차의》「육언 절구 한 수에 『절학』과 『층암』, 『석자』, 『행인』의 네 구절이 있으므로 아래의 네 절구는 각기 한 구절을 제목으로 삼아 읊어서 이 아래에 두었다.」(謂六言一絶有絶壑層巖釋子行人四句, 故下四絶, 各以其一句爲題而賦之下放此)
유씨산관은 병산(屛山)에 있으며 유자휘(劉子翬)가 지은 것이다.

2 절학(絶壑): 깊고 험한 계곡.

3 석자(釋子): 중, 승려를 말한다.
연좌(宴坐): 「燕坐」라고도 하며, 원래는 불교용어로 좌선(坐禪)을 말한다. 권2 79번 시의 주 6)을 보라.

4 하(下): 《고이》에서는 「밑 저」(底)자로 된 판본도 있다고 하였다.

32

夕陽在西峯[5]	석양은 서쪽 봉우리에 있고,
晩谷背南嶺	저녁 골짜기는 남쪽 재를 지고 있네.
煩鬱未渠央	무더위와 우울함 아직 다 지나지 않아,
佇玆淸夜景[6]	이곳 맑은 밤 풍경 속에 우두커니 서 있네.

33

淸秋氣蕭瑟[7]	맑은 가을 기운 소슬한데,
遙夜水崩奔	아득한 밤은 물이 무너져 내닫는 듯하네.
自了巖中趣[8]	절로 바위구멍 속의 홍취 알리니,
無人可共論[9]	더불어 의논할 사람 없네.

34

悲風號萬竅[10]	슬픈 바람 만 개의 구멍에서 부르짖고,
密雪變千林	빽빽한 눈 온 숲 바꾸네.

5 석양재서봉(夕陽在西峯): 당나라 교연(皎然)의 〈산의 눈(山雪)〉「석양 서쪽 봉우리에 있는데, 포개진 비취빛 잔설에 성하네.」(夕陽在西峯, 疊翠榮殘雪)

6 청야경(淸夜景): 당나라 위응물(韋應物)의 〈유주의 한사호낭중에게 부침(寄柳州韓司户郎中)〉「그곳에서 손잡고, 여러 차례 맑은 밤풍경 감상했었지.」(於焉得携手, 屢賞淸夜景)

7 추기소슬(秋氣蕭瑟): 초나라 송옥(宋玉)의 〈구변(九辯)〉 제1수 「슬프도다, 가을의 기운이여, 쓸쓸하구나 초목 흔들리며 떨어지네.」(悲哉秋之爲氣也, 蕭瑟兮草木搖落) 삼국 위(魏)나라 조비(曹丕)의 〈연나라의 가행체로 읊다(燕歌行)〉「가을 바람 소슬하고 하늘 서늘하며, 초목은 지고 이슬은 서리 되었다오.」(秋風蕭瑟天氣涼, 草木搖落露爲霜)

8 암중취(巖中趣): 당나라 두보의 〈서지촌에서 초당을 지을 곳을 찾다가 밤에 찬공의 토실에서 묵음(西枝村尋置草堂地夜宿贊公土室)〉「지난 날 잘못 놀에서 일어나, 바위 구멍 속의 취미를 풍성하게 논하였다네.」(昨枉霞上作, 盛論巖中趣)

9 무인가공론(無人可共論): 당나라 한유의 〈시흥을 지나다가 강 입구에서 감회를 느끼다(過始興江口感懷)〉「눈 앞에서 갖은 입 도리어 서로 쫓는데, 옛 일 더불어 논할 사람 없다네.」(目前百口還相逐, 舊事無人可共論)

10 호만규(號萬竅): 《장자·제물론(齊物論)》「대저 천지가 숨 쉬는 것을 바람이라고 한다. 이게 일지 않으면 그뿐이지만 일단 일었다 하면 온갖 구멍이 다 성난 듯 부르짖는다. 그대는 어찌하여 저 윙윙거리는 소리를 듣지 못했는가? 산림의 우뚝 솟은 봉우리의 백 아름이나 되는 큰 나무의 구멍은 코 같고, 입 같고, 귀 같고……」(夫大塊噫氣, 其名爲風. 是唯無作, 作則萬竅怒呺. 而獨不聞之翏翏乎? 山林之畏隹, 大木百圍之竅穴, 似鼻, 似口, 似耳……) 송나라 임희일(林希逸)의 주석 「만규는 온갖 나무의 구멍이다.」(萬竅, 萬木之竅也)

匹馬關山路	필마로 관문과 산 길 가니,
誰知客子心[11]	뉘라서 나그네 마음 알리요.

11 수지객자심(誰知客子心): 송나라 유계(兪桂)의 〈강가에서(江上)〉「배 떠났으나 바람에 막히니, 누가 나그네 마음 알리오.」(船發春風阻, 誰知客子心)

35~39. 觀祝孝友畵卷, 爲賦六言一絶, 復以其句爲題, 作五言四詠[1]

축효우의 화권을 보고 육언 절구 한 수를 짓고 다시 그 구절을 제목으로 삼아 오언시 네 수를 짓는다

35

春曉雲山烟樹	봄 새벽 산에 구름 끼고 나무에는 안개 서렸고,
炎天雨壑風林	찌는 듯한 하늘 골짜기에는 비 내리고 숲에 바람 부네.
江閣月臨靜夜	강가의 누각 달 고요한 밤에 굽어보고,
溪橋雪擁寒襟[2]	시내 다리의 눈 차가운 옷깃 안고 있네.

36

天邊雲繞山	하늘 가에 구름 산 두르고,
江上烟迷樹	강가의 연기 나무 흐릿하게 하네.
不向曉來看	새벽 될 무렵에 보지 말게나,
詎知重疊數	겹쳐진 수 어찌 알리오?

37

炎蒸無處逃	찌는 듯한 더위 피할 곳 없는데,
亭午轉歊赩[3]	한낮에 열기 아주 뜨거워지네.

1 축효우(祝孝友): 축차중(祝次仲)의 자. 태평(太平) 사람(《雅誦註》에서는 衢州 사람이라 하였음)이며, 산수화에 뛰어났고 초서에 더욱 능하였다.
육언 절구는 각 구절이 춘하추동의 정경을 읊은 것이다.

2 옹(擁): 《고이》에서는 「찰 만」(滿)자로 된 판본도 있다고 하였다.

3 정오전학혁(亭午轉歊赩): 정오(亭午)는 곧 정오(正午)와 같으며, 해가 자오선 바로 위를 지나는 시각으로 낮 열 두시를 말한다. 정(亭)은 높다는 뜻이다. 진나라 손작(孫綽)의 〈천태산에서 놀다(遊天台山賦)〉 「희화 하

萬壑一奔傾[4]　　모든 골짜기 한꺼번에 내달아 기울이니,
千林共蕭瑟　　갖은 숲 함께 소슬하네.

38

草閣臨無地[5]　　띠 누각 까마득한 아래 굽어보는데,
江空秋月寒[6]　　강 비고 가을 달 차다네.
亦知奇絶景　　또한 기이한 절경 아니,
未必要人間　　반드시 인간 세상 필요치 않으리.

39

茆屋無烟火　　띠집에 연기와 불 보이지 않고,
溪橋絶往還　　시내의 다리에는 왕래 끊겼네.
山翁獨乘興[7]　　산 늙은이 홀로 흥이 나서,

늘 한 가운데 있고, 떠있는 구름 기운 높이 들리어 있네.」(羲和亭午, 遊氣高褰) 당나라 이선(李善)의 주석「오는 해가 한가운데 있는 것이다.」(午, 日中) 당나라 두보의 〈법경사(法鏡寺)〉「지팡이 짚고 전날의 기약 잊었는데, 울타리 나서니 이미 한낮이라네.」(拄策忘前期, 出蘿已亭午) 조씨(趙氏: 趙次公을 가리키는 것 같음)의 주석「《광아》에서 말하기를 해가 오시에 있는 것을 정오라 한다고 하였다.」(廣雅云, 日在午曰亭午) 당나라 한유의 〈통군 유창예(劉昌裔)의 비문(劉統軍碑)〉「유월에 열기 내려와, 아래 위가 푹푹 찌더니 붉게 변하네.」(六月降熱, 上下歊赩) 동아당(東雅堂)본의 주석「『歊』는 『敲』이라고도 하며, 『赩』은 크게 붉은 것이다.」(歊或作敲, 赩大赤也) 《퇴계집》 권37 〈유희범에게 답함〉「『歊』의 음은 학이며 또한 혹이라고도 읽고 치성하다 뜨겁다는 뜻입니다. 곧 《시경》에서 이른바 『많으면 장차 성하여진다』고 한 학입니다. 『赩』의 음은 혁이며, 아주 붉은 색입니다.」(歊音壑, 又呼木切, 熾也熱也. 卽詩所謂多將熇熇之歊. 赩, 許力切. 大赤色)

4 만학분경(萬壑奔傾): 《차의》「모든 골짜기에 비가 온 후에 내닫는 물이 쏟아져 내림을 이른다. 『만학분경』은 비가 내린 골짜기를 가리키고, 『천림소슬』은 바람 부는 숲을 가리킨다.」(謂萬壑雨後奔流傾倒. 萬壑奔傾指雨壑, 千林蕭瑟指風林)

5 초각임무지(草閣臨無地): 당나라 왕발(王勃)의 〈등왕각시의 서문(滕王閣序)〉「나는 듯한 누각의 단청이 물에 비치어 흐르니, 아래로는 땅에 닿지 않을 것 같다네.」(飛閣流丹, 下臨無地) 당나라 두보의 〈띠 누각(草閣)〉「띠 누각 까마득한 아래 굽어보고, 사립문은 영영 닫혀 있지 않다네.」(草閣臨無地, 柴扉永不關)

6 강공추월한(江空秋月寒): 「추」(秋)자는 《고이》에서는 「빛날 경」(耿)자로 된 판본도 있다고 하였다. 송나라 황정견의 〈이차옹에게 헤어지면서 드리다(贈別李次翁)〉「덕 있는 사람 하늘에서 놀고, 가을 달은 강물에 차게 비치네.」(德人天遊秋月寒江

7 승흥(乘興): 《진서·왕휘지전(王徽之傳)》「(왕휘지가) 일찍이 산음에 거처할 때 밤에 눈이 내리다가 갓 개어 달빛이 맑고 환한 것이 사방을 돌아보니 휘영청하여 홀로 술을 따루며 좌사의 〈은자를 부르다〉라는 시를 읊조

飄灑一襟寒　　　　차가운 옷깃 깨끗하게 나부끼네.

리고 있는데, 갑자기 대규가 생각났다. 대규는 이때 섬땅에 있어서 즉시 밤에 작은 배를 타고 그를 찾았는데 밤이 지나 거의 도착을 하였을 무렵 문앞에 이르러서는 앞으로 나아가지 않고 돌아왔다. 사람들이 그 까닭을 물었더니 왕휘지가 말했다. 『본래 흥이 일어 갔다가 흥이 사그러들어 돌아왔으니 하필이면 대안도를 만나보아야 한단 말인가!』(嘗居山陰, 夜雪初霽, 月色清朗, 四望晧然, 獨酌酒詠左思招隱士詩, 忽憶戴逵. 逵時在剡, 便夜乘小船詣之, 經宿方至, 造門不前而反. 人問其故, 徽之曰, 本來乘興而行, 興盡而反, 何必見安道邪)

40. 祝孝友作枕屛小景, 以霜餘茂樹名之, 因題此詩

축효우가 머리맡에 두는 병풍을 만들어 작은 경치를 그리고는 거기에 「서리 온 후의 무성한 나무」라고 이름을 붙였다. 이에 이 시를 짓는다

山寒夕飈急[1]	산속 차갑고 저녁에 회오리 바람 빠른데,
木落洞庭波[2]	나뭇잎은 동정호의 물결 속으로 떨어지네.
幾疊雲屛好[3]	몇 겹의 가을 구름 많은데,
一生秋夢多	일생 동안 가을 꿈 많다네.

1 석표급(夕飈急): 남조 송나라 사령운(謝靈運)의 〈석문의 새로 지은 거처는 사면이 높은 산인데 감도는 시내와 돌 여울, 긴 대나무 무성한 숲이었다(石門新營所住四面高山迴溪石瀨修竹茂林)〉「아침에는 저녁 회오리 바람 빠름 들리고, 저녁에는 아침 해 솟음 보이네.」(早聞夕飈急, 晩見朝日暾)

2 목락동정파(木落洞庭波): 《초사·구가·상부인(楚辭·九歌·湘夫人)》「산들산들 가을바람 불고, 동정호에 물결 읾이여 나뭇잎 떨어지네.」(嫋嫋兮秋風, 洞庭波兮木葉下) 당나라 낭사원(郎士元)의 〈밤에 상강에 묵다(夜泊湘江)〉「상산의 나뭇잎 동정호 물결로 지고, 상수의 이어진 구름에는 가을 기러기 많다네.」(湘山木落洞庭波, 湘水連雲秋鴈多) 권3의 2번 시 〈동저(東渚)〉에「꽃 동정호 물결에 떨어지는데, 가을 바람 까마득하니 어찌 끝이 있으리.」(花落洞庭波, 秋風渺何極)라는 구절이 있다.

3 운병(雲屛): 구름을 그린 병풍.

41~42. 傅安道楊儀之二漕勸農有詩次韻, 二首[1]

부안도와 양의지 이조가 농사를 장려하면서 시를 지어 그 시의 각운자를 써서 짓다, 두 수

41

幷峙雙臺峻[2]	두 대 높이 나란히 솟아,
分馳四牡閑[3]	네 마리 길들인 말 나누어 달리네.
共欣膏脈潤[4]	기름진 땅 윤기 있음 함께 기뻐하니,
未要粉泥乾[5]	고운 진흙 마르지 않겠네.

1 부안도(傅安道): 부자득(傅自得: 1116~1183)의 자. 부자득에 대해서는 권2 3번 시의 주 1)을 보라.
양의지(楊儀之): 양유의(楊由義)의 자. 또는 자를 의지(宜之)라고 하였다. 개봉(開封) 사람으로 주희의 부친인 주송의 집에 머무를 때 잠깐 주희를 가르친 적이 있다. 건도(乾道) 9년(1173) 복건로전운사(福建路轉運使)가 되었으며 형부시랑까지 올랐다.
이조(二漕): 《차의》「조는 조사이다. 두 사람 모두 이 관직에 있었다.」(漕, 漕司. 二人皆爲此職) 부자득과 양유의는 모두 같은 달에 서울에서 복건로전운부사와 판관(判官)에 제수되었으므로 이렇게 말하였다.
권농(勸農): 옛날 관리들이 봄과 여름의 농번기에 농사짓는 곳을 순시하고 농상(農桑)에 힘써줄 것을 독려하는 것을 말한다.

2 쌍대(雙臺): 부자득과 양유의 두 사람을 말한다. 《차의》「조사는 모두 외대를 겸직하므로 이렇게 말하였다.」(漕司皆兼外臺, 故云) 대(臺)는 관서(官署)명으로 진·한대(秦·漢代) 때부터 이미 있었다. 송나라에서는 전운사 또한 조대(漕臺)라 하였는데, 두 사람이 대관(臺官)에 있었으므로 이렇게 말하였다.

3 사모(四牡): 한 수레를 끄는 네 마리 숫말을 말한다. 《시경·소아·사모(四牡)》「네 마리 말 달리고 달리어도, 주나라로 가는 길 구불구불 끝이 없네.」(四牡騑騑, 周道倭遲) 〈모시서(毛詩序)〉「〈사모〉는 사신이 온 것을 위로하는 것이다.」(四牡, 勞使臣之來也)

4 고맥(膏脈): 비옥한 토양을 말한다. 《국어·주어(周語) 상》「토지는 이때 갈아엎을 수 있었다.」(土乃脈發) 당나라 한유의 〈추위를 괴로워함(苦寒)〉「눈과 서리 순식간에 녹고 풀렸는데, 토질 비옥하고 또 찰지네.」(雪霜頓銷釋, 土脈膏且黏)

5 분니간(粉泥乾): 「乾」은 하늘이라는 뜻일 때는 「건」으로 읽고, 마르다라는 뜻일 때는 「간」으로 읽어야 한다. 이 시에 쓰인 각운자는 상평성의 한(寒)운이다. 《주문공집》 권99 〈권농문(勸農文)〉「겨울 달 이전에 농가의 모든 밭을 일제히 갈아엎는데 얼면 부드럽고 무르게 한다. …… 자연히 밭의 흙에 깊이 들어가 …… 물을 채우면 마르기 어렵다.」(冬月以前, 便將戶下所有田段一例犁翻, 凍令酥脆……自然田泥深熟……盛水難乾) 《관보》「『미요분니간』은 아마 이것을 가리키는 것 같다. 『분니』는 그 미세함을 말한다.」(未要粉泥乾, 恐指此. 粉泥, 言其細匀也) 주희의 부친인 위재(韋齋) 주송(朱松)의 〈유씨네 가원의 벽에 적음(書劉家園壁)〉「애 끊으며 느리게 오는 제비 한 쌍, 그윽한 향기 다 사그러지고 고운 진흙 말랐다네.」(腸斷來遲雙燕子, 暗香消渴粉泥乾)

詩律何妨細[6]　시의 격률 정세함 어찌 방해될 것이고,
歡情豈遂闌　기쁜 마음 어찌 마침내 끝이 나리?
新畬行可問[7]　새 밭 감 물을 만하니,
載酒想同看　술 싣고 함께 볼 생각하네.

42

世味今如許　세상 맛 지금 어떠한가?
吾生本自閑　내 생애 본래 스스로 한가로웠네.
心期雖好在　마음속 기약 비록 잘 있다고 하나,
欲習未全乾[8]　욕심 습성되어 아직 완전히 마르지 않았네.
錯莫塵編暗[9]　뒤죽박죽 묵은 책 어두침침하게 보이고,
棲遲壯節闌[10]　마음 편히 쉬니 씩씩한 절개 한창 때 지났다네.
不因勳業晚[11]　공훈과 업적 늦었기 때문이 아니라네,
淸鏡亦頻看[12]　맑은 거울 또한 자주 보게 됨은.

---

6 시율세(詩律細): 당나라 두보(杜甫)의 〈번민을 보내다. 장난삼아 노씨네 열아홉째 조장에게 드림(遣悶, 戲呈路十九曹長)〉「만년에 시 짓는 격률 꼼꼼해지니, 뉘 집으로 술잔 넉넉해지도록 마시러 갔던가?」(晩節漸於詩律細, 誰家數去酒杯寬) 세(細)는 정세(精細)함을 이른다.

7 신여(新畬): 새로 일군 밭을 말한다. 《시경·주송·신공(周頌·臣工)》「또한 무엇을 구하는가? 일구어 놓은 새 밭을 어찌려는가?」(亦又何求, 如何新畬) 주희의 주석「여는 삼 년 된 밭이다.」(畬, 三歲田也) 《모시주소(毛詩注疏)》에서는「밭은 2년 된 것을 신이라 하고, 3년 된 것을 여라고 한다.」(田二歲曰新, 三歲曰畬)라 하였다. 일군 지 2년이나 3년 된 새로 난 밭을 말한다.

8 욕습미전간(欲習未全乾): 《차의》「욕습은 불교용어로 욕심이 마음 안에서 습관이 되었음을 이른다.」(欲習, 佛語, 謂欲心結習於內)

9 착막(錯莫): 「錯漠」이라고도 한다. 당나라 두보의 〈늙은 말의 노래(老馬行)〉「사람 보고 참담하게 슬피 하소연하는 듯하니, 주인 잃고 어그러져 빛 잃었다네.」(見人慘澹苦哀訴, 失主錯莫無精光)

10 서지(棲遲): 은퇴하여 마음 편히 푹 쉬는 것[游息]을 말한다. 《시경·진나라의 민요·삽짝문(陳風·衡門)》「오막살이 아래 거처하여도, 맘 편히 지낼 수 있네.」(衡門之下, 可以棲遲)

11 훈업(勳業): 《익증》「학문을 하는데 쇠약해졌음을 애석해함을 말한다.」(言爲學惜衰也)

12 훈업~빈간(勳業~頻看): 당나라 두보(杜甫)의 〈강가에서(江上)〉「공훈과 업적 자주 거울 보게 되고, 나가고 숨음 홀로 누대에 기대네.」(勳業頻看鏡, 行藏獨倚樓) 구가주(九家注)「공명을 채 이루지도 못하고 몸이 늙은 것을 애석히 여기는 것이다.」(惜功名未遂而身老) 《익증》「묵은 책이 어두침침하게 보이고 씩씩한 절개가 한창 때가 지났다는 것은 아마 지업이 어긋나 늦어졌다는 것을 애석히 여긴 것이므로 맑은 거울을 자주 보는 것이며 공훈과 업적이 늦어졌기 때문이 아니다.」(塵編暗, 壯節闌, 蓋惜志業之差晩, 故淸鏡頻看, 不因勳業之晩也)

43. 感懷[1]

감회

經濟夙所尙[2]　　경세제민은 내 일찍이 바라던 바,
隱淪非素期[3]　　은거하여 숨음 원래부터 생각지도 않았다네.
幾年霜露感[4]　　몇 년간 풍상 느끼어,
白髮忽已垂[5]　　백발 어느덧 이미 드리워졌네.
鑿井北山阯[6]　　북쪽 산기슭에 우물 파고,
耕田南澗湄[7]　　남쪽 기름진 물가에 밭 조금 일구네.
乾坤極浩蕩[8]　　이 천지간은 끝없이 넓은데,
歲晩將何之　　해 저물어가니 장차 어디로 가나?

1 이 시의 제목에 대하여 《고이》에서는 「제불적벽」(題佛跡壁)으로 된 판본도 있다고 하였다.

2 경제(經濟): 경국제민(經國濟民), 또는 경세제민(經世濟民).

숙(夙): 평소(平素)와 같은 뜻. 《고이》에서는 「근본 본」(本)으로 된 판본도 있다고 하였다.

3 은륜(隱淪): 은거(隱居)를 말한다. 《진서·곽박전(郭璞傳)》「엄군평(嚴君平: 嚴遵)은 속세의 가게에 파묻혀 숨었고, 매자진(梅子眞: 梅福)은 저자의 졸개로 몸을 숨겼다.」(嚴平澄漠於塵肆, 梅真隐淪乎市卒) 나아가 은사(隱士) 또는 선인(仙人)을 가리킨다. 남조(南朝)시대 송(宋)나라 사령운(謝靈運)의 〈화자풍 시마원 세 번째 골짜기에 듦 (入華子風是麻源第三谷)〉「이미 숨어 사는 나그네이니, 또한 지내며 세상 등진 현인 돕네.」(旣往隱淪客, 亦棲肥遯賢)

4 상(霜): 《고이》에서는 「바람 풍」(風)자로 된 판본도 있다고 하였다.

5 홀(忽): 《고이》에서는 「이제 금」(今)자로 된 판본도 있다고 하였다.

6 착정(鑿井): 우물을 팜. 송나라 소식의 〈백학산에서 새로 거처하며 우물을 40여 자 파내려가다가 반석을 만났는데 돌이 다하자 이에 샘을 얻었다(白鶴山新居, 鑿井四十尺, 遇盤石, 石盡, 乃得泉)〉「새벽에 병 만한 웅덩이에서 눈 같이 뿌연 젖 같은 물 얻었는데, 저녁 되자 물동이만한 웅덩이에 얼음 같은 여울 머무르네.」(晨瓶得雪乳, 暮甕停冰湍)

지(阯): 《고이》에서는 「그칠 지」(止)자로 된 판본도 있다고 하였다.

7 미(湄): 수초와 서로 이어진 물가 언덕.

8 호탕(浩蕩): 당나라 두보의 〈삼가 상서좌승이신 위제 어르신께 44구로 지어 바침(奉贈韋左丞丈二十二韻)〉「흰 갈매기 호탕하게 들어가니, 만 리에 누가 길들일 수 있으리?」(白鷗沒浩蕩, 萬里誰能馴)

44~48. 墨莊五詠[1]

묵장을 다섯 수로 읊음

44 墨莊	묵장
詩書啓山林	《시》와 《서》로 산과 숲 열고,
德義久儲積	덕행과 의리 오랫동안 쌓았다네.
嗣世知有人[2]	대를 이어 훌륭한 인물 아는데,
新畬更開闢[3]	새 밭 다시 가꾸었다네.

45 冽軒[4]	열헌
窓開深井泉	창문 여니 샘물 깊은데,
窈窕千丈碧[5]	가물가물 천 길이나 짙푸르네.

1 묵장(墨莊): 《차의》 「유자징이 책을 수장한 곳이다.」(劉子澄藏書之莊) 유자징은 유청지(劉淸之: 1134~1189)의 자. 임강(臨江) 사람으로, 호는 정춘선생(靜春先生)이라 하였다. 소흥(紹興) 26년(1156)에 진사가 되었으며, 순희(淳熙) 16년(1189) 지원주(知袁州)로 죽었다. 《문집》 권77에 〈유씨묵장기(劉氏墨莊記)〉가 있다.

2 사세(嗣世): 자손 대대로 전하다.
유인(有人): 일반적으로는 부정칭으로 주로 3인칭을 일컫는 말로 쓰이나, 여기서는 걸출한 인물이라는 뜻으로 쓰였다. 《진서·충의전서(晉書·忠義傳序)》 「변호…… 등은 이미 열전에 들어가 있으며, 그 나머지는 곧 그 행실과 사적을 적어서 〈충의전〉을 지어 진씨의 걸출한 인물을 드러내고자 한다.」(卞壼……等已入列傳, 其餘郎敍其行事, 以爲忠義傳, 用旌陳氏之有人焉)

3 신여경개벽(新畬更開闢): 「신여」는 개간한 지 2~3년 된 밭. 위 41번 시의 주 7)을 보라. 당나라 한유(韓愈)의 〈아들 부가 장안성 남쪽에서 독서함에 부침(符讀書城南)〉 「문장 어찌 귀하지 않으리오, 경서의 가르침 전답과 다름없다네.」(文章豈不貴, 經訓乃菑畬) 〈유씨묵장기(劉氏墨莊記)〉 「도중에 변란을 겪어 책이 흩어져 지키지 못했다. 유청지의 선군자께서 홀로 그 일을 깊이 생각하셨다. 먹을 것을 절약하고 의복을 줄여가며 있는 힘을 다하여 모으는데 힘썼다. 소흥 임신년(1152)에 이르러 이른바 수천 권이라는 것을 비로소 옛날대로 회복하였다.」(中更變亂, 書散不守. 淸之之先君子獨深念焉, 節食縮衣, 悉力營聚. 至紹興壬申歲, 而所謂數千卷者始復其舊)

4 열(冽): 《주역·물과 바람은 정(水風井)》의 밑에서 다섯 번째 양효[九五] 「우물이 맑아 차가운 샘물을 먹는다.」(井冽, 寒泉食) 주석[傳] 「열은 달고 깨끗함이다. 우물은 차가운 것이 맛있다. 달고 깨끗한 차가운 샘은 사람이 먹을 수 있다.」(冽謂甘潔也. 井以寒爲美. 甘潔之寒泉, 可爲人食也)

5 요조(窈窕): 깊고 먼 모양, 또는 신비로운 모양을 나타내는 의태어.

何幸且淵澄[6] 얼마나 다행인지 또한 깊고 맑아,
無路遽心惻[7] 갑자기 마음 슬퍼질 길 없네.

46 靜春堂[8] 정춘당
幽人本何心[9] 그윽한 은자 본래 무슨 마음인지,
偶此翳環堵[10] 어쩌다 이곳 좁다란 방 가리네.
隱几亦無言[11] 안석에 기대어 또한 말 없는데,
光風遍寰宇[12] 비온 뒤의 바람 온 세상에 두루 불어오네.

47 玩易齋 완역재
竹几橫陳處 대나무 안석 가로 늘어 놓은 곳에,
韋編半掩時[13] 가죽 끈으로 엮은《주역》반쯤 가린 때라네.

6 연징(淵澄): 물이 깊고 맑다.
7 심측(心惻):《주역·물과 바람은 정》의 밑에서 셋째 양효[九三]「우물을 퍼내도 먹지 못하니 내 마음이 슬프다. 물을 길을 만하다.」(井渫不食, 爲我心惻. 可用汲)
8 정춘당(靜春堂):《익증》「유자징의 자호이다.」(子澄自號)
9 유인(幽人): 은자(隱者)를 말한다.《주역·이괘(履卦)》「도를 밟음이 탄탄하니 유인이 곧게 행동하면 길하다.」(履道坦坦, 幽人貞吉)
10 예(翳): 여기서는 동사로 쓰였다. 가리다, 덮다.
환도(環堵):「환도」는 사방이 1도인 방을 말한다. 사방 1장(丈)을 판(版)이라 하고 5판을 1도(一堵)라 한다.《예기·유행(儒行)》「선비에게는 1묘가 되는 담장에 사방 1도의 방이 있으며, 대나무를 쪼개어 엮은 낮은 문이 있다.」(儒有一畝之宮, 環堵之室, 篳門圭窬) 곧 협소한 방을 비유하는 말로 쓰인다. 남조 진나라 도연명(陶淵明)의 〈오류선생의 전기(五柳先生傳)〉「좁다란 방은 쓸쓸했으며 바람이나 해를 가려주지 못했다.」(環堵蕭然, 不蔽風日) 당나라 두보의 〈은자인 완방(阮昉)에게 주다(貽阮隱居)〉「거마 이웃집으로 들어가는데, 쑥대 좁고 누추한 방 가리네.」(車馬入隣家, 蓬蒿翳環堵) 이 구절은 곧 누추한 집에 은거한다는 것을 말하였다.
11 은궤(隱几):「은」은「기대다」[憑],「의지하다」[依, 倚]의 뜻이다.《맹자·공손추(公孫丑) 하》「맹자가 제나라를 떠나 주땅에 묵게 되었는데 (제나라) 왕을 위하여 떠남을 만류하는 사람이 꿇어앉아 말했으나 대답하지 않고 안석에 기대어 누웠다.」(孟子去齊, 宿於晝. 有欲爲王留行者, 坐而言, 不聽, 隱几而臥)
12 광풍(光風):「광풍제월」(光風霽月)의 준말로「비갠 뒤의 바람과 달」이라는 뜻이다. 송나라 황정견(黃庭堅)의 〈염계 주돈이의 시집 서문(濂溪詩序)〉「용릉의 주무숙(주돈이의 자)은 마음속이 깨끗하고 맑아 세속을 초탈하기가 비가 갠 후의 달과 구름 같았다.」(周茂叔胸中灑落, 如光風霽月)《송사·주돈이의 전기(周敦頤傳)》「황정견은 그를 칭찬하여『인품이 매우 고결하고 가슴이 맑고 깨끗하여 세속을 초탈한 것이 마치 비 온 뒤의 달과 구름 같았다.』고 하였다.」(黃庭堅稱其人品甚高, 胸懷灑落, 如光風霽月) 보통 인품의 비유에 많이 쓰이는데 마음이 세속을 초탈하여 맑고 깨끗함을 형용한다.
환우(寰宇): 전 세계, 온 세상.
13 위편(韋編): 죽간을 묶는 가죽 끈, 혹은 가죽 끈으로 묶은 죽간.《사기·공자세가(孔子世家)》「공자는 만년에《주역》을 좋아하여 〈단〉·〈계〉·〈상〉·〈설괘〉·〈문언〉의

寥寥三古意[14]	세 옛 성인의 뜻 넓디넓은데,
此地有深期	이 곳에 깊은 기약 있다네.

48 君子亭	군자정
倚杖臨寒水	지팡이 기대어 찬물에 임하고,
披衣立晩風[15]	옷 걸치고 저녁바람 맞으며 서 있네.
相逢數君子[16]	그곳에서 만난 여러 군자들,
爲我說濂翁[17]	나에게 염계의 늙은이 말해주네.

차서를 정하였다. 《주역》을 읽어 가죽 끈이 세 번이나 끊어졌다.」(孔子晩而喜易, 序彖·繫·象·說卦·文言. 讀易, 韋編三絶) 여기서는 책, 특히 《주역》을 가리켜 말한 것이다.

14 요료(寥寥): 쓸쓸하다는 뜻도 있지만 여기서는 광활함, 공활함이라는 뜻으로 쓰였다.

삼고(三古): 《차의》「복희씨와 문왕, 그리고 주공을 이른다.」(謂伏羲文王與周孔) 《한서·예문지(藝文志)》「그러므로 《역》의 도가 깊다고 하는 것이니, 사람은 세 성인을 거쳤고 세상은 삼고를 지나왔다.」(故曰易道深矣, 人更三聖, 世歷三古) 위소(韋昭)의 주석 「복희씨와 문왕 그리고 공자이다.」(伏羲·文王·孔子) 맹강(孟康)의 주석 「복희씨가 상고이고 문왕은 중고, 공자는 하고이다.」(伏羲爲上古, 文王爲中古, 孔子爲下古) 아주 먼 옛날을 두루 가리켜 한 말.

15 의(衣): 「옷깃 금」(襟)자로 된 판본도 있다.

16 군자(君子): 연꽃을 말한다. 염계(濂溪) 주돈이(周敦頤)의 〈연꽃을 사랑함에 대하여(愛蓮說)〉「나는 말한다. 국화는 꽃 가운데 은일자이며, 모란은 꽃 가운데 부귀한 것이며, 연꽃은 꽃 가운데 군자이다.」(予謂菊花之隱逸者也, 牡丹花之富貴者也, 蓮花之君子者也)

17 염옹(濂翁): 염계 주돈이를 말한다. 주돈이가 〈애련설〉을 지은 것을 말한다. 《익증》「이것으로 정자의 이름을 삼은 것 같다.」(疑以此名亭)

49~68. 齋居感興, 二十首[1]

한가로이 거처하면서 느낌이 일어, 스무 수

余讀陳子昂感寓詩,[2] 愛其詞旨幽邃音節豪宕, 非當世詞人所及. 如丹砂空青金膏水碧.[3] 雖近乏世用,[4] 而實物外難得自然之奇寶. 欲效其體作十數

1 〈재거감흥〉시에는 주석이 많은데 송나라 때만해도 벌써 두 종이 간행되었다. 하나는 하기(何基: 1188~1268)의 《하북산선생유집(何北山先生遺集)》 권3과 권4에 수록된 〈해석주자재거감흥시이십수(解釋朱子齋居感興詩二十首)〉(이하 〈해석〉)이고, 또 하나는 채침(蔡沈)의 아들인 채모(蔡模)의 《문공주선생감흥시(文公朱先生感興詩)》(이하 《감흥시》)이다. 우리나라에서도 제가의 〈감흥시〉 주석을 모아놓은 유극(劉剋)의 《주문공선생재거감흥시제가주해집람(朱文公先生齋居感興詩諸家註解集覽)》이 영조 29년(1753)에 간행된 바 있다.

2 진자앙(陳子昂: 661~702): 자는 백옥(伯玉)이며, 당나라 재주(梓州) 사홍(射洪) 사람이다. 처음에는 협기(俠氣)를 믿고 17, 8세가 될 때까지 공부를 하지 않다가, 뜻한 바 있어 빈객을 끊고 경전(經傳)에 몰두하였으며 수년간 경사(經史)는 물론 백가의 책을 두루 보지 않은 것이 없었다. 광택(光宅)진사로 상소문을 올려 정사를 논하였는데 측천무후(則天武后)의 칭찬을 받아 인대정자(麟臺正字)에 배수되었고 우습유(右拾遺)로 옮겼다. 무유의(武攸宜)를 따라 거란을 토벌한 적도 있으며, 관직을 그만두고 귀향한 후 현령 단간(段簡)의 모함으로 옥사했다. 그가 지은 〈감우〉시는 시폐를 질책하고 풍격이 높아 당시(唐詩)의 발전에 큰 영향을 끼쳤다.
「寓」는 순희본(淳熙本)에는 「만날 우」(遇)자로 된 판본도 있다. 두 글자는 서로 통하여 쓰며 진자앙 시의 원제에는 「遇」로 되어 있다.

3 단사공청(丹砂空青): 단사는 곧 주사(朱砂)를 말한다. 옛날 도가에서 연단의 재료로 썼으며, 안료(顔料)와 약재로도 쓰였다. 《집람》 「약 이름으로 계주 구루현에서 난다. 진나라 갈홍이 단사를 얻고자 하여 구루현령이 되기를 구하였다.」(藥名, 出桂州句漏縣. 晉葛洪欲得丹砂, 求爲句漏令) 공청은 공작석(孔雀石)의 일종으로 양매청(楊梅靑)이라고도 한다. 동광(銅鑛)을 따라 형성되며, 큰 것은 계란만 하다. 안료와 약재로 쓰이는데, 속이 비었고 빛이 푸르므로 공청이라 한다. 《본초강목(本草綱目)》 권3 「익주의 산골짜기와 월준산의 구리가 있는 곳에서 나며, 구리를 정련하여 태우면 공청이 나는데 안이 비었다.」(生益州山谷及越巂山有銅處, 銅精熏則生空靑, 其腹中空)
금고(金膏): 도교에서 말하는 전설의 선약을 말한다. 《목천자전(穆天子傳)》 권1에 「황금지고」(黃金之膏)라는 말이 나오는데 진(晉)나라 곽박(郭璞)은 주석을 달고 「금고는 또한 옥고와도 같은데, 모두 정제하여 퍼낸 것이다.」(金膏亦猶玉膏, 皆其精汋也)라 하였다.
수벽(水碧): 옥의 일종으로 수정 따위의 광물이다. 당나라 한유(韓愈)의 〈삼가 두여회(杜如晦) 상공의 태청궁의 일을 적은 시에 화답하여 정성을 다하여 이봉길(李逢吉) 상공께 올림(奉和杜相公太淸宮紀事陳誠上李相公十六韻)〉 「전각의 섬돌에는 수벽 펼쳐져 있고, 뜰의 횃불은 금꽃 터뜨리네.」(殿階鋪水碧, 庭炬坼金葩) 《산해경·동산경(山海經·東山經)》 「경산에는 초목은 없고 수벽이 많다.」(耿山無草木, 多水碧) 진나라 곽박의 〈신선세계에 놀다(遊仙)〉 「도인 〈단경〉 읽고, 방사는 옥액 달군다네. …… 거만하게 흘겨보며 나무 영지 따고, 언덕 물결에서 수벽 캔다네.」(道人讀丹經, 方士鍊玉液……傲睨摘木芝, 陵波采水碧) 남조 송나라 사령운(謝靈運)의 〈팽려호의 어귀로 들어가며 짓다(入彭蠡湖口作)〉 「금고는 빛 반짝반짝 내고, 수벽은 물 따뜻한 곳에서 그치네.」(金膏滅明光, 水碧輟流溫)

4 근핍세용(近乏世用): 홍의영(洪儀泳)의 《차의익증(箚疑翼增)》(이하 《익증》) 「물과 불, 구리와 쇠가 목전에

篇, 顧以思致平凡筆力萎弱,[5] 竟不能就然, 亦恨其不精於理, 而自託於僊佛之間,[6] 以爲高也.[7] 齋居無事偶書所見得二十篇, 雖不能探索微眇追迹前言,[8] 然皆切於日用之實, 故言亦近而易知, 旣以自警, 且以貽諸同志云.

내가 일찍이 진자앙의 〈감우시〉를 읽어보고는 그 시어의 뜻이 그윽하고 깊으며 음절이 호탕함을 사랑하였는데, 당세의 시인들이 미칠 바가 아니었다. 단사와 맑은 하늘, 금 기름과 푸른 물과 같아 비록 근래에 세상에 쓰임은 적었지만 실로 물외의 자연의 기이한 보물을 얻기가 힘들었다. 십 수 편을 본떠서 짓고자 하였으나 내 생각이 이름이 평범하고 필력이 쇠약하여 마침내 이룰 수 없었다. 그러나 또한 그 이치에 정밀하지 못함과 또 스스로 도교와 불교에 기탁함을 높이 여기는 것을 한탄한다. 한가로이 거처하자니 별일이 없어 우연히 소견을 써 스무 편을 얻었는데, 비록 미묘한 뜻을 탐색하고 전대의 말을 추적할 수는 없었지만 모두 일용해가는 실상에 맞아떨어져 말 또한 가깝고 쉽게 알 수 있다. 이에 스스로 경계로 삼고 또한 여러 동지에게 주어 말한다.

49[9]

昆侖大無外	둥글고 흐릿하여 큰 하늘은 끝이 없고,

쓰임이 된 것을 말한다.」(言水火銅銕之爲目前需用也) 송나라 소식(蘇軾)의 〈장전도가 보내준 시에 같은 각운자를 써서 짓다(次韻答章傳道見贈)〉「큰 재주 근자에 쓰임 적고, 솜씨 좋은 춤 짧은 소매에 곤궁해지네.」(宏材乏近用, 巧舞困短袖)

5 위(萎):「처」(萋)자로 된 판본도 있다.

6 탁(托):「託」으로 된 판본도 있다.
선(仙):「僊」으로 된 판본도 있다.

7 부정~위고(不精~爲高): 우암(尤庵) 송시열(宋時烈)의 《주자대전차의(朱子大全箚疑)》(이하 《차의》)「이것은 진자앙을 가리킨다.」(此指子昂) 《집람》「진자앙의 〈감우시〉 여러 편에서는 신선과 부처의 일을 많이 말하였다.」(陳子昂感遇諸篇, 多說仙佛之事)

8 미(未):「아니 불」(不)자로 되어 있는 판본도 있다.
유묘(幽妙):「미묘」(微眇)로 되어 있는 판본도 있다.

9 하기의 〈해석〉「이 시는 세 절로 나누어 봐야하지만 수미는 한 가지 뜻일 따름이다. 첫 네 구절은 천지의 사이를 채우고 있는 것은 달리 사물이 없고 하나의 음과 하나의 양이 그 사이에서 운행하는데 실로 천지의 공용이요 품휘의 근저임을 말하였다. 다음 여섯 구절은 복희씨가 상을 살피고 괘를 말하여 사물을 열고 일을 이루어 사람의 극진한 공을 세웠음을 말하였다. 마지막 두 구절은 주자(周子)가 그림을 그리고 책을 지어 《역》의 도를 펴서 밝히고 다시 사람의 극진한 공을 열었음을 말하였다. 무극옹은 다만 주렴계를 일컫는 것일 따름인데, 옛날 사람들이 범태사를 『당감옹』으로 본 것과

旁薄下深廣[10] 까마득한 땅은 아래로 끝없이 넓네.
陰陽無停機[11] 음양의 변화는 잠시도 쉬지 않고,
寒暑互來往[12] 추위와 더위 서로 번갈아 오가네.
皇羲古神聖[13] 복희씨는 옛날의 신령스런 성인으로,
妙契一俯仰[14] 신묘한 계합 한번 우러르고 숙임에 이루어졌네.

같을 따름이다. 이 편은 다만 음양을 주로 하였는데 후편의 여러 편장은 이것을 많이 말하고 있기는 하지만 여러 설이 추측한 것이 너무 심하다. 채모는 이 시가 무극과 태극을 말하였다고 하였는데, 이 시에서 어느 말을 가리켜 태극을 말한 것인지 몰랐으니 하물며 무극이겠는가? 태극은 실로 음양의 이치이며, 음양을 말하면 태극은 이미 그 안에 있다. 다만 이 편을 억지로 뽑아 태극의 설로 삼는다면 한 장의 문맥이 모두 관철되어 내려가지 않는다. 이런 언어는 깊고 넓은데, 이치를 말하는 가장 큰 병이다.」(此章當作三節看, 然首尾只一意. 首四句言盈天地之間別無物事, 一陰一陽流行其中, 實天地之功用, 品彙之根柢. 次六句言伏羲觀象說卦, 開物成務, 建立人極之功. 末二句言周子立圖著書, 發明易道, 再開人極之功. 無極翁只是周濂溪之稱, 猶昔人目范太史爲唐鑑翁爾. 此篇只是以陰陽爲主, 後篇諸章, 多是說此者, 而諸說推之太過. 蔡中覺謂此篇言無極太極, 不知於此章指何語謂說太極, 況無極乎. 太極固是陰陽之理, 言陰陽則太極已在其中. 但此篇若强揠作太極說, 則一章語脉皆貫穿不來. 此等語言滉漾, 最說理大病也)
채모의 《감흥시》「이 시는 무극이면서 태극이라는 것을 말하였다.」(此篇言無極而太極也)

10 혼륜~방박(昆侖~旁薄): 「昆」은 「흐릴 혼」(渾)자와 통하여 쓰며, 광대하여 끝이 없는 모양이다. 「薄」은 「널리 덮일 박」(礴)자와도 통하여 쓴다. 한나라 양웅(揚雄)의 《태현경·현문(太玄經·玄文)》「혹자가 묻기를 『혼륜방박은 무엇을 이릅니까?』라 하였다.」(或曰昆侖旁薄幽何爲也) 주석서인 명나라 섭자기(葉子奇)의 《태현본지(太玄本旨)》「혼륜은 둥글고 흐릿한 모양으로 하늘의 형태이다. 방박은 넓은 모양으로 땅의 형태이다.」(昆侖, 圓渾貌, 天之形也. 旁薄, 廣博貌, 地之形也) 《감흥시》「혼륜은 하늘을 가지고 말하였고, 방박은 땅을 가지고 말하였다.」(昆侖以天言, 旁礴以地言)
대무외(大無外): 《감흥시》「곧 장자[張載]가 말한 커서 끝이 없음을 말한다.」(卽張子所謂大而無外也)
하심광(下深廣): 남붕(南鵬: 1870~1933)의 《감흥시》「그것이 낮으며 깊고 넓은 것을 말한다.」(言其下而深且廣也) 《운도정음(雲陶正音)》(이하 《정음》) 「땅이다.」(地也)

11 음양무정기(陰陽無停機): 《감흥시》「음양은 기이다. 무정기는 《주역》(〈繫辭〉 상)에서 이른바 일음일양과 같다.」(陰陽, 氣也. 無停機猶易所謂一陰一陽也)

12 한서호래왕(寒暑互來往): 한서는 기가 드러난 것을 말한다. 《주역·계사(繫辭) 하》「추위가 가면 더위가 오고 더위가 가면 추위가 와서, 추위와 더위는 서로 미루어서 해를 이룬다.」(寒往則暑來, 暑往則寒來, 寒暑相推而歲成焉)

13 황희(皇羲): 중국 고대의 삼황(三皇)의 하나인 복희씨(伏羲氏)를 말한다.
신성(神聖): 《주역·계사(繫辭) 상》「음양을 헤아릴 수 없는 것을 신이라고 한다.」(陰陽不測之謂神) 《감흥시》「커서 변화시키는 것을 성이라 하고, 성스러워서 알 수 없는 것을 신이라고 한다.」(大而化之之謂聖, 聖而不可知之之謂神)

14 부앙(俯仰): 전설에 의하면 복희가 위로는 천문을 우러르고 아래로는 지리를 살피어 처음으로 팔괘를 그어 《주역》을 지었다는데, 이를 말한다. 《주역계몽익전(周易啓蒙翼傳)·상편》「《역대전》에서 말하기를 『옛날에 포희씨가 천하를 다스릴 때 우러러 하늘에서 상을 관찰하였고, 숙여서 땅에서 법을 관찰하였다.』라 하였다.」(易大傳曰, 古者包羲氏之王天下也, 仰則觀象於天, 俯則觀法於地)

不待窺馬圖[15]	그리하여 마도를 살핌 기다리지 않고도,
人文已宣朗[16]	이에 사람의 무늬 밝게 펴졌네.
渾然一理貫	혼연히 한 가지 이치 관통하니,
昭晰非象罔[17]	밝고도 분명하여 흐릿하지 않네.
珍重無極翁[18]	진중하도다 무극의 늙은이여,
爲我重指掌[19]	나를 위해 거듭 손바닥 가리키시네.

15 마도(馬圖): 하도(河圖)를 말한다. 《예기·예운(禮運)》「하수에서 마도가 나왔다.」(河出馬圖) 한나라 정현(鄭玄)의 주석 「용마가 그림을 등에 지고 나온 것을 말한다.」(謂龍馬負圖而出)

16 인문(人文): 《주역·비괘(賁卦)》의 단사(彖辭) 「무늬가 밝아서 머무니 사람의 무늬다. …… 인문을 관찰하여 천하를 화하게 한다.」(文明以止, 人文也……觀乎人文以化成天下)

황희~선랑(皇羲~宣朗): 《감흥시》「인문은 무릇 강유의 왕래, 상하의 교착이 미미하지만 천리의 절문은 드러나고 예악과 법도가 빛나는 것이 모두 이것이다. 『선랑』은 『소명』과 같다. 복희씨가 신성하고 특이한 자태를 품부하여 이 이치가 한번 고개를 숙였다가 쳐드는 사이에 묘하게 합쳐져 신마가 지고 온 그림을 엿보지 않아도 된다는 말이다. 인문이 이미 흉중에서 찬연하게 밝게 펴졌다. 바로 소자가 그리기 전에 원래 《역》의 뜻이 있었다.」(人文凡剛柔之往來上下之交錯徹, 而天理之節文著, 而禮樂法度之煥然者皆是也. 宣郞, 猶昭明也. 言皇羲稟神聖特異之姿妙契此理於一俯仰之間, 不待窺見神馬所負之圖, 而人文已粲然宣朗於胸中矣. 正邵子畫前, 元有易之意也)

17 소석(昭晰): 《감흥시》「밝게 빛나는 것이다.」(光明也)

상망(象罔): 망상(罔象)이라고도 하며, 분명하지 않아 형상이 뚜렷하지 않은 것, 무심(無心)한 것을 말한다. 《장자·천지(天地)》「황제가 적수 북쪽에서 놀다가 곤륜산에 올라 남쪽을 바라보고 돌아왔는데 현주를 잃어버렸다. 지에게 찾게 하였으나 찾지 못하였고, 이주에게 찾게 하였으나 찾지 못하였으며, 끽후에게 찾게 하였어도 찾지 못하였다. 이에 상망을 시켰더니 상망은 찾아내었다. 황제가 말하기를 『이상도 하구나! 상망이 그것을 찾을 수 있다니!』」(皇帝遊乎赤水之北, 登乎崑崙之丘, 而南望還歸, 遺其玄珠. 使知索之而不得, 使離朱索之而不得, 使喫詬索之而不得也. 乃使象罔, 象罔得之. 皇帝曰, 異哉! 象罔乃可以得之乎!)

혼연~비상망(渾然~非象罔): 《감흥시》「혼연한 한 가지 이치의 묘함이 드러남과 은미함을 관철하여 비록 충막무짐하지만 천지와 음양, 한서의 이치가 이미 그 가운데에 갖추어져 있고, 비록 천지가 위치가 정하여져 있지만 음양과 한서가 운행되고 있으며 태극의 이치가 일찍이 없었던 적이 없음을 말한다. 상하를 관철하여 지극히 밝아 흐릿하여 분명치 않아 근거가 없는 것이 아니다. 『혼연일리관』 한 구절은 실로 이 시의 키워드인데 독자들은 상세히 알아야 한다.」(言渾然一理之妙貫徹顯微, 雖冲漠無朕, 而天地陰陽寒暑之理, 已悉具於其中. 雖天地定位陰陽寒暑運行, 而太極之理, 亦未嘗不在焉. 徹上徹下, 極爲昭晰, 非懵然象罔而無據也. 渾然一理貫一句, 實爲一詩之錧鎋, 讀者詳之)

18 무극옹(無極翁): 염계 주돈이(周敦頤)를 가리킨다. 주돈이는 일찍이 〈태극의 그림과 해설(太極圖說)〉을 지은 적이 있는데, 그 첫 마디가 「무극이면서 태극이다」(無極而太極)로 시작되어서 그렇게 부른다.

19 중지장(重指掌): 《논어·팔일(八佾)》「어떤 사람이 체 제사에 대하여 물었다. 이에 공자께서는 『알지 못하겠다. 그 내용을 아는 자는 천하를 다스림에 있어 여기에다 올려놓고 보는 것과 같을 것이다.』라 하시고는 그 손바닥을 가리키셨다.」(或問禘之說. 子曰, 不知也, 知其說者之於天下也, 其如示諸斯乎! 指其掌) 주자의 주석 「분명하고도 쉬움을 말한 것이다.」(言其明且易也) 《감흥시》「복희씨가 괘를 그린 후에 또한 주돈이가 다시 태극도를 그려서 그 뜻을 밝힘이 손바닥에서 거듭 가리

50[20]

吾觀陰陽化[21]	내 음양의 변화 살펴보니,
升降八紘中[22]	팔방의 가운데를 오르락 내리락하네.
前瞻旣無始	앞을 보니 이미 그 시작이 없으니,

키듯 매우 밝음을 말한다. 이로써 보건대 《역》에 태극이 있는 것을 주돈이는 무극이면서 태극이라고 미루어 짐작하였다. 이것이 양의를 낳는 것을 주돈이는 태극은 동적이며 양을 낳고 정적이면서 음을 낳는다고 미루어 짐작하였다. 천지의 수가 변화를 이루어 귀신이 행하는 것을 주돈이는 양이 변하고 음이 합쳐져 수·화·금·목·토를 낳는다고 미루어 짐작하였는데, 이것이 거듭 손바닥을 가리킨 것이 아니겠는가?」(謂皇羲畫卦之後, 又得周子作太極圖以闡其義如重指諸掌而甚明也. 由今觀之, 易有太極, 周子卽推無極而太極. 是生兩儀, 周子卽推太極動而生陽靜而生陰. 天地之數成變化而行鬼神, 周子卽推陽變陰合而生水火金木土, 是不謂之重指掌乎)

진중~중지장(珍重~重指掌): 《감흥시》「이 시는 무극이면서 태극임을 말하였는데, 곧 《태극도》의 ○이다.」(此篇言無極而太極, 卽太極圖之○也) 《차의》「채모(蔡模)는 이 시를 무극이면서 태극임을 논한 것으로 보았는데, 하기(河基)는 그렇지 않다고 하였다. ○ 웅강대가 말하기를 『이 시는 천지·음양·한서가 운행하는 기운에는 이가 있어서 그 사이를 융회관통하는 것을 주로 여긴다는 것을 논하였다.』라 하였다.」(蔡仲覺以爲此篇論無極太極, 而何文定非之. ○ 熊氏剛大曰, 此篇論天地陰陽寒暑運行之氣有理, 融貫其間以爲之主)

20 〈해석〉「면재 황간이 말했다. 두 수는 모두 음양에 대하여 말하였지만 전편은 횡으로 본 것을 말하였고, 이 시는 바로 본 것을 말하였다. 이른바 횡으로 보았다는 것은 상하와 사방, 원근과 소대로 이 뜻이 가득 차서 한 곳도 두루 미치지 않는 곳이 없으며 하나의 사물도 미치지 않는 곳이 없다는 것이다. 이른바 바로 보았다는 것은 위로 개벽을 한 이래 아래로 만세의 후까지 다만 이 사물이 유행하여 쉬지 않는 것을 말한다.」(勉齋黃氏曰, 兩篇皆言陰陽, 但前篇是說橫看底, 此篇是說直看底. 所謂橫看者, 是上下四方遠近小大, 此意拍塞, 無一處不周, 無一物不到. 所謂直看者, 上自開闢以來, 下至于萬歲之後, 只是這箇物事流行不息)

채모의 《감흥시》「이 시는 태극이 움직여 양을 낳고 고요해져 음을 낳는 것을 말하였으니 태극도의 두 번째 둘레이다.」(此篇言太極動而生陽, 靜而生陰, 卽太極圖第二圈也)

《차의》「웅씨가 말하였다. 『이 시는 음양과 태극을 논하였다.』」(熊氏曰, 此篇論陰陽太極)

21 화(化): 《감흥시》「화라는 것은 변화가 이루어진 것이다.」(化者, 變之成也)

22 팔굉(八紘): 팔극(八極)을 말한다. 《회남자·지형훈(地形訓)》「구주의 바깥에 팔인이 있다. …… 팔인의 바깥에는 팔굉이 있는데, 또한 사방이 천리이다. 동북방에서부터 시작하여 화구라 하며, 황토라고도 한다. 동방을 극림이라 하며, 상야라고도 한다. 동남방을 대궁이라 하는데, 중녀라고도 한다. 남방을 도광이라고 하며, 반호라고도 한다. 서남방을 초요라고 하며, 염토라고도 한다. 서방을 금구라 하며, 옥야라고도 한다. 서북방을 일목이라고 하며, 사소라고도 한다. 북방을 적빙이라고 하며, 위우라고도 한다. 무릇 팔굉의 기운은 추위와 더위를 내며, 팔방의 올바름을 합하는데 반드시 바람과 비를 통하여 한다.」(九州之外, 乃有八殥…… 八殥之外, 迺有八紘, 亦方千里. 自東北方曰和丘, 曰荒土. 東方曰棘林, 曰桑野. 東南方曰大窮, 曰衆女. 南方曰都廣, 曰反戶. 西南方曰焦僥, 曰炎土. 西方曰金丘, 曰沃野. 西北方曰一目, 曰沙所. 北方曰積冰, 曰委羽. 凡八紘之氣, 是出寒暑, 以合八正, 必以風雨) 《열자·탕문(湯問)》「발해의 동쪽은 몇 억만 리나 되는지 알지 못하는데, 그곳에는 큰 골짜기가 있으며 실은 바닥이 없는 골짜기로 그 아래는 바닥이 없으며 귀허라고 합니다. 팔굉과 구야의 물, 은하수의 물길이 그곳으로 흘러들지 않는 것이 없지만 그곳의 물은 불어나지도 줄어들지도 않습니다.」(渤海之東不知幾億萬里, 有大壑焉, 實惟無底之谷, 其下無底, 名曰歸墟. 八紘九野之水, 天漢之流, 莫不注之, 而無增無減焉)

後際那有終[23] 뒤인들 어찌 끝이 있겠는가?.
至理諒斯存 지극한 이치 실로 여기 있으니,
萬歲與今同[24] 만세토록 지금과 같으리라.
誰言混沌死[25] 누가 혼돈 죽었다 하였는가?
幻語驚盲聾 헛말로 봉사와 귀머거리 놀래키네.

51[26]

人心妙不測[27] 사람의 마음 묘하여 헤아리지 못하니,

23 전첨~유종(前瞻~有終): 《집람》「곧 동과 정에는 끝이 없으며, 음과 양에는 시작이 없다는 뜻이다. 주자가 이른바 『앞에서 그것을 미루어 생각해보나 그 처음 합쳐진 곳을 모르며, 뒤에서 그것을 끌어보나 그 끝난 곳의 떨어진 것임을 모른다.』고 하였다.(程子所謂動靜無端, 陰陽無始之意. 朱子曰, 推之於前而不見其始之合, 引之於後而不見其終之離者也) 이는 모두 《성리대전(性理大全)》 권1의 〈태극도설〉을 해설한 말이다.

《감흥시》「음양의 변화가 팔극의 가운데를 오르락내리락하지만 동정은 끝이 없고 음양은 시작이 없어 선수를 나눌 수 없다는 것이다. 주돈이가 이른바 움직여서 양을 낳는 다는 것은 또한 다만 움직이는 곳으로 나아간 것일 뿐이며 필경 움직이기 전에 또한 이와 같이 고요하다고 말한다면 앞을 보아도 시작이 없을 뿐만 아니라 나중에도 또한 어찌 끝이 있겠는가?」(言陰陽之化, 升降上下於八極之中, 然動靜無端, 陰陽無始, 不可分先後. 周子所謂動而生陽者, 亦只是就動處, 說起畢竟動前, 又是靜如此, 則前瞻之旣無始矣, 後之際又那有終也哉)

24 지리~여금동(至理~與今同): 《감흥시》「『지리』는 곧 태극이다. 이것이라는 것은 음양을 가리켜서 말하였다. 태극의 이치가 음양을 떠나지 않아 비록 만세가 멀어도 지금과 마찬가지이며, 대체로 태극이 가지 않으면 없다는 것을 말한다.」(至理卽太極也. 斯者指陰陽而言也. 言太極之理不離乎陰陽之中, 雖萬世之遠與今一同, 蓋太極無往而不在也)

25 혼돈사(混沌死): 혼돈은 원기(元氣)가 갈라지지 않은 것이다. 《장자·응제왕(應帝王)》「남해의 임금은 숙이며, 북해의 임금은 홀이고, 중앙의 임금은 혼돈이다. 숙과 홀이 때마침 혼돈의 땅에서 서로 만나게 되었는데 혼돈이 그들을 매우 잘 대접해주었다. 숙과 홀이 혼돈이 베푼 덕을 갚을 것을 도모하여 말하기를 『사람은 모두 일곱 구멍이 있어서 보고 듣고 먹고 숨 쉬는데 이 사람만 유독 없으니 그에게 구멍이나 뚫어 주어보자.』라 하고는, 하루에 하나의 구멍을 뚫었는데 이레 만에 혼돈은 죽었다.」(南海之帝爲儵, 北海之帝爲忽, 中央之帝爲混沌. 儵與忽時相與遇於混沌之地, 混沌待之甚善. 儵與忽謀報混沌之德, 曰, 人皆有七竅以視聽食息, 此獨無有, 嘗試鑿之. 日鑿一竅, 七日而混沌死) 《감흥시》「이단의 무리들이 태극이 혼돈의 앞에 홀로 거처하였으며 천지가 이미 갈라졌을 때 태극은 혼돈에서 이미 죽었다는 것은 실로 속이고 미혹시키는 말로 다만 견문이 없는 사람들만 놀라게 할 따름이라는 것을 말한다.」(言異端之徒以太極獨居於混沌之先, 及天地旣判, 則太極已死於混沌者, 眞詐惑之語, 但可以驚駭盲聾之人而已)

《감흥시》「이 편은 태극은 움직여 양이 되고 고요하여 음이 되니 곧 《태극도》의 ◎이다.」(此篇言太極動而陽陽而陰, 卽太極圖之◎也)

26 〈해석〉「이 장은 사람의 마음의 출입이 정해진 때가 없어 그 방향을 모름을 말하였다. 『응빙』과 『초화』는 기쁨과 성냄, 슬픔과 두려움이 마음에 일정하지 않은 것이다. 『연륜』과 『천비』는 달아나서 제지할 수 없는 마음이다. 이는 모두 기가 하는 것으로 맹자가 이른 바 마음을 잃는다는 것이다. 오직 성인의 마음만이 스스로 주재할 수 있는 것이 으뜸 조화가 스스로 만유를 재제할

出入乘氣機[28] 나고 듦에 기운의 기틀 탄다네.
凝氷亦焦火 얼음 얼었다 또한 불꽃 타오르며,
淵淪復天飛[29] 못 깊이 빠졌다가 또 하늘 난다네.

수 있는 것과 같다. 그러므로 으뜸 된 조화를 잡았다고 하였다. 옛 사람들은 기를 말이라 하였고 마음을 임금이라 하였는데, 마음의 드나듦이 대체로 기의 동정을 따르는 것이 말을 타는 것과 같기 때문에 기운의 기틀을 탄다고 하였다. 오직 마음의 임금만이 정치를 주재할 수 있는데 이것을 일러 체현에 어긋남이 없다고 하였다. 이 체(體)자는 『몸으로 도를 체현하다』의 『체』자와 같다. 대체로 한번 고요하고 한번 움직여 이 마음이 깨어 정하여지지 않음이 없어 일찍이 이 마음속을 떠난 적이 없는데 이를 일러 『체현』이라고 한다. 어긋남이 없다는 것은 비록 동정이 만변하지만 중간에 끊임이 없는 것을 이른다. 오직 그 고요함만이 그래도 그것을 체현할 수 있으므로 쌓인 가운데서 화순하고 얼굴에 드러나고 등에 가득하여 옥이 산에서 윤기를 발하고 구슬이 내에서 아름답게 빛나는 것과 같다. 오직 그 움직이는 것만이 그래도 그것을 체현할 수 있으므로 정신이 완전해지고 생각이 맑아져서 밝아 이르지 않는 곳이 없이 구해를 비추고 만 가지 미묘함을 관철할 수 있다. 이와 같이 하면 어찌 다시 앞의 두 근심이 있겠는가? 그러나 이것은 성학으로, 풍속의 가르침이 옛날에 한 대에 훌륭한 시문과 이욕의 길이나 성현의 마음을 전하는 요체에 베풀어지지 않음으로써 비록 이것들이 모두 책에 갖추어 실려 있기는 하나, 먼지가 쌓인 책으로 버려져 일찍이 이 세상에서 돌아보고 반성을 하지 않았으니, 이 도에 뜻을 둔 자들이 장차 어디로 돌아가겠는가? 이것이 주자가 거듭 탄식한 까닭이다.」(此章言人心出入無時, 莫知其向. 凝氷焦火, 則喜怒哀惧之不常心也. 淵淪天飛, 則奔逸不制之心也. 皆氣之所爲, 孟子所謂放心也. 惟聖人之心自能爲主宰, 如元化之自爲能宰制萬有, 故曰秉元化也. 昔人謂氣爲馬, 心爲君, 心之出入, 盖隨氣之動静如乘馬然, 故曰乘氣機. 惟心君則能爲之主宰政, 此之謂體無違. 此體字如以身體道之體, 盖其一動一静, 此心無不醒定不曾離這腔子內此之謂體. 曰, 無違者, 謂雖動静萬變而無少間斷也. 惟其静而尚能體之, 故和順積中, 見面盎背, 如玉潤山珠媚川也. 惟其動而尚能體之, 故神完思淸, 明無不達, 而能燭九垓徹萬微也. 如此豈復有前二者之患, 然此聖學也. 自世敎非古設一世於詞華利欲之塗聖賢傳心之要, 雖具在方册而棄爲塵編, 曾不顧省於斯世也. 有志於斯道者將安歸乎. 此所以重發紫陽之歎息也)

27 인심(人心): 《집람》「사람의 마음이라는 것은 이와 기가 합쳐져서 허령한 것이며, 지각은 한 몸을 주재하는 것이다.」(人心者, 理與氣合而虛靈, 知覺爲一身之主宰也)

묘불측(妙不測): 《감흥시》「얻어서 재고 헤아릴 수 없다는 말과 같다.」(猶言不可得而測度也)

28 기기(氣機): 《감흥시》「기는 몸에 꽉 찬 것이다. 발육하는 기를 주관한다.」(氣體之充也, 主發育之氣)

29 응빙~천비(凝氷~天飛): 《장자·재유(在宥)》「노담이 말하였다. ……『그 뜨거워지면 불꽃처럼 타오르고 차가워지면 얼음처럼 꽁꽁 언다네. …… 움직이지 않으면 깊은 연못처럼 고요하고, 그것이 움직이면 하늘처럼 동떨어져 버린다네. …… 그것이야말로 사람의 마음 아닌가!』(老聃曰……其熱焦火, 其寒凝氷……其居也淵而静, 其動也縣而天……其惟人心乎) 주석 「『초화』와 『응빙』은 사람의 마음이 조급하고 성내고 근심하고 두려워하는 때를 형용한다. 『연이정』은 마음이 움직이지 않는 때를 말하며, 『현이천』은 이 생각이 한번 일어날 때가 하늘에 매달려 있는 것과 같다는 것을 말하였다.」(焦火凝氷, 形容人心燥怒憂恐之時. 淵而静, 言心不動之時, 縣而天, 言此念一起之時, 如縣係于天)

《감흥시》「사람의 마음은 오묘하여 헤아릴 수 없어 한번 나가고 한번 들어옴에 기운의 기틀을 타고 발하여 이미 얼음이 얼었다가는 또한 불꽃을 피울 수 있고 이미 못에 가라앉았다가는 다시 하늘을 날 수도 있음을 말하였다. 네 가지는 그 헤아릴 수 없음이 이와 같음을 말한 것으로 바로 하늘에 잠가면 하늘이고 땅에 잠기면 땅이라는 것과 같은 뜻이다. 다만 『응빙』과 『연륜』은 들어가는 것을 주로 말하였고 『초화』와 『천비』는 나가는 것을 주로 말하였을 따름이다.」(言人心妙不測, 一出一

至人秉元化[30]	지인 조화 잡고 있으니,
動靜體無違	움직임과 고요함 체현함 어긋남 없다네.
珠藏澤自媚	구슬 감추고 있으니 못 절로 아름답고,
玉韞山含暉[31]	옥구슬 간직하고 있으니 산은 빛을 머금고 있네.
神光燭九垓	신령스런 빛 구주의 경계 비추고,
玄思徹萬微[32]	오묘한 생각 모든 정미로움 통하네.
塵編今寥落	먼지 덮인 책 이제 쓸쓸하니,
歎息將安歸[33]	한숨 쉬며 장차 어디로 돌아갈까?

入, 乘氣機而發, 旣凝冰矣而亦能焦火, 旣淵淪矣而復能天飛. 四者所以言其不可測度如此, 正與潛天而天潛地而地同意. 但凝冰淵淪, 主入而言, 焦火天飛, 主出而言耳)

30 지인(知人): 《집람》「덕이 지극한 사람으로 노장의 이른바 지인과는 다르다.」(至德之人. 與老莊所謂至人者異)

원화(元化): 《감흥시》「곧 사람의 마음의 조화이다.」(卽人心之造化也)

31 주장·옥온(珠藏·玉韞): 「韞」은 「젖을 윤」(潤)자로 되어 있는 판본도 있다. 《사기·귀책열전(龜策列傳)》「옥이 산에 있으면 나무가 윤기가 있고, 연못에서 구슬이 나면 언덕이 마르지 않는다는 것은 윤택함이 더하여진 까닭입니다.」(玉處於山而木潤, 淵生珠而岸不枯者, 潤澤之所加也) 《문선》 진나라 육기(陸機)의 〈글에 대하여(文賦)〉「돌이 옥을 품고 있으면 산이 빛나고, 물이 구슬을 품고 있으면 내가 빛난다.」(石韞玉而山輝, 水懷珠而川媚) 당나라 이선(李善)은 손경자(孫卿子, 곧 荀子)의 말이라고 주석을 달았다.

32 신광~만미(神光~萬微): 해(垓)는 중(重), 곧 겹이라는 뜻이다. 구해(九垓)는 「九陔」 또는 「九閡」라고도 하며, 곧 하늘을 말한다. 《국어·정어(國語·鄭語) 1》「천자는 구해의 경전에 거처한다.」(天子居九垓之田) 한나라 사마상여(司馬相如)의 「위로는 구해까지 펼쳐져 있고, 아래로는 팔연까지 거슬러 오른다.」(上暢九垓, 下泝八埏) 당나라 이선(李善)은 「아홉 겹의 하늘」(九重之天)이라고 하였다. 《차의》「웅씨가 말하였다. 『이 시는 사람의 마음이 출입하는 기틀을 논하였다.』」(此篇論人心出入之機) 《차보》「그 움직임이 느끼어 마침내 천하와 통하는 까닭을 말하였다. 위에서는 동정이 어긋남이 없음을 말하였는데 여기서는 네 구절로 나누어서 말하였다.」(言其動也. 感而遂通天下之故, 上言動靜無違, 而此四句分言之) 만미는 만 가지 이치의 정미함이다.

33 지인~장안귀(至人~將安歸): 《감흥시》「위에서는 사람의 마음이 오묘해서 헤아릴 수가 없으며 이 말은 지인만이 자연의 조화를 잡고 한번 움직이고 한번 고요한 사이에 모두 이 이치를 체득하여 어김이 없다는 것을 말하였다. 이는 바야흐로 고요해서 잠잠하게 움직이지 않으면 구슬을 감추고 있어서 못이 절로 아름답고, 옥을 간직하고 있어 산이 절로 빛나는 것과 같다. 그것이 움직이면 감응하여 마침내 통하여 신령스런 빛이 구천의 먼 곳까지 비추고 오묘한 생각이 온갖 미묘함을 꿰뚫는다. 다만 성인의 마음 쓰는 법이 전하지 않고 먼지 덮인 책에 수록되어 있는 것이 지금은 또한 간략하고 짧고 휑하여 알 수 있는 사람이 없으니 장차 어디로 돌아갈 것인가? 한갓 한숨만 쉴 따름이다.」(上泛言人心妙不測. 此言惟至人爲能秉持元化, 一動一靜之間, 皆體此理而無違焉. 方其靜也, 寂然不動, 如珠之藏而澤自媚, 玉之蘊而山自輝. 及其動也, 感而遂通, 神光燭乎九垓之遠, 玄思徹乎萬微之妙. 但聖人心法不傳, 其載於塵編者, 今又簡短寂寥無有能識之者, 然則將安歸乎, 徒有歎息而已)

52[34]

靜觀靈臺妙[35]	고요히 영대의 묘함 살펴보니,
萬化此從出[36]	만 가지 변화 여기에서 나오네.
云胡自蕪穢[37]	어찌 스스로 잡초에 덮일까 말하지만,
反受衆形役[38]	도리어 뭇 사람들 형체에 부림 받네.
厚味紛朶頤[39]	두터운 맛 어지러이 턱 늘어지도록 먹고,

34 〈해석〉「이 장은 사람의 마음은 지극히 허령하여 만 가지 이치가 모두 갖추어져 있으며, 수작하는 만 가지 일과 경위의 온갖 방법을 누가 이 마음의 묘한 쓰임이 아니면 스스로 응당 만물을 말하며 임금으로 삼겠는가? 이제 오히려 욕심을 좇는 까닭에 이 마음이 주재하지 못하고 앉아서 이목구비와 사지의 일을 받으니 스스로 음식과 남녀가 실로 그러한 큰 욕심임을 느끼지 못하였다. 무릇 사물의 기뻐할 만하고 좋아할 만한 것은 또한 모두 이것에 꾀어 마음껏 내달리어 그침이 없었다. 목왕은 수레바퀴로 만 리를 주유하며 그 사치로운 마음을 거리낌 없이 하여 거의 나라를 망칠 무렵에 이른 뒤에야 그만 두었다. 보건대 일장의 이 말은 지인은 이 마음을 다하여 방심하지 않고 항상 간직하므로 그 묘함이 환히 비치어 미세함을 관철함에까지 이르렀다. 이 장은 뭇사람들이 욕심을 좇기 때문에 마음이 항상 방자하여 그 끝을 거두어들이지 않고 나라가 망하고 집안이 무너지는 지경에 이르는데도 오히려 돌아보지 않음을 말하였다. 이는 성스러움이 있는 구분으로 어찌 다만 천연의 멂 뿐이겠는가? 그러나 그 끝은 심히 미세하나니 다만 방자한 생각을 거두어들이고 놓는 사이에 있을 뿐이다. 이것이 도심이 미약하고 인심이 위태로운 까닭이다. 옛날의 군자가 일생 동안 전전긍긍하였는데, 손과 발을 편 뒤에야 벗어났음을 알았으니, 대체로 이 때문일 것이다.」(此章言人心至爲虛靈, 萬理畢具, 酬酢萬務, 經緯萬方, 孰非此心之妙用, 自應說萬物而君之也. 今反以循欲之故, 此心不宰坐受耳目口鼻四肢衆形之役, 而自不覺飮食男女固然之大慾, 凡物之可喜可好者, 亦悉爲此誘奔趍馳騖, 無有止息. 穆王車轍萬里肆其侈心幾至亡國而後已. 看得前章, 是言至人盡性此心不放而常存, 故其妙至於光燭徹微. 此章是言衆人循慾, 故心常放而不收其究, 至於亡國敗家, 猶所不顧, 此其聖在之分, 奚啻天淵之遠, 然其端甚微, 只在一念收放之間, 此道心所以爲微, 而人心所以爲危也. 古之君子, 所以一生戰戰兢兢, 至啓手足而後知免, 盖以此也)

35 영대(靈臺): 《장자·경상초(庚桑楚)》「자기가 지키는 바를 어지럽게 만들어서는 안 되고, 마음속에 들어오게 해서도 안 된다.」(不足以滑成, 不可內於靈臺) 곽상(郭象)의 주석「영대는 마음이다.」(靈臺, 心也)

36 차종(此從): 순희(淳熙)본에는 종차(從此)로 되어 있다.

37 무예(無穢): 전한 양운(楊惲)의 〈손회종에게 보내는 답장(報孫會宗書)〉「저 남산에서 경작하는데, 잡초 우거져 거칠어져도 다스리지 않는다네.」(田彼南山, 蕪穢不治)

38 형역(形役): 형(形)은 신(神)의 반대 되는 개념으로 이목구비(耳目口鼻) 따위의 육신을 말한다. 진나라 도연명의 〈돌아가자꾸나(歸去來辭)〉「지금껏 마음은 육체의 노예였음이여, 어찌 상심하여 홀로 슬퍼할 것인가?」(旣自以心爲形役兮, 奚惆悵而獨悲) 송나라 범준(范浚)의 〈심잠(心箴)〉「마음 육체에 부림 당하면, 곧 짐승이요 날짐승이라네.」(心為形役, 乃獸乃禽)

정관~중형역(靜觀~衆形役): 《감흥시》「사람의 마음은 본래 스스로 신묘하여 천하의 모든 변화가 모두 여기에서 나오는데 어찌하여 스스로 잡아서 보존하지 않고 이에 거칠고 더러운 곳에 빠져서 오히려 육체의 부림을 받는가 하는 것을 말하였다.」(言人心本自神妙, 天下萬化, 皆從此出, 何爲不自操存, 乃陷溺於荒蕪汚穢之中, 而反爲耳目口體之所役耶)

39 후미(厚味): 《국어·주어(周語) 하》「높은 지위는 실로 빨리 넘어지고, 두터운 맛은 실로 쉽게 해악을 끼칩니다.」(高位實疾顚, 厚味實腊毒)

姸姿坐傾國[40]	고운 자태 갑자기 나라 기울게 하네.
崩奔不自悟	부딪치고 달림 스스로 깨닫지 못하고,
馳騖靡終畢[41]	내닫고 치달림 끝이 없다네.
君看穆天子[42]	그대 보게나 목천자,
萬里窮轍迹	만리에 수레 자취 다하였다네.
不有祈招詩[43]	〈기초〉시 없었더라면,

타이(朶頤): 타(朶)는 늘어뜨리다(垂)의 뜻. 음식을 먹으려 하는 모양을 말한다. 《주역·이(頤)괘》의 상사(象辭) 밑에서 첫 번째 양효(初九) 「너의 신령스런 거북점의 징조를 버리고 나를 보고 부러워서 턱을 늘어뜨린다.」(舍爾靈龜, 觀我朶頤) 주석[傳] 「타는 늘어뜨린다는 뜻이다.」(朶, 垂也) 《집람》 「사람이 음식을 먹고 싶을 때는 턱이 늘어져 움직이고 침이 흐른다.」(人欲食則朶動其頤而垂涎)

40 경국(傾國): 《시경·대아·우러러 봄(瞻卬)》 「지혜 많은 남자는 성을 이루는데, 지혜 많은 여자는 성을 기울인다네.」(哲夫成城, 哲婦傾城) 《한서·외척전(外戚傳)》 「효무제의 후비인 이부인은 본래 악인(樂人)으로 들어갔다. 처음에 부인의 오빠인 이연년이 본성이 음악을 잘 알았고 가무에 능하여 무제가 사랑했다. 매번 새로운 소리를 짓고 편곡을 하면 듣는 사람들이 감동하지 않는 사람이 없었다. 이연년이 임금을 곁에서 모시다가 일어나 춤을 추며 노래하였다. 『북쪽에 아름다운 여인 있는데, 세상에 빼어나 홀로 우뚝 서서, 한번 돌아보면 사람이 사는 성이 기우뚱하고, 두 번 돌아보면 사람이 사는 나라가 기우뚱한다네. 어찌 성을 기우뚱거리고 나라를 기우뚱거림을 알지 못하는가? 아름다운 여인 다시 얻기 어렵다네!」(孝武李夫人, 本以倡進. 初, 夫人兄延年性知音, 善歌舞, 武帝愛之. 每爲新聲變曲, 聞者莫不感動. 延年侍上起舞, 歌曰, 北方有佳人, 絶世而獨立, 一顧傾人城, 再顧傾人國. 寧不知傾城與傾國, 佳人難再得)

41 치무(馳騖): 《감흥시》 「곧바로 달리는 것을 치라 하고, 어지러이 달리는 것을 무라 한다.」(直騁曰馳, 亂騖曰騖)

후미~미종필(厚味~靡終畢): 《감흥시》 「마음이 육체에 부림을 당하여 음식과 남녀의 큰 욕심에 빠져 무너질 지경에 이르렀는데도 오히려 스스로 깨닫지 못하고 오히려 사방으로 내달려 뛰쳐나가서 마칠 때가 없음을 말하였다.」(言心爲形役, 溺於飮食男女之大欲, 至於崩奔, 猶不自悟, 尙且馳騖四出, 而無終畢之時也)

42 목천자(穆天子): 곧 주목왕(周穆王)이다. 재위 55년에 조보(造父)에게 8필의 준마가 끄는 수레를 몰게 하여 천하를 주유하고자 하였다.

43 기초시(祈招詩): 《감흥시》 「주목왕이 서쪽을 순수하다가 돌아갈 것을 잊자 서언왕이 왕위를 참칭하였다. 목왕이 서언왕을 영원히 몰아내고 주나라로 돌아와서는 초나라에게 서나라를 치도록 하였다. 또 《좌씨전》에서 말하기를 목왕이 그 간사한 마음을 제멋대로 하고자 하여 천하를 두루 다니고자 하였으니 채공 모보가 〈기초〉의 시를 지어 그만두게 하였다. …… 초는 기보의 이름으로 주의 사마이다. 그 시에서는 말하였다. …… 이 때문에 왕목왕이 지궁에서 돌아가실 수 있었다. 목왕은 간언을 듣고 그만두었기 때문에 지궁에서 선종을 할 수 있었고 참람하게 시해되는 일을 면할 수 있었다.」(周穆王西巡狩忘歸, 徐偃王僭號, 穆王長驅歸周, 命楚伐徐. 又左氏傳曰, 穆王肆其邪心, 周行天下, 蔡公謀父作祈招之詩以止……招祈父名, 周司馬. 其詩曰……是王穆王爲獲沒於祇宮, 穆王聞諫而止, 是以得善終於祇宮免於僭弑) 《좌전·소공(昭公) 12년》 「옛날에 목왕께서 마음먹은 대로 하고자 하여 천하를 두루 돌아다녀 장차 그곳의 모든 곳에 수레바퀴와 말발굽의 자취를 남기고자 하였습니다. 이에 채공 모보가 〈기초〉의 시를 지어 왕의 마음을 중지시켰습니다. 왕께서는 이에 지궁에서 돌아가실 수 있었습니다. …… 시에서는 『기초의 곡조 부드럽고 부드러워, 훌륭한 덕 나타내는도다. 이 곳 들어 우리 주나라 왕의 법도 생각하여, 그 법도 옥과 같이

徐方御宸極[44] 서방족이 왕위 다스렸으리.

53

涇舟膠楚澤[45] 경수의 배 초나라의 못에서 가라앉으니,

여기고, 금과 같이 여기네. 우리 왕 백성들의 형편 헤아리시어, 마음껏 취하고 배 불리시려는 마음 없으시네.』라 하였습니다.」(昔穆王欲肆其心, 周行天下, 將皆必有車轍馬跡焉. 祭公謀父作祈招之詩以止王心, 王是以獲沒於祗宮……其詩曰, 祈招之愔愔, 式昭德音. 思我王度, 式如玉, 式如金. 形民之力, 而無醉飽之心)

44 서방(徐方): 《차의》「주목왕이 서쪽으로 순수를 나갔다가 서왕모를 보고는 즐거워하여 돌아갈 것을 잊었다. 서언왕이 반란을 일으키자 주목왕은 하루 만에 천리마를 달려 서왕을 공격하여 그를 크게 깨뜨렸다.」(穆王西巡狩, 見西王母樂而忘歸. 徐偃王反, 穆王日馳千里馬, 攻徐王大破之)

신극(宸極): 신(宸)은 황제의 거처, 곧 대궐을 말한다. 《감흥시》「예로 든 목천자의 일은 특히 이것을 빌어 사람의 마음이 방탕한 데로 치달아 그칠 줄을 모른다면 마음이 주재를 잃고 물욕이 도리어 의거하여 주가 된다는 것을 비유하였다. 이는 육의 가운데 비의 기법이다.」(所擧穆天子事, 特借此以喩人心之馳騖流蕩, 若不知止, 則心失主宰而物欲反據而爲之主矣. 此六義之比) 《차의》「웅씨가 말하였다. 이 편은 사람의 마음이 잘 빠지는 허물에 대하여 논하였다. ○ 생각건대 하기가 논하기를, 이 시는 목천자가 사치로운 마음을 멋대로 하여 거의 나라가 망할 지경에까지 이르렀다 하였는데, 만약에 이 설대로라면 곧 부체가 된다. 웅씨가 비체라고 말한 것이 나은 것 같다.」(熊氏曰, 此篇論人心淫溺之過. ○ 按何文定論此以穆天子爲肆其侈心, 幾至亡國, 若如此說, 則是賦體也. 熊氏所謂比體者似勝)

《감흥시》「1편에서 4편까지는 조화의 근원을 탐색한 것이다.」(自一篇至四篇, 所以探造化之原也)

45 경주교초택(涇舟膠楚澤): 경주는 경수의 배를 말한다. 경수는 지금의 감숙성(甘肅省) 화평현(化平縣)에서 발원하여 동쪽으로 흘러 경수현에서 섬서성(陝西省)으로 들어가며 동남쪽으로 흘러 위수(渭水)로 유입된다. 초택은 초나라의 못으로 곧 한수(漢水)를 가리킨다. 《시경·대아·백유나무 떨기(棫樸)》「두둥실 저 경수 위의 배, 많은 사람들이 노 젓고 있네. 주나라 임금님 나가시니, 육군이 뒤따르네.」(淠彼涇舟, 烝徒楫之. 周王于邁, 六師及之) 주자의 주석「문왕의 덕이 사람들에게 귀의되었음을 말하였다.」(言文王之德, 爲人所歸) 《집람》「대체로 주왕의 배이기 때문에 경주라고 하였다. 경수에서 배를 타고 가다가 초에 이르러 가라앉은 것이 아니다.」(蓋以周王之舟故曰涇舟. 非自涇水乘舟至楚而膠也) 《사기·주본기(周本紀)》에서 장수절(張守節)이 주석으로 인용한 《제왕세기(帝王世紀)》「소왕이 부덕하였는데 남으로 길을 떠나서 한수를 건너게 되었다. 뱃사람들이 그를 미워하여 아교로 붙인 배에 왕을 타게 하였다. 왕이 배를 타고 중류에 이르자 아교가 녹아 배가 부서지고 왕과 채공이 물에 빠져 죽었다.」(昭王德衰, 南征, 濟于漢, 船人惡之, 以膠船進王, 王御船至中流, 膠液船解, 王及祭公俱沒于水中而崩) 《차의》「웅씨가 말하였다. 이 시는 주나라 왕실이 쇠퇴하여 갈린 이유를 말하였다. ○ 선생의 이 시의 뜻은 대체로 주나라 왕실의 배가 본래 이러하였는데, 지금은 도리어 초나라의 못에 붙어 있음을 이른 것이다. 소왕이 경수에서 배를 타고 초나라에 이른 것을 말한 것이 아니다. 초나라 사람들은 아교로 그 배를 고쳐 꾸며 침몰하게 하였다. 하물며 경수는 실로 초나라의 못과 같이 떨어져 있으니 또한 심하다. 그런데도 경수의 배가 초나라에 붙어 있다고 생각하는 것은 큰 잘못이다.」(熊氏曰此言周室衰替之由. ○ 先生此詩之意, 蓋謂周王之舟本如是, 而今反膠於楚澤也. 非謂昭王自涇水乘舟至楚. 楚人以膠改裝其舟而使之溺也. 況涇水實如楚澤隔絶, 又甚焉, 猶以爲涇水之舟膠於楚則大誤矣) 《감흥시》「『교』는 《장자》(〈소요유〉편)의 『잔을 놓으면 가라앉는다』는 뜻과 같다. 혹자가 이르기를 소왕이 남쪽으로 갈 때 한수를 건네주는 뱃사람이 미워하여 아교를 바른 배를 바쳐 왕이 강 가운데서 아교가 녹아 빠져 죽었다고 한다.」(膠與莊子置杯焉則膠之義同. 或謂昭王南征, 濟漢船人惡之, 以膠船

周綱已陵夷　　주나라의 기강 이미 쇠락해졌네.
況復王風降　　하물며 다시 왕실의 기풍 내려가니,
故宮黍離離[46]　　옛 궁성엔 기장만 더부룩하네.
玄聖作春秋[47]　　현성께서 《춘추》 지으시니,
哀傷實在玆　　슬퍼하고 마음 상함 실로 여기에 있다네.
祥麟一以踣[48]　　상서로운 기린 한번 엎어지니,
反袂空漣洏[49]　　소매 뒤집어 공연히 눈물 줄줄 흘리네.

進, 王中流膠液而溺死也)

46 왕풍~리리(王風~離離): 《차의》「《시경》의 〈왕풍〉은 〈서리〉편이 첫머리에 있는데 이로부터 〈국풍〉으로 강등되어 다시는 〈아〉가 되지 못하였다.」(王風以黍離爲首, 而自此降爲國風, 而不復爲雅) 《시경·왕풍·서리(黍離)》「저 기장 더부룩하고, 저 피도 싹 났다네.」(彼黍離離, 彼稷之苗) 《감흥시》「소왕이 남쪽으로 가서 돌아오지 않자 주나라 왕실의 기강은 이미 무너졌다. 하물며 또한 유왕이 견융에게 멸망당하고 평왕이 동쪽으로 천도하였으므로 도읍은 모두 벼와 기장으로 변해버리고 왕실의 기풍은 낮아져서 열국과 같게 되었으며 주나라 왕실은 이에 더욱 쇠미해졌다.」(昭王南征不返, 周室綱紀已陵夷矣, 况又幽王爲犬戎所滅, 平王東遷, 而故都鞠爲禾黍, 王風下同於列國, 周室於是愈衰微矣)

47 현성(玄聖): 《장자·천도(天道)》「이에 따라 아래에 있는 것이 현성이나 소왕의 도이다.」(以此處下, 玄聖素王之道) 여기서는 특히 공자를 가리켜 말한다. 당나라 왕발(王勃)의 〈익주에 있는 공자 사당의 비문(益州夫子廟碑)〉「천지의 기운이 성하여 서로 붙어 있으니 현성께서 때를 탄 대책을 들어 올리셨네.」(天地絪縕, 玄聖擧乘時之策)

작춘추(作春秋): 《감흥시》「《춘추》는 노나라의 역사책 이름인데 공자가 따라서 필삭을 하였다. 노나라 은공 원년부터 시작하였는데 실은 주평왕 49년이다.」(春秋, 魯史記之名, 孔子因而筆削之. 始於魯隱公之元年, 實平王四十九年也)

48 상린(祥麟): 《시경·주남·기린의 발(周南·麟之趾)》에 대한 명나라 양인(梁寅)의 주석「기린이라는 것은 털 난 짐승 가운데 으뜸이다. 노루의 몸에 소의 꼬리를 하였으며 굽은 말발굽처럼 둥글고, 뿔이 하나 코 위에 있는데 뿔의 끝에는 살이 있으며 색은 노랗다. 왕이 지극히 어질면 나타난다. …… 기린의 발은 살아 있는 풀을 밟지 않으며 산 벌레를 짓밟지 않는다.」(麟者, 毛蟲之長. 麕身牛尾蹄圓如馬蹄, 一角在鼻上, 角端有肉, 其色黃. 王者至仁則出……麟之足不踐生草, 不履生蟲)

복(踣): 쓰러지다, 넘어지다.

49 반메(反袂): 《공자가어·변물(辯物)》「숙손씨의 마차꾼은 서상이라 하였는데, 들판에서 땔나무를 하다가 기린을 잡았다. 왼쪽 다리가 부러져 싣고서 돌아오니 숙손이 상서롭지 못하다 여겨 교외에 내다 버렸다. 심부름꾼이 공자에게 가서 알리기를『노루가 있는데 뿔이 있으니 무엇입니까?』하였더니 가서 살펴보시고는『기린이다. 어찌하여 왔는가? 어찌하여 왔는가?』라 하시며 소매를 뒤집어 얼굴을 닦으시고 눈물을 흘리니 옷깃을 적셨다.」(叔孫氏之車士曰子鉏商, 採薪於大野, 獲麟焉, 折其前左足, 載以歸, 叔孫以爲不祥, 棄之於郭外. 使人告孔子曰, 有麕而角者, 何也? 孔子往觀之, 曰, 麟也. 胡爲來哉? 胡爲來哉? 反袂拭面, 涕泣沾衿) 《감흥시》「공자가 비록 〈왕풍〉의 〈서리〉편이 〈국풍〉으로 강등 된 것 때문에 마침내 여기서 기탁하여 《춘추》를 지었지만 기실 주나라의 기강은 이미 경수의 배가 초택에서 가라앉았을 때 허물어졌다는 것을 말한다. 서쪽 교외에서 기린이 잡히자 나의 도가 다하였다고 탄식하면서 《춘추》는 마침내 이곳에서 붓을 꺾었다는 것을 말한다.」(言孔子雖因黍離降爲國風, 遂託始於此以作春秋, 其實周綱陵夷, 已在於涇舟膠楚澤之時矣. 及西狩獲麟則嗟吾道之窮, 而春秋遂絶筆於此)

연이(漣洏): 《익증》「눈물을 흘리는 모양이다.」(流涕貌)

漂淪又百年[50] 떠돌고 가라앉은 지 또 백 년만에,
僭侯荷爵珪[51] 참람한 제후들 관작의 규홀 받았다네.
王章久已喪[52] 왕의 예법 이미 없어진지 오래니,
何復嗟歎爲[53] 어찌 다시 탄식하고 한숨 쉬겠는가?
馬公述孔業[54] 사마온공 공자의 일 이으니,
託始有餘悲[55] 처음 기탁함에 슬픔 많았다네.
拳拳信忠厚[56] 그 정성 실로 충성스럽고 두터운데,
無乃迷先幾[57] 어찌 앞선 기미 헷갈렸던가?

50 표륜백년(漂淪百年): 《감흥시》「『표륜』은 『골골』과 같다.」(漂淪猶汩汩也) 《집람》「애공 14년 절필한 때로부터 주위왕 23년까지는 실은 79년인데 100년이라 한 것은 정수로 채워서 든 것이다.」(自哀公十四年絶筆, 至周威王二十三年, 實七十九年, 言百年, 擧成數也)

51 참후(僭侯): 제후의 지위를 참람되이 훔친 것을 말한다. 《집람》「곧 위열왕 23년 초에 진나라 대부인 위사와 조적, 그리고 한건을 제후로 삼은 명을 말한다.」(卽威烈王二十三年初, 命晋大夫魏斯趙籍韓虔爲諸侯者也)

하작규(荷爵珪): 《집람》「작은 공후 오등의 관작이다.」(爵, 公侯五等之爵) 《익증》「하(荷)는 받는다는 뜻이다. 오등의 관작의 규홀로는 환규, 신규 따위가 있다.」(荷, 被也. 五等之爵珪, 桓桂信珪之類) 《감흥시》「오히려 진짜 제후의 명을 받는 것을 이른다.」(謂反蒙眞侯之命也)

52 왕장(王章): 《좌전·희공(僖公) 25년》「(晉文公이) 무덤으로 가는 길을 파는 것을 허락해달라고 하자 그것을 허락하지 않고 말하기를 『그것은 천자만 쓰는 법도요. 아직 주나라를 대신할 덕이 있는 사람이 없는데 천하에 두 천자가 있다는 것은 또한 숙부가 미워해야할 바입니다.』라 하였다.」(請隧, 弗許, 曰, 王章也. 未有代德, 而有二王, 亦叔父之所惡也)

53 왕장~차탄위(王章~嗟歎爲): 《감흥시》「왕의 예법이 없어진 지가 이미 오래 되었는데 어찌하여 삼진이 나누어진 후에 비로소 탄식을 하는가? 아래의 앞선 기미를 헷갈리게 한 복선이기 때문이라는 말이다.」(言王章之喪已久矣. 胡爲至三晉分而始嗟嘆乎? 所以爲下文迷先幾之張本也)

54 마공술공업(馬公述孔業): 마공은 온국공(溫國公) 사마광(司馬光)을 말한다. 《감흥시》「《통감》을 지어 《춘추》를 잇고자 하는 것을 말한다.」(謂作通鑑欲續春秋也) 《차의》「(《십팔사략》의 저자인) 증선지가 말했다. 『사마온공은 《춘추》를 본받아 《통감》을 지었다.』(曾氏先之曰, 司馬溫公法春秋而作通鑑) 진나라 도연명(陶淵明)의 〈주속지·조기·사경 세 젊은이들에게 보이다(示周續之·祖企·謝景夷三郎)〉「주군은 공자의 학문 잇고, 조군과 사군은 메아리처럼 몰려들었네.」(周生述孔業, 祖謝響然臻)

55 탁시(託始): 《차의》「삼진이 제후가 된 것으로 《통감》의 시작을 기탁하였음을 이른다.」(謂以三晉始侯, 託之於通鑑之始) 《익증》「이 말은 《공양전》에서 나왔다.」(出公羊傳) 은공(隱公) 2년 조에 보인다.

56 권권(拳拳): 《중용》「안회의 사람됨이 중용을 가려 한 선을 얻으면 권권히 가슴 속에 두어 잃지 않는다.」(回之爲人也, 擇乎中庸, 得一善, 則拳拳服膺而弗失之矣) 주자의 주석「권권은 받들어 잡는 모양이다.」(拳拳, 奉持之貌)

57 미선기(迷先幾): 《주역·계사(繫辭) 하》「기밀을 아는 것이 신기하도다! …… 기밀이라는 것은 움직임의 미묘한 것이니 길조가 먼저 나타나는 것이다.」(知幾其神乎, 幾者動之微, 吉之先見者也) 《차의》「대체로 주나라의 기강이 허물어졌음이 이미 아교로 붙인 배에 실었다는 것에서 이미 보이고, 〈서리〉편이 〈국풍〉으로 강등되었으니 왕실의 법도를 이미 잃은 것이다. 이것이 《춘

54

東京失其御[58] 동쪽 서울의 후한 통치력 잃으니,
刑臣弄天綱[59] 궁형 받은 신하 하늘의 기강 농단하네.

추》를 지은 까닭이다. 마공이 이에 붓을 꺾은 지 백 년 뒤에 다시 여기서 처음을 기탁하였는데 만약 이 때를 당하여 실로 왕실의 법도를 바르게 한다면 주나라 왕실이 중흥할 수 있다고 생각하였다. 그러나 그 의도는 충성스럽고 두텁다 하겠으나 이미 늦은 것은 알지 못하였으므로 이렇게 말하였다. ○ 웅씨가 말하였다.『이 편은 주나라 왕실의 군신간의 허물을 논하였다.』(盖周綱陵夷之機已見於膠舟之載, 而黍離降爲國風, 則王章已喪矣. 此春秋之所以作, 馬公乃於絶筆百年之後, 又托始於此, 若以爲當是之時, 苟以王法正之, 則周室可中興者, 然其意則可謂忠厚, 而不知其已晩矣, 故云云. ○ 熊氏曰, 此篇論周室君臣之失)

마공~미선기(馬公~迷先幾):《감흥시》「『탁시』는《통감》이 진나라 대부 위사와 조적, 한건을 처음으로 제후로 삼은 데서 시작함을 이른다. 이것이 주나라의 도가 쇠미한 것을 슬퍼한 것이며 실로 충후한 덕을 잃지 않은 것이다. 그러나 노애공 14년 기린이 잡힌 후 주경왕 39년에 시작하지 않고 위열왕 23년에 시작한 것을 후회하였으니 이것이 앞선 기미를 헷갈리게 한 것이 아니겠는가? 혹자는 이를 기린이 잡힌 것을 잇는 것을 앞선 기미라고 생각하고자 하나 그래도 치당 호인(胡寅)의 진나라 도공 평공 때를 기미의 더욱 앞선 때라고 생각함만 못하다. 이를 모르고선 비록 기린이 잡힌 때를 잇고자 하나 기실 앞선 기미는 이미 공자가《춘추》를 지을 때 있었다. 이 시가 원래의 발단을 초택에 침몰했을 때로 추정하는 까닭이니 이유가 있는 것이다. ○ 내가 생각건대 이 시의 시작을 기탁한 뜻은 동래 여조겸이 잘 파악하였다. 그래서《대사기》의 저작은 실로 기린을 잡은 때와 접해 있고 시작을 주경왕 39년으로 기탁하였다. 가만히 생각건대 두 선생이 서로 강론하였을 때 반드시 여기에 대한 언급이 있었을 것이다. 그러므로 주자는 채문공에 대해 깊이 슬퍼한 것은 기사를 장차 누구로 하여금 잇게 할 것인가였다. 그러나 주자가《강목》을 지을 때 어찌《춘추》를 잇지 않았는가? 과재 이방자(李方子)가 말했다.『동래의《사기》는 사마천의 방법을 썼으므로 기린을 잡은 데서 이어 써도 혐의가 없다. 주자의《강목》은《춘추》에 근본하여 가리켰으므로 기린을 잡은 데서 이으면 옳지 않으니 이는 실로 그렇다. 아니면 또한《강목》도 특히《통감》을 따라서 이어야 하지 않겠는가?』(託始謂作通鑑始於初命晉大夫魏斯趙籍韓虔爲諸侯也. 是甚悲周道之衰微, 固不失爲忠厚之意. 然悔其不繼書於魯哀公十四年獲麟之後, 自周敬王三十九年爲始, 而乃自威烈王二十三年爲始, 無乃迷其先幾也哉. 或疑此欲以續獲麟爲先幾, 猶未若致堂胡氏以晉悼公平公時爲幾之尤先者也. 殊不知此, 雖欲續於獲麟, 其實先幾已在玄聖作春秋之時. 此詩所以推原發端於膠楚澤也, 有以夫. ○ 模按, 此詩託始之意, 東萊呂先生得之. 故大事記之作實接於獲獜. 而託始於周敬王三十九年. 竊意二先生相與講論之際, 必有及於此, 故朱子於蔡文忠所以深哀事記將誰使之續也. 然朱子於通鑑綱目之作, 曷爲而不繼春秋也耶. 果齋李氏曰, 東萊先生事記之書用馬遷之法者也, 故續獲獜而無嫌. 朱子綱目之書本春秋之旨者也, 故續獲獜而不可, 是固然矣. 抑亦綱目之書特因通鑑而作也歟)

58 동경(東京): 낙양(洛陽)을 말한다. 서쪽의 장안(長安)에 대비하여 이렇게 부르게 되었으며, 후한의 광무제(光武帝)가 처음으로 도읍으로 삼았다.

59 형신롱천강(刑臣弄天綱): 형신은 환수(宦豎), 곧 환관, 내시를 말한다.《차의》「《강목》환관이 권력을 쓴 것은 화제부터 시작되었다. 환제 때 유도 등이 글을 올려 말하였다.『내시와 근신들이 나라의 권력을 훔쳐 쥐어 손에는 왕의 관작을 쥐고 입에는 하늘의 법도를 머금고 있습니다.』영제 원년(168) 진번이 두무에게 일러 말했다.『조절과 왕보가 나라의 권력을 쥐고 흔들어 해내를 흐리고 어지럽힌다.』(綱目宦官用權, 自和帝始. 桓帝時劉陶等上書曰, 中官近習, 竊持國柄, 手握王爵, 口御天憲. 靈帝元年, 陳蕃謂竇武曰, 曹節·王甫操弄國柄, 濁亂海內)

西園植姦穢[60] 서쪽 동산에 간사한 무리 두니,
五族沈忠良[61] 다섯 세족 충성 가라 앉았다네.
青青千里草[62] 푸릇푸릇 천리초,
乘時起陸梁[63] 때를 타고 일어나 날뛰었다네.
當塗轉凶悖[64] 당도 더욱 흉악하고 도리에 거슬리니,

60 서원식간예(西園植姦穢): 식(植)은 심다[栽], 두다[置]의 뜻이다. 《차의》「후한 영제 광화 원년(178) 서저를 열고 관직을 팔았는데, 공은 천만금이었고, 경은 오백만금이었다. 또한 후궁에다 늘어진 집을 지었다. 또한 서원에서 개를 데리고 놀았는데, 진현관에 허리띠며 갓끈을 하였다.」(漢靈帝光和元年開西邸賣官, 公千萬, 卿五百萬. 又作列肆於後宮, 又於西園, 弄狗着進賢冠帶綬) 《감흥시》「서원은 영제가 설치하였다. 서원의 여덟 교위는 건석·원소·포홍·조조·조융·풍고·하모·순우경을 친다.」(西園, 靈帝置. 西園八校尉以蹇碩·袁紹·鮑鴻·曹操·趙融·馮苦·夏牟·淳于瓊爲之)

61 오족침충량(五族沈忠良): 《차의》「영제 희평 5년(176) 영창태수 조란을 죽이고, 다시 당인을 조사하여 오속에 금고형을 내렸다.」(靈帝熹平五年, 殺永昌太守曹鸞, 更考黨人禁錮五屬) 《사기·혹리열전(酷吏列傳)》「(왕온서의) 죄는 일족의 멸문에 해당하는 죄여서 자살을 하였다. 그때 그의 두 아우와 두 인척의 집도 각기 다른 죄에 걸리어 멸족되고 말았다. 광록으로 있던 서자위가 말했다.『슬프도다. 옛날에는 삼족을 멸하는 죄가 있었는데, 왕온서의 죄는 한꺼번에 오족을 멸하는 지경에까지 이르렀구나!』」(罪至族, 自殺. 其時兩弟及兩婚家亦各自坐他罪而族. 光祿徐自爲曰, 悲夫, 夫古有三族, 而王溫舒罪至同時而五族乎) 《감흥시》「오족은 단초·구원·좌관·서황·당형이다.」(五族, 單超·具瑗·左悺·徐璜·唐衡也)

동경~침충량(東京~沈忠良): 《감흥시》「환제와 영제가 신하를 부리는 도를 잃어 환관들이 권력을 농단하고 서원을 열어 관작을 팔고 당고를 일으켜 충성스럽고 훌륭한 신하를 없애어 한나라가 마침내 쇠하게 된 것을 말한다.」(言桓靈失其御下之道, 宦豎弄權, 開西園以鬻賣官爵, 興黨錮以沈滅忠良而漢遂衰矣)

62 청청천리초(青青千里草): 《감흥시》「『청청천리초』는 동탁에 대한 참어이다. 동탁은 처음에 중랑장이 되었다가 그 후에 황제를 폐위시키고 시해하였으며, 궁실을 태우고 여러 능묘를 파헤쳐 스스로 상국이 되어 한때 권력이 강하였다.」(青青千里草應董卓讖語也. 卓初爲中郎將, 其後廢立弒殺, 燒宮室發諸陵, 自爲相國, 强梁於一時) 《차의》「동탁의 동자를 파자해 보면 천리초가 된다.」(董卓董字破看則爲千里草) 《표보》「도곡 이의현(李宜顯)이 말하였다.『동탁이 역모를 일으킬 때 민요에서 말하기를「천리초 얼마나 푸릇푸릇한가? 십일복 살아날 수 없으리.」라 하였다. 얼마 되지 않아 동탁은 죽었다. 선생은 대체로 이 말을 썼다』.」(陶谷李氏曰, 董卓作逆時, 謠言云, 千里草何青青, 十日卜不得生, 未幾卓敗. 先生盖用此語)

63 육량(陸梁):「陸」은 《감흥시》에는「굳셀 강」(强)자로 되어 있다. 《사기·진시황본기(秦始皇本紀)》「33년에 장사하는 사람들을 징발하여 …… 육량 땅을 공략하였다.」(三十三年……賈人略取陸梁地) 당나라 장수절(張守節)의 《정의(正義)》「영남 사람들은 주로 산지의 뭍에서 살아 그 성격이 굳세고 힘이 세어 육량이라 말하였다.」(嶺南之人多處山陸, 其性强梁, 故曰陸梁) 《집람》「미친 듯이 뛰는 모양이다.」(狂走貌) 당나라 두보(杜甫)의 〈씩씩한 놀이(壯遊)〉「손톱과 어금니 하나도 맞지 않고, 오랑캐 병사 더욱 굳세다네.」(爪牙一不中, 胡兵更陸梁)

64 당도(當塗): 당도고(當塗高)를 말한다. 당도고는 길에 높이 버티어 섰다는 뜻이다. 《차의》「《강목》에 원술은 참언인『한나라를 대신할 나라는 당도고』라는 것을 스스로 자기의 이름과 자에 부응한다고 말하였다. 주석『당도고』는 곧 조씨의 위나라를 가리키는 참언이다. 《주례》에 상위는 대궐의 이름이라 하였다. 대체로 대궐의 가운데로 통하는 문은 길인데 그 위에 법령을 걸어 놓는다. 그 모양이 우뚝하니 높고 크기 때문에 상위라 부른다.」(綱目, 袁術以讖言代漢者當塗高, 自云名字應

炎精遂無光[65]	불의 덕 타고난 한나라의 정기 마침내 빛 잃었다네.
桓桓左將軍	씩씩하도다 좌장군이여,
仗鉞西南疆[66]	도끼 짚고 서남쪽 경계 호령하였네.
伏龍一奮躍	복룡 한번 떨치어 뛰어올랐고,
鳳雛亦飛翔[67]	봉추 또한 빙빙 높이 날았다네.
祀漢配彼天[68]	한나라 제사지내며 저 하늘에 배향하고,
出師驚四方[69]	군사 내어 사방을 놀라게 했네.
天意竟莫回	하늘의 뜻 마침내 돌아오지 못하니,
王圖不偏昌[70]	제왕의 업 치우쳐 창성하지 않았네.

之. 註當塗高乃曹魏之讖, 周禮象魏闕名. 盖闕中通門爲道, 其上縣法象, 其狀巍然高大, 故謂之象魏) 원술은 자가 공로(公路)인데 술(術)과 로(路)가 모두 길을 나타내는 도(塗)자와 상관이 있다고 생각하였다.

65 염정(炎精): 《익증》「한나라가 적제에 감응하여 생겼으므로 이렇게 말하였다.」(漢祖感赤帝而生故云)
당도~수무광(當塗~遂無光): 《감흥시》「『위궐당도고』는 조조에 대한 참언이다. 전은 더욱이라는 뜻이다. 염정은 한나라의 화덕이다. 조조는 천자를 끼고 제후에게 명을 내리고 사람을 속이니 고아 과부가 마침내 찬탈의 계략을 이루었다. 그 흉악하고 도리가 어긋남은 동탁보다도 더 심하였으니 한나라의 국운도 마침내 망하고 말았다.」(魏闕當塗高, 應曹操讖語也. 轉, 尤也. 炎精, 漢火德也. 操挾天子以令諸侯欺人, 孤兒寡婦卒成簒奪之計. 其凶悖尤甚於董卓, 而漢祚遂亡矣)

66 환환~장월(桓桓~仗鉞): 「桓桓」은 위무(威武)가 있는 모양이다. 좌장군은 유비이다. 《차의》「헌제 건안 3년(198) 유비를 좌장군으로 삼았다.」(獻帝建安三年, 以劉備爲左將軍) 당나라 두보(杜甫)의 〈북으로 가다(北征)〉「씩씩하도다 진장군, 도끼 짚고서 충렬 떨쳤다네.」(桓桓陳將軍, 仗鉞奮忠烈)

67 복룡봉추(伏龍鳳雛): 《삼국지·촉서·제갈량전(蜀書·諸葛亮傳)》에서 배송지(裵松之)가 주석으로 인용한 《양양기(襄陽記)》「유비가 사마덕조를 찾아서 세상사를 물었다. 사마덕조가 말하기를 『유생은 속된 선비일 뿐이니 시무를 어찌 알겠습니까? 시무를 아는 사람은 준걸 가운데 있습니다. 요즘에는 복룡과 봉추가 있을 뿐입니다.』라 하였다.」 유비가 누구냐고 묻자 말하였다. 『제갈량과 방통입니다.』」(劉備訪世事於司馬德操. 德操曰, 儒生俗士, 豈識時務? 識時務者在乎俊傑. 此間自有伏龍·鳳雛. 備問爲誰, 曰, 諸葛孔明·龐士元也) 사마덕조는 곧 서서(徐庶)이다.

68 배천(配天): 《좌전·애공(哀公) 2년》「오자서(伍子胥)가 말하였다. 『…… 소강을 낳았습니다. …… 면적이 사방 10리이고 인구가 5백 명이었는데 …… 하나라의 역대 왕을 제사지내고 천명으로 왕이 되었다는 것을 밝히어 옛 문물을 하나도 잃지 않았습니다.』」(伍員曰……生少康焉……有田一成, 有衆一旅……祀夏配天, 不失舊物) 《삼국지·촉서·선주전(先主傳)》「장무 원년 여름 4월 대사면령을 내리고 연호를 바꾸었다. 제갈량을 승상으로 삼고 …… 백관을 두었으며 종묘를 세워 고조황제 이하에게 제사를 올렸다.」(章武元年夏四月, 大赦, 改年. 以諸葛亮爲丞相……置百官, 立宗廟, 祫祭高皇帝以下)

69 출사경사방(出師驚四方): 《집람》「후주 건흥 5년(227) 무후 제갈량이 군사를 내어 위나라를 쳤는데 전후로 모두 여섯 차례였으며 위나라 사람들이 크게 놀랐다.」(後主建興五年, 武侯出師伐魏, 前後凡六出, 魏人大驚)

70 왕도불편창(王圖不偏昌): 삼국시대 촉나라 제갈량의 〈나중에 출정을 하면서 올린 표장(後出師表)〉「선제께서는 한나라와 도적인 위나라는 양립할 수가 없고 왕업은 한쪽 구석에서 편안히 할 수 없음을 염려하셨습니다.」(先帝慮漢賊不兩立, 王業不偏安)

晉史自帝魏[71] 진나라의 역사 절로 위나라를 황제라 하였으니,
後賢盍更張[72] 후세의 현자 어찌 고치어 새롭게 하지 않았는가?
世無魯連子[73] 세상에 노련자 같은 의사 없으니,
千載徒悲傷[74] 천년토록 헛되이 슬픔만 남았다네.

55[75]

晉陽啓唐祚[76] 진양에서 당나라 왕실 열고,

환환~불편창(桓桓~不偏昌): 《감흥시》「선주가 서남쪽 경계에서 의병을 일으켜 조조를 죽이고 한나라 왕실을 회복시킨다는 것을 명분으로 삼아 일시의 어진 재사들, 이를테면 제갈량과 방통 같은 무리가 한꺼번에 일어나 그를 도왔다. 군사를 내어 북벌을 하니 모든 곳이 울리어 일이 거의 성공할 뻔하였으나 하늘이 복을 내리지 않아 촉한의 선주가 먼저 죽고 공명 또한 죽어 왕업이 서쪽 땅에 치우쳐 창성하지 않게 하였으니 탄식할 만하다는 것을 말한다.」(言先主仗義起兵於西南之疆, 以誅操復漢爲名, 一時賢才如諸葛亮龐統之徒群起而羽翼之. 出師北伐, 所在響震, 事幾成矣, 而天不祚, 漢先主旣殞, 孔明亦殂卒, 使王業不偏盛於西土, 可勝歎哉)

71 진사자제위(晉史自帝魏): 진사(晉史)는 진수가 《삼국지》를 찬한 것을 말한다. 제위(帝魏)는 위나라를 정통으로 여긴 것을 말한다. 《차의》「진수의 《삼국지》에서는 오로지 천자의 지위를 위나라에게만 부여하였고 열국은 한나라를 대신한다고 생각하였기 때문에 《통감》에서도 그것을 따라 〈위기년〉이라 하였다.」(陳壽三國志, 專以天子之制予魏, 而以列國待漢, 故通鑑因之以魏紀年)

72 후현(後賢): 《익증》「사마온공을 가리킨다.」(指溫公) 사마온공은 사마광을 말하며, 《자치통감》을 지었다.

합경장(盍更張): 합(盍)은 《감흥시》에는 합(合)으로 되어 있다. 《차보》「한나라의 동중서는 대책을 풀고 고쳐서 새롭게 하였다. 어찌하여 새롭게 고치어 위나라를 축출하고 한나라를 높이지 않는가 하는 말이다.」(董仲舒策解而更張之. 言何不更張而黜魏尊漢也)

《집람》「진나라 저작랑 진수는 《삼국지》를 지어서 위나라를 정통으로 삼았는데 이것이 『제위』이다. 사마온공의 《통감》 역시 위나라를 황제라 칭하고 촉한을 오랑캐라 하였으므로 『합경장』이라 하였다.」(晉著作郎陳壽撰三國志, 以魏爲正統, 是帝魏也. 司馬公通鑑亦帝魏而寇蜀漢, 故曰盍更張也)

73 노련자(魯連子): 《사기·노중련열전(魯仲連列傳)》「노중련이 (新垣衍에게) 말했다. ……『저(秦나라)가 곧 제멋대로 황제가 되어 잘못 천하에서 정사를 행하게 된다면 저는 동해로 뛰어가 죽을 따름입니다.』」(魯仲連曰……彼卽肆然而爲帝, 過而爲政於天下, 則連有蹈東海而死耳) 《차의》「웅씨가 말하였다. 『이 시는 한나라 왕실의 군신간의 실수를 논하였다. 역사를 집필하는 사람이 위나라를 축출하고 한나라를 보존할 수가 없었다.』」(熊氏曰, 此篇論漢室君臣之失, 秉史筆者, 不能出魏而存漢)

74 진사~도비상(晉史~徒悲傷): 《감흥시》「이는 조조는 한나라 왕실의 적이니 진수가 위나라를 정통이라 말한 것을 기다리지 않으면 후대의 현자 이를테면 사마온공이 《통감》을 지어 새롭게 고치지 않은 것을 책망하기에 부족하다는 말이다. 이에 또한 조위를 정통으로 하고 촉한을 오랑캐로 여겼으니 이는 노련자 같은 사람이 세상에 또한 더 이상 없는 것이다. 천년을 내려가며 어찌 다만 슬프기만 하겠는가? 이는 양웅을 높여 등급을 함께 한 것과 함께 《강목》의 서법을 알 수 있다.」(此言操爲漢賊, 不待言陳壽帝魏, 不足責後之賢者如溫公作通鑑合更張之, 乃亦帝曹魏而寇蜀漢, 是則若魯連子者, 世亦不復有之矣. 千年之下, 豈不徒有悲傷也. 此與尊楊雄同科, 綱目書法可見)

75 〈해석〉「다섯째 시에서 일곱째 시는 모두 사마온공의 《통감》을 읊은 것이다. 대체로 이 시의 첫 두 수는 음양이 조화하여 일경 일위가 됨을 이야기하였으며, 다음 두 수는 사람의 마음의 선과 악을 말하여 그 차서를

王明紹巢封[77] 조왕 이명은 소랄왕의 봉지 이었네.

논하였다. 경세의 일에 미쳐서는 고금의 치란과 득실이 역사책 가운데 갖추어져 있는데, 사마온공의 《통감》만이 가장 상세하게 갖추어 법도가 있다. 온공의 이 책은 《춘추》에 근접하려 하여 한때는 가까이 갔었지만 그래도 미진한 곳이 있는데, 이 시의 세 번째 장에서 가리킨 잘못과 같으니, 대체로 그 절목의 큰 것이다. 5장에서는 처음을 기탁하여 말한 뜻은 선기를 잃었으며 대체로 호치당이 그것을 편 이래로 문공 또한 그렇다고 하여 일찍이 그 설을 《강목》에다 갖추어 놓았지만 그런대로 옳다. 6장과 7장에서 가리킨 것에 이르러서는, 곧 군신간의 기강은 하늘을 벼리로 삼고 땅을 경으로 삼는 뜻은 만세토록 바꿀 수가 없는 것인데, 지금 이에 제실의 주손을 축출하고 귀역 찬적이 동한의 정통을 이었다하여 새로이 제위를 이은 연호를 없애버렸으며, 암탉과 음부가 당나라 왕실의 대통을 어지렵혔다고 생각하였는데, 이는 큰 잘못이니 어찌 훈계가 될 수 있겠는가? 그런 까닭에 주자는 심히 온공을 애석하게 여기어 《강목》의 편차를 다시 닦았다. 그러나 온공의 풍성한 덕은 평소에 존경을 받는 바로 비록 쯧쯧 탄식은 하면서도 항상 위나라를 황제로 칭하는 것처럼 그 말을 완곡하게 하고 죄를 진나라의 역사로 돌리며 후대의 현자가 고쳐서 새롭게 하기를 바랐으니 공평하기를 바라는 것이다. 이미 그럴 수가 없었으니 노중련이 없음을 탄식하면서 슬퍼 마음이 아파하는 뜻을 드러내었다. 또한 무씨의 죄를 기록한 것과 같은 것은 구공은 주나라의 벼리가 당나라의 경을 어지럽혔다고 생각하였고, 범태사가 무씨의 호를 깎아낼 수 있었음을 아름답게 여겼으며 새로 이은 황제의 연호를 잇고 또한 황제가 방주에 있다고 쓰고는 그것을 《춘추》의 2~3 쪽에서 얻었다 하였는데, 그 설은 이천에게서 받은 것이며, 온공이 무씨를 《통감》에 쓰면서 또한 육일옹의 옛날의 이 뜻을 이룰 수가 없었다. 이천 또한 일찍이 온공에게 말한 적이 있는데 하물며 범씨는 실로 《통감》의 한 부분에 종속되어 당나라 역사를 편수하였으니 이 뜻은 온공에게 펴지 않은 것이 없었지만 공은 스스로 그렇다고 생각하지 않았을 따름이다. 이는 모두 주자가 온공의 언외의 뜻에 불만을 나타낸 것이지만 그 완곡하고 절실함은 사람들이 《통감》 때문에 발한 것임을 모른다.」(五章至七章, 皆是爲溫公通鑑而作. 蓋此詩其首二章, 是說陰陽造化, 一經一緯, 次二章是說人心, 一善一惡, 論其次序, 當及於經世之事, 而古今治亂得失, 具於史册者, 獨溫公通鑑一書最爲詳備有法. 溫公此書欲接春秋, 而一時逼處, 猶有未盡, 如此詩三章所指之失, 蓋其節目之大者. 五章言託始之意失於先幾. 蓋自胡致堂發之, 而文公亦謂其然, 嘗具其說於綱目矣, 然猶可也. 至於六章七章所指, 乃君臣之綱, 天經地義, 萬世不可易者, 今乃黜帝室之胄, 而以鬼蜮篡接東漢之統, 去嗣聖之年, 而以牝鷄淫婦亂唐室之緖, 此則大失, 豈可以爲訓誡, 故朱子深爲溫公惜之, 而再修綱目之編也. 但以溫公盛德, 素所尊敬, 雖咨嗟歎息而常婉其辭, 如言帝魏歸罪於晋史, 而望後賢更張, 則所以望公也. 旣不能然, 則歎無魯仲連以致悲傷之意. 又如記武氏事罪, 歐公以周紀亂唐經, 而美范太史能削武氏之號, 繫嗣聖之年, 且書帝在房州, 謂其得春秋之二三策, 而其說受伊川, 溫公書武氏於通鑑, 亦不能六一翁之舊此義. 伊川亦嘗言於溫公, 况范氏實隷修通鑑, 局分管唐史, 此義未有不陳於溫公者, 但公自不以爲然耳. 此皆朱子致不滿於溫公言外之意, 但其婉切人不知爲通鑑而發也)

76 진양계당조(晋陽啓唐祚): 수양제(隋煬帝)의 궁인(宮人)인 진양궁감(晋陽宮監) 배적(裵寂)을 말한다. 《감흥시》「『진양계조』의 일은 《통감》에 보인다. 이연이 처음에 수나라 진양궁감이 되었는데 그 아들 이세민이 몰래 배적 등과 함께 진양궁의 공운을 가지고 사사로이 이연을 모시고 을러 군사를 일으키게 하였다.」(晋陽啓祚, 事見通鑑. 李淵初爲隋晋陽宮監, 其子世民陰與裵寂等, 以晋陽宮人, 私侍淵, 因脅以起兵)

77 왕명소소봉(王明紹巢封): 《감흥시》「『왕명』은 조왕 이명이다. 『소봉』은 이원길을 소랄왕으로 봉한 것이다. 이세민이 손수 이원길을 죽이고 그 비(인 楊氏)를 받아들여 아들인 이명을 낳았는데, 처음에는 조에 봉하였다가 나중에 제왕으로 세워 나가서 소왕의 뒤를 잇게 했다.」(王明, 曹王明也. 巢封, 元吉封爲巢剌王也. 世民手刃元吉而納其妃, 生子明, 初封曹, 後立爲齊王, 出紹巢王之後) 이명을 조왕으로 세운 것은 당 태종 정관(貞觀) 21년(647)의 일이다.

垂統已如此[78]	대통 이음 이미 이와 같으니,
繼體宜昏風[79]	체통 이음 응당 풍속 어지럽히리.
麀聚瀆天倫[80]	암컷 함께 취하여 하늘의 질서 어지럽히니,
牝晨司禍凶[81]	암컷 새벽에 화와 재앙 불렀네.
乾綱一以墜[82]	하늘의 큰 근본 한번 떨어지니,
天樞遂崇崇[83]	하늘의 지도리 마침내 까마득히 솟았네.

78 수통(垂統): 《맹자·양혜왕(梁惠王) 하》「선행을 하면 후세의 자손 중에 반드시 왕노릇하는 자가 있을 것입니다. 군자는 기업을 창건하고 전통을 드리워서 계속할 수 있게 할뿐입니다.」(苟爲善, 後世子孫必有王者矣. 君子創業垂統, 爲可繼也) 《정음》「태종을 가리킨다.」(指太宗也)

79 계체(繼體): 《춘추공양전·문공(春秋公羊傳·文公) 9년》「문왕의 체통을 잇고 문왕의 법도를 지킨다.」(繼文王之體, 守文王之法度) 《사기·외척세가(外戚世家)》「예로부터 천명을 받은 개국 군주들과 선제의 뒤를 이어받고 성법을 계승한 군주들은 단지 그 개인의 품덕이 고상하였기 때문이기도 하지만 또한 외척의 도움이 있었기 때문이기도 하다.」(自古受命帝王及繼體守文之君, 非獨內德茂也, 蓋亦有外戚之助焉) 《정음》「고종을 가리킨다.」(指高宗也) 《감흥시》「정통을 드리웠다는 임금이 사실은 강상을 더럽히고 어지럽힘이 이와 같으니 제위를 계승한 것이 고종과 같은 자가 혼미하고 음란하여 무후와 같은 일이 있음은 마땅하다는 것을 말하였다.」(言垂統之主, 其實瀆亂綱常, 已如此, 宜繼體如高宗者, 昏迷淫亂而有武后之事也)

80 우취(麀聚): 《예기·곡례(曲禮) 상》「대저 저 금수에게는 예의란 것이 없으므로 아비와 자식이 암컷을 함께 하고 있는 것이다.」(夫惟禽獸無禮, 故父子聚麀) 주석 『'취'는 함께 한다는 뜻이다. 짐승의 암컷을 우라 한다.」(聚, 共也. 獸之牝者, 曰麀) 《차의》「이는 고종이 무씨를 황후로 세운 것을 말한다.」(此言高宗之立武氏爲后) 《집람》「고종은 태종의 재인 무씨를 받아들여 왕후로 삼았는데, 이것이 암컷을 함께 한다는 것이다.」(高宗納太宗才人武氏爲后, 是麀聚也)

81 빈신(牝晨): 《상서·목서(牧誓)》「옛 사람 말에 『암탉은 새벽을 알리지 않는 것이니 암탉이 새벽을 알리면 집안이 망한다.』 하였다.」(古人有言曰, 牝鷄無晨, 牝鷄之晨, 惟家之索) 〈해석〉「고종의 무후는 곧 태종의 재인이다.」(高宗武后, 本太宗才人) 《차의》「이는 무씨의 참람된 즉위를 말한다.」(此言武氏之僭立)

82 건강(乾綱): 왕강(王綱), 곧 임금의 기강이라는 말이다. 《춘추곡량전(春秋穀梁傳)》의 서문 「옛날에 주나라의 도가 쇠하여져 없어지자 하늘이 만물을 주재하는 큰 벼리가 끊어졌다.」(昔周道衰陵, 乾綱絶紐)

83 천추(天樞): 《차의》「무후는 당나라를 주나라로 고치고 종묘를 세웠으며, 구리를 주조하여 천추를 만들어 주나라의 공덕을 기록하였는데 모양이 기둥과 같았다. 높이는 오백 척이었는데 철산으로 발을 만들었으며, 둘레는 칠십 척으로 2장 마다 구리 이백 만 근을 써서 무후의 공덕을 새겨 단문의 바깥에 세워놓았다. 구리와 쇠가 부족하여 민간의 농기를 징발하여 보태었으며, 구리로 서린 용과 기린을 만들어서 얽히게 하여 감아놓았다. 위에는 구름이 올라가는 형태의 승로반을 만들어 놓았는데, 네 마리 용이 불로 된 구슬을 받쳐 들고 있었으며, 백관과 사방 오랑캐의 추장 이름을 새겨 놓았다. 태후가 친필로 그 기둥에다 『대주만국, 송덕천추』의 여덟 글자를 썼다.」(武后改唐爲周, 立宗廟, 鑄銅爲天樞以紀周功德, 其制若柱, 高百五尺, 鐵山爲趾, 周百七十尺, 每二丈用銅二百萬斤, 刻天后功德, 立於端門之外, 銅鐵不足, 賦民間農器以足之, 以銅爲蟠龍麒麟縈繞之. 上爲騰雲承露盤, 四龍人立捧火珠, 刻百官及四夷酋長名, 太后自書其榜曰, 大周萬國頌德天樞)

숭숭(崇崇): 숭(崇)은 높다는 뜻이다. 한나라 반표(班彪)의 〈북정부(北征賦)〉「운문을 거쳐 되돌아보고, 통천의 까마득함 바라보네.」(歷雲門而反顧, 望通天之崇崇)

淫毐穢宸極[84]	음탕한 노애 대궐 더럽히고,
虐炎燔蒼穹[85]	사나운 불꽃은 푸른 하늘 불살랐네.
向非狄張徒[86]	그때 적인걸과 장간지의 무리 아니었다면,
誰辦取日功[87]	누가 해를 취하는 공 변별하였으리!
云何歐陽子[88]	구양자는 어찌하여,

우취~숭숭(麀聚~祟祟): 《감흥시》「대체로 무후는 처음에 태종의 재인이었는데 고종이 세워서 후로 삼아 나라의 정사에 참여하여 권세를 천단하고 제멋대로 하였으며, 나중에는 마침내 그의 아들 중종을 폐위시키고 국호를 당에서 주로 바꾸었다. 이것이 바로 암컷을 함께 하고 암탉이 새벽에 운 것이며 당나라 왕실이 중도에 쇠미해진 까닭이다.」(蓋武后初爲太宗才人, 高宗立以爲后, 參豫國政, 擅權自恣, 後遂廢其子中宗, 改唐爲周, 此正聚麀牝晨而唐室之所以中否也)

84 음애(淫毐): 《정음》「노애는 사람 이름으로, 여불위가 진나라 태후와 사통하여 아들 정을 낳았는데 이미 장성하여 일이 발각될까 두려워하여 음경이 큰 사람인 노애를 구하여 궁중에 들이어 태후와 사통하게 하였다.」(嫪毐, 人名. 呂不偉通秦太后生子政, 旣長, 恐事覺, 求大陰人, 嫪毐納宮中以與后通) 《자치통감·진기(秦紀) 1》「처음에 왕이 즉위하였을 때 나이가 어렸는데 태후가 이때 문신후[呂不偉]와 사통을 하였다. 왕이 자랄수록 문신후는 일이 발각되어 화가 자신에게 미칠 것을 두려워하여 이에 사인으로 있던 노애를 환관이라 속이고 태후에게 바치니 태후가 그를 총애하여 두 아들을 낳았다. …… 노애가 환관이 아니라는 것을 아뢰자 …… 노애의 삼족을 멸했다.」(初, 王卽位, 年少, 太后時與文信侯私通. 王益壯, 文信侯恐事覺, 禍及己, 乃詐以舍人嫪毐爲宦者, 進于太后. 太后幸之, 生二子……告毐非宦者……夷毐三族) 《차의》「이는 중 회의와 심남구, 장창종, 장역지 등이 무후의 총애를 받은 것을 말한다.」(此言僧懷義·沈南璆·張昌宗·易之等得幸於武后)

신극(宸極): 《집람》「제위이다.」(帝位也)

85 학염(虐炎): 「炎」은 《주문공집》에는 「焰」으로 되어 있다. 《자치통감》 권203 〈측천무후(則天武侯) 수공(垂拱) 2년〉「태후는 서경업의 반란 이후 천하의 사람들이 자신을 죽이려고 도모함이 많다고 의심하였으며, 또한 스스로 오랫동안 나라의 일을 전횡하고 또한 사행(私行)이 부정하여 종실의 대신 가운데 원망하는 사람이 많아 심복하지 않음을 알고 그들을 크게 주살하여 위협하려고 하였다. 이에 기밀을 고발하는 문을 크게 열었다. …… (월왕) 정이 패하자 태후는 한·노 등의 왕을 모두 죽이고자 하여 감찰어사인 남전의 소향에게 기밀상황을 살피게 했다.」(太后自徐敬業之反, 疑天下人多圖己, 又自以久專國事, 且內行不正, 知宗室大臣怨望, 心不服, 欲大誅殺以威之. 乃盛開告密之門……及貞敗, 太后欲悉誅韓、魯等諸王, 命監察御史藍田蘇珦按其密狀) 《집람》「무후가 혹리인 주흥과 내준신, 길욱 등을 등용하여 죄를 교묘하게 꾸미어 무고하여 크게 주살을 행한 것을 말한다.」(謂后用酷吏周興來俊臣吉頊等, 鍛鍊羅織, 大行誅殺也)

86 적장도(狄張徒): 《차의》「적인걸은 태후에게 황제를 소환시킬 것을 권했으며, 또한 장간지를 천거하였다. 장간지는 최현위·경휘·환언범·원서기 등과 함께 군사를 일으켜 무후의 난을 토벌하고 황제를 맞이하여 복위시켰다.」(狄仁傑勸太后召還帝, 又薦張柬之. 柬之與崔玄暐·敬暉·桓彥範·袁恕己等, 擧兵討武后之亂, 迎帝復位)

87 취일(取日): 《집람》「무후의 난을 평정하고 중종을 맞아 복위시킨 것을 이른다.」(謂平武氏之亂, 迎中宗復位也) 《한서·이심전(李尋傳)》「대체로 해라는 것은 모든 빛의 으뜸이며 빛이 비추는 것이 만 리에 그림자가 같으며 임금의 겉이다.」(夫日者, 衆陽之長, 輝光所燭, 萬里同晷, 人君之表也) 《정음》「적인걸이 창을 휘둘러 해를 가리킨 고사를 썼다.」(用狄仁傑揮戈指日之事) 《신당서·적인걸전(狄仁傑傳)》의 찬 「우연에서 해를 취하였으며 함지에서 빛을 씻었네. 몰래 다섯 용을 주어, 해를 끼고 날았다네.」(取日虞淵, 洗光咸池. 潛授五龍, 夾日而飛)

88 구양자(歐陽子): 《정음》「이름이 수로 《오대사》를 편수하였다.」(名修, 修五代史)

秉筆迷至公	붓 잡고서 지극히 공평함 어지럽혔나?
唐經亂周紀[89]	당나라의 경에 주의 〈본기〉에 어지럽혔네.
凡例孰此容[90]	무릇 이 법식 누가 받아들이겠는가?
侃侃范太史[91]	꿋꿋하도다, 태사 범조우,
受說伊川翁[92]	이천옹의 말 받아들였네.
春秋二三策[93]	《춘추》의 두 세 쪽 말,
萬古開群蒙	만고에 뭇 어리석음 계몽하였다네.

89 당경란주기(唐經亂周紀): 《집람》「구양 문충공이 칙명을 받들어 《당서》 〈기〉와 〈표〉, 〈지〉 75권을 수찬하면서 〈제기〉 내에 〈무후기〉를 세웠는데, 이는 지극히 공정한 도리를 어지럽힌 것이다. 당나라의 경에서 주의 기강을 어지럽힌 것이다.」(歐陽文忠公奉勅撰修唐書紀表志七十五卷, 乃於帝紀內立武后紀, 是迷至公之道, 而亂周紀於唐經也)

90 범례(凡例): 진(晉)나라 두예(杜預)의 《춘추좌전》의 서문 「(《좌전》이) 『무릇』이라는 말로 시작하여 예를 든 것은 모두 나라를 다스리는 정상적인 제도이다.」(其發凡以起例, 皆經國之常制) 「凡」은 가장 잘 포괄한다는 뜻이며, 「例」는 비유한다는 뜻이다.

숙차용(孰此容): 용은 용인(容忍)의 뜻. 《차의》「정통의 범례가 매우 엄함을 이른다. 누가 이 때문에 구양자의 필법을 그 사이에 용인하겠는가?」(謂正統之凡例甚嚴, 孰以此, 歐陽子之筆法容於其間也)

91 간간(侃侃): 《차의》「강직한 모양이다.」(剛直貌)

범태사(范太史): 강관(講官) 범조우(范祖禹)를 말하며 자는 순부(淳夫)이다. 사마광이 《통감》을 편찬할 때 당나라의 역사를 맡아 집필하다가 그 득실과 선악을 취하여 별도로 《당감(唐鑑)》을 편수하였다.

92 수설이천옹(受說伊川翁): 이천은 정이(程頤)를 말한다. 《차의》「범조우는 일찍이 이천과 당나라의 일을 논한 적이 있는데, 《당감》을 지을 때 선생의 의논을 모두 썼다. 선생이 문인들에게 말하기를 『범조우는 곧 이렇게 믿을 수 있었다.』라 하였다.」(范淳夫嘗與伊川論唐事, 及爲唐鑑, 盡用先生之論, 先生謂門人曰, 淳夫乃能相信如此)

93 춘추이삼책(春秋二三策): 《춘추·소공(昭公) 32년》「32년 봄 천자의 역으로 정월에 공이 간후에 있어 감을 점령하였다.」(三十二年春王正月, 公在乾侯, 取闞) 《맹자·진심(盡心) 하》「《서경》을 다 믿는 다면 《서경》이 없는 것만 못할 것이다. 나는 〈무성〉편에 대해 다만 두세 쪽을 취할 뿐이다.」(盡信書, 則不如無書. 吾於武成, 取二三策而已矣) 주자의 주석 「책은 죽간이니, 두세 쪽의 말을 취한 것이다.」(策, 竹簡也, 取其二三策之言) 《차의》「중종이 제위를 이은 지 2년째에 황제는 균주에 있었으며, 3년에서 14년째까지는 황제가 방주에 있었다. 범씨가 말했다. 『옛날에 계씨가 그 임금을 쫓아내고 노나라에 임금이 없었던 것이 8년이었다. 《춘추》는 매년 반드시 임금의 소재지를 기록하였는데, 계씨가 나라를 전횡하지 못하게 하였다. 사마천이 〈여후본기〉를 지은 이래 후세의 역사를 짓는 사람들이 그것을 따랐으므로 당나라의 역사 또한 무후를 본기에 열입하였다. 그것이 기사의 체제에 있어서는 사실이지만 《춘추》의 법칙은 쓰지 않았다. 춘추시대 오나라와 초나라의 임금은 왕이라 일컫지 않았기 때문에 주나라 왕실을 높였다. 천하라는 것은 당나라의 천하이다. 무씨가 어찌 이간질 시킬 수 있겠는가? 그러므로 신이 다시 제위를 이은 해를 이어 무씨의 연호를 물리쳐 무후의 화란의 경계로 삼았다. 가만히 《춘추》의 뜻을 취하여 비록 군자들에게 죄를 얻는다하더라도 불사하겠다.』 ○ 웅씨가 말하였다. 이 편은 당나라 왕실의 군신간의 실수를 논하였다. 역사의 붓을 쥔 사람들이 무후를 축출하여 당나라를 높일 수가 없었다.」(中宗嗣聖二年帝在均州, 三年至十四年帝在房州. 范氏曰, 昔季氏出其君, 魯無君者八年. 春秋每歲必書公之所在. 不與季氏之專國也. 自司馬遷作呂后本紀, 後世爲史者因之, 故唐史亦列武后于本紀. 其於紀

56[94]

朱光徧炎宇[95]	붉은 빛 뜨거운 하늘에 두루 미치고,
微陰眇重淵[96]	약한 음기 깊은 못에 아득하네.
寒威閉九野[97]	추위의 위세 8방의 중앙인 구야에 갇히고,
陽德昭窮泉[98]	양기의 덕 땅 깊은 곳에서 이미 밝았네.

事之體則實矣. 春秋之法則未用也. 春秋吳楚之君不稱王, 所以尊周室也. 天下者唐之天下也. 武氏豈得以間之, 故臣復繫嗣聖之年黜武氏之號, 以爲母后禍亂之戒. 竊取春秋之義, 雖獲罪於君子而不辭. ○ 熊氏曰, 此篇論唐室君臣之失. 秉史筆者不能黜武后而尊唐)

94 〈해석〉「첫 네 구절은 하늘의 도가 줄어들었다가 늘어났다가 하는 조짐을 말하였으며, 다음 네 구절은 사람의 마음의 선악의 기미를 말하였다. 대체로 천지는 다만 일개 음양으로 체현하지 않는 사물이 없으며, 사람의 마음에서 투과하지 않음이 없으므로 사람 몸의 기의 기틀은 거의 실로 천지와 함께 운행한다. 그러므로 군자는 음양이 처음으로 움직일 때 스스로 수시로 성찰하여 한가하고 사악함을 완전히 해야 한다. 덕을 기르는 도가 악하면 기미가 다하지 않으며 일찍 끊어지게 되고, 선하면 면면히 길러 채워서 크게 한다. 이 때문에 《예기·월령》편에는 동지와 하지에 모두 몸을 가리고 재계하는 글이 있다. 대저 찬연히 통일함을 재라 하고, 숙연하게 경계하고 두려워함을 계라 한다. 그런 다음에 심지가 청명해지고 선악의 기미를 밝히고 일찍 하는 바가 있게 된다. 거의 양명은 날로 씩씩해지고 덕성은 더욱 주밀해질 것이며, 음탁은 타고 오르지 못할 것이며 물욕은 행해지지 않을 따름이다. 관문을 닫고 행상하는 사람들은 쉰다는 데 이르러서는 음기를 길러 구리로 만든 수레의 굳셈을 씀으로써 부드러운 도에 끌림을 바르게 한다. 이 또한 성인이 화육의 일을 기리는 것이다. 이 편 또한 위에 있는 군자들에게 말한 것이므로 내 한 몸으로부터 천하의 사물에 미치기까지 음양이 교제하는 사이에 양을 돕고 음을 억누르며 선을 기르고 욕심을 막는 도가 떨치지 않음이 없다.」(首四句言天道消長之機, 次四句言人心善惡之幾. 蓋天地只有一介陰陽, 無物不體無不自人心上透過, 故人身氣機實與天地同運, 故君子於陰陽初動之時, 自當隨時省察以盡閑邪. 育德之道惡則不忽於幾微而絶之於早, 善則養於綿綿而充之使大. 是以月令於冬夏二至, 皆有掩身齋戒之文. 夫粲然統一之謂齊, 肅然警惕之謂戒. 然後心地淸明, 有以燭乎善惡之幾, 而早爲之所, 庶幾陽明日莊而德性益周, 陰濁莫乘而物慾不行耳. 至於閉關息商旅, 所以養陰氣, 用金柅之剛以正柔道之牽. 此又聖人贊化育之事, 此篇亦爲在上君子言之. 故自吾一身以及天下事物, 於陰陽交際之間, 無不振其扶陽抑陰長善遏慾之道) 《감흥시》「5편에서 7편까지는 치화의 근원을 탐색한 것이다.」(自五篇至七篇, 所以探治化之原也)

95 주광(朱光): 《집람》「주광은 해이다.」(朱光, 日也) 염우(炎宇): 《집람》「염우는 여름 하늘이다.」(炎宇, 夏天也)

96 주광~중연(朱光~重淵): 《차의》「이는 《주역·구괘》의 상을 말한 것이다.」(此言姤) 《문선》 진(晉)나라 장재(張載)의 〈칠애시(七哀詩)〉 제2수 「붉은 빛 북쪽 뭍으로 달리고, 뜬 경치 별안간 서쪽으로 가라앉네.」(朱光馳北陸, 浮景忽西沈)

97 구야(九野): 《열자·탕문(湯問)》「팔방과 구야의 물, 은하수가 흘러들어가지 않음이 없지만 더해지지도 않고 줄어들지도 않습니다.」(八紘九野之水, 天漢之流, 莫不注之, 而無增無減焉) 진나라 장잠(張湛)의 주석 「구야는 하늘의 팔방의 한복판이다.」(九野, 天之八方中央也) 《여씨춘추·유시람(有始覽)》「하늘에는 구야가 있고, 땅에는 구주가 있으며, 토에는 구산이 있고, 산에는 구새가, 못에는 구수가 있다.」(天有九野, 地有九州, 土有九山, 山有九塞, 澤有九藪) 《익증》「증씨는 성토의 법에 구야가 있으며 땅에서는 또한 9로 구별된다고 생각하였는데, 이것이다.」(曾氏以爲星土之法有九野, 而在地亦別爲九, 是也)

98 한위~궁천(寒威~窮泉): 《차의》「이것은 《주역·복괘》의 상을 말한다」(此言復) 《감흥시》「궁천은 어두운 땅이다. 붉은 빛이 하늘에 두루 미칠 때 약한 음기가 이미 깊은 못에 아득하고, 추위의 위세가 구야에서 닫힐 때 양기의 덕이 이미 땅 깊은 곳에서 밝음을 말한다. 이

文明昧謹獨	밝게 살피는 곳에 홀로 있을 때 삼감 어둡고,
昏迷有開先[99]	흐릿하게 어두운 곳에 먼저 열림이 있네.
幾微諒難忽	기미 실로 소홀히 하기 어렵고,
善端本綿綿[100]	선의 단서 본래 면면히 이어지네.
掩身事齋戒	몸을 가리고 재계를 일로 삼아,
及此防未然[101]	이때에 이르러 (음기가) 일어나기 전에 막네.
閉關息商旅	관문 닫으니 행상들 쉬고,
絶彼柔道牽[102]	저 부드러운 도 끌림 끊기네.

는 대개 음은 음에서 생겨나지 않고 항상 지극한 양 가운데 엎드려 있는데 〈구괘〉가 이것이다. 양은 양에서 생겨나지 않으며 성한 음 가운데서 가만히 회복하는데 〈복괘〉가 이것이다.」(窮泉, 幽昧之地. 言朱光徧炎宇之時, 而微陰已眇於重淵矣, 寒威閉於九野之際, 而陽德已昭於窮天矣. 蓋陰不生於陰而常伏於至陽之中, 姤卦是也. 陽不生於陽而潛復於盛陰之中, 復卦是也)

99 문명~개선(文明~開先): 《정음》「『구』괘는 건에서 나고 『복』괘는 곤에서 나니, 비록 문은 밝지만 홀로 있을 때를 삼가는 공을 어둡게 할 수 없으며, 비록 혼미하지만 앞을 여는 도가 있다.」(姤生於乾復生於坤, 則雖文明而不可昧謹獨之工也. 雖昏迷而有開先之道也)

100 문명~면면(文明~綿綿): 《차의》「『문명』은 양의 덕을 가진 사람이며, 『혼미』는 음의 탁함을 지닌 사람이다. 이는 비록 군자라 하더라도 어쩌다 어둡고 자질구레한데 빠질 수 있고, 소인이라 하더라도 또한 훌륭한 단서를 개발하는 곳이 있을 수 있다는 말이다. 이른바 『개선』은 열면 반드시 먼저 함이 있다는 뜻을 썼다. 『기미량난홀』의 구절은 『문명근독』을 이어 선의 단서가 면면히 『혼미개선』을 이어 말하고 있음을 말하였다.」(文明陽德之人, 昏迷陰濁之人. 此言雖君子或忽於幽暗細微, 雖小人亦有善端開發之處. 所謂開先用有開必先之義也. 幾微諒難忽承文明謹獨而言善端綿綿承昏迷開先而言) 면면은 약하면서도 끊어지지 않는 것이다. 《감흥시》「양기가 지극한데 음이 하나 엎드려 있으므로 비록 밝으나 어쩌다 홀로 있을 때 삼가라는 경계에 어두울 수 있다. 음기가 성한 가운데 양이 하나 회복하므로 비록 혼미하나 실로 먼저 여는 도가 있는 것이다. 오로지 홀로 있음을 삼감이 어둡기 때문에 기미가 나타날 때를 실로 소홀히 할 수 없다. 오직 먼저 열림이 있기 때문에 선의 단서가 매번 면면히 이어져 끊어지지 않는 것이다.」(至陽而一陰伏故雖文明而或昧謹獨之戒. 盛陰而一陽復故雖昏迷而實有開先之道. 惟其昧謹獨也, 故幾微之際, 誠不可忽. 惟其有開先也, 故善之端緖, 每綿綿而不絶焉) 《노자》 제6장 「이어지고 또 이어져 있는 것 같으며 써도 마르지 않는다.」(綿綿若存, 用之不勤)

101 엄신~미연(掩身~未然): 《예기·월령(月令)》 음력 4월[仲夏] 「이 달은 날이 극도로 길며, 음양의 두 기가 서로 싸워 사생이 분별되는 때이다. 그렇기 때문에 군자는 재계하고, 집에 안거할 때는 그 몸을 가려 드러나지 않게 하여 음기 때문에 몸이 마름을 막는다.」(是月也, 日長至, 陰陽爭, 死生分, 君子齊戒, 處必掩身, 毋躁) 주석 「심기를 정하여 음기로 인해 일어나는 질병에 대비하는 것이다.」(定心氣而備陰疾也) 또한 같은 편의 11월[仲冬] 조에도 「재계하고 몸을 가린다」(齋戒掩身)는 말이 나온다. 《감흥시》「하지의 하나의 양이 생겨날 때 반드시 기욕을 물리쳐 잘라내어 이때에 이르러 음이 일어나기 전에 막아야 한다는 말이다. 『此』는 양을 가리켜 말한 것이다.」(言於夏至一陰生之時, 必屛絶嗜欲, 及此而防其陰之未然也. 此指陽而言) 고시 〈군자행(君子行)〉「군자는 아직 일이 일어나기 전에 미리 방지하니, 혐의가 갈만한 곳에는 처하지 않는다.」(君子防未然, 不處嫌疑間)

102 폐관~도견(閉關~道牽): 《주역·복괘(復卦)》의 상사(象辭) 「선왕이 이 괘를 가지고 동짓날에 관문을 닫으니, 행상하는 사람들은 길을 걷지 않고 후왕은 지방을

57[103]

微月墮西嶺[104]	초승달 서쪽 고개로 떨어지니,
爛然衆星光[105]	찬란하게 뭇별들 빛나네.
明河斜未落[106]	은하수는 비스듬히 떨어지지 않았는데,
斗柄低復昂[107]	북두성의 자루는 숙이는 듯 다시 쳐드네.
感此南北極[108]	남쪽과 북쪽의 끝 생각해보니,
樞軸遙相當	지도리와 굴대 아득히 서로 마주하고 있네.
太一有常居[109]	태일성 항상 그곳에 자리 잡아,

시찰하러 가지 않는다.」(先王以至日閉關, 商旅不行, 后不省方)《주역·구괘(姤卦)》의 상사「구리로 만든 수레 멎춤대에 매여 있다는 것은 부드러운 도로 소인을 견제한다는 것이다.」(繫于金柅, 柔道牽也)《감흥시》「동지의 양이 하나 생겨날 때는 반드시 편안하고 고요하게 존양하여 저 부드러운 도가 끌림을 끊어야 한다는 것을 말한다. 『피』는 음을 가리켜 말하였다.」(言冬至一陽生時, 必安靜存養, 絶彼柔道之牽繫也. 彼指陰而言)《차의》「웅씨가 말했다. 이 편은 구괘는 곧 음의 시작이며, 복괘는 곧 양의 시작임을 논하였다.」(此篇論姤乃陰之始, 復乃陽之始)

103 〈해석〉「윗 장은 사람의 몸은 천지와 함께 운행을 함께 하여 항상 양은 돕고 음은 억누르려 한다는 것을 말하였다. 이 장은 사람의 마음은 신극과 함께 일체를 이루어 항상 조용하게 움직임을 통제함을 말하였다. 두 편 모두 음양을 말했는데 또한 모두 위에 있는 군자를 위하여 말한 것이다.」(上章言人身與天地同運, 而常欲扶陽抑陰. 此章言人心與辰極同體, 而常欲以靜制動. 兩篇皆說陰陽, 亦皆是爲在上之君子言之)

104 미월(微月): 《감흥시》「초승달이다.」(新月也)

105 미월~성광(微月~星光): 당나라 두보(杜甫)의 〈성도부(成都府)〉「초승달 높이 떠오르지 않았는데, 뭇별들 오히려 빛을 다투네.」(初月出不高, 衆星尙爭光)

106 명하(明河): 《감흥시》「은하수이다.」(天河也)

107 두병(斗柄): 《감흥시》「북두칠성의 자루이다.」(北斗七星之柄也)

108 남북극(南北極): 《감흥시》「남북극은 하늘의 지도리이다. 하늘은 둥글고 움직이며 땅의 바깥을 포함한다. 땅은 모나고 고요하며 하늘의 가운데 처해 있다. 그러므로 하늘의 형태는 반은 땅 위를 덮고 있고 반은 땅 아래를 둘러싸고 있으며, 왼쪽으로 돌면서 쉬지 않는다. 그 지도리로 움직이지 않는 곳이 남북극이다. 극이라고 하는 것은 집의 등마루의 끝과 같다. 초승달이 이미 서쪽으로 떨어지면 뭇별들이 찬란하게 더욱 빛나고, 은하수는 기울어졌지만 떨어지지 않으며 두병이 이미 낮아졌다가 다시 올라오며 오직 남북극만이 움직이지 않는데 그 추축은 아득히 멀지만 바로 조금도 어긋나지 않음을 만남에 상당한다는 말이다. 이때가 되어 천상을 우러러 보면 깊이 느끼는 바가 있다. 또한 마음이 중앙에 처하여 만물과 수작을 하여도 조금도 치우침이 없음과 같다. 대체로 달이 막 밝은 빛을 내기 시작할 때 하늘의 상이 더욱 쉽게 보이므로 특별히 그렇게 말하였다.」(南北極, 天之樞軸也. 天圓而動, 包乎地外. 地方而靜, 處乎天中. 故天之形, 半覆乎地上, 半繞乎地下, 而左旋不息. 其樞軸不動之處, 則爲南北極. 謂之極者, 猶屋脊之極也. 言新月已西墜則衆星爛然而愈光, 河漢雖斜而未落, 斗柄旣低而復昂, 惟有南北極不動, 而其樞軸遙遠, 正相當値無少差忒. 當此之時, 仰觀天象而深有感也. 亦猶心居中央, 酬酢萬物而無少偏倚也. 蓋月始生明之時, 天象尤爲易見, 故特言之)《차의》「북극은 지상으로 36도 나와 있고, 남극은 지하로 36도 들어가 있다. 남북극은 그 양 끝을 잡고 하늘은 일·월·성신과 함께 비스듬히 회전한다.」(北極出地上三十六度, 南極入地下亦三十六度, 南北極持其兩端, 天與日月星辰斜而回轉)

109 태일(太一): 가장 높은 천신인 천제(天帝)의 별명. 《한서·교사지(郊祀志)》 태일삼성(太一三星)의 주석

仰瞻獨煌煌　　우러러 보니 홀로 반짝반짝 빛나네.
中天照四國　　하늘 가운데서 사방의 나라에 빛을 내니,
三辰環侍旁[110]　　삼진이 둘러 곁에서 모시고 있네.
人心要如此　　사람 마음 이와 같아야 하니,
寂感無邊方[111]　　고요함과 감응 끝이 없다네.

58[112]

放勛始欽明[113]　　요임금 비로소 총명함 공경하셨고,

「《천문지》 천극성에서 밝은 것은 태일이며, 곁의 세 별은 삼공이다.」(天文志, 天極星, 其一明者, 太一也, 旁三星, 三公也) 《사기·천관서(天官書)》「중관에는 천극성이 있는데 그중 밝은 별 하나는 태일이 상주하는 곳이다.」(中宮天極星, 其一明者, 太一常居也) 《차보》「북극의 오성은 일명 천극이라고도 하고, 일명 북신이라고도 하는데 하늘의 지도리이다. 하늘의 운행은 무궁하여 삼광이 번갈아가며 빛을 내는데 극성은 옮겨가지 않으므로 거한다고 한다. 그곳의 두 번째 별이 태일좌인데 가장 붉으며 밝은 것이다.」(北極五星, 一名天極, 一名北辰, 天之樞也. 天運無窮, 三光迭耀, 而極星不移, 故曰居. 其所第二星爲太一座, 最赤明者也) 《집람》「곧 북진이다. 이는 하늘의 지도리로 가운데 조금도 움직이지 않는 곳을 사람들이 취하여 끝으로 삼고자 하여 기억하지 않을 수 없었으므로 그 곁에 있는 작은 별을 취하여 극성이라 하였다.」(卽北辰. 是天之樞杻, 中間些子不動處, 緣人要取此爲極, 不可無記認, 所以就其旁取一小星, 謂之極星) 《감흥시》「북진만 언급하고 남극은 언급하지 않는 것은 남극은 땅으로 36도 들어가 항상 숨어서 보이지 않고, 북진은 땅에서 36도 나와 항상 보여서 숨지 않으므로, 이것만이 볼 수 있는 것으로 사람에게 보여주기 때문이다.」(言北辰而不及南者, 南極入地三十六度, 常隱不見, 北辰出地三十六度, 常見不隱, 故此獨以可見, 示人也)

110 삼진(三辰): 《차의》「일·월·성의 때이다. 해는 낮을 비추고, 달은 밤을 비추며, 별은 하늘을 운행하며 백성들은 그 시절을 얻는다.」(日月星之時也. 日照晝, 月照夜, 星運行於天, 民得取其時節)

111 적감(寂感): 《주역·계사전(繫辭傳) 상》「(역은) 고요히 움직이지 않다가 느끼어 드디어 천하의 일을 통한다.」(寂然不動感而遂通) 《차의》「웅씨가 말하였다. 이 시는 하늘의 북극은 곧 사람 마음의 태극임을 논하였다.」(熊氏曰, 此篇論天之北極, 卽人心之太極) 《차보》「『태일유상거』는 사람의 마음이 고요한 것을 비유하였으며, 『중천임사국』은 사람의 마음이 느낀 것을 비유하였다. 『무변방』은 끝도 방향도 없음을 말한다.」(太一有常居, 喩人心之寂也. 中天臨四國, 喩人心之感也. 無邊方, 謂無邊際方所也) 《감흥시》「삼진은 일·월·성이다. 《좌전》(桓公 2년)에서는 『삼진의 깃발』이라 하였다. 태일성이 그곳에 자리를 잡고 움직이지 않아 우러러 쳐다보면 다만 그 반짝반짝하는 것만 보일 뿐이라는 것을 말하였다. 이는 사람의 마음이 고요한 것을 비유하였다. 하늘 한중간에 자리 잡고서 사방의 나라를 비추면 해와 달, 뭇별들은 그곳을 두르고 함께 한다. 이는 사람의 마음의 느낌을 비유하였다. 그러므로 또한 단정하여 말하기를 사람의 마음은 모름지기 이와 같기 때문에 고요히 움직이지 않다가 드디어 통하게 되어 그 변방은 보이지 않는 것이다.」(三辰日月星也. 左傳云, 三辰旂旗. 言太一居其所而不動. 仰而瞻之, 獨見其煌煌耳. 此譬人心之寂也. 居天之中, 照臨四國, 日月衆星, 環繞而共之. 此譬人心之感也. 故又斷之曰, 人心須要如此, 所以寂然不動感而遂通, 不見其邊方也)

112 〈해석〉「이 장은 여러 성인들이 심법을 전하여온 묘함이 「경」 하나에 있으며, 공자가 《시경》과 《서경》을 산정하고 전술하여 성인의 법도를 보존하고 만세에 법도로 드리운 것은 그 요점이 다만 『경』자 한 자에 있음

南面亦恭己[114]	순임금 또한 자신을 삼갔다네.
大哉精一傳[115]	위대하도다, 정신 모으고 통일함 전하여,
萬世立人紀[116]	만세토록 사람의 기강 세우셨다네.
猗歟歎日躋[117]	아아! 날로 나아감 탄식하고,
穆穆歌敬止[118]	근엄하게 공경 노래하네.
戒獒光武烈[119]	서융의 개 경계하시니 무왕의 공열 빛나고,

을 말하였다.」(何文定曰, 此章言列聖相傳心法之妙, 惟在一敬. 仲尼删述詩書而存聖軌, 弛垂法萬世者, 其要只在一敬字) 《정음》「채모가 말하였다. 이 시는 여러 성인들이 경을 마음을 전하는 방법으로 삼은 것을 두루 말하였고, 끝에 가서는 공자로 맺어서 그 산정과 전술로 후편을 일으켰다는 뜻을 말하였다.」(覺軒曰, 此篇歷叙羣聖, 以敬爲傳心之法. 末以孔子結之, 而言其删述以起後篇之義)

113 방훈흠명(放勛欽明): 방훈은 요임금을 말한다. 《성리대전》에는 「勛」이 「勳」으로 되어 있다. 이 두 자는 같은 뜻의 이체자이다. 《서경·요전(堯典)》「옛 요임금에 대하여 상고해보건대 지극히 큰 공을 세웠다 하였으며, 공손하고 총명하며 우아하고 신중하시며 온유하셨도다.」(曰若稽古帝堯, 曰放勳, 欽明文思安安) 주희의 주석 「흠은 공경스러움이다. 명은 총명함이다.」(欽, 恭敬也. 明, 聰明也)

114 남면공기(南面恭己): 순임금을 가리켜 말하였다. 남면은 임금의 지위를 말한다. 옛날에는 북쪽에 앉아 남쪽을 향하여보는 것을 높은 것으로 여겼으므로 왕들은 조정에서 모두 남쪽을 향하여 앉았다. 《논어·위령공(衛靈公)》「공자께서 말씀하셨다. 인위적으로 다스리지 않고서도 잘 다스리신 사람은 순임금일 것이다. 무엇을 하셨겠는가? 몸을 공손히 하고 바르게 남면을 하셨을 따름이다.」(子曰, 無爲而治者其舜也與? 夫何爲哉? 恭己正南面而已矣) 《차의》「선생의 뜻은 요임금이 큰 공훈을 세울 수 있었던 것은 공손함과 총명함에서 비롯되며, 순임금이 남면을 하고서 인위적으로 다스리지 않고서도 잘 다스렸다는 것 또한 자기를 공손하게 하였음에서 말미암는다는 것이다.」(先生意則以爲堯之所以放勛者, 始於欽明, 舜之南面無爲之治, 亦由於恭己)

115 정일(精一): 《서경·대우모(大禹謨)》「사람의 마음은 위태롭기만 하고 도를 지키려는 마음은 희미하기만 하니, 정신을 차리고 오직 하나로 모아 그 중점을 진실로 바로잡아야 하오.」(人心惟危, 道心惟微, 惟精惟一, 允執厥中)

116 인기(人紀): 사람이 되는 기강. 곧 입신처세하는 도덕적 규범을 말한다. 《서경·이훈(伊訓)》「아아! 선왕께서는 사람들의 기강을 닦는 일부터 시작하셨습니다.」(嗚呼. 先王肇修人紀) 공안국의 주석[傳]「탕임금이 비로소 사람이 되는 기상을 닦은 것을 말한다.」(言湯始修爲人綱紀)

117 의여(猗歟): 여(歟)는 「與」와 통하여 쓰며 별 의미가 없는 어기사이다. 《시경·주송·물 속(周頌·潛)》「아아, 칠저수에는, 물속에 고기 많도다.」(猗與漆沮, 潛有多魚) 주희의 주석[傳]「의여는 감탄사이다.」(猗與, 歎詞)

일제(日躋): 《시경·상송·오래 두고 나타남(商頌·長發)》「탕임금 나심 늦지 않으시어, 성스럽고 공경하는 덕 날로 높이셨도다.」(湯降不遲, 聖敬日躋)

118 목목경지(穆穆敬止): 《시경·대아·문왕(大雅·文王)》「아름다운 문왕께서는, 아아 끊임없이 공경하셨네.」(穆穆文王, 於緝熙敬止) 주자의 주석 「목목은 심원한 뜻이다. …… 지는 어조사이다. …… 심원한 문왕의 덕이 그치지 않음이 이와 같았다. 그러므로 대명이 문왕에게 모인 것이다.」(穆穆, 深遠之意……止, 語辭……言穆穆然文王之德, 不已其敬如此. 是以大命集焉)

119 계오광무열(戒獒光武烈): 《서경·여오(旅獒)》「서쪽의 여족이 그들의 큰 개를 공물로 바쳐왔다. 태보가 이에 〈여오〉라는 글을 지어 임금님을 훈계하였다.」(西旅底貢厥獒, 太保乃作旅獒, 用訓于王) 《서경·군아(君牙)》「크게 받들었도다, 무왕의 많은 공이여.」(丕承哉, 武王烈)

待旦起周禮[120]	주공은 새벽 기다려 《주례》 일으켰다네.
恭惟千載心	삼가 생각건대 천년의 마음,
秋月照寒水[121]	가을 달 차가운 물 비추네.
魯叟何常師	노나라 늙은이 어찌 정해둔 스승 있었던가?
删述存聖軌[122]	《육경》 정리하고 전술하시어 성인의 법도 간직하셨다네.

59[123]

吾聞包犧氏	내 처음 복희씨 이야기를 들었나니,
爰初闢乾坤[124]	이에 처음으로 하늘과 땅의 이치를 열었다 하네.
乾行配天德	건의 운행 하늘의 덕과 짝하고,
坤布協地文[125]	곤의 폄 땅의 무늬에 적합하네.

120 대단기주례(待旦起周禮): 《맹자·이루(離婁) 하》 「주공은 세 왕을 겸하시어 네 가지 일을 시행할 것을 생각하시되 부합하지 않는 것이 있으시면 우러러 생각하여 밤으로써 날을 이어서, 다행히 터득하시면 그대로 앉아 날이 새기를 기다리셨다.」(周公思兼三王, 以施四事, 其有不合者, 仰而思之, 夜以繼日, 幸而得之, 坐以待旦) 《좌전·문공(文公) 18년》 「계문자가 말했다. …… 『선군이신 주공이 《주례》를 지으셨다.』」(季文子曰, 先君周公制周禮)

121 추월조한수(秋月照寒水): 《차의》 「천 명의 성인이 서로 전하여온 마음이 가을달이 차가운 물을 비추는 것처럼 분명함을 말하였다.」(謂千聖相傳之心, 分明如秋月之照寒水)

122 노수~산술(魯叟~删述): 《논어·자장(子張)》 「자공이 말하였다. …… 『선생님께서 어찌 배우시지 않으시며, 또한 어찌 일정한 스승이 계시겠는가?』」(子貢曰, 夫子焉不學, 而亦何常師之有) 《공자가어·본성해(本姓解)》 「제나라의 태사인 자여가 말했다. …… 『공자께서는 요임금과 순임금님의 도를 서술하여 밝히셨으며, 문왕과 무왕의 도를 본받아 밝히셨고, 《시경》을 산정하시고 《서경》을 전술하시어 …… 후세의 왕위를 잇는 자들에게 가르침을 드리워 법식으로 삼으셨으니 그 문덕이 드러나셨습니다.』」(齊太史子與曰……孔子祖述堯舜, 憲章文武, 删詩述書……垂訓後嗣, 以爲法式, 其文德著矣) 《차의》 「웅씨가 말했다. 『이 시는 요임금·순임금·우임금·탕왕·문왕·무왕과 주공의 마음을 전하는 법이 경에 있다는 것을 논하였다.』」(熊氏曰, 此篇論堯舜禹湯文武周公傳心之法在乎敬) 노수는 공자를 말한다. 도연명(陶淵明)의 〈술을 마시다(飮酒)〉 제20수 「바쁘디 바빴던 노나라의 늙은이[공자]는, 깁고 채워서 그를 순박하게 하였네.」(汲汲魯中叟, 彌縫使其淳)

123 《감흥시》 「이 시는 실로 전편을 이어받아 산정하여 뜻을 세웠다. 대체로 《육경》 가운데 《주역》보다 앞서는 것이 없기 때문에 먼저 《주역》을 가지고 말하였다.」(此詩實承前篇删定立義. 蓋六經莫先於易, 故首以易言之)

124 오문~벽건곤(吾聞~闢乾坤): 포희(包犧)는 곧 복희씨(伏羲氏)이다. 복희씨가 《주역》의 괘를 그린 것이 〈건괘〉와 〈곤괘〉로 시작되므로 이렇게 말하였다. 《익증》 「건괘와 곤괘는 《주역》의 문이므로 벽이라 하였다.」(乾坤爲易之門, 故云闢)

125 곤포(坤布): 《주역·십익·설괘전(十翼·說卦傳)》 「곤

仰觀玄渾周[126] 우러러 하늘이 주선함 살피나니,
一息萬里奔[127] 한 번 숨 쉴 사이 만 리 달아나네.
俯察方儀靜[128] 바른 위의 고요함 굽어 살피니,
隤然千古存[129] 유순하게 천고에 남아 있네.
悟彼立象意[130] 저 상을 세운 뜻 깨닫겠으니,
契此入德門[131] 이것 도에 드는 문이라네.
勤行當不息[132] 부지런히 행함 마땅히 그치지 않아야 하고,
敬守思彌敦[133] 공경히 지키려는 생각 더욱 돈독해져야 하리.

은 땅이요, 어미요, 베이니 …… 그것이 땅에서는 검은 것이다.」(坤, 爲地, 爲母, 爲布……其於地也, 爲黑)《자하역전(子夏易傳)》 권7 〈계사(繫辭) 상〉「하늘은 높고 땅은 낮으니 건곤은 정하여졌다.」(天尊地卑, 乾坤定矣) 지문(地文): 땅의 형태. 《장자·응제왕(應帝王)》「호자가 말했다. 『아까 난 그에게 땅의 형상을 보여줬는데, 산같이 육중하여 움직이지도 않고 멈추지도 않는다.』」(壺子曰, 鄕吾示之以地文, 萌乎不震不正)

《감흥시》「이는 복희씨가 괘를 그릴 때 건과 곤을 으뜸으로 한 것을 말하였다. 건의 운행은 하늘의 덕에 짝하는 까닭이며, 곤의 폄은 땅의 무늬에 어울리는 까닭이다. 건·곤은 성정을 가지고 말한 것이며, 천·지는 형체를 가지고 말한 것이다.」(此言伏羲畫卦, 首之以乾坤. 乾之行所以配天德也, 坤之布所以協地文也. 乾坤以性情言, 天地以形體言)

126 현혼(玄渾): 하늘이다. 《차의》「하늘의 색은 검은데 그 본체는 두루 섞여 있음을 말한다.」(謂天色玄, 而其體渾渾然也)

127 일식만리분(一息萬里奔): 《차의》「운행이 굳건함을 말한다.」(謂運行之健)

128 방의(方儀): 땅이다. 《익증》「땅은 정직하므로 방의라고 하였다.」(地方, 故云方儀)

129 퇴연(隤然): 순한 모양이다. 《주역·십익·계사전 하》「대체로 곤괘는 유순하여 사람에게 간단하게 보인다.」(夫坤隤然, 示人簡矣)

《감흥시》「이는 천지에 따라 우러러 보고 숙이어 살피는 것이다. 하늘이 어둡고 혼탁하면서도 한번 숨 쉬는 사이에 만 리나 달려간다는 것은 그 굳셈을 말한 것이다. 땅은 모나면서도 고요한데 순순히 편안하고 곧게 천고에 항상 존재하는 것은 유순함을 말한 것이다.」(此因天地而仰觀俯察也. 天體玄渾而周, 一息之頃, 奔行萬里, 所以言其健也. 地體方儀而靜, 隤然安貞, 千古常存, 所以言其順也)

130 입상(立象): 《주역·십익·계사전 상》「성인이 상을 세워 뜻을 극진히 하였다.」(聖人立象以盡意) 여기서 성인은 복희씨를 말한다.

131 입덕문(入德門): 입덕은 성인에 들어가는 덕을 말한다. 《중용》「군자의 도는 담박하되 싫증이 나지 않고, 간략하되 문채가 있으며, 온화하되 조리가 있으니, 멂이 가까운 곳에서 시작함을 알며, 바람이 절로 일어남을 알고, 은미함이 드러남을 안다면, 더불어 도에 들어갈 만하다.」(君子之道, 淡而不厭, 簡而文, 溫而理, 知遠之近, 知風之自, 知微之顯, 可與入德矣) 《익증》「정자가 『덕으로 드는 문』이라 하였다.」(程子曰, 入德之門)

132 근행당불식(勤行當不息): 《주역·십익·건괘》의 상사 「하늘의 운행이 건실하니, 군자는 그것으로 스스로 쉬지 않고 힘쓴다.」(天行健, 君子以自彊不息) 《차의》「이 구절은 『일식만리분』에 대한 응답이다.」(此應一息萬里奔) 《정음》「근행은 하늘을 본뜬 것이다.」(勤行, 法天也)

133 경수사미돈(敬守思彌敦): 「敬」은 《감흥시》에는 「가르칠 교」(敎)자로 되어 있다. 《차의》「이 구절은 『퇴연천고존』에 대한 응답이다. ○ 웅씨가 말했다. 『이 《역》에 대한 논급은 먼저 건곤을 포희씨가 그려서 후세의 군자

60[134]

大易圖象隱[135]	《대역》은 그림 괘상 숨었고,
詩書簡編訛[136]	《시경》과 《서경》은 간편 잘못되었네.
禮樂矧交喪[137]	《예》와 《악경》 하물며 없어진 부분 많고,
春秋魚魯多[138]	《춘추》는 틀린 글자 많다네.

들에게 보여 주었는데, 마땅히 건곤을 체득하고 덕으로 들어가야 한다는 것이다.』」(此應隤然千古存. ○ 熊氏曰, 此篇論易, 首乾坤庖羲畫此, 與示後世君子, 當體乾坤而進德) 《정음》「경수는 땅을 본뜬 것이다.」(敬守, 法地也)

《감흥시》에는 「이는 우러러 보고 숙이어 살피는 것에 따라 몸에서 체득하는 것이다. 그러므로 이미 저를 깨달았으니 이에 부합하여 상을 세우는 뜻을 가지고 덕으로 들어가는 문으로 들어간다고 말하였다. 부지런히 행하여 자강불식함은 하늘을 본받았기 때문이다. 공경스레 지켜 바르고 고요하게 더욱 평탄해지는 것은 땅을 본받았기 때문이다.」(此仰觀俯察而體之於身也. 故言旣悟彼卽契此以其立象之意, 而爲入德之門. 勤以行之, 自强不息, 所以法天也. 敬以守之, 正靜彌原, 所以法地也)

134 〈해석〉「이 편은 성인의 도는 《육경》에 갖추어져 있는데 진나라의 분서의 곤액을 당하고 또한 경전을 가르치는 스승들에 의해 어지럽혀진 이래 문자 또한 서로 어지럽게 섞이고 어그러졌음을 말하였는데, 이를테면 《주역》의 도상의 배치를 바꾼 것과 《하도낙서》가 상학을 내팽개친 것과 같은 것이다. 《시경》과 《서경》은 비루한 선비가 지은 〈소서〉를 매편의 끄트머리에 씌워 경문을 어지럽혔다. 《예》와 《악》은 거의 다 흩어져 없어졌으며, 《춘추》 또한 『어시』의 오자가 많고 이는 그 책이 오히려 또한 이렇게 빠지고 잘못되었거늘 또한 하물며 도가 정미롭겠는가? 마침 구슬 장식을 한 거문고와 보배로운 상자 같은 것이 비록 있지만 그 줄은 이미 끊어지고 그 뜻 또한 전하여질 수가 없으니 장차 이를 어찌하겠는가? 내 지금 그 여운을 다스리려하는데 또한 다행스럽게도 정숙자께서 여기서 일찍이 표장이 조리가 있고 정미로운 생각을 깊이 탐구하여 수사의 끊어진 소리를 이었다. 그 남은 운치가 지금 다행히 민멸되지 않았다. 이는 실로 자양의 겸사이지만 스스로 맡은 임무가 중하여 또한 어쩔 수 없이 거절한 것도 있기 때문에 네 옛 경전을 정정하였다. 《시경》과 《서경》은 〈소서〉의 비루함을 물리쳐 제거해버리고 경문의 올바른 뜻을 구하였다. 《역》은 옛 《역》의 편제의 오래된 것을 되돌리어 점상에 주력하여 복희씨가 지은 글의 본뜻을 다하였다. 《예》와 《악》은 그 합치되는 것을 구하여 경과 전이 있게 되었는데, 정연한 용문의 미묘한 뜻이 이르러 위로 추로의 정전과 이어져 염계와 낙양에서 단서를 연 이래에 이르러서는 그 큰 것을 널리 쓸어버린 공이 그보다 높은 것이 없다.」(此言聖人之道, 備於六經, 自厄於秦火. 又汨於經師, 而其文字亦相錯亂乖離, 如易之易置, 圖書委棄象學, 詩書以陋儒之小序冠之篇端, 以亂經文, 禮樂則散亡幾盡, 春秋亦多魚豕之訛. 此其簡篇尙且闕謬如此, 又况道之精微乎! 正如瑤琴寶匣器雖在, 而絃已絶, 其意且不得傳, 將柰何哉. 吾今欲理其餘韻亦幸. 程叔子於此嘗表章條理, 深探精思, 以續洙泗之絶響, 其遺韻今幸不泯, 此固紫陽之謙辭. 然其自任之重, 亦有不得以辭者, 故諸正四古經, 詩書則斥去小序之陋, 而求經文之正意, 易則還古易篇第之舊, 而義主占象以窮羲文之本旨, 禮樂則求其合者而有經有傳. 至於精研龍門之微旨以上傳鄒魯之正傳, 自濂洛開端以來, 其汎掃廓大之功, 未有高焉者也)

135 도상은(圖象隱): 《익증》「『도』는 선천도이며, 『상』은 괘상이다. 후세에 술수에 빠져서 선천도와 괘상의 이치가 분명하지 않음을 말한다.」(圖先天圖, 象卦象. 言後世溺於術數, 而圖象之理不明也)

136 간편와(簡編訛): 《익증》「〈어려〉편이 〈녹명지십〉이 된 것이나, 〈무성〉의 여러 편에 착간이 많은 것 같은 따위이다.」(如魚麗爲鹿鳴之什, 武成諸篇多錯簡之類)

137 교상(交喪): 《장자·선성(繕性)》「세상은 도를 잃고 도는 세상을 잃고 있어서, 세상과 도가 서로 세상을 잃고 있다.」(世喪道矣, 道喪世矣, 世與道交相喪也)

瑤琴空寶匣[139]	구슬장식 거문고는 보배 갑에 비어 있고,
絃絶將如何[140]	거문고줄 끊기니 장차 어찌하리?
興言理餘韻	말 일으키어 여운 정리하시니,
龍門有遺歌[141]	용문에서 남기신 (이천 선생의) 노래 있다네.

程子晩居龍門之南[142]

정자께서 만년에 용문의 남쪽에 거처하셨다

---

138 어로다(魚魯多): 송나라 축목(祝穆)의 《고금사문류취(古今事文類聚)》 별집(別集) 권3 〈유학부·자획지와(儒學部·字畫之訛)〉「(당나라의) 장작이 말하기를, 『"亥"와 "豕"를 구별하지 못하는 것이 경수와 위수가 섞이면 구별하지 못하는 같고, "魯"와 "魚"를 구별하지 못하는 것이 치수와 민수를 구별하지 못하는 것과 같다.』라고 하였는데, 그 주석에서는 『어떤 사람이 역사책을 읽고 말하기를 "돼지 세 마리가 황하를 건넜다"라 하자, 자하가 말하기를 "기해일에 황하를 건넌 것일 것이다"라 교정하였더니 과연 그러했다. 또한 간독이 마멸되어 "陶"를 "陰"이라 하고, "魯"를 "魚"라 하였다.』라 하였다.」(張鷟云, 亥之與豕, 涇渭莫分, 魯之與魚, 淄澠莫辯. 注有人讀史云, 三豕渡河. 子夏曰, 己亥渡河校之, 果然. 又簡帙磨滅, 以陶爲陰, 以魚爲魯)

《감흥시》「《육경》은 《주역》만이 온전한 책인데 도상은 은오해서 밝히기 어려움을 말하였다. 《시경》은 비록 이미 산정되었지만 모공의 무리들이 〈소서〉를 지어 시의 본의를 자못 상실하였다. 《서경》은 복생의 무리의 구술하여 전수한 끝을 거쳤지만 문자가 어그러지고 섞였다. 하물며 《예》와 《악》은 그 책이 흩어져 없어지고 허물어져 모두 상실되어 존재하지 않는다. 《춘추》 또한 섞이고 누락된 것이 많아 어로의 차이와 시해의 와전 같은 마멸이나 곽공하오 같은 누락 따위가 매우 많다.」(言六經, 惟易爲全書, 而圖象則隱奧而難明. 詩雖已刪而毛公輩作小序, 頗失詩之本意. 書雖經伏生輩口授之餘, 文字舛錯. 況禮樂散亡崩壞其書, 皆喪失而不存. 春秋又多錯漏, 魚魯之差豕亥之訛, 如郭公夏五之類甚多也)

139 요금(瑤琴): 《장자·어부(漁父)》「공자가 우거진 숲을 지나다가 살구나무 단 위에서 쉬면서 앉아 있었다. 제자들은 책을 읽고 있었으며 공자는 현의 소리에 맞추어 노래를 하면서 거문고를 타고 있었다.」(孔子遊於緇帷之林, 休坐乎杏壇之上. 弟子讀書, 孔子絃歌鼓琴)

140 요금~장여하(瑤琴~將如何): 《집람》「《육경》이 잔결되어 이해하는 사람이 없는 것이 거문고를 보갑에 넣어두어 음악을 이해하는 사람이 없는 것과 같으므로 『거문고 줄 끊기니 장차 어떠하리?』라고 말하였다. 대체로 깊이 탄식하고 안타까워하는 것이다.」(六經殘缺, 無人理會, 猶琴藏寶匣, 無人理絃, 故曰, 絶絃將如何. 盖深歎惜之)

141 유가(遺歌): 《차의》「웅씨가 말하였다. 이 편은 《육경》이 산일된 지가 이미 오래되었는데 천년이 지나 오직 정이천만이 공자의 《육경》의 끊어진 학문을 이을 수 있었다는 것을 논하였다.」(熊氏曰, 此篇論六經散失已久, 千載之下, 唯有程伊川能繼孔子六經之絶學)

142 《집람》「윗 구절에서 『구슬장식 거문고가 보배로운 갑에 비어 있다』고 말하였으므로 여기서는 『말을 일으키시어 여운을 이해하였다』라는 말로 맺었다. 이천의 《역전》과 《춘추설》 등의 책은 모두 잔편과 문드러진 죽간에서 전대의 성인들의 미묘한 뜻을 얻은 것인데, 이것이 곧 이른바 남은 여운을 이해하였다는 것이다. 이천이 부릉에서 돌아와 용문의 남쪽으로 옮기어 거처하면서 사방에서 몰려온 배우려는 사람들을 제지하면서 말하기를 『들은 것을 높이고 아는 것을 행하는 것은 괜찮으나 나의 문에 이를 필요는 없다.』라 하였다. 어떤 사람이 《역전》을 청하자 허락하지 않으며 말하기를 『이제 겨우 조금 진보가 있을 따름이다.』라 하였다. 그 후 병들어 눕게 되자 비로소 윤돈과 장역에게 전수하였다. ○ 용문은 하남부 성 남쪽 25리 지점에 있다. 두 산이 대치하고 있는데 동쪽에 있는 것을 향산이라 하고, 서쪽에 있는 것을 용문이라고 한다. 석벽이 가파르게

61

顔生躬四勿[143]	안회는 네 가지 하지 않아야 할 것 몸소 실천했고,
曾子日三省[144]	증자는 날마다 세 가지 반성하였다네.
中庸首謹獨[145]	《중용》의 으뜸은 홀로 있을 때를 삼가는 것,
衣錦思尚絅[146]	비단옷에 홑옷 껴입을 생각하네,
偉哉鄒孟氏	크도다 추땅의 맹씨여,

서 있으며 이수에서 나오는데 또 이궐이라고도 한다.」(上句言瑤琴空寶匣, 故此言興言理餘韻以結之. 伊川易傳春秋說等書, 皆得前聖微意於殘編爛簡之中, 是卽所謂理餘韻也. 伊川自涪陵還, 後遷居龍門之南. 止四方學者曰, 尊所聞, 行所知可矣, 不必及吾門也. 有請易傳者, 不許曰, 尙靳有少進耳. 其後寢疾始授尹焞張繹. ○ 龍門在河南府城南二十五里, 兩山對峙, 東曰香山, 西曰龍門, 石壁峭立, 伊水中出, 又名伊闕) 《정음》「이는 《육경》의 도를 구하려면 용문으로부터 들어가야 한다는 것을 말하였다.」(此言欲求六經之道, 當由龍門而入)

《감흥시》「정자는 대대로 용문에서 살았다. □□□□□□ 대를 드리워서 가르침을 세운것이 □□□□《육경》이 잔결되어 온전하지 못한 것이 요금이 헛되이 보갑에 간직되어 그 줄이 끊어져 더 이상 타는 것을 견디지 못함과 같다. 정자가 나온 이후 성현이 남긴 미묘한 뜻을 잔편과 끊어진 간독에서 얻어 유음과 여운이 비로소 이해될 수 있었다. ○ 내가 생각건대 이 시 또한 전편을 이어 공자가 산술한 후에 또 잔결되고 문드러졌으며 인멸되고 막히어 뒤섞인 가운데 인멸되고 막힌 나머지 미언이 거의 끊어졌음을 말한 것이다. 이것이 탄식할 만한 것이다.」(程子世居龍門□□□□□□垂世立敎者□□□□六經殘缺不全, 猶瑤琴空藏寶匣, 而其絃斷絶, 不復堪彈矣. 至程子出而後, 得聖賢微意於殘編斷簡之中, 而遺音餘韻始可得而理也. ○ 模按, 此詩亦承前篇言孔子刪述之後, 而又湮塞於殘爛踳駁之餘, 微言幾絶矣. 是可歎也)

143 안생궁사물(顔生躬四勿): 《논어·안연(顔淵)》「안연이 인에 대하여 묻자 공자께서 말씀하셨다. 『자기의 사욕을 이겨 예로 돌아감이 인을 하는 것이니, 하루 동안이라도 사욕을 이겨 예로 돌아가면 천하의 인을 허여하는 것이다. 인을 하는 것은 자기 몸에 달려 있으니, 남에게 달려 있는 것이겠는가?』 안연이 『그 조목을 묻겠습니다.』 하자, 공자께서 말씀하셨다. 『예가 아니면 보지를 말고, 예가 아니면 듣지를 말며, 예가 아니면 말하지 말고, 예가 아니면 움직이지를 않는 것이다.』 이에 안연이 말하였다. 『제가 비록 불민하오나 청컨대 이 말씀대로 하겠습니다.』」(顏淵問仁. 子曰, 克己復禮爲仁. 一日克己復禮, 天下歸仁焉. 爲仁由己, 而由人乎哉? 顏淵曰, 請問其目. 子曰, 非禮勿視, 非禮勿聽, 非禮勿言, 非禮勿動. 顏淵曰, 回雖不敏, 請事斯語矣)

144 증자일삼성(曾子日三省): 《논어·학이(學而)》「증자가 말씀하셨다. 『나는 날마다 세 가지를 가지고 내 몸을 반성하는데, 남을 위하여 일을 도모해줌에 충성스럽지 아니한가? 벗과 더불어 사귐에 성실하지 못한가? 전수받은 것을 복습하지 않는가? 이다.』」(曾子曰, 吾日三省吾身, 爲人謀而不忠乎? 與朋友交而不信乎? 傳不習乎?)

145 중용수근독(中庸首謹獨): 《중용(中庸)》의 첫째 장「은보다 드러남이 없으며 미보다 나타남이 없으니, 그러므로 군자는 그 홀로 있음을 삼가는 것이다.」(莫見乎隱, 莫顯乎微. 故君子愼其獨也)

146 의금상경(衣錦尙絅): 《중용》의 마지막 장(제33장)「《시경》에 이르기를 『비단 옷을 입고 옷을 덧입는다.』 하였으니 그 문채가 너무 드러남을 싫어해서이다.」(詩曰, 衣錦尙絅. 惡其文之著也) 주자의 주석「《시경·국풍》의 〈위풍·석인〉편과 〈정풍·개〉편에는 모두 『衣錦褧衣』으로 되어 있다. 『褧』은 『絅』과 같으니 홑옷이요, 상은 더한다는 것이다.」(詩國風衛碩人·鄭之丰, 皆作衣錦褧衣. 褧, 絅同. 禪衣也. 尙, 加也)

147 웅변(雄辯): 《차의》「정자가 말하기를 『맹자는 정말로 말을 뛰어나게 잘하는 사람이다.』라 하였다.」(程子云孟子儘是雄辯人)

雄辨極馳騁[147] 웅장한 말솜씨 내키는대로 치닫네.
操存一言要[148] 잡으면 지킨다는 한 마디 요점,
爲爾絜裘領[149] 그대 위해 갖옷 옷깃 쓰는 것이라네.
丹青著明法[150] 단청은 밝은 법 드러내어,
今古垂煥炳 예나 지금이나 찬란한 빛 드리우네.
何事千載餘 어인 일로 천 년이 넘도록,
無人踐斯境[151] 이 경계 밟는 이 없는가?

62[152]

元亨播群品 원과 형 뭇 사물들 퍼뜨리고,

148 조존일언요(操存一言要): 《맹자·고자(告子) 상》「공자께서 말씀하시기를 『잡으면 보존되고 놓으면 잃어서, 나가고 들어옴이 정한 때가 없으며, 그 방향을 알 수 없는 것은 오직 사람의 마음을 두고 말한 것이다.』라 하였다.」(孔子曰, 操則存, 舍則亡, 出入無時, 莫知其鄉. 惟心之謂與?)

149 혈구령(絜裘令): 「絜」은 「설」(挈)의 오자. 《순자·권학편(勸學篇)》「모피옷 상의의 목 부분의 옷깃을 들어 올릴 적에 다섯 손가락을 구부려 끌어당기면 모두가 쉽게 들어 올려지는 것과 같다.」(若挈裘領詘五指而頓之, 順者不可勝數也)

150 단청(丹青): 한나라 양웅(揚雄)의 《법언·군자(法言·君子)》「어떤 사람이 물었다. 『성인의 말은 단청과 같이 빛난다하였는데 그런 말이 있습니까?』 말하기를 『아! 그렇도다!』라 하였다. 『무슨 말입니까?』 『단청은 처음에는 빛나지만 오래되면 색이 변하게 되느니라.』」(或問, 聖人之言, 炳若丹青, 有諸? 曰, 吁是. 何言與? 丹青初則炳, 久則渝渝乎哉!) 권2 48번 시의 주 5)를 참조할 것. 《차의》「웅씨가 말하였다. 『안회와 증점, 자사와 맹자는 공자의 도를 전하였는데도 또한 마음을 가라앉힐 수 있었음을 논하였다. 또한 후인들이 그렇게 할 수 없음을 거듭 탄식하였다.』」(熊氏曰, 此篇論顏曾思孟傳孔子之道, 亦惟能潛其心, 又重歎後人之不能)

151 《감흥시》「이는 안자는 네 가지 하지 말라는 가르침을 몸소 실행하였고, 증자는 날로 세 가지 반성하는 공부를 더하였으며, 자사는 《중용》에서 처음에 홀로 있을 때를 삼가는 경계를 밝혔고 마지막에는 홑옷을 덧입는다는 뜻을 말하였고, 맹자의 책은 특히 잡으면 보존된다는 요점을 들었는데, 실로 털옷의 목 부분을 끌어올리는 지설이며 그 말은 단청과 같이 빛나 고금에 가르침을 드리우니 어찌 천년 뒤에 이런 경지를 실천할 수 있는 사람이 없는가 하는 것을 말하였다. ○ 내 생각에 이 시는 안자·증자·자사·맹자의 마음을 전하는 법을 논하였는데 위로는 요·순·우·탕·문·무·주공·공자에까지 이어지며, 대체로 도통의 갈래를 밝혔고 또한 맹자 이래로 천여 년이나 쓸쓸해져서 도가 거의 끊어질 지경에서 통하게 된 것을 탄식하였으니 그 뜻이 깊도다!」(此言顏子躬行四勿之訓, 曾子日加三省之功, 子思中庸首明謹獨之戒, 終言尙絅之義, 孟子之篇特擧操存之要, 實爲裘領持說, 其言炳若丹青, 垂訓今古, 何爲千載之下, 乃無人能踐斯境乎? 程子曰, 孟軻死, 聖人之學不傳, 正此意也. ○ 模按, 此詩論顏子·曾子·子思·孟子傳心之法以上接堯·舜·禹·湯·文·武·周公·孔子, 蓋所以明道統之支派, 而又歎其自孟子而下寥寥千有餘載, 而道通幾於絶也, 其旨深哉)
《감흥시》「8편에서 13편까지는 음양이 맑고 사특하게 된 근원을 탐색하였다.」(自八篇至十三篇所以探陰陽淑慝之原也)

152 〈해석〉「이 장의 큰 뜻은 다만 《태극도설》은 중·정·인·의로 정하고 정을 주로 한다는 뜻이다. 그러나 그

利貞固靈根[153] 이와 정 신령스런 뿌리 굳게 하네.
非誠諒無有 성실하지 않으면 실로 존재하지 않으니,
五性實斯存[154] 다섯 가지 도리 실로 여기에 있네.
世人逞私見[155] 세상 사람들 사적인 견해 다하고,
鑿智道彌昏[156] 지혜 천착하니 도 더욱 혼미해지네.
豈若林居子[157] 어찌 산림에 은거하는 사람처럼,

주된 뜻은 곧 지혜를 뚫어서 펴는 것이다. 왕백(王柏)이 말하였다.『이 편은《선천태극도》의 전함이 입에서 나온 것을 탄식하였다.』(此章大旨, 只是太極圖說定以中正仁義, 而主靜之意, 然其主意, 乃爲鑿智而發. 王文憲曰, 此歎先天太極圖之傳, 出于口者)《정음》「장락 반병(潘柄)이 말하였다. 이 장은 이단의 사장이 도를 해치고 교화를 방해하므로 먼저 이것을 펴서 우리 도의 본원을 밝힘을 말하고자 하였다.」(長樂潘氏曰, 此將言異端詞章害道妨敎, 故先發此以明吾道之本原也)

153 영근(靈根):《차의》「만물의 뿌리를 이른다.」(謂萬物之根荄)《익증》「반씨가 말하였다. 원형은 봄 여름에 속하여 만물이 발생하고 꽃을 피우는 것이며, 이정은 가을과 겨울에 속하여 만물이 성숙하고 거두어 저장하는 것이다.」(潘氏曰, 元亨屬春夏, 萬物所以發生而敷榮, 利貞屬秋冬, 萬物所以成熟而收藏)

154 비성~사존(非誠~斯存):《중용》제25장「성이라는 것은 만물의 끝과 시작이니 성실하지 못하면 사물이 없게 된다. 그러므로 군자는 성실히 함을 귀하게 여기는 것이다.」(誠者, 物之終始, 不誠無物. 是故君子誠之爲貴)《차의》「성은 실리이다. 실리가 아니라면 원·형·이·정은 모두 없다. 오성은 인·의·예·지·신이며, 이것은 원·형·이·정을 가리킨다.」(誠實理, 若非實理, 則元亨利貞皆無有也. 五性仁義禮智信, 斯指元亨利貞)《차보》「이것은 성실을 겸하여 가리킨다.」(斯兼指誠)
《감흥시》「원형이정은 건의 사덕이다. 원은 생물의 시초이고, 형은 생물이 통함이다. 그러므로 사물을 퍼뜨린다고 말하였다. 이는 이름이고, 정은 생물의 완성이다. 그러므로 신령스런 뿌리를 굳게 한다고 말하였다. 그러나 원형은 성이 통하는 것이고 이정은 성이 회복하는 것으로 성이 아니면 네 가지는 없어지게 된다. 성이라는 것은 진실되고 망령됨이 없음을 이른다. 하늘이 품부하고 사물이 받는 정리이니 곧 이른바 태극이다. 오성은 실은 이것이 존재하는 것으로 사람이 그것을 얻어 오상의 성으로 삼으며 신은 사단을 관통하였으니 이른바 성이다. 그러므로 주자가 말하기를 오상의 신은 오행의 토와 같아서 정해진 지위도 없고 이루어진 이름도 없으며 전적인 기운도 없지만 수화금목이 이를 기다려 살아가지 않음이 없다고 하였다. 그러므로 토는 사행에 있지 않음이 없고 사시에서는 왕에 기탁하는데 그 이치 또한 이와 같다.」(元亨利貞乾之四德. 元者生物之始, 亨者生物之通. 故以播羣品言之. 利者生物之遂, 貞者生物之成, 故以固靈根言之. 然元亨誠之通, 利貞誠之復, 非誠則四者皆無有矣. 而誠者眞實無妄之謂. 天所賦物所受之正理卽所謂太極也. 五性實斯存者, 言人得之以爲五常之性, 而信則貫於四端卽所謂誠也. 故朱子曰, 五常之信猶五行之土, 無定位, 無成名, 無專氣, 而水火金木無不待是以生者. 故土於四行無不在, 於四時則寄王焉, 其理亦猶是也)

155 령(逞):《익증》「자랑스럽게 스스로 드러내는 것이다.」(矜而自呈也)

156 착지(鑿智):《맹자·이루(離婁) 하》「지혜로움을 미워하는 까닭은 그 천착하기 때문이니, 만일 지혜로운 자가 우왕이 물을 흘러가게 하듯이 한다면 지혜를 미워할 까닭이 없을 것이다.」(所惡於智者, 爲其鑿也. 如智者若禹之行水也, 則無惡於智矣)

157 임거자(林居子):《차의》「은자를 이른다. 왕백이 말하였다. 이것은《선천태극도》의 전함이 은자에게서 나온 것을 탄식한 것이다. 대체로 진단의 무리를 가리킨다.」(謂隱者也. 王文憲曰, 此歎先天太極圖之傳, 出於隱者. 盖指陳摶之徒)

幽探萬化原[158]	그윽이 만 가지 변화의 근원 깊이 탐색하리?

63[159]

飄颻學仙侶[160]	표연히 신선의 무리 배우고자,
遺世在雲山	세상 버리고 구름 덮인 산에 있네.
盜啓元命秘[161]	도둑이 장수의 비결 열더니,
竊當生死關[162]	훔쳐 생사의 관문으로 삼았네.
金鼎蟠龍虎[163]	금 솥에 용과 호랑이 서려 있어,

158 세인~만화원(世人~萬化原): 《감흥시》「임거자는 산림에 은거하는 선비이다. 세상 사람들이 한갓 사견만 쾌하게 하려고 멋대로 천착하여 실리의 자연을 따르지 않으니 도가 갈수록 어두워져서 보이지 않게 되었다는 것을 말하였다. 어찌 산림에 은거하는 선비처럼 그윽하고 숨은 것을 찾아서 만 가지 변화의 근원을 드러내겠는가? 만 가지 변화의 근원은 곧 위의 글에서 이른바 성이다. ○ 장락 반병(潘柄)은 이는 장차 이단의 사장이 도를 해치고 가르침을 방해하는 것을 말하려했으므로 우선 이것을 펴서 우리 도의 본원을 밝혔다고 말하였다.」(林居子, 隱居山林之士也. 言世人徒逞其私見恣爲穿鑿而不順乎實理之自然, 則道彌昏而不可見矣. 豈若隱居山林之士, 探索幽隱而有以見萬化之原哉. 萬化之原卽上文所謂誠也. ○ 長樂潘氏云, 此將言異端詞章之害道妨敎, 故先發此以明吾道之本原也)

159 〈해석〉「나면 죽는 것이 천도의 떳떳함이다. 사람은 다만 그 올바름을 순리대로 받아들여야 한다. 지금 신선의 도를 추구하는 사람은 사물을 내팽개치고 구름 덮인 산으로 자취를 감추며 고행으로 수련하며 죽지 않기를 바라는데, 하는 일은 비록 맑고 높은 것 같으나, 그 뜻을 궁구해보면 다만 삶을 탐하고 죽음을 두려워하며 하늘의 뜻을 거스르고 이기적인 것이니 어찌 순리를 따른다고 할 수 있겠는가? 정자가 말하였다. 이것은 천지간의 대적이다. 대체로 몸을 수련하여 죽음을 기다리는 것은 성현이 명을 세우는 것이며, 단약으로 육신을 지키며 연수를 늘이는 것은 도가에서 이른바 삶을 아끼는 것이다. 또한 어찌 현자이면서 마땅히 이렇게 함을 편안히 여김이 있겠는가!」(生則有死, 天道之常, 人但當順受其正, 今神仙家遺棄事物, 遁跡雲山, 苦身修鍊以求不死. 所爲雖似淸高, 究其旨意, 只是貪生怕死, 逆天私已, 豈是徇理. 程子曰, 此是天地間大賊, 蓋修身以俟死者, 聖賢所以立命也. 保鍊延年者, 道家所以偸生也. 又豈有賢者, 而宜安於爲此) 《집람》「장락 반병이 말하였다. 『이 편 및 다음 편은 모두 사적인 견해가 지혜를 천착하는 행위이다.』」(長樂潘氏曰, 此篇及下篇, 皆私見鑿智之所爲也)

160 표요(飄颻): 《집람》「가뿐한 모양이다.」(輕擧貌)

161 원명비(元命秘): 《차의》「『元』은 『玄』을 말한다. 송 왕조에서는 현랑을 꺼렸으므로 『元』이라 한 것이다.」(元謂玄, 宋朝諱玄朗, 故謂之元) 《익증》「『啓』는 열다, 펴다의 뜻이다. 진자앙의 시(〈감우〉 제9수)에 『성인이 원명을 숨김은, 세상에서 그 참됨을 어지럽힐까 두려워해서라네.』라는 구절이 있는데, 대체로 그 말을 쓴 것이다. 『당』은 한 사내가 관문에 버티어 섰다는 뜻의 당이다. 이는 조화의 도둑이므로 도둑질하였다, 훔쳤다라 하였다.」(啓, 開也, 發也. 聖人秘元命, 懼世亂其眞, 蓋用其語. 當, 如一夫當關之當. 此是造化之賊, 故曰盜曰竊)

162 표요~생사관(飄颻~生死關): 《감흥시》「이는 신선의 무리가 세상을 버리고 구름 덮인 산에서 표요하며 천기를 훔쳐 장생불사의 계책으로 삼는다는 것을 말하였다. 『현명비』는 조화를 가지고 말하였으며, 『생사관』은 사람의 몸을 가지고 말하였다.」(此言仙侶之遺弃人世, 飄颻於雲山之中, 盜竊天璣以爲長生不死之計也. 玄命秘, 以造化言, 生死關, 以人身言)

163 금정용호(金鼎龍虎): 《감흥시》「금정은 곧 《참동계·정기가》에서 이른바 둘레가 15촌 1분이고, 입이 사

三年養神丹	삼 년 동안 신선의 단약 달이네.
刀圭一入口[164]	도규 한번 입에 넣으니,
白日生羽翰[165]	대낮에 날개깃 생겨난다네.
我欲往從之	내 가서 그것 좇고자 하니,
脫屣諒非難[166]	신발 벗기 실로 어렵지 않네.

팔 양촌이며, 입술의 길이가 두 자로, 두께는 고르다. 용호는 곧 도가에서 이른바 수화, 연홍, 혼백이다. 사실은 다만 음양일 따름이다.」(金鼎卽參同契鼎器歌所謂圓三五寸一分, 口四八兩寸, 唇長二尺, 厚薄勻也. 龍虎卽道家所謂水火鉛汞魂魄也. 其實只陰陽而矣) 《차의》「소옹(邵雍)의 시(〈歲暮自貽〉)에 『솥 안의 용과 호랑이 간수하는 것 잊었네.』라는 구절이 있다. 용과 호랑이는 대체로 《참동계》에 나오는 단약을 만드는 방법일 것이다.」(邵子詩鼎間龍虎忘看守. 龍虎蓋參同契作丹之法) 《익증》「단약을 만드는 사람들은 사람의 몸을 금정에다 비유하는데, 정기를 용호라 하며, 물과 물이 서로 친하여지면 신기한 단약이 된다고 생각하였다. 《참동계》에 상세히 보인다.」(丹家以人身比金鼎, 以精氣名龍虎, 以水火交媾爲神丹. 詳參同契) 《표보》「도가에서는 건곤을 도가니와 솥이라 하고, 감리를 수화라 하며, 용호는 곧 수화이다. 대체로 사람 몸 가운데 음양을 가리켜 말한 것일 것이다.」(道家以乾坤爲爐鼎, 坎離爲水火, 龍虎卽水火也. 蓋指人身之中陰陽而言) 송나라 소식(蘇軾)의 〈장씨네 일곱째가 호주에 군수로 나아감에 화답하다(和章七出守湖州)〉 두 번째 시「솥 속의 용과 호랑이 황금이 천하고, 소나무 아래 거북과 뱀 푸른 뼈가 가볍네.」(鼎中龍虎黃金賤, 松下龜蛇綠骨輕) 주석「금단을 만드는 기술에는 일혼, 월백, 백호, 청룡, 진연, 정영이 있는데 이는 대체로 오행에다 억지로 이름을 갖다 붙인 것이다.」(金丹之術, 有日魂月魄白虎青龍眞鉛正永, 蓋五行强名耳) 《집람》「배는 세 군데가 나란하며, 따뜻함을 아래로 앉혀서 음이 위에 있으며 양은 아래로 달리는 것이다. 용호 또한 《참동계》에서 이른바 감리, 수화, 용호, 납과 수은 따위이다. 단지 그 명칭이 서로 바뀔 뿐 사실은 정과 기 두 가지일 따름이다. 정은 물이며, 감이고, 용이며, 수은이다. 기는 불이며, 이이고, 범이며, 납이다. 그 방법은 신운정기를 맺게 해서 단약을 만드는데, 기가 아래에 있다. 처음에는 물이 되었다가, 불을 가지고 달이면 엉기어서 단약이 되는데 그 설이 매우 다르다.」(腹三齊, 坐垂溫陰在上陽下奔者也. 龍虎亦參同契所謂坎离水火龍虎鉛汞之屬, 只是互換其名, 其實精氣二者而已. 精, 水也, 坎也, 龍也, 汞也. 氣, 火也, 离也, 虎也, 鉛也. 其法以神運精氣結而爲丹氣在下, 初成水以火鍊之, 則凝成丹, 其說甚異)

164 도규(刀圭): 송나라 소식의 〈왕경순(景純)사승께 드림(贈王仲素寺丞)〉「무릎 당기며 도의 요체에 대해 물으니, 마침내 도규 나누어 주셨다네.」(促膝問道要, 遂蒙分刀圭) 송나라 왕십붕(王十朋)의 주석「《본초》에 구산약에 도규라는 것이 있는데 십분방촌비의 하나로 크기가 딱 오동나무열매와 같다.」(本草, 九散藥有云刀圭者, 十分方寸匕之一, 準如梧桐子大) 《감흥시》「도규는 작은 칼 끝의 뾰족한 곳인데 의가의 약을 조제하는 사방 한 치가 되는 숟가락이다.」(刀圭是小刀頭尖處, 如醫家之劑藥方寸匕也) 《익증》「《참동계》에 도규는 가장 신령스러우며, 또한 단약으로 만들어 입에 넣을 수도 있다고 하였다.」(參同契刀圭最爲神, 還丹可入口) 《집람》「『도』는 칼끝이며 규홀의 끝이다. 의서에서 말하는 십푼 방촌은 숟가락의 하나이다.」(刀是刀頭圭末. 醫書所云十分方寸匕之一也) 《정음》「대체로 신선이 단약을 달이는 것은 밖에서 지어서 입에 넣는 것이 아닌데 여기서는 특별히 가차하여 말했을 따름이다.」(蓋仙人鍊丹, 非自外造成以入口, 而此特假借爲言耳) 《산방사고》 권150에는 주희의 이 시구를 인용하고「일설에 도규는 약을 담는 그릇이라고 하였다.」(一說刀圭盛藥器也)라 하였다.

165 백일생우한(白日生羽翰): 《익증》「〈백씨육첩〉에 『밝은 해 하늘로 떠오르니 날개깃 돋아나네.』라는 구절이 있다.」(白氏六帖白日升天而生羽翰)

금정~생우한(金鼎~生羽翰): 《감흥시》「용호의 기가 서로 서리어 맺혀 금솥에서 삶고 달이어 3년간 푹 기르면 마침내 신단이 완성되는데 방촌비로 한 숟가락을 입

但恐逆天道	다만 걱정스럽기는 하늘의 도 거슬러,
偸生詎能安[167]	삶을 아낀들 어찌 편안할 수 있겠는가 하는 것이라네.

64[168]

西方論緣業[169]	서쪽 나라에서는 인연의 업 논하여,

에 넣으면 초탈하여 성인의 경지에 들어 한낮에 날아오르는데 마치 사람에게 날개가 생기는 것과 같다는 것을 말한다.」(言龍虎之氣, 交相蟠結, 金鼎烹煉, 溫養三年, 遂成神丹, 方寸匕一入於口, 則超凡入聖, 可以白日飛昇, 如人之生羽翼也)

166 탈사(脫屣): 「屣」는 「躧」와도 통하여 쓴다. 어떤 일을 몹시 경시하여 미련이 없어 마치 신발을 벗어 던지듯 한다는 것을 말한다. 《사기·위세가(魏世家)》「전자방(田子方)이 말했다. ……『빈천한 사람은 행동함에 그 왕의 뜻에 합치하지 못하며, 진언을 함에 쓰이지를 못하니 그를 떠나 초나라와 월나라로 가기를 마치 신을 벗듯이 할 것입니다.』」(子方曰……貧賤者, 行不合, 言不用, 則去之楚·越, 若脫躧然) 《사기·효무본기(孝武帝本紀)》「천자(무제)가 말하기를 『아아! 내가 실로 황제와 같이 될 수만 있다면 내 처자 버리기를 신발 벗는 것이나 같게 볼 것인데.』라 하였다.」(天子曰, 嗟乎! 吾誠得如黃帝, 吾視去妻子如脫躧耳)

167 투생(偸生): 《문선》 한나라 이릉(李陵)의 〈소무에게 보내는 답장(答蘇武書)〉「자경(소무의 자)이 저를 보는 것이 어찌 구차하게 삶을 구하는 선비이면서 죽음을 애석히 여기는 사람으로 보겠습니까?」(子卿視陵, 豈偸生之士而惜死之人哉) 《집람》「사람이 태어남이 있으면 반드시 죽음이 있는 것이 곧 떳떳한 도리인데, 조화의 추를 훔쳐서 장생으로 여기고 또한 그것을 기술로 보는 것이 어찌 하늘의 뜻을 거스르는 것이 아니겠는가? 그러므로 가서 좇는 것은 어렵지 않으며 삶을 아끼는 것은 편안한 것이 아니다. 어떤 사람이 묻기를 『신선술이라는 것이 있습니까?』라 하자 이천선생이 말하였다. 『산림의 사이에 거처하면서 형체를 보존하고 기를 단련하여 수명을 늘이는 것을 말한다면 있는 것이고, 대낮에 날아 올라가는 따위를 말하는 것이라면 없다.』」(人之有生必有死, 乃其常理, 竊造化之權爲長生, 又視之術者, 豈非逆天意者乎? 故往從非難而偸生非所安也. 或問神仙之術有諸? 伊川先生曰, 若言居山林之間, 保形鍊氣以延年益壽, 則有之. 若說白日飛升之類則無矣) 《익증》「웅씨가 말하였다. 『이 편은 신선에 대한 학문의 잘못을 논하였다.』」(熊氏曰, 此篇論仙學之失)

아욕~거능안(我欲~詎能安): 《감흥시》「장락 반씨가 말하였다. 내가 세상을 신발 벗듯이 버리고 구름 낀 산에서 신선을 따르고자 하는 것은 처음에는 어려운 일이 아니지만 천도를 거스르고 멋대로 장생불사의 마음을 얻는 것 또한 불안할 것이라는 것을 말하였다. 대체로 사람은 세상에 태어남이 있으면 죽음이 있는 것이 곧 이치의 떳떳함이다. 우리 선비의 도는 남이 순탄하고 죽음이 편안하며, 장수할 수도 요절할 수도 있는데 몸을 수양함으로써 그것을 기다릴 따름이다. 어찌 반드시 굳이 천지 사이에서 구차히 삶을 도모하겠는가? 무릇 이는 모두 사적인 견해가 지혜를 천착하는 행위에서 나온 것이다.」(長樂潘氏云, 言我欲遺世脫屣以從仙侶於雲山, 初非難事, 但恐違逆天道, 縱得長生不死心, 亦不安也. 蓋人之於世, 有生有死, 乃理之常. 吾儒之道, 生順死安, 或壽或夭, 修身以俟之而已. 何必苦欲偸生於天地之間耶. 凡此皆出於私見鑿智之所爲也)

168 〈해석〉「이 장에서 말한 것은 석씨가 처음에는 인연을 헛되이 이야기하고 죄업을 통렬히 말하여 그 의논을 비천하게 하여 어리석은 사람들의 듣는 것을 꾀어 움직였지만, 오래되어서는 또한 곧장 심성을 가리키며 공과 무에 대하여 방자하게 이야기하고 그 말을 휘황찬란하게 하여 고명한 사람들을 꾀었다. 다만 그 말은 매우 미혹하여 궁구하고 따질 수가 없어 천년을 유전하여 어리석은 자들은 그 죄와 복을 위협하여 몰래 그 나고 자라는 바탕을 빼앗을 것이고, 지혜로운 자들은 그 지름길을 탐하여 거듭 학술의 해로움을 행할 것이니 그 재앙은 홍수보다도 심할 것이니 그 책을 태워 흩어버릴 수 있다면 그 무리를 일시에 없애어 사람들의 마음을 안정시키고 민생을 두터이 할 것이다. 어찌 성인의

卑卑喩群愚[170]	낮추고 낮추어 뭇 어리석은 사람들 꾀었네.
流傳世代久	널리 퍼져 세대 오래되니,

무리가 되고 세 성인의 공을 잇기에 충분치 않겠는가?」(此章言釋氏始則妄談因緣痛說罪業, 卑賤其論以誘動愚下之聽. 及其久也, 又直指心性肆講空無, 閃遁其辭以惑高明之人, 但其言善幻, 莫可窮詰, 流傳千載, 愚者則劫其罪福而陰奪其生養之資. 智者則貪其捷徑而重爲學術之害, 其禍烈於洪水, 有能焚其書而散其徒一空之, 以定人心, 以厚民生. 豈不足以爲聖人之徒, 而承三聖之功哉)

169 서방(西方): 서역을 말한다.《익증》「주나라 소왕 때 부처는 서역인 천축국에서 태어났다.」(周昭王時, 佛生於西域天竺國)

연업(緣業): 불교의 십이인연(十二因緣)을 말하며, 인연은 연기(緣起)라고도 한다. 불교의 삼세 윤회의 기본이론에 따라 무명(無名)·행(行)·식(識)·명색(名色)·육입(六入)·촉(觸)·애(愛)·수(受)·취(取)·유(有)·생(生)·노사(老死)의 12가지가 차례로 연계되어 일어나 삼세에 걸쳐 이중의 인과관계를 이룬다는 것을 말한다.《화엄경(華嚴經)》「청정한 선업을 과연 성취하면 때에 따라 쾌락을 받는다.」(淨業果成就, 隨時受快樂) 곧 윤회인과의 설을 말한다.

《감회시》「서방은 서역이다. 한나라 때 서역에 신독국이라는 나라가 있었는데, 도교와 불교를 공경스럽게 받들었다.『비』는 낮은 것이다.『비비』는 낮고도 또 낮은 것을 말한다. 불교는 처음에는 다만 윤회와 인과만 논설하여 중생과 우민을 교화하고 꾀었는데 매우 비루하였다. 아래로 유전이 된 지 더욱 멀어지고 세대가 오래될수록 사다리를 갖다 댄 것처럼 점점 공허와 현묘의 영역을 파고들어 캐물을 수가 없게 되었다. ○ 주자가 말하였다.『불교의 발생은 중국에서 아주 멀리 떨어졌다. 그 책 가운데 처음 온 것, 이를테면《사십이장》,《유교》,《법화》,《금강》,《광명》같은 것 따위는 비록 그 진위가 근본을 알 수가 없지만 모두 오랑캐의 말을 여러 번 번역한 후에 통하게 되었다. 그러나 그 말한 것은 맑고 빈 연업의 논법과 신통하고 바꾸어보는 술법에 지나지 않을 따름이다. 그 중간에 이를테면 혜원과 승조의 무리들이 이에 비로소 조금 장자와 열자의 말을 끌어다 전후로 두었다. 그러나 아직도 감히 정식으로 부처의 입에서 나온 것은 아니다. 오래되자 가차한 것을 부끄러워하였으니 마침내 분명히 그 뜻을 몰래 훔치고 가로채어 취하고 부처의 말로 치장을 하였다. 전한 것이 이미 오래 되어 총명하고 재주와 지혜가 있는 선비들이 혹 그 사이에서 자못 많이 나와 그 비루함을 스스로 깨달으니 이에 다시 자신의 뜻을 내어 전인이 언급하지 않은 것을 펴고 크게 하여 그 괴환하고 비리한 담론을 모두 꺼렸다. 이에 그 설이 하루 아침에 초연히 실로 도덕과 성명에서 나온 것처럼 되어버려 의혹을 가진 사람들이 마침내 결국 요임금과 순임금, 주공, 공자가 아니면 미칠 수 없는 것으로 생각하게 되었다. 그리고 이른바 선이라는 것은 또한 입으로 말하고 귀로 들은 것을 전하는데서 나온 것으로 근거로 삼을 만한 문자가 없고 그런 까닭에 사람마다 그 설에 숨어서 보탠 것이 더욱 많으니 더 이상 상고하여 증명할 수가 없다. 지금 그 가운데 혹 볼만한 것은 유독 자르고 찢고 꾸미고 이어붙인 흔적에 힘입어 그래도 은연히 문자 사이에 가릴 수 없는 것이 있을 따름이다.』」(西方, 西域也. 漢時西域有身毒國者, 敬奉道佛. 後漢爲天竺國. 卑, 下也. 卑卑, 言其卑下而又卑下也. 佛氏始初, 但論說緣業因果以化誘衆生愚民, 極爲卑. 下及流傳旣遠, 世代旣久, 如梯之接, 漸漸凌入於空虛玄妙之域, 而不可致詰焉. ○ 朱子曰, 佛之所生, 去中國絶遠. 其書之始來者, 如四十二章、遺敎、法華、金剛、光明之類, 雖其眞僞不可知本. 皆胡語數譯而後通. 然其所言不過淸虛緣業之論, 神通變見之術而已. 及其中間, 如惠遠、僧肇之流, 乃始旁引莊列之言以先後之, 然尙未敢正以爲出於佛之口也. 及其旣久而恥於假借, 則遂陰竊纂取其意而文以浮屠. 傳之旣久, 聰明才智之士或頗出於其間而自覺其陋, 於是更出己意, 益求前人之所不及者以張大之, 而盡諱其怪幻鄙俚之談. 於是其說一旦超然眞若出乎道德性命之上, 而惑之者遂以爲果非堯舜周孔之所能及矣. 而其所謂禪者, 又出於口耳之傳, 而無文字之可據, 以故人人得以竄其說以附益之, 而不復有所考驗. 今其所以或可見者, 獨賴其割裂裝綴之迹猶隱然於文字之間而不可掩者耳)《문공집·별집》권8〈석씨론(釋氏論) 하〉에 보인다.

170 비비(卑卑):《사기·노자한비열전(老子韓非列傳)》「신자는 비근하게 명실에 시용한다.」(申子卑卑, 施之於名實) 남조 송나라 배인(裴駰)은「스스로 힘쓴다는 뜻」(自勉勵之意)이라고 하였다.

梯接凌空虛[171]	사다리 댄 듯 텅빈 하늘까지 닿았네.
顧盼指心性	돌아보고 흘겨보며 마음과 본성 가리키니,
名言超有無[172]	논설 유와 무를 초월하였다네.

171 제접(梯接): 《차의》「불법은 진·송간에 이르러 점차 번성해져 재계에서 의학으로 변하였는데, 여원법사·지도림은 모두 다만 노·장의 설을 가져다가 펴서 넓혔을 뿐이다. 양나라 회통 연간에 달마가 들어와서 면벽을 한 지 9년 만에 다만 사람의 심성은 지극히 선하다고 말하였으니 이것이 바로 모든 것을 쓸어버렸고 문자는 세우지 않고 곧장 사람의 마음을 가리켜 선을 말해 내었다. 《주자어류》에 보인다.」(佛法至晉宋間漸盛, 自齋戒變爲義學, 如遠法師·支道林皆只是將老莊之說來鋪張. 梁會通間, 達磨入來, 面壁九年, 只說人心至善, 卽此便是一切掃蕩, 不立文字. 直指人心說出禪來. 見語類) 《주자어류》 권122에서 139까지에서 산견된다.

능공허(凌空虛): 《익증》「반씨가 말하였다. 이는 부처의 말이 스스로 마음을 알고 본성을 보며 유무를 초월하였으나 실질은 알지 못하였으니 허공에다 사다리를 놓아 공허함을 밟는 것이므로 의거할 것이 없음을 말하였다.」(潘氏曰, 此言佛氏之說, 自以爲識心見性, 超越有無而不知實, 則架空踏虛, 無所依據也)

172 명언(名言): 《서경·대우모(大禹謨)》「그 사람(皐陶)의 이름을 말하는 것은 그 사람의 공적이 있기 때문이다.」(名言玆在玆)

초유무(超有無): 《노자》 제40장 「천하 만물은 유에서 생겨나고, 유는 무에서 생겨난다.」(天下萬物生於有, 有生於無) 《집람》「불교는 진·송 사이에 이르러 그 교세가 점차 성하여졌으나 또한 다만 노·장을 가지고 펴서 넓혔을 따름이다. 곧장 양나라 회통 연간에 이르러 달마가 들어와 선학으로 변모시키면서 모든 것을 싹 쓸어내고 문자를 세우지 않아 곧장 사람의 마음을 가리키고 천성을 깨닫기만 하면 부처가 된다고 하였는데, 그 말이 무에만 빠지지 않고 유에 집착하지도 않으며 더욱 높고 오묘하게 되었다.」(佛至晉宋間, 其敎漸盛, 然亦只是將老莊鋪張而已. 直至梁會通間達摩入來變爲禪學, 一切掃蕩, 不立文字, 直指人心見性成佛, 其言不淪於無, 不著於有, 而尤極高妙) 《차의》「정자가 말하였다. 『《내역》은 유와 무를 말하지 않는다. 유와 무를 말하는 것은 제자의 비루함이다.』 대체로 석씨의 명언이 유와 무의 사이를 초월하여 넘었음을 말한 것이다.」(程子曰, 大易不言有無, 言有無諸子之陋也. 盖釋氏名言超出於有無之間) 《감흥시》「주자가 말하였다. 『불씨가 가리키는 심과 성이라는 것은 실은 곧 정신과 혼백이 모인 것일 따름이다. 곧 반드시 따로 한 마음을 세워 이 마음을 알아야 하며, 또한 일찍이 백성의 마음과 사물의 법칙을 보지 않은 적이 없다. 저 성의 본연조차 알지 못하니 사물의 느낀 바, 정의 발함이 모두 그 도리를 얻지 못하고 이에 대개 자신에게 누가 되는 것으로 생각하여 모조리 끊어버리니 비록 오히려 하늘의 상도를 바꾸고 사람의 이치가 다 없어져 사라지는데 이르러도 돌아보지 않는다. 만약 마음을 안다고 말한다면 반드시 본 것을 거두어 황홀한 가운데서 그 몸을 아는 것을 구하여야 한다. 이는 사람이 눈으로 눈을 보고 입으로 입을 씹는 것과 같아 비록 얻을 수 있는 이치가 없지만 그 형세는 반드시 그 사이에서 그대들에게 도움을 줄 수 없다. 대체로 배움을 심성을 근본으로 하고 그 가리키는 것이 심성이라 하고 거기에 종사하는 것이 곧 이와 같다고 한다면 그것을 이단과 사설이라 이르지 않는다면 어찌하겠는가?』 내가 망령되이 말하건대 『고반지심성』은 곧 석씨가 이른바 이 본성에 작용하는 것이다. 『명언초유무』는 석씨가 이른바 부처 달마가 무에 빠지지 않고 유에 집착하지 않으며 중간 및 안팎에 있지 않은 것이다. 대체로 석씨는 처음에는 세속의 법은 섬기기 힘들고 세속에는 분병성이 있는 것이 진성이라고 생각하였다가 나중에 전환시켜 이 성을 작용시킨다고 생각하였다. 처음에는 이 여러 법이 헛되이 돕는다고 여겨 일체를 모두 무로 귀결시켰다. 나중에 이에 전환시켜 무에 빠지지 않고 유에 집착하지 않으며 중간 및 안팎에 있지 않은 것으로 생각하였다. 주자가 이른바 『제접릉공허』를 이에 이르러 더욱 믿겠다.」(朱子曰, 佛氏所以指爲心與性者, 實乃精神魂魄之聚耳. 則必別立一心以識此心, 又未嘗睹夫民之衷、物之則也. 旣不識夫性之本然, 則物之所感、情之所發皆不得其道理, 於是槪以爲己累而盡絶之, 雖至反敗天常、殄滅人理而不顧也. 若云識心, 則必收視聽, 以求識其體於恍惚之中. 如人以目視目, 以口齕口, 雖無

捷徑一以開[173]　　지름길 한번 열리더니,
靡然世爭趨　　우루루 세상에서 다투어 좇네.
號空不踐實　　공허함 부르짖으며 실천하지 않으니,
躓彼榛棘途[174]　　저 가시나무 길에서 넘어졌다네.
誰哉繼三聖[175]　　누구겠는가? 세 성인을 이어,
爲我焚其書[176]　　나를 위해 그 책 사를 이.

65[177]

聖人司敎化　　성인이 교화를 맡으니,

可得之理, 然其勢必不能不相爾汝於其間也. 夫學以心性爲本, 而其所指以爲心性與其所以從事焉者乃如此, 然則不謂之異端邪說而何哉. 模妄謂顧盼指心性卽釋氏所謂作用是性也. 名言超有無卽釋氏所謂佛菩提不淪於無不著於有, 不在中間及內外也. 蓋釋氏初則以難事塵法塵有分別性爲眞性, 後乃轉以爲作用. 是性初則以是諸法空相, 一切皆歸於無. 後乃轉而爲不淪於無不著於有, 不在中間及內外. 朱子所謂梯接凌空虛, 至此而益信也)

173 첩경(捷徑): 초나라 굴원의 〈이소(離騷)〉「어찌하여 걸과 주는 허리띠도 매지 않고, 좁은 길로 허겁지겁 걸어가나?」(何桀紂之猖披兮, 夫唯捷徑以窘步) 주자의 주석「첩은 샛길로 나감이요, 경은 작은 길이다.」(捷, 邪出也. 徑, 小路也)

174 진극(榛棘): 한나라 양웅(揚雄)의 〈반이소(反離騷)〉「가시덤불 빽빽이 우거짐이여, 원숭이들 감히 내려가지 않으려 하네.」(枳棘之榛榛兮, 蝯貁擬而不敢下)

첩경~진극(捷徑~榛棘): 《감흥시》「서방의 학은 『직지인명심』과 『견성성불』을 가지고 강상의 도리를 모두 버리고서는 한번 초월하여 여래의 땅으로 곧장 들어간다 하였으니 이것이 이른바 첩경이다. 이 첩경이 한번 열리면 온 세상이 우르르 다투어 달려가 그리워하며 서로 더불어 공허하고 적멸한 경지에 빠지게 된다. 감에 일찍이 각답실지하지 않고 일용의 당연한 사실에 말미암게 되고 가시발에 거꾸로 넘어져 곤궁하게 고꾸라지는 데 이르게 되어도 벗어날 수가 없다. 이단이 해가 됨이 이와 같은가?」(西方之學, 以直指人明心見性成佛, 盡弃綱常度數, 謂一超直入如來地, 是所謂捷徑也. 此徑一開, 擧世靡然爭趨慕之, 相與淪於空虛寂滅之境, 去不曾脚踏實地, 以由夫日用當然之實, 以至顚躓困踣於榛棘之中而莫能脫也. 異端之爲害如此哉)

175 계삼성(繼三聖): 《맹자·등문공(滕文公)》「나 또한 인심을 바로 잡아 사설을 종식시키며 잘못된 행실을 막으며 음탕한 말을 추방하여 세 성인을 계승하고자 하는 것이니, 어찌 변론을 좋아하겠는가?」(我亦欲正人心, 息邪說, 距詖行, 放淫辭, 以承三聖者, 豈好辯哉?) 주자의 주석「세 성인은 우임금과 주공, 공자이다.」(三聖, 禹周公孔子也)

176 분기서(焚其書): 당나라 한유(韓愈)의 〈원도(原道)〉「(佛·老를) 막지 않으면 (우리의 도가) 유행하지 못하고, 저지하지 않으면 행해지지 못하니 그 사람들을 일반인으로 만들고, 그들의 책을 불태우고, 그들의 거처를 집으로 만들고 선왕의 도를 밝혀 그들을 인도한다.」(曰不塞, 不流, 不止, 不行, 人其人, 火其書, 廬其居, 明先王之道以道之) 《차의》「웅씨가 말하였다. 이 편은 불학의 그릇됨을 논하였다.」(熊氏曰, 此篇論佛學之非) 《감흥시》「여기에서는 주자가 이단이 해가 됨을 깊이 근심하여 그 구멍을 찧고 그 뜰을 갈아버리려는 생각이 보인다. 그러나 스스로 맡겠다는 뜻 또한 어쩔 수 없이 사절한다는 것이 있다.」(此見朱子深慮異端之爲害, 思欲擣其穴而犂其庭也. 然其自任之意, 亦有不可得而辭者矣)

177 〈해석〉「이 시는 과거제도의 폐단을 탄식하였다. 매 삼년마다 천하의 선비를 떼로 모아 한번 큰 소요를 일으키면 얻는 것이 무슨 이익인가? 그리고 사람의 마음에 손상을 입히고 풍속을 어지럽히면 그 해악은 말

黌序育群材[178] 학교에서는 여러 인재 길렀다네.
因心有明訓[179] 마음에 따라 밝은 가르침 있으니,
善端得深培[180] 선의 단서 깊은 북돋움 얻었다네.
天敍既昭陳[181] 하늘의 차례 이미 밝게 늘어놓았고,
人文亦褰開[182] 인문 또한 걷어 열었다네.
云何百代下 어찌하여 백 세대를 내려와서는,
學絶教養乖 배움 끊기고 가르침은 어그러졌는가?
群居競葩藻[183] 떼 지어 모여 문사 다투고,
爭先冠倫魁[184] 앞 다투어 무리들의 으뜸 되고자 하네.

로 이루 다하지 못할 것이다. 위의 사람이 이에 거듭 고쳐지었으나 변할 줄을 모르니 이것이 주자가 깊이 탄식한 것이다.」(此詩嘆科擧之弊. 每三年羣聚天下之士爲一大擾, 所得者何益? 而斲喪人心, 敗亂風俗, 其害有不可勝言者. 上之人乃重改作, 而不知變, 此紫陽所以深嘆也) 《감흥시》「열넷째 시에서 여기까지는 도덕과 성명의 근원을 이은 것이다.」(自第十四篇至此, 所以接道德性命之原也)

178 횡서(黌序): 《차의》「모두 학교 이름이다.」(皆學舍名) 《감흥시》「횡서는 학사이다. 후한의 포덕이 군의 학교가 오래도록 폐하여지자 이에 횡을 수리하였다. 지금의 문자로는 또한 『黌』이라고도 한다.」(橫序, 學舍也. 後漢鮑德, 以郡學久廢, 乃修橫. 今字又作黌)

179 인심유명훈(因心有明訓): 《시경·대아·위대하시도다(皇矣)》「이 왕계님께서는, 마음 우애로우시네.」(維此王季, 因心則友) 《감흥시》「맹자가 말하기를 『이제 사람이 언뜻 어린아이가 곧 우물에 떨어지려하는 것을 보면 모두 두려워하고 측은히 여기는 마음이 있게 된다.』고 하였는데 이것이 마음에 따르는 밝은 가르침이다.」(孟子曰, 今人乍見孺子將入於井, 皆有怵惕惻隱之心, 此因心之明訓也)

180 선단득심배(善端得深培): 《감흥시》「선단은 곧 사단이다. 배는 더한다는 것이다.」(善端, 卽四端也. 培, 益也)

181 천서(天敍): 《차의》「오륜이다.」(五倫) 《서경·고요모(皐陶謨)》「하늘의 질서에 법이 있어, 우리에게 다섯 가지 법을 삼가 지키도록 하셨으니, 이 다섯 가지를 두터이 하십시오.」(天敍有典, 則我五典, 五惇哉) 주석「서는 윤서이다.」(敍, 倫敍也)

182 인문(人文): 《주역·비괘(賁卦)》의 단사(彖辭)에서 나온 말 위의 주석 16)을 보라.

성인~건개(聖人~褰開): 《감흥시》「이는 성인이 나와서 교화의 책임을 맡고 상서를 열어서 인재를 양육하면 처음에는 아무 일이 없지만 사람의 본심에 따라서 밝은 가르침이 되어 사람들로 하여금 그 선의 단서를 배양하여 심게 하고 그 덕성을 함양하게 함이 있을 따름이라는 것을 말하였다. 하늘의 차례를 이미 끝까지 밝게 늘어놓았다면 인문은 자연히 열릴 것이다. 대체로 본심에 문이 있으면 처음에는 문이 되기를 구하지 않아도 자연스런 문이 있게 될 것이다.」(此言聖人出而司敎化之責, 開闢庠序以養育人材, 初無他事, 惟因人之本心以爲明訓, 使人有以培植其善端, 涵養其德性而已. 及夫天敍既極其昭陳, 則人文自然而褰開. 蓋有本心有文, 初不求爲文, 而有自然之文也)

183 경파조(競葩藻): 《집람》「『파』는 꽃이고, 『조』는 수초이다. 경파조는 문사로 서로 숭상함을 말한다.」(葩, 花也. 藻, 水草也. 競葩藻, 言以文辭相尙也)

184 관륜괴(冠倫魁): 곧 탁괴과(擢魁科)를 말한다. 한나라 양웅(揚雄)의 〈감천부(甘泉賦)〉「고요(皐陶)와 이윤(伊尹)의 무리, 무리들의 으뜸이요 빼어난 가운데 우두머리라네.」(皐伊之徒, 冠倫魁能) 당나라 이선(李善)의 주석「관은 무리들의 으뜸이라는 뜻이며, 괴는 뛰어난 사람 가운데 으뜸이라는 뜻이다.」(冠, 冠羣也. 魁, 魁桀

淳風反淪喪[185] 순박한 풍속 오히려 가라앉고 사라져,
擾擾胡爲哉[186] 시끌벅적함 어찌된 것인가?

66[187]

童蒙貴養正[188] 어린 아이는 바르게 기름 귀하게 여기니,

也) 민우수(閔遇洙)의 《정암잡지(貞庵雜識)》(이하 《잡지》) 「선생은 그것을 인용하여 과거에서 으뜸에 급제한 사람을 비유하였다. 곧 뭇 무리들의 으뜸가는 사람은 세상 사람들이 서로 앞다툰다는 것이다.」(先生引之以喩科第居魁者, 卽冠倫之魁, 而世人爭先也) 무리 가운데 으뜸가는 우두머리는 곧 장원급제를 말한다.

185 반(反): 《차의》 「《성리대전》에는 『오랠 구』자로 되어 있다. ○ 웅씨가 말하였다. 이 편은 《대학》의 가르침에 대하여 논하였다. 대개 도라는 것은 문의 근본이며, 문이라는 것은 도의 말엽이다. 옛 사람들은 마땅히(마땅히는 항상이 되어야 할 것 같다) 근본적인 것에다 의미를 더하므로 학문을 설치하고 가르쳤으므로, 오로지 천리와 인륜을 중히 여겼으며, 문예의 사이에는 특별히 힘이 남으면 놀 뜻을 두었을 따름이다. 후세에서는 말엽에다가 노력을 하였으므로 학문을 설치하고 가르쳤으므로, 오로지 문사의 조식만을 숭상하였으며 천리와 인륜에 대하여서는 일찍이 강습하여 밝히지를 않았다. 이것이 주자가 깊이 탄식한 이유이다.」(性理大全作久. ○ 熊氏曰, 此篇論大學之敎. 盖道者文之本, 文者道之末, 古人當[當恐常]於本者加意, 故設學敎育. 惟以天理人倫爲重, 文藝之間, 特餘力遊意云爾. 後世於末者用工, 故設學敎育, 惟以文詞葩藻爲尙, 天理人倫曾不講明, 此朱子所以深歎也)

186 운하~호위재(云何~胡爲哉): 《감흥시》 「이는 성인의 가르침은 이렇게 말한 것에 지나지 않는다는 것을 말하였다. 어떻게 백대의 하학이 이미 끊어졌고 교양의 법이 어그러졌는지 학자들은 곧 하늘의 순서 가운데 자연의 문이 있음을 알지 못하고 왕왕 그 마음을 밖으로 써서 아름다움을 다투어 문사를 짓고 다만 앞 다투어 장원이 되고 과거에서 높이 급제하는 것만을 도모하고자 하니 마침내 순박하고 두터운 풍속으로 하여금 도리어 가라앉고 잃게 하여 내 그 어지러운 것을 알지 못하겠으니 과연 어떻게 해야 하겠는가? ○ 가만히 이 시에서 말한 것을 생각해보니 위에서 가르치고 아래에서 배운 까닭이 모두 그 근본이 없으며 한갓 서로 다투어 근거 없는 문장이나 짓고 말세의 풍속이 스며들고 바른 학문은 잠기어 막히니 이단에 미혹되고 끌리는 사람은 드물 것이다. 이것이 주자가 탄식을 드리우고 16편의 다음에 이은 까닭이다.」(此言聖人之敎, 不過如此所云. 何爲百代之下學旣絶, 而敎養之法又乖, 學者乃不知天敍之中有自然之文, 往往外用其心競葩鬪藻以爲文, 但欲爭先冠魁爲躐取高第之謀, 卒使淳厚之風反淪喪汨失, 吾不知其擾擾者, 果何爲也哉. ○ 竊意此詩言, 上之所以敎, 下之所以學者, 皆無其本, 徒相與爭競爲不根之文, 末習澆漓, 正學湮塞, 其不爲異端迷惑牽引者幾希. 此所以垂朱子之歎而繼於十六篇之後也)

187 〈해석〉 「옛날 사람들은 어린아이를 가르칠 때 어버이를 섬기는 규칙을 가르쳤으며, 스승을 공경하는 방법을 가르쳐 그 마음씨의 미묘함을 바로잡게 하였고 그 언행의 떳떳함을 삼가도록 하였다. 비록 《대학》으로 나아가기가 불편하지만 그 작은 것과 큰 것은 반드시 삼가 안팎으로 번갈아 잡아 힘줄과 뼈의 묶음을 견고하게 하며 의리의 근원을 맑게 해야 한다. 이 질박함이 있으면 자라서 《대학》으로 나아가도 자연히 힘을 낭비함이 없을 것이다. 『발인차물망』이라 한 것은 대체로 《소학》이 또한 몸과 마음, 함양과 덕성을 수습하여 《대학》의 기본이 되고자하는 것이므로 그 또한 《소학》에 나아가 큰 것을 뛰어넘지 않고자 함이다. 『급시기고상』이라 한 것은 대체로 《대학》은 덕에 나아가고 학업을 닦으며 이치를 궁구하고 본성을 다함으로써 《소학》의 성공을 거두게 되므로, 또한 그 나아감이 크게 되지만 그 작은 것을 잊지 않으려는 것이다.」(古人敎養童蒙, 敎之事親之節, 敎之敬師之方, 正其心術之微, 謹其言行之常, 雖未便進以大學, 然其細大必謹內外交持所以固其筋骸之束,

孫弟乃其方[189]	공손함과 우애 이에 반듯해지네.
鷄鳴咸盥櫛[190]	닭 울면 모두 세수하고 머리 빗고,
問訊謹暄凉[191]	삼가 따뜻한지 추운지 문후 여쭙네.
奉水勤播灑	물 받쳐들고 부지런히 뿌리고,
擁篲周室堂[192]	빗자루 들고 온 집안 두루 쓴다네.
進趨極虔恭	나아감에는 정성과 공경 다하고,
退息常端莊[193]	물러나 쉼에는 항상 단정히 한다네.
劬書劇嗜炙[194]	책 보는데 수고함 구운 고기 즐김보다 낫고,
見惡逾探湯[195]	악한 것 봄 끓는 물 더듬음 보다 낫네.

澄其義理之源, 有此質樸, 及長而進之大學, 自然不費力也. 發軔且勿忙者, 蓋小學且欲收拾身心涵養德性以爲大學基本, 故欲其且進其小學而無躐進其大也. 及時起高翔者, 蓋大學則當進德修業窮理盡性以收小學之成功, 故又欲其進爲其大而不爲忘其小也)

188 동몽(童蒙): 유치하고 몽매한 것이다.

양정(養正): 《주역·몽괘(蒙卦)》의 단사(彖辭) 「교육을 함으로써 바르게 양성하는 것은 성인의 공덕이다.」(蒙以養正, 聖功也)

189 손제(孫弟): 「遜悌」와 같다. 손은 순(順)과 같은 뜻이고, 제는 형장(兄長)을 잘 섬기는 것이다.

190 계명함관즐(鷄鳴咸盥櫛): 관(盥)은 세수하고 머리를 빗는 것이다. 《예기·내칙(內則)》「아들이 부모를 섬길 때 닭이 처음 울면 모두 일어나 세수하고 양치질하며 머리를 빗고 머리를 싼다. 비녀를 꽂고 비단으로 머리를 싸며 다발머리의 먼지를 털고 갓을 쓰고 끈을 드리운다.」(子事父母, 雞初鳴, 咸盥, 漱, 櫛縰, 笄總, 拂髦, 冠緌纓)

191 문신훤량(問訊暄凉): 《예기·내칙》「부모와 시부모가 계신 곳으로 가는데, 가면 목소리를 가라앉히고 목소리를 부드럽게 하여 입은 옷이 따뜻한가 추운가를 묻는다.」(以適父母舅姑之所, 及所, 不氣怡聲, 問衣燠寒)

192 봉수·옹수(奉水·擁篲): 빗자루를 들고 청소하는 것을 말한다. 《예기·내칙》「방과 마루를 닦고 뜰에 물을 뿌려 청소를 한 후 자리를 펴놓은 뒤에 각자 자신이 맡은 일을 한다.」(灑掃室堂及庭, 布席, 各從其事)

193 진추·퇴식(進趨·退息): 《예기·내칙》「부모와 시부모가 계신 곳에 있을 때는 …… 앞으로 나아가고 물러나며, 돌거나 돌아설 때는 삼가 동작에 조심해야 한다.」(在父母舅姑之所……進退周旋愼齊)

《감흥시》「이상은 모두 소학의 공부를 말하였다.」(以上皆言小學工夫)

194 구서(劬書): 구(劬)는 부지런하다[勤], 힘쓰다[勞]의 뜻이다. 《시경·소아·더부룩한 다북쑥(蓼莪)》「슬프고 슬프도다 우리 부모여, 나를 낳으시고 고생하셨네.」(哀哀父母, 生我劬勞)

기자(嗜炙): 구운 고기의 맛을 지나치게 즐기는 것을 말한다. 《맹자·고자(告子) 상》「진나라 사람이 구운 고기를 좋아함이 내가 구운 고기를 좋아함과 다를 것이 없으니, 물건 또한 똑같은 것이 있는 것이다. 그렇다면 구운 고기를 좋아함도 또한 외면에 있다는 말인가?」(耆秦人之炙, 無以異於耆吾炙, 夫物則亦有然者也, 然則耆炙亦有外歟?)

195 탐탕(探湯): 《논어·계씨(季氏)》「공자께서 말씀하셨다. 『선을 보면 미치지 못할까 하듯이 하고, 악을 보면 끓는 물을 더듬듯 하라.』」(孔子曰, 見善如不及, 見不善如探湯)

庸言戒麤誕[196]	평소에 말 거칠고 허망한 것 경계하고,
時行必安詳[197]	때 되어 행할 때는 반드시 편안하고 자세하게 하라.
聖途雖云遠[198]	성인의 길 비록 멀다지만,
發軔且勿忙[199]	길 나섰다면 또한 조급해 말라네.
十五志于學[200]	열 다섯에 학문에 뜻을 두어,
及時起高翔[201]	때가 되어 일어나 높이 난다네.

196 용언(庸言): 용(庸)은 상(常)과 같은 뜻. 《주역·문언전(文言傳)》「떳떳한 말을 믿으며, 떳떳한 행위를 삼간다.」(庸言之信, 庸行之謹) 《중용》「떳떳한 덕을 행하며, 떳떳한 말을 삼가 행동에 부족한 바가 있으면 감히 힘쓰지 않지 못하며, 말에 하고도 남음이 있으면 감히 다 하지 않는다.」(庸德之行, 庸言之謹, 有所不足, 不敢不勉, 有餘不敢盡)

추탄(麤誕): 《익증》「다랍고 거칠며 자랑하고 허망한 것이다.」(鄙野誇誕也)

197 시행(時行): 《예기·학기(學記)》「가장 알맞은 때에 응하여 가르치는 것을 시라고 한다. …… 때가 지난 후에 배우면 힘들어 성공하기가 어렵다.」(當其可之謂時……時過然後學, 則勤苦而難成) 《예기·옥조(玉藻)》「선 모습은 산이 서 있는 것 같아야 하며, 마땅히 가야할 때는 가야 한다.」(山立, 時行) 《주역·간괘(艮卦)》의 단사「때가 머무를 만하면 머무르고, 갈 만하면 가니, 움직임과 고요함이 때를 잃지 아니하여 그 도가 밝게 빛이 난다.」(時止則止, 時行則行, 動靜不失其時, 其道光明)

안상(安詳): 송나라 장역(張繹: 자는 思叔)의 〈좌우명(座右銘)〉「용모는 반드시 단정하고 장중해야 하며, 의관은 반드시 엄숙하고 가지런해야 하며, 걸어갈 때는 반드시 편안하고 자상하게 하고, 거처할 때는 반드시 바르고 조용하게 한다.」(容貌必端莊, 衣冠必肅整, 步履必安詳, 居處必正靜) 《소학》 권5에 수록되어 있다.

《감흥시》「이는 제자가 된 사람은 공경스럽게 부형과 윗사람을 섬기고 난 연후에 물러나 학업을 닦고 언행을 삼가는 것을 말하였는데 곧 《논어》(〈學而〉편)의 행하고 남는 힘이 있으면 학문을 닦는다는 뜻이다.」(此言爲弟子者, 於敬事父兄長上之暇, 然後退而修其學業, 謹其言行, 卽論語行有餘力則以學文之意也)

198 성도(聖途): 《감흥시》「성역과 같다.」(猶聖域也)

199 발인물망(發軔勿忙): 인(軔)은 수레가 섰을 때 바퀴가 움직이지 못하게 괴는 버팀목[搘車木]이다. 수레가 출발하려면 먼저 이 버팀목을 치워야 하므로 출발한다는 의미가 있다. 굴원의 《초사·슬픔을 만남(楚辭·離騷)》「아침에 창오를 출발함이여, 내 저녁에 현포에 이르렀네.」(朝發軔於蒼梧兮, 夕余至乎玄圃) 《감흥시》「발인물망은 처음 출발할 때는 빨리하여 등급을 뛰어넘고자 해서는 안 된다는 것이다.」(發軔勿忙言發之初不可欲速而躐等也)

200 십오지우학(十五志于學): 마음이 가는 바를 지(志)라고 한다. 《논어·위정(爲政)》「공자께서 말씀하셨다. 『나는 열 다섯에 학문에 뜻을 두었다.』」(子曰, 吾十有五而志于學) 주자의 주석「옛날에는 15세에 태학에 입학하였다.」(古者十五而入大學)

201 급시(及時): 《주역·건괘·문언전(乾卦·文言傳)》「군자가 덕에 나아가 학업을 닦는 것은 때에 미치게 하고자함이니 허물이 없다.」(君子進德修業欲, 及時也, 故无咎) 《익증》「웅씨가 말하였다. 이 편은 《소학》의 가르침을 논하였다.」(熊氏曰, 此篇論小學之敎)

《감흥시》「이는 성인의 길이 비록 멀기는 하지만 이곳에서 출발하여 나아가면 당연히 조금씩 나아가서 잊지 말라는 말이다. 15세에 임박하여 대학에 들어가 격물·치지·성의·정심·수신·제가·치국·평천하의 일에 종사하면 마땅히 때맞춰 높이 비상하여 성인의 영역에 들 것이니 작은 성취에 안주하여 그만 두어서는 안 된다.」(此言聖途雖遠, 然發軔於此而進, 當以漸且勿忙. 迨及十有五歲而入大學, 從事於格物致知誠意正心修身齊家治國平天下之事, 則當及時高翔以造聖域, 不可安於小成而止也)

67[202]

哀哉牛山木[203]	애달프구나, 우산의 나무여,
斤斧日相尋[204]	큰 도끼 작은 도끼 날로 찾아오네.
豈無萌蘖在	어찌 황벽나무 움 없으리오?
牛羊復來侵[205]	소와 양 다시 와서 뜯는다네.
恭惟皇上帝	삼가 생각건대 하느님께서,
降此仁義心[206]	이 인과 의의 마음 내리셨다네.
物欲互功奪	물욕은 서로 공로를 빼앗으니,
孤根孰能任[207]	외로운 뿌리 누가 능히 맡으리오?

202 〈해석〉「이 장은 때가 이미 지나 《소학》에 이르지 못한 사람은 펴면 문공이 이른바 경을 가지고 《소학》에서 빠진 것을 더한다라고 한 것이 이것이다. 다만 때가 지나면 배우는 사람이 고생을 하여 이루기가 어려우므로 보존하고 기름이 여기에서 시작되어 어느 해에나 숲이 빼어나고 우거지게 되겠는가라는 탄식이 있게 되는 것이다. 대체로 그 힘씀이 이미 늦음을 안타깝게 여기어 그 힘을 백 배로 하여 이르게 하고자 함이다.」(此章謂時之已過, 而不及小學者, 發朗文公所謂持敬以補小學之缺者, 是也. 但過時而學者, 辛苦難成, 故有保養. 自此何年秀穹林之歎. 盖惜其用力已晩, 而欲百倍其力以至之也)

203 애재(哀哉): 《맹자·이루(離婁) 상》「인은 사람의 편안한 집이요, 의는 사람의 바른 길이다. 편안한 집을 비워두고 거기에는 거처하지 않으며 바른 길을 버려두고 따르지 않으니 애처롭다!」(仁, 人之安宅也, 義, 人之安路也. 曠安宅而弗居, 舍正路而不由, 哀哉)

204 우산~일상심(牛山~日相尋): 우산은 제나라 동남쪽에 있는 산이다. 《맹자·고자(告子) 상》「맹자가 말씀하셨다. 『우산의 나무가 일찍이 아름다웠었는데, 큰 나라의 교외에 있어서 도끼와 자귀로 매일같이 베어가니 아름답게 될 수 있겠는가?』」(孟子曰, 牛山之木嘗美矣, 以其郊於大國也, 斧斤伐之, 可以爲美乎?)

205 맹얼~부래침(萌蘖~復來侵): 「맹」은 싹이다. 「얼」은 싹이 곁으로 나온 것이다. 《멩자·고자 상》「그 밤에 자라나는 바와 비와 이슬이 적셔주는 바에 싹이 나오지 않는 것이 아닌데 소와 양이 또 따라서 방목되므로 저와 같이 헐벗게 되었다.」(是其日夜之所息, 雨雲之所潤, 非無萌蘖之生焉, 牛羊又從而牧之, 是以若彼濯濯也) 이는 산의 나무를 인의(仁義)의 마음에 비유하였다.

애재~래침(哀哉~來侵): 《감흥시》「『애재』 두 자는 《맹자》에 근본한 것인데 주자가 이르기를 상세하게 완상하기에 가장 적당하여 사람들로 하여금 슬피 깊이 반성할 곳을 가지게 한다고 하였다. …… 우산의 나무가 일찍이 아름다웠었는데 날로 도끼와 자귀에 잘려나갔지만 기화가 유행하여 잠시라도 끊긴 적이 없어 싹과 움이 나지도 않을 뿐만 아니라 소와 양이 또 와서 침범한다는 것을 말하였다. 이것 또한 육의의 비이다. 상세한 것은 《맹자·고자 상》편에 보인다.」(哀哉二字, 本於孟子而朱子謂最宜詳玩, 令人惕然有深省處……言牛山之木嘗美矣, 日爲斧斤所伐, 然氣化流行, 未嘗間斷, 非無萌蘖之生, 而牛羊又復來侵焉. 此亦六義之比. 其詳見孟子告子上篇)

206 공유~의심(恭惟~義心): 《서경·탕고(湯誥)》「위대한 하느님께서 낮은 백성들에게 올바름을 내리시어 언제나 올바른 성품을 가진 사람을 따르도록 하셨으니, 그분의 길을 따를 수만 있다면, 임금 노릇을 제대로 할 것이요.」(惟皇上帝, 降衷于下民, 若有恒性, 克綏厥猷惟后) 《맹자·고자 상》「비록 사람들에게 보존된 것인들 어찌 인의의 마음이 없겠는가?」(雖存乎人者, 豈無仁義之心哉)

207 공유~숙능임(恭惟~孰能任): 임(任)은 보(保)와 같은 뜻이다. 《감흥시》「인의의 마음은 실은 하늘이 나에게 준 것이다. 지금은 이에 물욕에 침탈당하여 적을 죽

反躬艮其背[208]	몸 반성하여 등에 머무르고,
肅容正冠襟[209]	용모 엄숙히 하고 갓과 옷깃 바로잡네.
保養方自此	보존하고 기름 바야흐로 여기서 시작되니,
何年秀穹林[210]	어느 해나 숲 빼어나고 우거지리?

68[211]

玄天幽且默	검은 하늘 그윽하고 잠잠하니,

이지도 못하고 다 없어졌다. 얼마 되지 않지만 비록 외로운 뿌리의 싹과 움이 있기는 하지만 또한 누가 그것을 지킬 수 있겠는가?」(仁義之心, 實天之所以與我者. 今也, 乃爲物欲之所攻奪, 其不戕賊而殄滅也. 幾希, 雖有孤根之萌蘖, 亦孰能任之哉)

208 반궁(反躬): 《예기·악기(樂記)》「자기 몸을 돌아볼 수 없으면 천리는 없어지고 만다.」(不能反躬, 天理滅矣)
간기배(艮其背): 《주역》「시력이 등 뒤에 머물러 있으면 물건을 몸에서 체득할 수 없고, 뜰에 나아가 걷더라도 사람을 보지 못한다.」(艮其背, 不獲其身, 行其庭, 不見其人) 《차의》「《주역·간괘(艮卦)》 괘사의 주석 『보지 못한 것에서 머무른다.』」(易艮卦辭傳謂, 止於所不見也) 나를 잊는 것을 말한다.
《정음》「대체로 사람의 한 몸의 사지는 사물과 서로 감응하지 않는 것이 없는데, 등 만은 성색과 취미가 움직일 수 있는 것이 아니다. 자기의 몸을 돌아보아 등에 머무르는 것은 안에서 머무르는 것이다.」(盖人之一身四肢, 莫不與物相感, 惟背非聲色臭味之所能動搖. 反躬艮背, 所以止於內)

209 숙용(肅容): 《예기·옥조(玉藻)》「군자의 모습은 한아해야 하고 …… 얼굴빛의 모양은 장엄해야 한다.」(君子之容舒遲……色容莊)
정관금(正冠襟): 《논어·요왈(堯曰)》「군자는 그 옷과 갓을 바르게 한다.」(君子正其衣冠)

210 궁림(穹林): 《차의》「『궁』은 높다는 뜻이다. ○ 웅씨가 말하였다. 이 편은 우산의 나무를 빌어 인의가 마땅히 지키고 길러야할 것을 형용하였다. ○ 생각건대 이 한 편은 위의 두 편을 총결하였다.」(穹, 高也. ○ 熊氏曰, 此篇借牛山之木, 形容仁義之心所當保養. ○ 按此一篇總結上兩篇)
반궁~수궁림(反躬~秀穹林): 《감흥시》「대체로 『반궁간배』는 밖에서부터 안을 제어하는 것이다. 『숙용정금』은 안으로부터 밖을 방비하는 것이다. 안팎을 번갈아 기르면 다시 인의를 되돌리는 마음이 있게 될 것이다. 그러나 싹과 움을 지키고 기름을 바야흐로 이로부터 시작하면 언제 무성해져서 우거진 숲이 빼어나게 됨을 알지 못하겠는가? 『수궁림』은 그 비유의 뜻을 종결짓는 것으로 배우는 사람들이 조용히 완미한 끝에 마음에 되돌린다면 반드시 장차 많이 깨닫고 근심함이 있을 것이다. 그러나 경이 있어서 지키고 기르는 미묘함에 삼가지 않을 수 없으며, 또한 빼어나고 우거진 숲의 영역으로 가는 것을 기대하지 않을 수 없고 더욱이 안이한데 안주하고 어려운데 막혀서는 안 되는 것이다. 시가 사람을 감동시키는 것이 이러한가?」(蓋反躬艮背所以由外而制乎內也. 肅容正襟所以自內而防乎外也. 內外交養, 庶乎有以復還仁義之心. 然保養萌蘖, 方自此始, 不知何時茂盛而能秀穹林耶? 秀穹林所以終其比之義, 學者優游玩味之餘, 反之於心, 必將油然有悟惕. 然有敬故不可不致謹於保養之微, 亦不可不期造於秀茂穹林之域, 而又不可安於易而沮於難也. 詩之感人如此夫)

211 〈해석〉「『기공수일원』은 《음부경》 가운데 있는 『이욕을 끊어내고 근원을 하나로 하여 군사를 열 배로 쓴다.』는 말을 쓴 것이다. 《음부경》의 이 두 마디는 문공이 매우 좋아하여 때때로 들어서 썼다. 어떤 배우는 사람이 그 뜻을 묻자 문공이 일찍이 해석을 해주기를 『절리』라는 것은 그 두세 개를 잘라낸다는 것이고, 『일원』이라는 것은 원래의 근본을 하나로 한다는 것이니, 어찌 다만 군사를 쓰는 것 뿐이겠는가? 무릇 일은 모두

仲尼欲無言[212]	중니께서는 말을 않고자 하였네.
動植各生遂[213]	동식물 각기 삶 이루니,
德容自淸溫[214]	덕성스런 용모 절로 맑고 온화하네.
彼哉夸毗子[215]	아서라, 크게 아부하는 이여,
呫囁徒啾喧[216]	소곤거리는 소리 한갖 시끄럽기만 하네.

그렇지 않은 것이 없다. 배는 『공이 반드시 배가 된다』 할 때의 배이니, 대개 한 가지만 오로지 하면 공이 있다고 한다. 위의 문장은 소경이 잘 듣는 것과 귀머거리가 잘 보는 것은 모두가 한 가지만 오로지 하기 때문에 공이 있음을 말하였다. 지금의 학문을 강론하고 도를 추구하는 것은 그 몸과 마음을 좋게 하고 그 덕업을 닦고자 하는 것인데, 이것이 본원이다. 그런데 그 언어를 아름답게 꾸미고 그 문장을 교묘히 아름답게 꾸민다면 이는 그 지엽은 번성하게하고 뿌리는 잃는 것이니 학문에 무슨 공효가 있겠는가? 오로지 분을 발하여 통절하게 깎아내면 이것이 두세 배의 이로움을 끊고 그 본래의 근원을 하나로 하기 때문에 기이한 공로를 거둘 수 있을 것이다.」(奇功收一源, 是用陰符中絶利一原, 用師一十倍之語. 陰符此二語, 文公極喜之, 時時擧揚. 有學者問其義, 文公常爲之解釋, 絶利者絶其二三, 一原者一其原本, 豈惟用兵, 凡事莫不皆然. 倍功必倍之倍. 大槩謂專一則有功. 上文, 言瞽者善聽, 聾者善視者, 皆是專一故有功也. 今講學求道, 是欲善其身心, 修其德業, 此是本原也. 而乃榮華其言語, 巧好其文章, 則是盛其枝葉, 失其本根, 於學焉得有功. 惟發憤而痛加刊落, 則是絶其二三之利, 而一其本原, 故奇功可收)

212 현천~무언(玄天~無言): 당나라 진자앙(陳子昻)의 〈감우시(感遇詩)〉 제20수 「검은 하늘 그윽하고 또 잠잠하니, 무리지어 의논하며 어찌 낄낄거리리.」(玄天幽且默, 羣議曷嗤嗤) 《집람》 「대체로 (진자앙의) 시체를 본떴기 때문에 스무 편 가운데 그 말을 많이 썼다.」(蓋效其體, 故二十篇中多用其語) 《논어·양화(陽貨)》 「공자께서 말씀하셨다. 『나는 아무 말도 하지 않으려고 한다.』 자공이 말하였다. 『선생님께서 말씀을 하지 않으신다면 저희들이 어떻게 도를 전하겠습니까?』 공자께서 말씀하셨다. 『하늘이 무슨 말을 하던가? 사시가 운행되고 온갖 만물이 생장을 하는데도, 하늘이 무슨 말을 하던가?』」(子曰, 予欲無言. 子貢曰, 子如不言, 則小子何述焉? 子曰, 天何言哉? 四時行焉, 百物生焉, 天何言哉?)

213 동식각생수(動植各生遂): 《차의》 「대체로 검은 하늘이 그윽하고 잠잠해도 조화는 유행됨을 말하였다.」(蓋言玄天幽默而造化流行) 첫째 구절을 가리켜 말한 것이다.

214 덕용자청온(德容自淸溫): 《차의》 「대체로 중니께서 아무 말씀을 않으셔도 영화가 번지르르하게 넘치는 것을 말한다.」(蓋言仲尼無言而英華睟盎) 둘째 구절에 대하여 말한 것이다.

현천~청온(玄天~淸溫): 《감흥시》 「하늘은 말이 없지만 만물과 동식물의 미묘함은 자연히 각자 그 품성을 이루고, 성인은 말이 없지만 움직이고 주선하는 사이에 자연히 그 맑고 온화함을 극대화한다.」(天無言而萬物動植之微自然各遂其性, 聖人無言而動容周旋之間自然極其淸溫也)

215 피재(彼哉): 《논어·헌문(憲問)》 「어떤 사람이 자서의 인품에 대하여 물었더니 말씀하셨다. 『저 그 사람이여! 저 그 사람이여!』」(問子西. 曰, 彼哉! 彼哉!) 주자의 주석 「『피재』란 것은 그를 (싫어하여) 외면하는 말이다.」(彼哉者, 外之之辭)

과비자(夸毗子): 과(夸)는 「큰 대」(大)자와 같은 뜻. 비(毗)는 「붙을 부」(附)자와 같은 뜻이다. 과장되고 허망하게 빌붙는 것. 《시경·대아·하느님이 버리시면(板)》 「하늘이 방금 노하고 계시니, 굽실거리며 아첨만 하지 말기를.」(天之方懠, 無爲夸毗) 주자의 주석 「제는 노함이요, 과는 큰 체함이며, 비는 붙음이다. 소인은 사람에 대하여 큰 소리 쳐서 과시하지 않으면 아첨하는 말로 빌붙는다.」(懠, 怒, 夸, 大. 毗, 附也. 小人之於人, 不以大言夸之, 則以諛言毗之也) 진자앙의 〈감우시〉 제10수 「좋은 말만 하는 아첨꾼들, 영화 번갈아가며 서로 누리네.」(便便夸毗子, 榮耀更相持)

216 첩섭(呫囁): 귀에다 대고 소곤거리며 말하는 작은

但逞言辭好	다만 말솜씨 좋은 것만 만족해하니,
豈知神監昏[217]	귀신의 감별력 어두움 어찌 알리오?
曰余昧前訓[218]	나보고 앞의 가르침 어두우면서,
坐此枝葉繁[219]	이곳 가지와 잎만 무성한 곳에 앉아 있다네.

소리. 《한서·관부전(漢書·灌夫傳)》「술이 돌아 임여후 관현에게 권할 차례가 되었는데, 그때 관현이 마침 정불식과 귓속말을 하고 있었고, 또 술잔이 앞에 와도 경의의 표시로 앉은 자세를 바꾸지도 않았다. …… 관현에게 욕을 하기를 『평소에 정불식이를 한푼 값어치도 없는 놈이라고 욕하더니, 오늘 어른이 술잔을 권할 때는 계집년들 같이 서로 어울려서 귀에 대고 소곤거리는구나!』라고 하였다.」(行酒次至臨汝侯灌賢, 賢方與程不食耳語, 又不避席……乃罵臨汝侯曰, 平生毁程不食不直一錢, 今日長者爲壽, 乃效女曹兒呫囁耳語)

217 신감(神監): 《차의》「『監』은 《성리대전》에는 『鑑』으로 되어 있다. 신감이라는 것은 마음을 가리켜서 말한 것이다.」(監, 性理大全作鑑, 神監指心而言)

피재~신감혼(彼哉~神監昏): 《감흥시》「저 큰소리로 세상에서 자랑이나 하고 아첨하는 말로 사람들에게 아부나 하는 사람은 왁자하게 한갓 사적인 작은 의견만 써서 그릇되이 망령된 말이나 하고 소곤소곤 하는 말로 세상을 현혹시키고자 하나 다만 바깥의 말만 아름다운 것에 만족하고 안의 신령스런 감별력은 기실 흐릿해졌음을 모르는 것을 말하였다.」(言彼之爲大言而夸誕於世, 諛言以阿附於人者, 紛紛然徒用私意小見, 謬作妄述, 欲呫囁啾喧以眩耀世俗, 是但逞其外之詞美好, 而不知內之神鑑實昏昏也)

218 여(余): 주희가 자신을 스스로를 일컬어 말한 것이다.

전훈(前訓): 말을 하지 않고자 한 것을 가리켜 말하였다.

219 지엽번(枝葉繁): 《예기·표기(表記)》「공자가 말씀하셨다. 『군자는 말로 사람을 다 보지 않는다. 그러므로 천하에 도가 있으면 행동에 지엽이 있고, 천하에 도가 없으면 말에 지엽이 있다.』」(子曰, 君子不以辭盡人, 故天下有道, 則行有枝葉, 天下無道, 則辭有枝葉) 평상시의 강론하고 저술하는 것을 가리켜 말하였다.

220 일원(一原): 《차의》「정자의 〈주역의 주석의 서문〉에 『체와 용은 하나의 근원이다.』라는 말이 있다. ○ 웅씨가 말하였다. 이 편은 하늘의 도는 말을 하지 않고, 성인은 말이 없는데 후세에 와서 말이 많아진 폐단을 논하였다. ○ 내가 가만히 생각건대 〈감흥시〉는 첫머리에서는 하나의 이를 말하였다가 가운데서는 만사로 흩어졌다가 끝에 가서는 다시 하나의 이가 되었다. 이것은 〈중용〉의 뜻이다.」(程子易傳序體用一原. ○ 熊氏曰, 此篇論天道不言, 聖人無言, 後世多言之弊. ○ 愚竊謂感興詩, 首言一理, 中散爲萬事, 末復合爲一理. 此中庸之義也) 《잡지》「이 시에서 말한 『발분영간락, 기절수일원』이란 것은 곧 이익을 잘라내고 하나의 본원을 이룬다는 뜻이며 『기절』자는 더욱 『절배』의 『절』자와 합치된다. 또한 선생의 서독 가운데서 『절리일원』을 원용한 곳이 많은데, 이 시에서 이 문장을 인용하였음은 의심의 여지가 없다.」(此詩所云, 發憤永刊落, 奇切收一原者, 卽絶利一原之義, 而奇切字尤與切倍之切合. 且先生書牘中援用絶利一原處多, 此詩引用此文無可疑)

왈여~수일원(曰余~收一原): 《감흥시》「나 또한 전현의 묵묵히 말이 없는 말에 어둡지만 이 언어의 지엽이 번다한 곳에 앉아 지금 장차 분을 발하여 깎아 내려가면 한 근원에서 기이한 공로를 거두지 않을까하는 것을 말하였다. 마지막 구절을 상세히 음미하면 뿌리로 돌아가 열매를 거두고 신공이 초절하여 바로 그 묘함을 형용할 수 없는 것이 있어서 천지에 화하고 지위가 만물과 더불어 동일한 기상을 기른다. 아아, 크시도다! ○ 내가 이 시를 외고 침잠한지 오래되어 하루는 황홀하게 선사이신 주자를 보는 듯한 마음이 생겼다. 선생님께서는 비록 감히 도통을 전한다고 자임하시지는 않은 것 같지만 실로 이 도가 마침내 전함을 잃게될까 근심하셨다. 그러므로 〈감흥〉시의 마지막 편에서 특히 재진지액(在陳之厄)의 탄식을 발하였다. 대체로 또한 뒤늦게 평일의 저서만 많을 뿐 세상에서 깨닫고 이해하는 사람이

發憤永刊落	분을 발하여 영원히 깎아내면,
奇功收一原[220]	기이한 공로 한 본원 거두리.

매우 적은 것을 뉘우쳤기 때문에 이곳에 개연히 분을 발하여 깎는다는 말이 있는데 바로 공자가 나는 말을 하지 않으려 한다는 뜻이다. 지금 그 말을 음미하고 그 뜻을 완미하면 자책한다고 생각하면 또한 스스로 겸사하는 것 같고, 스스로 겸하하는 것이라고 생각하면 또한 자임하는 듯하다. 백 세대 뒤에 반드시 또한 마음으로 깨닫고 터득하는 있을 것인가? 그 뜻이 깊도다! ○ 18편에서 20편까지는 학문과 공부의 근원을 탐색하였다.」(言余亦昧前者幽默無言之語, 而坐此言語枝葉之繁, 今將發憤而刊落之, 庶乎收奇功於一原也. 詳味末句, 見其歸根斂實, 神功超絶, 正有不能形容其妙者, 便與致中和天地位萬物育同一氣象. 嗚乎偉哉. ○ 模於此詩, 諷誦涵咏之久, 一旦恍然若有見先師朱子之心. 師雖若不敢自任其道統之傳, 而實憂此道之遂失其傳. 故於感興之終篇, 特發在陳之歎. 蓋亦追悔其平日著書之徒多, 而世之曉悟領會者絶少, 故於此慨然有發憤刊落之語, 正夫子予欲無言之意. 今味其言玩其意, 若以爲自責則又若自謙, 以爲自謙則又若自任. 百世之下, 將必其亦有神會而心得之者耶. 其旨深矣哉. ○ 自十八篇至二十篇, 所以探學問用工之原也)

69. 卜居[1]

살 곳을 정하다

卜居屛山下[2]	병산 아래쪽에 살 곳 정한지가,
俯仰三十秋[3]	그럭저럭 삼십 년이라네.
終然村墟近[4]	마침내 마을 가까워서,
未愜心期幽	그윽한 기약 마음에 차지 않았다네.
近聞西山西[5]	요즈음 듣건대 서산 서쪽은,
深谷開平疇	깊은 계곡이 평평한 밭 되었다네.

1 순희본(淳熙本)에는 「복거」 위에 「제무이」(題武夷)의 석 자가 더 있다.
《차의》「선생은 소흥 계해년(1143, 남송 고종 13년) 모부인을 모시고 병산으로 옮겨 사셨다. 순희 을미년(1175, 남송 효종 13년) 노봉의 운곡에 회암을 지었다. 을미과 계해년은 30년의 차이가 있으니 『그럭저럭 30년』(俯仰三十秋)이라는 구절로 살펴보면 이때가 회암을 지었을 때일 것이다.」(紹興癸亥, 奉母夫人, 薦居于屛山. 淳熙乙未, 作晦庵於蘆峯之雲谷. 乙未距癸亥三十年, 以俯仰三十秋觀之, 則此蓋作晦庵時) 《황씨일초(黃氏日抄)》 권34 「〈복거〉는 운곡이 이루어진 것을 기뻐한 것이다.」(卜居喜雲谷之成)

2 병산(屛山): 《차의》「숭안 동남쪽에 있으며 유자우가 그 아래에서 대대로 거처하였다. 처음에 위재공이 휘주에서 민중의 정화로 벼슬살이를 하다가 마침내 그곳에 머물러 죽었는데, 선생의 나이 14세였으며 부친의 유명으로 어머니를 모시고 유공을 따라 거처하였으니, 이것이 곧 이른바 오부리의 자양서당이다. 순희 을미년(1175)에 회암을 짓고 옮겨 살면서 글을 지어 기록해 두었는데 곧 이 살 곳을 정한 것이다.」(在崇安東南, 劉子羽世居其下. 初韋齋公自徽州宦遊閩中政和, 遂留居, 仍卒, 先生年十四, 以父遺命, 奉母從劉公居, 此卽所謂五夫里紫陽書堂也. 淳熙乙未作晦庵而移居爲文而記之, 卽此卜居者也)
복거(卜居): 거처를 정한다. 당나라 두보의 〈가래나무가 비바람에 뽑힘을 탄식하다(柟樹爲風雨所拔歎)〉「띠풀 잘라 이것 엮어 집 지으니, 5월인데도 쓰르라미 소리 들리는 듯하네.」(誅茅卜居總爲此, 五月髣髴聞寒蟬)

3 부앙(俯仰): 몸을 굽히고 우러름, 세상을 살아감. 송나라 소옹(邵雍)의 〈자주 병에 걸리어 읊음(病亟吟)〉「태평스런 세상에 태어나, 태평스런 세상에서 자랐네. 태평스런 세상에서 늙어, 태평스런 세상에서 죽네. 손이 묻기를 나이 얼마인가? 예순 하고도 일곱 살이라네. 하늘과 땅 사이에서 숙이고 우러르니, 마음 넓어 부끄러운 것 없네.」(生于太平世, 長于太平世. 老于太平世, 死于太平世. 客問年幾何, 六十有七歲. 俯仰天地間, 浩然無所愧)

4 연(然): 순희본에는 「근심 수」(愁)자로 되어 있다.

5 서산서(西山西): 서산(西山)은 순희본에 「武夷」로 되어 있다. 주희의 〈운곡기(雲谷記)〉「운곡은 건양현 서북쪽 70리 노산의 꼭대기에 있으며 …… 우리 집에서 서남쪽으로 오면 그래도 80여 리가 된다.」(雲谷在建陽縣西北七十里蘆山之顚……自予家西南來, 猶八十餘里) 《익증》「곧 채계통이 사는 곳으로 건양 서쪽 숭태리에 있다.」(卽蔡季通所居, 在建陽西崇泰里)

茆茨十數家[6]	띠집이 십여 채에,
淸川可行舟[7]	맑은 시내에는 배 띄울 수 있다네.
風俗頗淳朴	풍속 자못 순박하여,
曠土非難求	넓은 땅 구하기 어렵지 않다네.
誓捐三徑資[8]	세 오솔길 닦을 경비 마련코자 맹세하여,
往遂一壑謀[9]	가서 마침내 한 골짜기에서 살 계획 세웠네.
伐木南山巓[10]	남산 꼭대기에서 나무를 베어서,
結廬北山頭	북산 어귀에 오두막 얽었다네.
耕田東溪岸	동쪽 시내 언덕 위에 밭을 갈고,
濯足西溪流[11]	서쪽 시내 물에 발 씻는다네.
朋來卽共懽[12]	친구 오면 함께 기쁨 나누고,

6 모자십수가(茆茨十數家): 모자(茆茨)는 「茅茨」와 같으며 띠집이라는 뜻. 당나라 백거이(白居易)의 〈도잠의 시체를 본떠서 짓다(效陶潛體詩)〉 제9수 「느릅나무 버드나무가 백여 그루이고, 띠집이 십여 칸이라네.」(楡柳百餘樹, 茅茨十數間)

7 청천가행주(淸川可行舟): 「可」자는 순희본에는 「통할 통」(通)자로 되어 있다. 당나라 두보의 〈진주에서 출발하다(發秦州)〉 「빽빽한 대밭에는 겨울에 다시 죽순 나고, 맑은 못에서는 뱃놀이 할 만하다네.」(密竹復冬笋, 淸池可方舟)

8 삼경자(三徑資): 삼경(三徑)은 삼경(三逕)이라고도 하며, 원래 서한(西漢) 때 장후가 쓴 말이다. 《남사·도잠(陶潛)의 전기》 「나중에 진군, 건위참군이 되어 절친한 친구에게 말하기를 『애오라지 현령이 되어 은퇴 후의 생계로 삼고자 하는데 될 법한가?』라 하였다.」(後爲鎭軍、建威參軍謂親朋曰, 聊欲絃歌, 以爲三徑之資, 可乎?) 도연명의 〈귀거래사(歸去來辭)〉 「세 지름길은 황폐하여졌으나 소나무 국화는 오히려 그냥 남아 있네.」(三徑就荒, 松菊猶存) 권2 47번 시의 주 4)를 참조하여 보라.

9 일학모(一壑謀): 《한서·서전(敍傳) 상》 「저〔班固〕는 말합니다. 『한 골짜기에서 고기를 낚는 것은 천하의 만물이 그 뜻을 침범하지 않고, 한 언덕에 물러나 쉬는 것은 천하라도 그 즐거움을 바꿀 수 없습니다.』」(班固曰, 漁釣於一壑, 則萬物不奸其志, 棲遲於一丘, 則天下不亦其樂) 「일학」은 이로부터 은퇴하여 재야에 파묻혀 지내면서 산수와 자연을 맘대로 즐기는 것을 비유하는 말이 되었다. 남조 송나라 유의경(劉義慶)의 《세설신어·인물들을 품평함(品藻)》 「명제가 사곤에게 물었다. 『그대 스스로 말한다면 유량과는 어떻다고 보는가?』 답하여 말했다. 『종묘에서 예복을 단정히 입고 백관을 법도에 맞게 부리는 것은 신이 유량보다 못하나 언덕이나 골짜기에서 마음 먹은 대로하는 것은 제 스스로 낫다고 생각합니다.』」(明帝問謝鯤, 君自謂何如庾良? 答曰, 端委廟堂, 使百僚準則, 臣不如良, 一丘一壑, 自謂過之)

10 남산전(南山巓): 당나라 신안(新安) 사람인 허선평(許宣平)의 〈암자의 벽에 시를 지어서 적다(庵壁題詩)〉 「숨어 산 지 스무 해 만에, 남산 꼭대기에 석실 지었다네.」(隱居二十載, 石室南山巓)

11 탁족(濯足): 발을 씻다. 진나라 좌사(左思)의 〈역사를 읊음(詠史詩)〉 제5수 「천 길이나 되는 언덕에서 옷 떨고, 만 리나 흐르는 물에서 발 씻네.」 (振衣千仞岡, 濯足萬里流)

12 붕래즉공환(朋來卽共懽): 순희본에는 「客來聊共懽」으로 되어 있는데, 「손님 오면 애오라지 함께 즐긴다네.」라는 뜻이 된다.

客去成孤遊[13]	벗 가고나면 혼자서 노닐게 되네.
靜有山水樂[14]	고요하여 자연의 즐거움은 있어도,
而無身世憂[15]	신세의 근심 없다네.
著書俟來哲	책 지어 후세의 현자 기다리고,
補過希前脩[16]	잘못 보완하여 전현 바라리.
玆焉畢暮景	이곳에서 죽을 때까지 지내리니,
何必營菟裘[17]	어찌 반드시 은퇴할 곳 경영하리오.

13 성(成): 순희본에는 「인할 잉」(仍)자로 되어 있다.

14 정유산수락(靜有山水樂): 권2 〈매천계당에 지어 부침(寄題梅川溪堂)〉에 「고요하게 산수의 즐거움 있으나, 수레와 말의 시끄러움 없다네.」(靜有山水樂, 而無車馬喧)라는 구절이 있다.

15 신세우(身世憂): 당나라 왕적(王績)의 〈만년에 뜻을 써서 탁처사에게 보임(晩年叙志示翟處士)〉 「절로 거처하는 상락 있으니, 누가 신세 근심 알리오?」(自有居常樂, 誰知身世憂)

16 전수(前脩): 「脩」는 「修」와도 통하여 쓴다. 덕을 닦은 전대의 어진 이, 군자. 초나라 굴원의 《초사·슬픔을 만남(離騷)》 「아 내 전현들을 본받으려 함이여, 세속사람들이 행하는 바 아니라네.」(謇吾法夫前脩兮, 非世俗之所服) 주희의 주석 「전대의 덕을 닦은 사람들을 이른다.」(謂前代修德之人)

17 토구(菟裘): 노나라의 지명으로 늙어서 사직하고 은거하는 곳을 말한다. 《좌전·은공(隱公) 11년》 조에 보인다. 권2 60번 시의 주 6)을 보라.

70. 游武夷, 以相期拾瑤草分韻賦詩, 得瑤字[1]

무이에서 놀면서 「상기습요초」라는 구절로 운자를 나누어서 시를 짓는데 「요」자를 얻다

秋聲入庭戶	가을 소리 뜰과 집으로 드니,
殘暑不敢驕[2]	남은 더위 감히 교만하지 못하네.
起趁汗漫期[3]	일어나 한만과의 기약 좇으니,
兩袂天風飄[4]	양 소매에서 회오리 바람 인다네.
眷焉此家山[5]	이 고향 산 그리워하니,
名號列九霄[6]	이름 구천에 들어 있다네.

1 한나라 동방삭(東方朔)의 〈벗에게 보내는 편지(與友人書)〉「속세의 그물과 명예의 굴레에 잡히고 매이지 않게 하며 십주와 세 섬에서 벗어나 요초를 줍고 해와 달의 빛나는 빛을 삼킬 것을 기약하며 함께 가볍게 들 뿐이오.」(不可使塵網名韁拘鎖, 怡然長笑, 脫去十洲三島, 相期拾瑤草, 呑日月之光華, 共輕擧耳) 《산해경(山海經)》 권5 〈중산경(中山經)〉「다시 동쪽으로 200리를 가면 고요산이 있다. 염제의 딸[瑤姬]이 여기에서 죽어 그 주검을 여시라 하였는데 변하여 요초가 되었다. 그 잎은 서로 겹쳐나며 꽃은 노랗고 열매는 새삼 같다.」(又東二百里曰姑媱之山, 帝女死焉, 其名曰女尸, 化為䔄草. 其葉胥成, 其華黃, 其實如菟丘) 송나라 진경기(陳景沂)의 《전방비조집(全芳備祖集)》과 《산당사고(山堂肆考)》 등의 책에서는 「상기습요초」(相期拾瑤草)를 당나라 두보 시의 산구(散句)라고 하였다.

2 감(敢): 순희본에는 「다시 부」(復)자로 되어 있다.

3 한만기(汗漫期): 한만은 아득하여 알 수 없다는 뜻인데, 후대에는 이 뜻을 빌어 신선의 이름으로 삼았다. 《회남자·도응훈(道應訓)》「나는 한만과 구해의 바깥에서 만날 기약을 하였다.」(吾與汗漫期於九垓之外) 한나라 고유(高誘)의 주석. 「한만은 알 수 없는 것이다.」(汗漫, 不可知之也) 당나라 한유(韓愈)의 〈장적을 놀림(調張籍)〉「몸 솟구쳐 끝없는 하늘 타는데, 직녀의 옷조차 입지 않았다네.」(騰身跨汗漫, 不著織女襄) 《한문고이(韓文考異)》의 주석 「한만은 아득하다는 뜻이다.」(汗漫, 猶茫洋) 여기서는 바깥에 나가 놀 것을 기약한다는 뜻으로 쓰였다.

4 천풍표(天風飄): 당나라 한유(韓愈)의 〈꿈을 기록함(記夢)〉「큰 누대 빼어난 누각 우뚝하니 높고, 하늘에서 불어온 바람 내 곁으로 휙휙 지나가네.」(隆樓傑閣磊嵬高, 天風飄飄吹我過)

5 언(焉): 순희본에는 「말씀 언」(言)자로 되어 있다. 언(言) 역시 별다른 의미가 없는 어기사이다.

6 명호열구소(名號列九霄): 구소(九霄)는 구천(九天)과 같은 말이며, 도가에서 말하는 신선들의 거처이다. 《산당사고(山堂肆考)》 권174 〈궁실·도관(宮室·道觀)〉「무이산은 제16승 진원화동천으로 옛날에 신선이 이곳에 내려와서 말하기를 『무이군이 지선들을 통록하였는데 이곳에다 도관을 주었다.』라 하였다. 민간에 전하여 오기를 옥제가 태모위진인·무이군과 함께 만정에 채색한 집 수백 간을 세우고 고을 사람 남녀 천여 명에게 그 위에서 연회를 베풀었다고 한다.」(武夷山第十六昇眞元化

相與一來集	서로 더불어 한번 와서 모이니,
曠然心朗寥	환하게 마음 밝고 넓다네.
棲息共雲屋	거처하여 쉬며 구름 집 함께 하고,
追尋喚漁舠[7]	좇고 찾으며 고깃배 부른다네.
一水屢縈回[8]	한 줄기 물 여러 번이나 얽히어 돌고,
千峯鬱岧嶢[9]	천 봉우리 울창한 산 높기만 하네.
蒼然大隱屛[10]	대은병 푸릇푸릇한데,
林端聳孤標[11]	숲 끝에 외로운 표지 솟아 있네.
下有雲一壑	아래로는 구름 낀 골짝 있는데,
仙人久相招	신선들 오래도록 서로 불렀다네.
授我黃素書[12]	나에게 황석공의 〈소서〉 주고,

洞天, 昔有神仙降此曰, 武夷君統錄地仙, 授館於此. 俗傳玉帝與太姥魏眞人·武夷君, 建幔亭綵屋數百間, 宴鄕人男女千餘於其上) 여기서는 무이산이 곧 신선들이 사는 산이라는 말이다.

7 도(舠): 《차보》「《운회》에서는 오나라의 배라고 하였다.」(韻會, 吳船)

8 일수(一水): 무이산의 구곡계(九曲溪)를 가리킨다.

9 초요(岧嶢): 삼국시대 위나라 하안(何晏)의 〈경복전부(景福殿賦)〉「작은 봉우리 높게 서 있고, 좁고 긴 산 우뚝 서 있네.」(岧嶢岑立, 崔嵬巒居) 《문선》 당나라 유량(劉良)의 주석 「초요와 최외는 아찔하고 높은 모양이다.」(岧嶢崔嵬, 危高貌)

10 대은병(大隱屛): 《차의》「무이산의 다섯 번째 구비이다. 권9의 〈무이정사기〉에 보인다.」(武夷第五曲. 見九卷武夷精舍記)

11 용고표(聳孤標): 송나라 황정견의 〈자고를 부르다. 22운. 아울러 상보와 세필에게 부치다(招子高二十二韻兼簡常甫世弼)〉「우리 무리 둘 셋은, 사림에서 외로운 표지로 솟아 있네.」(吾黨二三子, 士林聳孤標)

12 황소서(黃素書): 소서는 책을 말한다. 당나라 이백(李白)의 〈길을 내려가서 석문의 옛 거처로 돌아가다(下途歸石文舊居)〉「그대 소서 항상 책상에 가득한 것 부러워하고, 단약 머금고 흰 색 빛나니 놀빛 찬란하네.」(羡君素書常滿案, 含丹照白霞色爛) 청나라 왕기(王琦)의 주석 「옛 사람들은 비단에다 글을 썼으므로 책을 일러 소서라 하였다.」(故人以絹素寫書, 故謂書曰素書) 황소서는 황석공이 지었다는 병법서인 《소서》를 말한다. 송나라 소식(蘇軾)의 〈회선생이 호주를 지나는데 동림 심씨가 술에 취하여 석류 껍질로 그 집의 동로암의 벽에 써서 말하기를……(回先生過湖州, 東林沈氏飮醉, 以石榴皮書其家東老庵之壁云……)〉「황공이 소서 찾는 것 물어보지 않고, 다만 백주 같은 좋은 술 아름다운 손님 붙들어둔다는 것만 안다네.」(不問黃公覓素書, 但知白酒留佳客) 한나라 고조(高祖) 유방(劉邦)의 참모였던 장량(張良)이 젊었을 때 황석공(黃石公)이라는 도사를 만나서 《소서(素書)》라는 책을 얻어 읽고서 옛날 강태공(姜太公)의 병법을 터득하게 되었다고 한다. 뒤에 그 도사를 찾아갔더니 「누런 돌」(黃石)로 변하였다고 한다. 《사기·유후세가》에 다음과 같은 고사가 있다. 「장량이 한번은 한가하게 하비의 흙다리를 걸어서 지나는데, 베옷을 입은 한 늙은이가 장량이 있는 곳에 이르더니, …… 책을 한 권 꺼내면서 말했다. 『이 책을 읽으면 왕이 될 사람의 스승이 될 것이야! 10년이 지나면 흥기할 걸세. ……』 그러고는 마침내 가버렸는데 다시는 보

贈我英瓊瑤[13]	나에게 영경요 보내주었다네.
茅茨幾時見[14]	띠집 어느 때나 나타나리?
自此遺紛囂[15]	이로부터 속세의 시끄러움 버린다네.

이지 않았다. 다음날이 밝자 그 책을 보니 바로 《태공병법》이었다. 장량은 그 일을 괴이쩍게 여기어 늘 그 책을 외고 읽으며 익혔다. 10년이 지나 진섭 등이 군대를 일으키자 장량 또한 젊은이 백여 명을 모았다. …… 길에서 패공을 만났으며 …… 장량은 여러차례 《태공병법》으로 패공을 유세하였는데, 패공은 훌륭히 여겨 늘 그 계책을 썼다.」(良嘗閒從容步遊下邳圯上, 有一老, 衣褐, 至良所……出一篇書曰, 讀此則爲王者師矣. 後十年興……遂去, 無他言, 不復見. 旦日視其書, 乃太公兵法也. 良因異之, 常習誦讀之. 後十年, 陳涉等兵起, 良亦聚少年百餘人……道遇沛公……良數以太公兵法說沛公, 沛公善之, 常用其策) 《익증》「《황정경》을 가리키는 것 같다.」(恐指黃庭)

13 영경요(英瓊瑤): 한나라 장형(張衡)의 〈네 가지 근심(四愁詩)〉 첫째 시 「미인 내게 금 섞인 칼 보내주니, 어떻게 영경요로 갚아줄까?」(美人贈我金錯刀, 何以報之英瓊瑤)

14 모자기시현(茅茨幾時見): 당나라 두보의 〈초가집이 가을 바람에 부서지다(茅屋爲秋風所破歌)〉 「아아, 어느 때나 눈 앞에 우뚝한 이 집 나타나리? 내 움막 유독 부서지고 얼어 죽어도 그만이리.」(嗚呼, 何時眼前突兀見此屋, 吾廬獨破受凍死亦足)

15 유분효(遺紛囂): 유(遺)는 순희본에 「보낼 견」(遣)자로 되어 있다. 당나라 이백의 〈숭산일인인 원단구의 산의 거처에 적다(題嵩山逸人元丹丘山居)〉 「자취 없어지고 속세의 시끄러움 버리며, 마지막 말 봉우리의 골짝에 근본 두었다네.」(滅跡遺紛囂, 終言本峰壑)

71~73. 石子重兄示詩留別, 次韻爲謝, 三首[1]

자중형이 시를 보여주며 이별을 만류하여 같은 각운자를 써서 지어 감사를 표하다. 세 수

71

此道知君著意深[2]	이 도 그대의 뜻 둠 깊음 알겠는데,
不嫌枯淡苦難禁[3]	메마르고 담박함 실로 감당하기 어려움 싫어하지 않네.
更須涵養鑽研力[4]	더욱이 모름지기 함양하고 연찬하는데 힘 써서,
彊矯無忘此日心[5]	강하고 꿋꿋하니 잊지 말지어다 오늘의 이 마음.

1 석자중(石子重): 석돈(石墪: 1128~1182)의 자. 호는 극재(克齋)이며, 회계(會稽) 사람이다. 이학에 심취하여 주희와 교유하였으며 주희는 그가 인(仁)을 논한 것을 칭찬하기도 하였다. 소흥 15년에 진사가 되었으며 지남강군(知南康軍)을 역임하였다. 《주역》과 《대학》, 《중용집해》를 지었으며, 문집이 있다. 주희가 그를 위해 지어준 묘지명인 〈지남강군석군묘지명(知南康軍石君墓誌銘)〉(권92)과 〈극재기(克齋記)〉(권77)가 문집에 보인다.

2 착의심(著意深): 주희의 부친인 주송(朱松)의 〈몽득이 지은 옅은 홍색 작약 장단구의 각운자를 써서 짓다(次韻夢得淺紅芍藥長句)〉 「조물주의 마음 씀 깊음 환히 알겠으니, 봄의 공 다 쏟아 기울여 남은 힘 없다네.」(了知造物著意深, 傾倒春工不餘力)

3 고난금(苦難禁): 《차의》 「미상이다. 금(禁)은 심(尋)자의 잘못일 것이다. ○ 어떤 사람은 말하기를 시의 뜻은 석군이 이 도에 뜻을 둔 것이 심절하여 괴롭고(메마르고가 되어야 함) 담박한 것을 금하기 어려움을 싫어하지 않는 것이라 하였으며, 난금은 난감과 같다고 하였다.」(未詳. 疑禁是尋字之誤. ○ 一云詩意以爲知君於此道着意深切, 不以苦淡之難禁爲嫌也, 難禁猶難堪) 난(難)이 심(尋)이 되면 이 구절은 「메마르고 담박함 실로 찾기 어려움 싫어하지 않는다」가 된다. 《집람》에서는 「금자는 당자와 같다.」(禁猶當也)라 하였다.

4 함양찬연(涵養鑽研): 《집람》「경을 주로 하고 지에 이르는 것을 말한다.」(主敬致知之謂)

5 강교(彊矯): 강하고 굳셈을 말한다. 《예기·중용(中庸)》 「그러므로 군자는 화하되 흐르지 않으니 강하도다, 꿋꿋함이여! 중립을 지키며 치우치지 않으니 강하도다, 꿋꿋함이여! 나라에 도가 있으면 궁할 때의 의지를 잊지 않으니 강하도다 꿋꿋함이여! 나라에 도가 없으면 죽음에 이르도록 지조를 변치 않으니 강하도다,

72

克己工夫日用間	자신을 이기는 공부 날로 쓰는 사이에 있으니,
知君此意久晞顔[6]	그대 이 뜻 오래도록 안회 바람 알겠네.
摛文妄意輸朋益[7]	글 지어 망령된 뜻 유익한 벗에 보내었으니,
何似書紳有訂頑[8]	어찌 띠에 적음에 완고함 고침 있음과 같겠는가?

73

喜見薰成百里春[9]	향초 백리의 고을 봄 이름 기쁘게 바라보며,

꿋꿋함이여!」(故君子和而不流, 强哉矯! 中立而不倚, 强哉矯! 國有道不變塞焉, 强哉矯! 國無道至死變, 强哉矯) 주희의 주석「교는 강한 모양이다.」(矯, 强貌)
무망차일심(無忘此日心): 송나라 주송(朱松)의 〈국화 언덕이란 시의 각운자를 써서 짓다(次韻菊坡)〉「사군께서 주인 부르심 요임금과 순임금인데, 세 오솔길에서 이날의 마음 잊지 마세나.」(使君致主唐虞了, 三徑無忘此日心)

6 희안(晞顔): 희(晞)는「希」와 뜻이 통하며, 안(顔)은 공자의 제자인 안회(顔回)를 말한다.「晞」는 또「睎」와도 통하여 쓰며「앙모」(仰慕)의 뜻이 있다. 권2 11번 시의 주 8)을 보라.《차의》「자중이 호를 극재라 하였으므로 이른 것이다.」(子重以克齋爲號故云)

7 이문~붕익(摛文~朋益):《익증》「『摛』는 편다는 뜻이다. 선생이 자중에게 서재의 기문을 지어주었기 때문에 이렇게 말하였다.」(摛, 舒也. 先生爲子重作齋記故云) 한나라 반고(班固)의 〈손님이 놀림에 답하다(答賓戲)〉「비록 말을 하는 것은 파도와 같지만 문사를 펴는 것은 봄 꽃과 같다.」(雖馳辯如濤波, 摛藻如春華) 당나라 안사고(顔師古)의 주석「『摛』는 편다는 뜻이다.」(摛, 布也)
붕익(朋益): 익우(益友)를 가리키는 것 같다.《논어·계씨(季氏)》「공자께서 말씀하셨다.『유익한 것이 세 가지 벗이다. …… 벗이 곧으며, 벗이 성실하며, 벗이 문견이 많으면 유익하다.」(孔子曰, 益者三友……友直, 友諒, 友多聞, 益矣)

8 서신(書紳):《논어·위령공(衛靈公)》「자장이 행하여짐에 대하여 묻자 공자께서 말씀하시기를『말이 충성스럽고 진실하며, 행실이 돈독하고 공경하면 오랑캐의 나라라고 하더라도 행하여질 것이다. ……』라 하시니 자장이 이 말을 띠에다 적었다.」(子張問行. 子曰, 言忠信, 行篤敬, 雖蠻貊之邦, 行矣……子張書諸紳.)
정완(訂頑):《차의》「〈서명〉이다.」(西銘)《이정외서(二程外書)》권11「장횡거[張載]의 학당에는 창이 둘 있는데 오른쪽(창에 지어 붙인 글)에는『완악함을 바로잡음』이라 써 붙였으며, 왼쪽에는『어리석음을 고침』이라 써 붙여놓았는데 이천[程頤]이 말하기를『이는 논쟁의 단서를 일으킬 것이다.』라 하여『동명』과『서명』으로 고쳤다.」(橫渠學堂雙牖, 右書訂頑, 左書砭愚, 伊川曰, 是起爭端. 改之曰東銘西銘)

9 백리춘(百里春): 백리는 옛날 한 현이 관할하던 땅을

更慙謙誨極諄諄	겸손한 가르침 지극히 정성스러움 더욱 부끄럽다네.
願言勉盡精微蘊	원컨대 정미로운 온축 힘껏 다하여,
風俗期君使再醇[10]	풍속 그대 다시 순일하게 하길 기약하네.

말하며, 이 때문에 현을 가리키는 말로 쓰이게 되었다. 《한서·백관공경표(百官公卿表) 상》「현은 대략 사방 백 리이다.」(縣大率方百里) 당나라 이백의 〈난리를 겪은 후 천자의 은전으로 야랑을 떠돌다가 옛 놀던 곳이 생각나 속마음을 써서 강하태수 위량재에게 드리다(經亂離後天恩流夜郎憶舊遊書懷贈江夏韋太守良宰)〉「백리에 홀로 태고적 사람인데, 취하여 흥 오르니 복희씨 누워 있다네.」(百里獨太古, 陶然臥羲皇) 《차의》「사람들은 송경을 일러 발 달린 따뜻한 봄 같다고 하는데, 이르는 곳마다 봄이 사물에 미치는 것 같음을 말한 것이다. 아마 석돈이 현령이 되었기 때문에 이렇게 말하였을 것이다.」(人謂宋璟如有脚陽春, 言所至之處如春及物也. 盖石子爲邑宰故云)

10 풍속사재순(風俗使再醇): 《차의》「도연명의 시이다.」(陶詩) 미상이다.

74. 鵝湖寺和陸子壽[1]

아호사에서 육자수에게 화답하다

德義風流夙所欽　　덕의와 풍류
　　　　　　　　　일찍부터 흠모했더니,
別離三載更關心[2]　　이별한지 3년 만에
　　　　　　　　　그 마음 더욱 끌린다네.

1《영규율수(瀛奎律髓)》본시의 방회(方回)의 주석 「《연보》순희 2년 을미년(1175)년 여름 5월 조에 의하면 동래 여공이 내방하여 한천정사에서 강학하며 열흘을 머물렀는데, 동래를 아호까지 전별하면서 육구령과 육구연, 유청지가 모임에 와서 함께 그들이 들은 것을 이야기하였다. 두 육씨가 모두 자신의 견해를 고집하여 합의를 보지 못하고 끝났다. ○ 또한 말하기를 『아호사에서의 변론은 지금은 고찰할 길이 없다.』고 하였다. 이때 육구령이 시를 지어 운운하였고, 문공은 화답하여 운운하였으며 자정도 화답하여 운운하였다. 시를 가지고 살펴보면 학문의 다름을 또한 볼 수 있다. 그 후 육구령은 그 잘못을 자못 뉘우쳤으나 육구연은 죽을 때까지 그의 설을 지켜 변치 않았다.」(按年譜淳熙二年乙未夏五月, 東萊呂公來訪, 講學於寒泉精舍, 留止旬日, 餞東萊至鵝湖, 陸九齡子壽·九淵子靜·劉淸之子澄來會, 相與講其所聞. 二陸俱執己見, 不合而罷. ○ 又曰, 鵝湖辨論, 今無所考. 按是時子壽有詩云云, 文公和云云, 子靜和云云. 以詩觀之, 則學之同異亦可見矣. 其後子壽頗悔其非, 而子靜則終身守其說不變) 이 말은《영규율수》권42〈기증류(寄贈類)〉에 보이며, 이때 세 사람이 화답한 시도 모두 함께 수록되어 있다.

육자수(陸子壽): 육구령(陸九齡: 1132~1180)의 자. 호는 복재(復齋)이며, 금계(金溪) 사람이다. 육구연의 다섯째 형이다. 건도(乾道) 5년(1169)에 진사가 되어 감(贛)땅에서 강학하였으며 당시 사람들은 이 둘을 이륙(二陸)이라고 병칭하였다. 순희 2년 이들이 아호사에서 벌인 학술적 논쟁을 일러 아호지회(鵝湖之會)라고 한다. 《차의》「을미년에 선생이 아호사에서 동래를 전별하였다. 육자수와 육자정이 모임에 왔는데 모두 시를 지었다. 3년 뒤에 선생이 추화하였다. 이 사실은 육상산의 연보에 실려 있는데 지금 이 시를 아호사에 있을 때 지었다고 한 것은 그렇지 않을 것이다.」(乙未, 先生餞東萊於鵝湖寺. 陸子壽子靜來會, 二陸有詩. 後三年, 先生追和. 此載象山年譜, 今以此詩爲鵝湖時作, 恐未然)《익증》「아호사는 신주 연산현 남쪽 10리 지점에 있다. 옛날에 공씨가 산방에 거처하면서 거위를 길러 무리를 이루었으므로 아호라고 한다. 자수의 이름은 육구령으로 육상산의 형이다.」(鵝湖在信州鉛山縣南十里. 昔有龔氏居山房, 畜鵝成羣, 故曰鵝湖. 子壽名九齡, 象山兄)《표보》「자수의 호는 사산이며, 관직은 교수이다.」(子壽號梭山, 官敎授) 남붕의《정음》「이 시는 고금에 마땅함을 다르게 여겨, 오늘 강학(講學)함에 공자의 무언(無言)과 같은 의미를 얻지 못하고, 육자수가 믿지 않음을 안타까워한 것을 말하고 있다. 육자수(陸子壽) 형제의 소견이 이와 같았기 때문에, 강학을 모두 폐하고 오로지 돈오(頓悟)에만 힘써서, 이들은 마침내 불교[禪學]에 귀의하고도 스스로 그 잘못됨을 깨닫지 못했다.」(言古今異宜, 今日講學, 不得如夫子之無言, 而歎子壽之不信也. 子壽兄弟, 所見如是故, 盡廢講學, 而專務頓悟, 此其卒歸於禪學, 而不自知其爲非也)

2 갱(更):《고이》에서는「구를 전」(轉)자로 된 판본도 있다고 하였다.

偶扶藜杖出寒谷[3]	우연히 청려장 짚고 차가운 계곡을 나섰더니,
又枉籃輿度遠岑[4]	그대 또한 가마타고 먼 봉우리 넘어오셨다네.
舊學商量加邃密	지난 학문 의논함에 더욱 깊고 정밀하셨고,
新知培養轉深沈	새로운 지식 북돋아 기름에 깊은 뜻 더했다네.
却愁說到無言處[5]	다만 근심스럽기는 그의 학설 무언의 경지에 이르러,
不信人間有古今[6]	이 세상에 고금이 있음을 믿지 아니함이라네.

3 출한곡(出寒谷): 출(出)은 《고이》에서는 어떤 판본에는 「부칠 기」(寄)로 되어 있고 또 어떤 판본에는 「지날 과」(過)자로 되어 있다고 하였다. 이 구절은 주희가 자신을 일러 말한 것이다. 한곡은 한천정사를 가리키는 것 같다.

4 남여도원잠(籃輿度遠岑): 육자수를 가리켜 말한 것이다.

5 무언(無言): 《논어·양화(陽貨)》 「공자께서 말씀하셨다. 『나는 말을 하지 않으련다.』 자공이 말하였다. 『선생님께서 말씀을 하지 않으시면 저희들이 어떻게 도를 전하겠습니까?』 공자께서 말씀하셨다. 『하늘이 무슨 말씀을 하시던가? 사철이 운행되고, 만물이 생장하는데 하늘이 무슨 말씀을 하시던가?』」(子曰, 予欲無言. 子貢曰, 子如不言, 則小子何述焉? 子曰, 天何言哉? 四時行焉, 百物生焉, 天何言哉?)

6 각수~유고금(却愁~有古今): 「却」은 《고이》에서 「다만 지」(秖)자로 된 판본도 있다고 하였다. 《차의》 「『却愁』의 뜻은 여기까지 미친다. 대체로 육씨 형제는 오로지 마음에 두는 것을 주로 하여 독서로 고금의 역사에 통달하는 것을 힘쓰지 않았음으로 이른 것이다. 『각수』는 선생이 오히려 근심한 것이며, 『불신』은 육씨 형제가 믿지 않은 것을 이른다.」(却愁之意止此. 蓋陸氏專主存心, 不以讀書史通古今爲務, 故云. 却愁謂先生却愁, 不信謂陸氏不信)

75. 奉陪機仲宗正·景仁太史期會武夷, 而文叔·茂實二友適自昭武來, 集相與泛舟九曲, 周覽巖壑之勝, 而還機仲·景仁唱酬迭作, 謂僕亦不可以無言也. 衰病懶廢, 那復有此勉出數語以塞嘉, 貺不足爲外人道也[1]

원추(袁樞) 종정과 부백수(傅伯壽) 태사를 모시고 무이에서 모이기로 했는데 양전(梁瑑) 문숙과 오영(吳英) 무실 두 벗이 마침 소무에서 와 함께 구곡에 배를 띄워 바위와 골짜기의 경치를 두루 구경하고 왔는데, 원종정과 부태사가 서로 주고받으며 시를 짓고, 내게도 한 마디 말을 하지 않을 수 없다 하나 병들고 못난 사람이 무슨 말을 할까마는 애써 몇 마디 말로 훌륭한 선물에 보답하노니, 남들에게 말할 바는 못 되는 것이다

此山名自西京傳[2]	이 산의 이름 서한으로부터 전해 내려오니,

1 기중종정(機仲宗正): 기중은 원추(袁樞: 1131~1205)의 자이며, 종정(宗正)은 관직 이름. 융흥(隆興) 원년(1163) 예부사부시(禮部詞賦試)에서 장원으로 급제하여 태학록(太學錄)에 임명되었다. 사마광의 《자치통감》에 정통하여 《통감기사본말》을 지었다. 관직은 지강릉부(知江陵府)에까지 이르렀으며, 《역전해의(易傳解義)》 및 《변이(辯異)》, 《동자문(童子問)》 등의 책을 지었다.

경인태사(景仁太史): 부백수(傅伯壽)의 자이며, 태사(太史)는 관직 이름. 진강(晉江) 사람으로 부자득(傅自得)의 장자이다. 융흥 원년 진사가 되었으며, 건도(乾道) 8년(1172) 박학굉사과(博學宏詞科)로 발탁되었다. 예부상서, 단명전학사(端明殿學士) 및 수국사(修國史)를 거쳐 첨서추밀원사(僉書樞密院事)로 죽었다.

문숙(文叔): 양전(梁瑑)의 자. 소무(邵武) 사람으로 주희의 문인이다. 《주자어록(朱子語錄)》을 편집하였다고 한다.

무실(茂實): 오영(吳英)의 자이며, 역시 주희의 문인으로 소무 사람이다. 《논어문답략(論語問答略)》을 지었다.

2 명자서경전(名自西京傳): 서경은 서한 곧 전한(前漢)을 말한다. 서한이 서경인 장안에 도읍을 두었기 때문이 이른다. 《차의》「무이산의 신령인 무이군의 이름이 한나라 때부터 드러났음을 말한다. 《무이도》의 서문에 보인다.」(武夷君之名著自漢世, 見武夷圖序)

丹臺紫府天中天[3] 　　신선이 사는 곳으로
　　하늘 중의 하늘에 있다네.
似聞雲鶴時降集[4] 　　구름 속의 학 늘 내려와
　　모이는 소리 들을 듯한데,
應笑磨螘空回旋[5] 　　맷돌 위의 개미
　　부질없이 따라 도는 것 웃을 만하네.
我來適此秋景晏 　　내 마침 이곳으로 온 때는
　　가을 빛 고와서,
青楓葉赤搖寒烟[6] 　　푸른 단풍이며 붉은 잎새
　　차가운 안개 속에서 흔들린다네.
九還七返不易得[7] 　　잘 구운 신선의 단약이야
　　쉽게 얻기 어려우나,

3 단대자부(丹臺紫府): 모두 신선이 거처하는 곳이다. 《속선전(續仙傳)》「사마승정의 이름은 단대에 있고 몸은 적성에 거처한다.」(司馬承禎名在丹臺, 身居赤城) 남조 진나라 갈홍(葛洪)의 《포박자·의혹을 떨침(抱朴子·祛惑)》「하동 포판에 사는 항만도라는 사람은 아들 하나와 산에 들어가 신선의 술법을 배웠는데, 10년 만에 집에 돌아오게 되어 집안 사람들이 그 까닭을 물었다. 항만도는 말했다. 『…… 천상세계에 이르러 먼저 신선의 궁궐을 지나치게 되었는데 금으로 된 침대며 옥으로 만든 안석 등이 휘황찬란한 것이 그야말로 고귀한 곳이었다.』」(河東蒲坂有項曼都者, 與一子入山學仙, 十年而歸家, 家人問其故. 曼都曰……及到天上, 先過紫府, 金牀玉几, 晃晃昱昱, 眞貴處也)

4 사(似): 《고이》에서는 「다만 단」(但)으로 된 판본도 있다고 하였다.

5 마의(磨螘): 맷돌 위의 개미처럼 해가 빨리 간다는 뜻으로 인생의 짧고 촉급함의 비유로 쓰인다. 《진서·천문(晋書·天文) 상》「하늘이 도는 것이 맷돌을 밀어서 왼쪽으로 가는 것과 같은데, 해와 달은 오른쪽으로 가며 하늘을 따라 왼쪽으로 돌므로 해와 달은 실제로 동쪽으로 가는데 하늘이 끌어당겨 서쪽으로 지게 된다. 개미가 맷돌 위를 가는 것에 비유하자면 맷돌은 왼쪽으로 돌고 개미는 오른쪽으로 가며, 맷돌은 빠르고 개미는 느리므로 어쩔 수 없이 맷돌을 따라 왼쪽으로 돌게 된다.」(天旁轉如推磨而左行, 日月右行, 隨天左轉, 故日月實東行, 而天牽之以西沒. 譬之於蟻行磨石之上, 磨左旋而蟻右去, 磨疾而蟻遲, 故不得不隨磨以左迴焉)

6 청풍엽적(青楓葉赤): 당나라 두보의 〈간의대부 한주에게 부침(寄韓諫議注)〉「기러기 까마득히 나는데 해와 달 희고, 단풍 파랗고 잎 붉은데 하늘에서 서리 내리네.」(鴻飛冥冥日月白, 青楓葉赤天雨霜)

7 구환칠반(九還七返): 불로 금을 정련하여 금의 본성으로 돌려 구워낸 신선의 단약[仙丹]을 말한다. 도가에서는 「칠」(七)이 불[火]을 대표하고 「구」(九)가 금(金)을 대표하므로 이렇게 말한다. 《산당사고(山堂肆考)》 권138「도가에서는 묵은 기운을 토해내고 새로운 기운을 받아들이는 것을 내단이라 하고, 솥에다 금석을 달이는 것을 외단이라고 한다.」(道家以吐故納新為內丹, 烹鼎金石為外丹) 《운급칠첨(雲笈七籤)》 권72 〈내단(內丹)〉「구환칠반이라는 것은 크게 논하면 1년이고 작게 논하면 하루이다. 다만 북두성이 하루 낮 하루 밤에 하늘을 한 바퀴 도는 것과 같다. 하늘은 내려오고 땅은 올라 만물을 낳고 변화시키는데 인에서 신까지가 칠반이고, 자에서 곤까지가 구환이며 이는 환단이라고 하지 않는다.

千巖萬壑渠能專[8]　　천 개의 바위굴 만 개의 골짜기야
어찌 독차지할 수 있으리!

同遊幸有二三子　　다행히 그대들
이곳에 와 함께 노니니,

天畀此段非徒然[9]　　이 기회 하늘이 주신 것이지
우연이 아니라네.

梁郎季子山澤臞[10]　　양랑과 계자는
산과 못가의 마른 신선이고,

傅伯爰盎瀛洲仙[11]　　부백과 원앙은
영주의 신선이라네.

대환단은 모름지기 3천 6백 년을 얻어야 하며 기후 또한 이와 같이 작은 것으로 큰 것을 밝힌다.」(夫九還七返者, 大而論之一年, 小而論之一日. 只如北斗一日一夜, 一周天. 天降地騰, 生化萬物, 從寅至申爲七返, 子至坤爲九還, 此則不曰還丹. 大還丹須得三千六百年, 氣候亦如是以小而明大)《익증》「《참동계》에 보인다. 9와 7은 금과 목의 성수이며 환과 반은 각자 본원으로 돌아간다는 뜻이다.」(見參同契. 九七金木成數, 還返各歸本原之義)

8 거(渠): 《차보》「『어찌 거』(詎)자와 뜻이 통한다. 《사기》에 보인다.」(詎通. 見史記)

9 차단(此段): 《차의》「이 일과 같은 말이다.」(猶言此事) 송나라 소식(蘇軾)의 〈왕공의 남기고 떠나다라는 시의 각운자를 써서 짓다(次韻王鞏留別)〉「천리 먼 길 마다 않고, 이 기이한 일 이루었네.」(不辭千里遠, 成此一段奇)

10 양랑(梁郎): 동한(東漢) 때의 현인인 양홍(梁鴻)을 가리키는 듯한데, 여기서는 문숙(文叔)의 성씨가 양(梁)이므로 견주어 쓴 것이다. 《차의》「문숙을 가리킨다.」(指文叔) 《익증》「양홍을 가리키는 듯하다.」(似指梁鴻) 양홍은 거안제미(擧案齊眉)라는 고사의 주인공이다.

계자(季子): 춘추시대 오(吳)나라의 현공자(賢公子) 계찰(季札)을 말한다. 여기서는 무실(茂實)의 성씨가 오(吳)여서 견주어 쓴 것이다. 《차의》「계찰은 무실을 가리킨다.」(季札指茂實) 《익증》「무실의 성이 오씨이므로 이렇게 말하였다.」(茂實姓吳故云)

산택구(山澤臞): 「臞」는 「癯」와도 통하여 쓰며 바짝 말라 여윈 것을 말한다. 《사기·사마상여의 전기(司馬相如傳)》「사마상여는 여러 신선들의 전기에는 산이며 못 사이에 거처하여 형상과 모습이 매우 야위었다 하였는데 이는 제왕 모습을 한 신선이 아니라고 생각하였다.」(相如以爲列僊之傳居山澤間, 形容甚臞, 此非帝王之僊也)

11 부백(傅伯): 양나라 효왕(孝王)의 명장으로 성품이 강직했다. 경인의 성씨가 부여서 견주어 썼다. 《차의》「경인을 말한다. 《사기·급암전(汲黯傳)》에는 백(白)이 백(柏)으로 되어 있다.」(景仁. 史記汲黯傳, 白, 作柏) 《사기·급암전》「늘 부백과 원앙의 사람됨을 흠모하였다.」(常慕傅相袁盎之爲人也) 《집해(集解)》에서 인용한 응소(應劭)의 주석「부백은 양나라 사람으로 효왕의 장수이며 평소에 강직하였다.」(傅柏, 梁人, 為孝王將, 素伉直) 《색은(索隱)》「부는 성이며 백은 이름이다. 양나라의 장수이다.」(傅, 人姓. 柏, 名. 爲梁將也)

원앙(爰盎): 한나라 초(楚)땅 사람인 원앙(袁盎)을 가리킨다. 오초칠국(吳楚七國)의 난을 평정하여 초왕(楚王) 예(禮)의 재상이 되었다. 《한서》에는 「爰」이라고 되어 있다. 기중(機仲)의 성씨가 원(爰)이므로 견주어 쓴 것이다. 《차의》「기중을 가리킨다.」(指機仲)

이 두 사람은 모두 한나라 초기에 열후(列侯)의 지위에 올랐던 인물로 급암이 평소에 흠모해 마지않았던 인물이다.

相逢相得要彊附[12] 서로 만나 서로 얻고자
억지로 친하고자 해도,

却恨馬腹勞長鞭[13] 기회가 손쉽지
않음이 한이네.

黃華未和白雪句[14] 〈황화곡〉을 부는 사람은
〈양춘백설〉의 곡 알지 못하는데,

畵舸且共淸泠川 화려한 배를 타고
맑은 강에서 함께 즐기네.

영주선(瀛洲仙): 《고금사문유취신집(古今事文類聚新集)》 권29 〈십팔학사(十八學士)〉「(당나라) 태종이 진왕이었을 때 경전을 힘써 행하여 궁성의 서문에 문학관을 세우고 사방의 선비를 기다렸다. …… 그 형상을 그리고 저량에게 찬을 짓게 하여 서부에 보관해두었으므로 십팔학사라 불렀으며 당시의 사람들은 그들을 일러 영주에 올랐다고 하였다.」(太宗為秦王, 銳意經籍, 於宮城之西門建文學館以待四方之士……圖其形狀, 上命褚亮爲贊, 藏之書府, 故號十八學士, 時人謂之登瀛洲)

12 요강부(要彊附): 당나라 한유의 〈맹관수재를 송별하면서 지어준 글(送孟琯秀才序)〉「훌륭한 사람이라도 비록 나와 더불어하지 않았으며, 내가 장차 억지로 붙으려고 했다.」(善雖不吾與, 吾將强而附)

13 장편(長鞭): 《좌전·선공(宣公) 15년》「옛사람들의 말에 『채찍이 아무리 길어도 말의 배까지는 미치지 못한다.』는 것이 있다.」(古人有言曰, 雖鞭之長, 不及馬腹) 《익증》「경계하여 채찍질함으로써 시를 짓게 함을 말한다.」(言警策令作詩)

14 황화(黃華): 「황화」(皇荂)라고도 하며, 《장자·천지(天地)》편에 나오는 고대의 통속적인 악곡명이다. 「훌륭한 음악은 속인들의 귀에는 받아들여지지 않지만 〈절양〉이니 〈황화〉니 하는 속곡은 환성을 지르며 반긴다.」(大聲不入於里耳, 折楊皇荂, 則嗑然而笑) 진나라 곽상(郭象)의 주석 「절양과 황화는 모두 옛날의 가곡이다.」(折楊皇華, 皆古歌曲也) 《차의》「고악부에 〈절양류〉와 〈황화자〉가 있다.」(古樂府有折楊柳黃花子)

백설구(白雪句): 초나라의 악곡인 〈양춘백설(陽春白雪)〉을 말한다. 초나라 송옥(宋玉)의 〈초왕의 물음에 답함(對楚王問)〉「나그네에 (초나라의 서울인) 영에서 노래를 하는 자가 있었는데, 그가 처음에 (낮은 곡조인) 〈하리파인〉을 부르자 나라에서 이어 따라 부르는 자가 수천 명이 되었다. 그가 (중간 곡조인) 〈양아해로〉를 부르자 나라에서 이어 부르는 자가 수백 인이 되었다. 그가 (높은 곡조인) 〈양춘백설〉을 부르자 나라에서 이어 따라 부르는 자가 수십 명 뿐이었다. 상·각·우의 음조를 끌어 섞어서 치의 음조로 흐르자 나라에서 이어 따라 부르는 자는 몇 명에 지나지 않았다. 이는 그 곡조가 높아지면 질수록 따라 부르는 자는 더욱 적어졌기 때문이다.」(客有歌於郢中者, 其始曰下里巴人, 國中屬而和者數千人. 其爲陽阿薤露, 國中屬而和者數百人. 其爲陽春白雪, 國中屬而和者數十人. 引商角羽雜而流徵, 國中屬而和者不過數人而已. 是其曲彌高, 其和彌寡)
당나라 이백의 〈왕씨네 열두째의 차가운 밤에 홀로 술을 마시자니 느낌이 있어라는 시에 답하다(答王十二寒夜獨酌有懷)〉「〈절양〉과 〈황화〉 속세에 부합하고, 진나라 임금 거문고 들음에 헛되이 청각의 곡조 듣는다네.」(折楊皇華合流俗, 晉君聽琴枉淸角) 송나라 왕안석의 〈영주의 백설루에 지어 부침(寄題郢州白雪樓)〉「〈절양〉이며 〈황화〉 웃는 사람들 많고, 〈양춘백설〉은 화답하는 자 드무네.」(折楊黃華笑者多, 陽春白雪和者少) 송나라 황정견(黃庭堅)의 〈언부주부를 송별함(送彥孚主簿)〉「〈황화〉의 곡조에는 비록 모두들 웃지만, 〈백설〉의 곡조는 가락 같지 않다네.」(黃華雖衆笑, 白雪不同腔)

回船罷酒三太息[15] 배 돌리니 술 다하여 세 번 크게 탄식하노니,

百歲誰復來通泉[16] 백년 뒤에는 누가 다시 통천으로 올 것인가.

景仁數日屢誦此句[17] 경인은 여러 날 동안 이 구절을 읊조렸다

盈虛有數豈終極[18] 차고 이지러짐 어찌 끝간 데가 있으리오?

爲君出此窮愁篇[19] 그대들 위해 시름겨운 이 시를 쓴다네.

---

15 회선파주(回船罷酒): 〈왕시어를 모시고 동산의 최고봉에 올라 요통천에게 연회를 베풀고 저녁이 되어 술을 지니고 강에 배를 띄우다(陪王侍御同登東山最高頂宴姚通泉晚携酒泛江)〉「청컨대 공께선 깊은 곳에 다다르거든 어기지 말게나, 배 돌리니 술 다하여 말에 올라 돌아온다네.」(請公臨深莫相違, 迴船罷酒上馬歸)

16 통천(通泉): 재주(梓州) 동남쪽 130리 지점에 있는 현 이름이다. 당나라 두보의 〈소보인 설직이 벽에다 쓰고 그린 것을 살펴보고(觀薛稷少保書畫壁)〉「이번 길 장관 겹쳤고, 곽대공과 설소보는 모두 재주 뛰어나다네. 모르겠네, 백년이 지난 후에, 누가 다시 통천으로 올지를.」(此行疊壯觀, 郭薛俱才賢, 不知百載後, 誰復來通泉) 송나라 곽지달(郭知達)의 주석「통천에는 전에는 곽대공이 있었고, 나중에는 설소보가 있었기 때문에 곽·설이라고 하였다.」(通天前有郭代公, 後有薛少保, 故云郭薛) 청나라 구조오(仇兆鰲)의 주석「곽원진(郭元振)과 설직이 지은 것이 모두 남아 있어서 가히 장관이다. 장차 누가 다시 이곳으로 와서 그 운치 있는 일을 잇겠는가?」(郭薛題留, 皆成壯觀矣. 將來誰復到此, 而斷其韻事)

17 송차구(誦此句): 《차의》「두보가 통천에서 지은 시를 암송하는 것을 말한다.」(謂誦此杜詩)

18 영허유수(盈虛有數): 영허는 영고성쇠(榮枯盛衰)의 변화를 말한다. 《주역·풍괘(豐卦)》「천지는 성쇠가 있어 때와 더불어 사그러져 없어진다.」(天地盈虛, 與時消息) 당나라 왕발(王勃)의 〈등왕각 시의 서문(滕王閣序)〉「하늘은 높고 땅은 아득하니 이 우주가 무궁함을 깨닫게 되고, 흥이 다하면 슬픔이 오니 성쇠에는 운수가 있음을 알게 된다.」(天高地逈, 覺宇宙之無窮, 興盡悲來, 識盈虛之有數)

기종극(豈終極): 당나라 두보의 〈애강두(哀江頭)〉「인생 정이 있으니 눈물 가슴을 적시지만, 강물과 강의 꽃 어찌 끝이 있으리오.」(人生有情淚沾臆, 江水江花豈終極)

19 순희본에는 편말에「위는 구곡에서 노닌 시로 부대저가 지은 시의 각운자를 써서 지었다.」(右游九曲詩, 次傅大著之韻)라는 주석이 붙어 있다.

76. 奉答景仁老兄贈別之句

삼가 경인형이 이별할 때 지어준 시에 답함

古人一去心不傳	고인 한번 가서 마음 전하지 않으니,
擧世誰復知其天[1]	온 세상에 누가 다시 하늘의 뜻 알겠는가?
奔趨嗜欲名利境	야단스레 명리의 경계 좋아하여 좇아 달리니,
浩蕩勢若飄風旋	호탕한 그 기세 마치 회오리바람 이는 것과 같네.
嗟予慨此其已久	아! 내 이것 개탄한 지 이미 오래거늘,
矧復痼疾霾雲烟	하물며 다시 고질병 구름과 안개 되어 휘몰아침에랴!
禪關夜扣手剝啄[2]	선방의 문 한밤중에 똑똑 손으로 두드렸었고,
丹經晝誦心精專[3]	단약 만드는 책 낮에 외며 마음으로 오로지 하였었다네.

1 지기천(知其天): 천(天)은 곧 천성(天性)을 말한다. 《맹자·마음을 다함(盡心) 상》「맹자께서 말씀하셨다. 『그 마음을 다하는 자는 본성을 안다. 그 본성을 알면 천성을 알게 된다.』」(孟子曰, 盡其心者, 知其性也. 知其性, 則知天矣) 주희의 주석「심이라는 것은 사람의 신명이니 뭇 이치를 갖추고 있고 만사에 응하는 것이다. 성은 심에 갖추어져 있는 이요, 천은 또한 이가 따라서 나오는 것이다.」(心者, 人之神明, 所以具衆理而應萬事者也. 性則心之所具之理, 而天又理之所從以出者也)

2 선관(禪關): 선문(禪門), 곧 절간의 문을 말한다.
박탁(剝啄): 두드리다.

3 선관~심정전(禪關~心精專): 《집람》「이는 어렸을 때 선도와 불교의 사이에 출입하였다는 것을 스스로 말한 것이다.」(此自言早歲出入仙佛之間)

十年齊楚得失裏[4] 10년간을 제나라와 초나라에서
얻고 또 잃는 중에,
醉醒夢覺今超然 술 깨고 꿈에서 깨니
이제야 초연하네.
迷心昧性哂竺學[5] 마음 미혹하고 심성 어둡게 한
불교 비웃고,
貪生惜死悲方仙[6] 삶 탐내고 죽음 아까워하는
선도 슬퍼하네.
如何懶惰行不力 어찌하여 게을리하여
힘껏 행하지 않는가?
日月逝矣羲和鞭[7] 해와 달 가는구나
희화가 채찍질하네.

---

4 제초득실(齊楚得失): 한나라 사마상여(司馬相如)의 〈자허부(子虛賦)〉「무시공이 말했다. 『초나라는 잃어버렸고 제나라 또한 아직 얻지 못했다.』」(亡是公曰, 楚則失矣, 齊亦未爲得也) 여기서 제초(齊楚)는 도교(道敎)와 불교(佛敎)에 대한 비유로 주희가 한때 도교와 불교에 많은 관심을 두었었지만 아무것도 얻은 것이 없었다는 것을 나타낸다. 《차의》「대체로 제나라와 초나라로 선도와 불교의 학문을 비유한 것일 것이다.」(蓋以齊楚比仙佛之學)

5 미심매성(迷心昧性): 《집람》「불교는 스스로 마음을 살피고 본성을 본다고 생각하지만 사실 심성을 알지 못하므로 『미심매성』이라 말하였다. 이는 위의 선관을 두드렸다는 구절을 가리킨다.」(佛自以爲觀心見性, 而實不知心性, 故曰迷心昧性. 此指上扣禪關之句)

축학(竺學): 《차의》「대체로 불법이 천축에서 왔기 때문에 축학이라 한 것일 것이다.」(蓋佛法自天竺來故云竺學)

6 탐생석사(貪生惜死): 《집람》「수양가는 육체와 영혼을 제련하는 것을 장생으로 삼는데 오래도록 보는 계책이 생을 탐하고 죽음을 애석히 여기는 것이다. 이는 위의 단경을 왼다는 구절을 가리킨다.」(修養家制煉形魂爲長生, 久視之計是貪生惜死也. 此指上誦丹經之句)

방선(方仙): 《익증》「방술로 신선이 되기를 구하는 자를 가리킬 것이다.」(疑指方術求仙者) 도교(道敎)를 대신 칭하는 말이다.

7 일월서의(日月逝矣): 《논어·양화(陽貨)》「(陽貨가) 『종사하기를 좋아하면서 자주 때를 놓치는 것을 지혜롭다 하겠습니까?』 (공자가) 말하였다. 『그렇다고 할 수 없습니다.』『해와 달이 흘러가니 세월은 나를 위하여 기다려 주지 않습니다.』」(好從事而亟失時, 可謂知乎? 曰, 不可. 日月逝矣, 歲不我與)

희화편(羲和鞭): 희화는 해를 태우고 다닌다는 마부로 곧 태양의 어머니다. 곧 해를 가리키는 말이며, 시간의 흐름을 비유하는 말로 쓰였다. 《산해경·대황남경(山海經·大荒南經)》「동해의 바깥, 감수의 사이에 희화라는 나라가 있다. 희화라는 여자가 있는데 바야흐로 감연에서 해를 목욕시킨다. 희화는 제준의 아내로 열 개의 해를 낳았다.」(東南海之外, 甘水之間, 有羲和之國. 有女子名曰羲和, 方浴日於甘淵. 羲和者, 帝俊之妻, 生十日) 여기서 동남해의 「남」 자는 잘못 들어간 글자라고 한다(袁軻의 설). 《초사·슬픔을 만남(離騷)》「내 희화에게 가는 것 멈추게 함이여, 엄자산을 보고도 급하지 않네.」(吾令羲和弭節兮, 望崦嵫而勿迫) 당나라 두보(杜甫)의 〈여러 공과 함께 자은사의 탑에 오르다(同諸公登慈恩寺塔)〉「희화 밝은 해 채찍질 하고, 소호는 맑은 숲 가

祇今已□遠玄象[8] 지금 이미 □
하늘의 운수는 멀어졌는데.
仙子正似方來川[9] 신선 바야흐로
시내로 온 듯하네.
何憂功名與事業 어째서 공명과
사업 걱정하는가?
但要溥博而淵泉[10] 다만 필요한 것 두루 넓고
고요하고 깊은 것이라네.
不見君家鼻祖開聖學[11] 보지 못하였는가? 그대의 비조
성스런 학문을 열었음을,
照耀今古書三篇[12] 예와 지금이나 《서경》 세 편
밝게 비춘다네.

六經說命篇始有學字[13] 《육경》의 〈열명편〉에 비로소「학」자가 있다

네.」(羲和鞭白日, 少昊行清林) 당나라 한유의 〈가을 회포(秋懷)〉 제1수「희화가 해와 달 싣고 가니, 빨리 달려 의지할 수 없구나.」(羲和驅日月, 疾急不可恃)

8《정와(正訛)》에 의하면 궐자는「갈 왕」(往)자이다. 원현상(遠玄象): 당나라 이백(李白)의 〈옛 시체로 짓다(古風)〉 제29수「지인은 하늘의 운수 통달하였는데, 높이 들어 자줏빛 놀 뛰어넘네.」(至人洞玄象, 高擧凌紫霞) 송나라 양제현(楊齊賢)은 현상(玄象)을 천수(天數)라 하였고, 청나라 왕기(王琦)는 천상(天象)이라 하였다.

9 방래천(方來川): 《시경·소아·하늘이 안정시키사(天保)》「산등성이 같은 듯 언덕 같은 듯, 강물이 막 밀려오는 듯하네.」(如岡如陵, 如川之方至)

10 보박이연천(溥博而淵泉): 《중용》「두루 넓고 고요하고 깊어서 때로 나온다. 두루 넓음은 하늘과 같고 고요하고 깊음은 못과 같다.」(溥博淵泉, 而時出之. 溥博如天, 淵泉如淵) 주희의 주석「보박은 두루 미치며 넓은 것이다. 연천은 고요하고 깊으며 근본이 있는 것이다.」(溥博, 周徧而廣濶也. 淵泉, 靜深而有本也)

11 비조(鼻祖): 《차의》「비는 비롯하다의 뜻이다. 사람은 잉태를 하였을 때 코가 제일 먼저 형체를 받으므로 시조를 비조라고 한다.」(鼻, 始也. 人之胚胎, 鼻先受形, 故謂始祖爲鼻祖)《익증》「경인은 성이 부씨이므로 부열을 비조로 생각한 것이다.」(景仁姓傅, 故以傅說爲鼻祖也)

12 서삼편(書三篇): 《서경·열명(說命)》의 상·중·하 세 편을 말한다.

13 경인의 성씨가 부(傅)이므로 부열(傅說)을 성학(聖學)의 시조로 삼아 이렇게 말한 것이다.

77. 復用前韻敬別機仲

다시 앞의 각운자를 써서 기중을 이별함

君家道素幾葉傳[1] 그대 가문 순박한 도
몇 대나 전해왔는가?
只今用舍懸諸天[2] 이제 와서 씀과 버려짐
하늘에 달려 있네.
屹然砥柱戰河曲[3] 우뚝하니 숫돌 바위처럼
하곡서 싸우다가,

1 도소(道素): 순박한 도를 말하며, 유소(儒素) 곧 유교(儒敎)의 도를 가리킨다. 남조 진(晋)나라 때의 원앙(袁昂)과 원질(袁質) 등 원씨(袁氏) 가문이 대대로 유교의 순박한 도[道素]를 전하였는데, 여기서는 기중(機仲)의 성씨가 원(袁)이므로 그들의 후손으로 여기어 그렇게 말한 것이다. 《진서·원괴전(袁瓌傳)》「원질의 자는 도화이다. 원환에서 원질까지 5대는 모두 순박한 도를 업으로 이었으며 그의 부친 원탐만은 웅호함으로 알려졌다. 원질에 이르러 또한 효행으로까지 일컬어졌다. 관직은 낭야내사·동양태수를 역임하였다. 원질의 아들은 원담이다.」(質字道和. 自渙至質五世, 並以道素繼業, 惟其父耽以雄豪著. 及質, 又以孝行稱. 官歷琅邪內史·東陽太守. 質子湛) 《남사·원담전(袁湛傳)》「그때 황제[蕭衍]가 예주자사 이원리에게 동쪽 땅을 순무하게 하고 이원리에게 조칙을 내려 말하기를 『원앙은 순박한 도를 이어온 가문으로 대대로 충절이 있었다.』라 하였다.」(時帝使豫州刺史李元履巡撫東土, 敕元履曰, 袁昂道素之門, 世有忠節) 《익증》「《강목》의 주에서 말하기를 도소는 도의가 있으면서 결백한 것이라 하였다. 기중이 혹 원앙의 먼 후손이나 아닌가 하였으므로 이렇게 말한 것이 아닐까?」(綱目註云, 道素有道義而潔白 機仲或是昂之苗裔故云歟)

기엽(幾葉): 기대(幾代), 곧 「몇 대」라는 말과 같다.

2 용사(用舍): 용행사장(用行舍藏)의 준말. 《논어·술이(述而)》「공자가 안연에게 말씀하셨다. 『쓰이면 행하고 쓰이지 않으면 숨는 것은 오직 나와 너 뿐이로구나!』」(子謂顔淵曰, 用之則行, 舍之則藏, 唯我與爾有是夫!)

현저천(懸諸天): 저(諸)자는 「之乎」 또는 「之於」의 축약어이다. 한나라 양웅(揚雄)의 《법언·오자(法言·吾子)》「만물이 어지러이 섞이면 하늘에 달려 있고, 뭇사람들의 말이 뒤섞여 어지럽게 되면 성인에 의해 귀결된다.」(萬物紛錯則懸諸天, 衆言淆亂則折諸聖)

3 지주전하곡(砥柱戰河曲): 지주(砥柱)는 하남성 삼문협(三門峽)의 황하(黃河) 가운데 있는 산 이름이다. 강물 한가운데 기둥처럼 우뚝 서 있어서 지주라고 불리게 되었다. 하곡(河曲)은 하동(河東) 포판현(浦坂縣: 지금의 山西省 永濟縣 남쪽)에 있으며, 춘추시대 때 진(晋)나라의 땅이다. 이곳에 이른바 숫돌바위[砥柱]라는 것이 있는데 물이 이곳에 이르러 동쪽으로 꺾이어 하나의 구비를 이루므로 하곡이라 부른다. 홀로 우뚝 서서 물과 싸우므로 난세에 처하여 의연히 절개를 지키며 싸움의 비유로 쓰인다. 《춘추·문공(文公) 12년》「진나라 사람과 진나라 사람이 하곡에서 싸웠다.」(晉人·秦人戰于河曲) 《익증》「숫돌바위가 황하를 가로막는 기세를 빌려서 말한 것이다.」(借言砥柱障河之勢) 여기서는 원추가 시류에 맞서 싸운 것을 가리킨다.

肯似落葉隨風旋	기꺼이 떨어지는 잎처럼 바람 따라 돌리라.
奮髥忽作蝟毛磔[4]	성난 구레나룻 불현듯 세우면 고슴도치 털 편 것 같았고,
浩氣勃若霄中烟[5]	뻗어나는 기운은 불끈 하늘의 연기처럼 피어오르네.
隱憂尙喜遺直在[6]	남모르는 근심 오히려 강직함 있음을 기뻐하니,
壯烈未許前人專[7]	장렬함 옛 사람이 오로지함 허용치 않네.
武夷連日聽奇語	무이산에서 날마다 색다른 말 들으니,
令我兩腋風泠然[8]	나 양 겨드랑이에 바람 생겨 가뿐하다네.
初如茫茫出太極	처음에는 아득히 태극을 벗어나는 듯하더니,

4 위모책(蝟毛磔): 위(蝟)는 고슴도치. 고슴도치는 사물이 다가가면 바늘 같은 털을 곤두세운다. 책(磔)은 편다는 뜻으로 쓰였다. 《진서·환온전(桓溫傳)》「젊어서 패국의 유담과 친하였는데 유담이 일찍이 환온을 일컬어 말하기를『눈은 자석과 같이 파랬고, 수염은 쭈뼛 서서 고슴도치가 털을 편 것 같았다.』고 하였다.」(少與沛國劉惔善, 惔嘗稱之曰, 溫眼如紫石棱, 鬚作蝟毛磔) 당나라 내곡(來鵠)의 〈귀곡자를 읽고(讀鬼谷子)〉「나는 지금 털이 쭈뼛 서는 것도 간담이 서늘해지는 것도 느끼지 못한다.」(吾今不覺毛磔膽寒)

5 발약소중연(勃若霄中烟): 송나라 장군방(張君房)의 《운급칠첨(雲笈七籤)》 권47 〈비요결법(祕要訣法)〉「주절궁은 천제의 새벽을 표시하고, 양사궁은 층진 언덕에 지었는데 뜨겁기가 하늘의 구름 같고 불끈 솟은 것이 햇빛에 반짝이는 꽃과 같았다.」(紂絶標帝晨, 諒事構重阿, 炎如霄中烟, 勃若景耀華)

6 은우(隱憂): 깊은 근심을 말한다.
유직(遺直): 《좌전·소공(昭公) 14년》「중니가 말하기를『숙상은 옛날의 강직한 유풍이 있는 사람이다.』라고 하였다.」(仲尼曰, 叔向, 古之遺直也) 진나라 두예(杜預)의 주석「숙상의 강직함에는 고인의 유풍이 있다는 말이다.」(言叔向之直, 有古人遺風)

7 전인(前人): 숙상(叔向)을 가리킨다.

8 양액풍령연(兩腋風泠然): 《장자·자유롭게 노님(逍遙遊)》「저 열어구(列禦寇)라는 사람은 바람을 몰고 다니는데 가뿐하게 잘 한다.」(夫列子御風而行, 泠然善也) 진나라 곽상(郭象)은 영연을「경묘(輕妙)한 모양」이라고 하였다. 당나라 노동(盧仝)의 〈붓을 갈겨 간의대부 맹간이 새 차를 보내 준 데에 대해 감사함(走筆謝孟諫議新茶)〉「일곱째 잔은 마실 것도 없이, 또한 오로지 느껴진다네, 두 겨드랑이에 맑은 바람 솔솔 일어남이.」(七碗喫不得, 也唯覺兩腋習習清風生)

稍似冉冉隨群仙[9] 조금씩 하늘하늘
묫 신선들 따라 노는 것 같다네.
安能局促夜起舞[10] 어찌 밤에 일어나
움츠리고 춤을 추면서,
下與祖逖爭雄鞭[11] 아래로 조적과
억센 채찍을 다툴 것인가?
終憐賢屈惜往日[12] 어진 굴원 〈석왕일〉편 지음
끝내 안타깝고,
亦念聖孔悲徂川[13] 또한 성스러운 공자
흘러가는 물 서러워함 생각한다네.
願君盡此一杯酒 원컨대 그대 이 술 한 잔
다 들이키어,
預澆舌本如懸泉[14] 벼랑에 걸린 샘물처럼
혀뿌리 적시게나.

9 염염수군선(冉冉隨群仙): 당나라 두보의 〈이고가 사마제에게 청한 산수도를 보고 짓다(觀李固請司馬弟山水圖)〉「묫 신선들 근심스런 생각 않고, 하늘하늘 봉래와 방호로 내려오네.」(羣仙不愁思, 冉冉下蓬壺)

10 국촉(局促): 「局促」은 「局趣」(국촉)이라라고도 하며, 어떤 일로 움츠러들어 위축된 것을 말한다.

11 기무~웅편(起舞~雄鞭): 조적(266~321)은 진나라 때 사람으로 뜻이 높았으며 자가 사치(士稚)이다. 진(晉)나라 범양(范陽) 주현(遒縣) 사람으로 유곤(劉琨)과 명성이 나란하였다. 《진서·조적전(晉書·祖狄傳)》「(조적은) 사공(재상)인 유곤과 함께 모두 사주주부를 지낸 일이 있는데 뜻이 잘 맞아 이부자리를 함께하고 같이 잤다. 한밤중에 때아닌 닭울음소리가 들려 곤을 발로 차서 깨우고는 말하기를 『이것은 나쁜 소리가 아니다.』라 하면서 곧 일어나 춤을 추었다.」(與司空劉琨俱爲司州主簿, 情好綢繆, 共被同寢, 中夜聞荒鷄鳴, 蹴琨覺曰, 此非惡聲也. 因起舞) 《진서·유곤전(劉琨傳)》「범양의 조적과 친구가 되었는데 조적이 선임되었다는 말을 듣자 친구에게 편지를 써서 말하기를 『나는 창을 베고 아침을 기다리며 역도들을 효수할 뜻을 지니고 있었는데 늘 조생이 나보다 먼저 채찍을 잡을까 두려워했다.』라고 하였다.」(與范陽祖逖為友, 聞逖被用, 與親故書曰, 吾枕戈待旦, 志梟逆虜, 常恐祖生先吾著鞭) 이 두 구절은 자신이 원추에게 크게 못 미친다는 뜻의 겸양적인 표현이다.

12 석왕일(惜往日): 초나라 굴원(屈原)의 《초사·구장(楚辭·九章)》의 제7장이다. 첫 구절이 「지난 날 일찍이 신임 받았던 것을 애석히 여기니, 임금의 명 받아 세상 밝게 했다네.」(惜往日之曾信兮, 受命詔以昭時)로 시작된다. 내용은 굴원이 자신의 일생을 종합적으로 서술하고 참소를 받아 이상이 꺾이어 실현되지 못한 것을 서술하였다.

13 성공비조천(聖孔悲徂川): 《논어·자한(子罕)》「공자가 시내 위에서 말했다. 『간다는 것이 이와 같구나! 밤낮을 쉬지 않는도다.』」(子在川上曰, 逝者如斯夫! 不舍晝夜)

14 설본(舌本): 《진서·은중감전(晉書·殷仲堪傳)》「은중감은 진군 사람이다. …… 은중감은 청담에 능하였으며 글을 잘 지었는데 매번 말하기를 사흘만 〈도덕론〉을

沃心澤物吾有望[15]	마음 살찌우고 만물을 기름지게 함 나의 바램이니,
勒移忍繼鍾山篇[16]	이문 새긴다면 차마 〈종산편〉 이어 쓰려네.

읽지 않으면 혀뿌리 사이가 뻣뻣해짐을 느낀다고 하였다.」(殷仲堪, 陳郡人也……仲堪能清言, 善屬文, 每云三日不讀道德論, 便覺舌本間強)

15 옥심택물(沃心澤物): 임금의 마음을 기름지게 하고 만민들을 윤택하게 하는 것을 말한다. 《서경·열명(說命) 상》「그대의 마음을 열어 짐의 마음을 윤택하게 해주오.」(啓乃心, 沃朕心) 당나라 공영달(孔穎達)의 주석[疏]「(鄭玄의) 《정의》에서는 말하기를 『마땅히 네 마음속에 가지고 있는 것을 열어 내 마음에 물을 주어 기름지게 하여야 하니 저 사람이 본 것을 가지고 내가 모르는 것을 가르치게 하고자 함이다.』라 하였다.」(正義曰, 當開汝心所有, 以灌沃我心, 欲令以彼所見教己未知故也) 나중에는 신하가 임금에게 건의하는 것을 옥심(沃心)이라고 하게 되었다.

16 늑이~종산편(勒移~鍾山篇): 늑이(勒移)는 이문을 새기는 것을 말한다. 이문(移文)은 옛날의 공문을 말하며 곧 북제(北齊)의 공치규(孔稚圭)가 지은 〈북산이문(北山移文)〉을 말한다. 가짜 은자인 주옹(周顒)이 북산인 종산(鍾山)에 숨어 공부를 하다가 나중에 부름에 응하여 나가 해염(海鹽) 고을의 수령이 되었는데, 후에 다시 이 산에 들어오려 하자 공치규가 북산의 산신에게 다시는 주옹을 들이지 말도록 요청하는 이문을 지어 그를 쫓아 내었다. 〈북산이문(北山移文)〉「종산의 정령과 초당의 신령이 노하여 안개를 역로로 치달려 종산의 등성이에 이문을 새기게 하였다.」(鍾山之英, 草堂之靈, 馳煙驛路, 勒移山庭) 종산은 남경의 동북쪽에 있는 산인데, 부성(府城)의 동북쪽에 있으므로 북산이라 하였다.

78. 讀機仲 · 景仁別後詩. 語因及詩傳綱目, 復用前韻[1]

기중 · 경인이 헤어진 후에 보내온 시를 읽고, 《시전》·《자치통감강목》에 대해 언급했기 때문에 다시 앞서 지은 시의 각운자를 써서

道有默識無言傳[2]　　도는 잠자코 알게 됨 있어
　　말없이 전해지니,
向來誤矣空談天[3]　　여태까지 잘못했어라
　　공연히 하늘 담론하였다네.
只今繼簡窺蠹蝕[4]　　지금껏 간독이나 이어붙이며
　　좀 슨 것 엿보고,
似向追蠡看蟲旋[5]　　마치 좀먹은 종뉴에서
　　선충 보는 것 같네.

1 시전(詩傳): 곧 《시집전(詩集傳)》을 말한다. 순희(淳熙) 4년(1177)에 완성하였으며, 《시경》의 주석서로 모두 8권이다.
강목(綱目): 곧 《자치통감강목》을 말하며, 사마광의 《자치통감(資治通鑑)》을 절록한 것으로 모두 60권. 건도(乾道) 8년(1172)에 완성.

2 묵식무언(默識無言): 《논어·술이(述而)》「공자께서 말씀하셨다. 『묵묵히 기억하며, 배우고 싫어하지 않으며, 사람 가르치기를 게을리 하지 않는 것, 이 중에 어느 것이 나에게 있는가?』(默而識之, 學而不厭, 誨人不倦, 何有於我哉?) 《장자·전자방(田子方)》「안연이 공자에게 물어서 말하였다. 『문왕은 아직 덕이 있다 할 수 없겠네요? 또한 어찌하여 꿈을 빌려 말했습니까?』 공자가 말하였다. 『잠자코 너는 아무 말도 하지 말아라.』」(顔淵問於仲尼曰, 文王其猶未邪? 又何以夢爲乎? 仲尼曰, 默, 汝无言!) 무언은 또 위 68번 시의 주 190)을 보라.

3 담천(談天): 《사기·맹자순경열전(孟子荀卿列傳)》「추연의 술은 우활하고 크며 말솜씨가 매우 뛰어났다. …… 그래서 제나라 사람들이 칭송하여 말하기를 『하늘을 말하는 추연』이라고 하였다.」(騶衍之術迂大而閎辯……故齊人頌曰, 談天衍)

4 두식(蠹蝕): 책이 좀 슨 것을 말한다. 이 구절은 오래도록 전해져 내려와 잔결되어 성치 않은 고적을 읽는다는 것을 말한다.

5 퇴려충선(追蠡蟲旋): 《맹자·마음을 다함(盡心) 하》「고자가 말하였다. 『우왕의 음악이 문왕의 음악보다 나은 것 같습니다.』 맹자께서 말씀하셨다. 『무엇을 가지고 그러느냐?』 고자 『종을 매다는 끈이 좀먹은 것과 같은 것 때문입니다.』」(高子曰, 禹之聲, 尙文王之聲. 孟子曰, 何以言之? 曰, 以追蠡) 주희의 《집주(集註)》에 인용된 풍직(豊稷)의 주석「퇴는 종을 매다는 끈이니 《주례》에서 이른바 선충이 이것이다. 려는 나무를 좀먹는 벌레

始知古人有妙處	비로소 고인에게 오묘한 곳 있다는 것 알고,
未遽秦谷隨飛煙[6]	황급히 진나라 골짜기에서 날리는 연기 따르지 않았네.
終然世累苦妨奪	끝내 세속의 번거로운 일 정말 방해되어 빼앗기고,
下帷發憤那容專[7]	발 내리고 발분하려 하였으나 어찌 오로지함 용납하겠는가?
一心正爾思鵠至[8]	한 마음으로 마침 고니 이를 것만 생각하여,
兩手欲救驚頭然[9]	두 손으로 머리에 불 붙은 것 끄려하였네.

이다. 우왕 때의 종으로 남아 있는 것은 종을 매다는 끈이 벌레가 파먹은 것과 같아서 끊어지려 하니 이는 대개 사용한 자가 많다는 것을 말한 것이다.」(追, 鐘紐也. 周禮所謂旋蟲, 是也. 蠡者, 齧木蟲也. 言禹時鐘在者, 鐘紐如蟲齧而欲絶, 蓋用之者多) 충선은 곧 선충을 말하는데 운자를 맞추려고 거꾸로 쓴 것이다. 선(旋)은 종을 매다는 고리이고, 선충은 짐승 형상을 한 종을 매다는 고리이다. 《주례·고공기·부씨(考工記·鳧氏)》「종을 매다는 고리를 선이라 하며, 짐승 모양을 조각한 종을 매다는 고리를 간이라고 한다.」(鍾縣謂之旋, 旋蟲謂之幹)

6 진곡(秦谷): 《차의》「형곡이다. 진나라가 서책을 태운 곳이다.」(硎谷. 秦焚書處) 형곡은 여산(驪山)에 있다. 《집람》「진시황의 분서를 가리켜 말하였다.」(指秦始皇焚書而言)

7 하유발분(下帷發憤): 하유(下帷)는 한나라 동중서(董仲舒)의 고사를 말한다. 장막을 내리고 강독을 하면서 3년간이나 정원을 내다보지 않았다는 일화를 가리킨다. 《한서·동중서전》의 평론[贊]「동중서는 학문을 없애버린 진나라를 계승한 한나라의, 《육경》이 지리멸렬해진 시기에 태어나 휘장을 내린 채 발분하여 공부하고 큰 학업에 잠심하여 후대의 학자로 하여금 통일된 길을 걷게 함으로써 모든 유생들의 우두머리가 되었다.」(仲舒遭漢承秦滅學之後, 六經離析, 下帷發憤, 潛心大業, 令後學者有所統壹, 爲群儒首) 또 권1 21번 시의 주 15)를 참조하여 보라.

8 사곡지(思鵠至): 《맹자·고자(告子) 상》「마음 한편에 기러기와 큰 새가 장차 이르거든 활과 주살을 당겨 쏠 것을 생각한다.」(一心以爲有鴻鵠將至, 思援弓繳而射之) 하나의 마음으로 두 가지 일을 생각하는 것을 이르는 말이다.

9 수구경두연(手救驚頭然): 《순자·의병(荀子·議兵)》「신하가 임금을 대하고 아랫사람이 윗사람을 대함에 아들이 아비를 섬기고 아우가 형을 섬기듯이 하며, 손과 팔로 머리와 눈을 막고 가슴을 가리듯이 해야 한다.」(臣之于君也, 下之于上也, 若子之事父, 弟之事兄, 若手臂之扞頭目而覆胸腹也) 《장자·덕충부(德充符)》「중니가 말하였다. 『죽음과 삶 또한 중대한 일이지만 그것과 함께 변할 수 없다.」(仲尼曰, 死生亦大矣, 而不得與之變) 송나라 임희일(林希逸)의 주석「석씨의 한 대장경은 다만 이 다섯 자에서 이른바 죽고 사는 일이 머리에 붙은 불을 끄는 것만큼 크다는 것이 나온 것을 따른다.」(釋氏一大藏經, 只從此五字中出所謂死生事大如救頭然) 연(然)은「탈 연」(燃)자와 같은 뜻으로 쓰였다.

10 서공돌돌(書空咄咄): 남조 송나라 유의경(劉義慶)의

書空且復罷咄咄[10]　　허공에 글자 쓰다가
또한 그만두고 혀만 쯧쯧 차고,

屢舞豈暇陪仙仙[11]　　누차 춤추면서도 어찌
모시고 너울너울 춤출 겨를 있었던가?

兩年罷詩止酒故云

두 해 동안 시 짓는 일을 그만 두고 술도 끊었기 때문에 이렇게 말하였다

功名況乃身外事　　공명 하물며
몸 밖의 일이고,

我馬硉兀甘回鞭[12]　　내 말 앙상하여
채찍 되돌림 달갑게 여기네.

解頤果値得水井[13]　　턱 빠짐 과연
물 흘러나오는 우물 얻었고,

謂詩傳 《시전》을 말한다

《세설신어·출면(黜免)》「은중군[殷浩]이 폐출당하여 신안에 있을 때 종일 한결같이 허공에다 글자를 썼다. 양주의 관리들과 백성들이 옛 은의를 찾아 그를 쫓아왔는데 가만히 살펴보았더니 오직 『돌돌괴사』(쯧쯧 괴이한 일이로다)란 넉 자만 쓸 뿐이었다.」(殷中軍被廢, 在信安, 終日恒書空作字. 揚州吏民尋義逐之, 竊視, 唯作咄咄怪事四字而已) 이 구절은 다시는 시를 짓지 않았다는 것을 말하였다.

11 누무선선(屢舞仙仙): 《시경·소아·손님 모인 잔치(賓之初筵)》「자리 떠나 옮겨 다니며, 너울너울 자주 춤추네.」(舍其坐遷, 屢舞僊僊) 공영달은 「선선은 춤을 추는 모양이다.」(仙仙舞貌也)라 하였고, 주희는 「선선은 높이 올라가는 모양이다.」(僊僊, 軒擧之狀)라고 하였다.

12 율올(硉兀): 위태로운 바위, 또는 그런 바위처럼 높이 불쑥 솟은 모양을 말한다. 당나라 두보의 〈비쩍 마른 말(瘦馬行)〉「동쪽 교외의 비쩍 마른 말 내 마음 아프게 하는데, 뼈 울쑥불쑥 튀어나와 담과 같네.」(東郊瘦馬使我傷, 骨骼硉兀如堵墻) 송나라 황학(黃鶴)의 주석 「정앙저(鄭卬著)는 『위태로운 바위』라 하였고, 심괄(沈括)은 『뼈가 높이 솟은 모양』이라고 하였다.」(鄭曰, 危石也. 沈曰, 骨高貌)

13 해이(解頤): 《한서·광형(匡衡)의 전기》「여러 유생들이 말하기를 『《시경》을 말하지 말라, 광형이 바야흐로 온다. 광형이 《시경》에 대해서 말하면 사람들 턱이 빠진다.』라 하였다.」(諸儒爲之語曰, 無說詩, 匡鼎來, 匡說詩, 解人頤) 여순(如淳)의 주석 「사람들로 하여금 웃음을 멈출 수 없게 하는 것이다.」(使人笑不能止也) 여기서 해이(解頤)는 《시경》을 대신 가리키는 말로 쓰였다.

득수정(得水井): 당나라 한유의 〈시선생 묘지명(施先生墓銘)〉「선생은 《모시정전》에 밝았으며 《춘추좌씨전》에 통달하였다.」(先生明毛鄭詩, 通春秋左氏傳) 《신당서》 권200 〈유학(儒學) 하·담조전(啖助傳)〉「사개는 《춘추전》을 지었는데 그다지 전하여지지 않았다. 나중에 문종이 경학을 좋아하여 재상 이석이 이에 사개의 《춘추》가 읽을 만하다고 말하였다. 문종이 말하였다. 『짐이 그것을 보니 천착한 학문은 한낱 거의 같았지만 학자로서는 우물을 친 듯하여 아름다운 물을 얻었을 따름이다.』」(士匄撰春秋傳, 未甚傳. 後文宗喜經術, 宰相李

鑒古亦會朝宗川[14] 옛 일 비추어 봄 또한
마침 내 바다로 흐르게 되었다네.

謂綱目 《강목》을 말한다

兩公知我不罪我[15] 두 공 나를 알아주고
나를 탓하지 않으니,

便可築室分林泉 곧 집 지어
숲과 샘 나눌만하리.

十年燈下一夜語[16] 십 년 동안 등 아래서
하룻밤 이야기 하였는데,

閑日共賦春容篇[17] 한가한 날 함께
큰 문장 읊으리.

石因言士匃春秋可讀. 帝曰, 朕見之矣, 穿鑿之學, 徒為異同, 但學者如浚井, 得美水而已) 이 구절은 근원이 마르지 않고 끊임없이 물이 흘러나오는 샘처럼 《시경》의 새로운 뜻을 밝혀낸다는 것을 말한다.

14 조종천(朝宗川): 조종은 제후가 천자를 배알하는 것을 말하며, 조종천은 뭇 하천 같은 작은 물이 신하가 임금을 뵙듯 큰 물인 바다로 흘러드는 것을 말한다. 《서경·우임금께 바치는 공물(禹貢)》「강수와 한수가 모여 바다로 흘러들어간다.」(江漢朝宗于海) 《정의(正義)》「《주례·대종백》에서 제후가 천자를 알현하는 예로 봄에 뵙는 것을 조라 하고, 여름에 뵙는 것을 종이라고 한다.」(周禮大宗伯, 諸侯見天子之禮, 春見曰朝, 夏見曰宗) 당나라 공영달의 주석[疏]「조종은 사람의 일의 명칭이니 물은 성식이 없으므로 이 뜻이 아니다. 바닷물은 크고 강수와 한수는 작은데 작은 것이 큰 것을 향해 나아가는 것이 흡사 제후가 천자에 귀의하는 것 같으므로 사람의 일을 빌려서 말한 것이다.」(朝宗是人事之名, 水無性識, 非有此義. 以海水大而江漢小, 以小就大, 似諸侯歸於天子, 假人事而言之也) 《시경·소아·넘쳐흐르는 물(沔水)》「저 넘쳐흐르는 물, 바다로 모여드네.」(沔彼流水, 朝宗于海) 《차의》「벼리를 들어 올리면 그물 눈이 펴지는 것이 온갖 하천이 바다를 향해 조회할 때 몰려드는 것과 같음을 말하였다.」(謂綱擧目張, 如百川朝宗于海) 여기서 조종천은 《자치통감》을 가리키며, 주희의 《강목》의 근원이 《자치통감》에서 나왔음을 읊은 것이다.

15 지아죄아(知我罪我): 《맹자·등문공(滕文公) 하》「《춘추》는 천자가 하는 일이다. 그러므로 공자가 말씀하시기를 『나를 알아주는 것도 오직 《춘추》이고, 나를 죄주는 것도 오로지 《춘추》일 것이다!』라 하였다.」(春秋, 天子之事也, 是故孔子曰, 知我者其惟春秋乎! 罪我者其惟春秋乎!)

16 십년일야어(十年一夜語): 《이정유서·이천선생의 말(二程遺書·伊川先生語) 4》「옛사람들이 이르기를 『그대와 하룻밤에 한 이야기가 10년간 책을 읽는 것보다 낫다』라 하였다. 만약 말이 떨어지자 마자 깨달을 수만 있다면 어찌 다만 10년 독서한 것보다 낫다고 하겠는가?」(古人云, 共君一夜話, 勝讀十年書. 若於言下卽悟, 何啻讀十年書)

17 용용편(舂容篇): 당나라 한유의 〈권수재를 보내면서 지어준 글(送權秀才序)〉「단편은 간단명료하고 장편은 규모가 방대하였다.」(寂寥乎短章, 舂容乎大篇) 송나라 위중거(魏仲擧)의 주석「용용은 큰 모양이다.」(舂容, 大貌) 《예기·학기(學記)》「큰 것을 가지고 치면 크게 울리는데 거듭 세게 때리면 크고 아름다운 소리를 다한다.」(叩之以大者則大鳴, 待其從容, 然後盡其聲) 한나라 정현의 주석「『從』은 『부부가 창을 가지고 찌르다』라고 할 때의 『舂』자와 같은 뜻으로 읽는다. 용용은 거듭 세게 치는 것이다.」(從, 讀如富父舂戈之舂. 舂容謂重撞擊也)

79. 讀通鑑紀事本末, 用武夷唱和元韻, 寄機仲[1]

《통감기사본말》을 읽고 「무이창화시」의 원래의 각운자를 써서 기중에게 부친다

先生諫疏莫與傳[2]	선생이 간한 소장 전하여지지 않았고,
忠憤激烈號旻天	충성스런 분개 격렬하여 하늘 보고 울부짖었네.
却憐廣文官舍冷[3]	오히려 광문선생 관사 차가움 애처로운데,
只與文字相周旋	다만 문자 서로 주고 받는다네.

1 통감기사본말(通鑑紀事本末): 원추가 지은 역사책으로 사마광(司馬光)의 《자치통감(資治通鑑)》에 기반을 두고 사건별로 편집하여 〈삼가분진(三家分晉)〉에서 〈주세종정회남(周世宗征淮南)〉까지 모두 42권 239편으로 구성되어 있다. 이전까지는 중국의 역사는 편년과 기전의 두 가지 체제뿐이었으나 원추가 이 《통감기사본말》을 통하여 기사본말이라는 획기적인 새로운 형식을 만들어내었다. 주희가 지은 이 책의 발문(跋文)이 《문집》 권84에 보인다.

2 선생간소(先生諫疏): 《차의》에서는 「사마온공을 가리킨다.」(指司馬溫公)라고 하였는데 잘못되었다. 《송사·원추전(袁樞傳)》 「건도 7년(1171) 예부시관이 되었으며 곧 태학록에 임명되어서 차례로 대책 3소를 올렸는데, 첫째는 언로를 열어 충효의 기운을 열 것을 논하였고, 둘째는 실지를 회복함에 만전을 기해야할 것임을 논하였으며, 셋째는 사대부들이 허탄함이 많고 영리에 요행을 바란다는 것을 논하였다. …… 천자는 받아들이기는 하였지만 기색이 기쁘지 않았다. …… 원추는 외직에 보해질 것을 구하여 나가서 엄주교수가 되었다.」(乾道七年, 為禮部試官, 就除太學錄, 輪對三疏, 一論開言路以養忠孝之氣, 二論規恢復當圖萬全, 三論士大夫多虛誕、僥榮利……上雖容納而色不怡……樞即求外補, 出為嚴州教授)

3 광문관사랭(廣文官舍冷): 《차의》 「당나라 현종은 정건의 재주를 아껴 광문관을 설치하고 정건을 박사로 삼았다. ○ 광문은 기중을 가리킬 것이다.」(唐玄宗愛鄭虔才, 置廣文館, 以虔爲博士. ○ 廣文疑指機仲) 당나라 두보(杜甫)의 〈취하여 부르는 노래(醉時歌)〉 「고관들 줄줄이 좋은 자리에 오르는데, 광문 선생 벼슬자리 홀로 싸늘하다네.」(諸公袞袞登臺省, 廣文先生官獨冷) 송나라 소식의 〈왕문옥의 죽음을 애도하여(王文玉挽詞)〉 「재주와 명성 누가 광문선생 정건처럼 차가울까? 달 도끼와 구름 날로 폐와 간을 다듬었네.」(才名誰似廣文寒, 月斧雲斤琢肺肝) 《차보》 「기중의 관직이 태학록이었으므로 이렇게 말하였다.」(機仲官太學錄故云)

上書乞得聊自屛　　편지 올려 구하여 얻음
　　애오라지 스스로 막고,
淸坐日對銅爐烟　　맑게 앉아 날마다
　　구리 화로 연기 대한다네.
功名馳騖往莫悔　　공명 내달림
　　지난 일 후회하지 않고,
鉛槧職業今當專[4]　　붓과 서판 가지고 저술하는 일
　　이제 오로지 맡아하네.
要將報答陛下聖　　폐하의 성스러움에
　　보답하고자 하여,
矯首北闕還潛然　　머리 북쪽 궁궐 향하였다가
　　다시 숙이네.
屬詞比事有深意[5]　　문사 잇고 일 배열함에
　　깊은 뜻 있고,
憑愚護短驚羣仙[6]　　어리석음 믿고 단점 지킨
　　뭇 신선들 놀라게 하였네.
□言未秉太史筆[7]　　누가 말하였던가? 아직
　　태사의 붓 잡지 못했노라고,

4 연참(鉛槧): 흑연과 목독(木牘), 곧 필기구를 말한다. 한나라 유흠(劉歆)의 《서경잡기(西京雜記)》 권3 「양웅(揚雄)은 일 벌리기를 좋아하여 늘 흑연을 품고 목독을 지니고선 여러 계리들을 따라 사방의 아주 먼 곳의 말을 찾아다니면서 유헌관이 기록한 것을 보충하였는데 또한 뜻이 컸다.」(揚子雲好事, 常懷鉛提槧, 從諸計吏, 訪殊方絶域四方之語, 以爲裨補輶軒所載, 亦洪意也) 여기서는 저술에 힘씀을 말하였다.

5 촉사비사(屬詞比事): 《예기·경해(經解)》 「같은 말이나 사물을 모아 비교하여 그 가치를 판단하면서도 윗사람을 범하지 않는다면 이는 《춘추》에 조예가 깊은 자이다.」(屬詞比事而不亂, 則深於春秋者也) 《표보》 「이는 원기중이 《본말》의 책을 편찬하면서 촉비의 법은 있어도 빙호의 실수는 없음을 말하였다.」(此言機仲編本末之書, 有屬比之法而無憑護之失也)

6 빙우~군선(憑愚~羣仙): 당나라 한유의 〈꿈을 기록하다(記夢)〉 「이에 신선 어질거나 성스럽지 않음 알았고, 단점 보호하고 어리석음 의지하여 나의 존경 받으려 하네.」(乃知仙人未賢聖, 護短憑愚邀我敬) 《익증》 「기중이 편찬한 《본말》의 책에는 문사를 잇고 배열하는 법은 있지만 어리석음에 의지하고 단점을 지키려고는 하지 않았으므로 뭇 신선들을 놀라게 하는데 이른 것이다.」(言機仲編本末之書, 有屬比之法, 而不肯憑愚護短, 故至於驚羣仙也) 이 구절은 전인들이 역사를 다룸에 착오가

自幸已執留臺鞭[8]　　스스로 다행스럽네, 이미
유대의 채찍 잡은 것.

溫公以留臺領書局, 時韓魏公與書, 有執鞭之語[9]

온공이 유대로 서국을 거느릴 때 한위공이 편지를 보냈는데「채찍을 잡았다」는 말이 있다

果然敕遣六丁取[10]　　과연 조칙 내려
육정 취하게 하여,

많았다는 것을 말한다.

7 결자는《정와(正訛)》에서 인용한 장백행(張伯行)의《염락풍아(濂洛風雅)》에 의하면「누구 수」(誰)자로 되어 있다.

8 유대편(留臺鞭): 유대는 제왕이 연고가 있어서 수도를 떠났을 때 남아서 지키는 관원과 그 기구를 이르는 말. 당송시대에는 배도(陪都)나 행재소(行在所)를 지키던 관원이나 그 기구를 이르는 말로도 쓰였다. 특히 천도한 뒤에 옛 수도에 남겨둔 관서를 이르기도 한다.《익증》「기중이 온공을 이어서 이 책을 편집하였으므로 이렇게 말하였다.」(機仲繼溫公而編此書故云)

9 온공(溫公): 사마광(司馬光)을 말한다. 사마광은 사후에 온국공(溫國公)에 봉하여졌다.

한위공(韓魏公): 한기(韓琦)를 말한다. 한기는 인종(仁宗)과 영종(英宗), 신종(神宗)의 삼조를 섬겼으며 재상까지 올랐고 사후에 위국공(魏國公)에 봉하여졌다.

10 칙견육정취(敕遣六丁取): 육정(六丁)은 도교의 귀신 이름.《무상구소뇌정옥경(無上九霄雷霆玉經)》을 보면「육정은 옥녀(玉女)요, 육갑(六甲)은 장군이다」라고 되어 있다. 도교에서는 육정(丁卯 · 丁巳 · 丁未 · 丁酉 · 丁亥 · 丁丑)은 음신, 즉 여신(女神)이고, 육갑(甲子 · 甲戌 · 甲申 · 甲午 · 甲辰 · 甲寅)은 양신 즉 남신이다. 그들은 천제(天帝)가 시키는 대로 바람을 불게 하고, 우레를 치게 하며, 귀신을 억누른다고 한다.《후한서·양절왕 유창의 전기(梁節王暢傳)》「시종인 변기는 육정을 부릴 수 있다고 자부하였다.」(從官卞忌自言能使六丁) 당나라 이현(李賢)의 주석「육정은 육갑 가운데 정에 해당하는 귀신이다. 갑자로 시작되는 열흘에는 정묘가 이 귀신이며, 갑인으로 시작되는 열흘에는 정사가 귀신이 되는 따위이다. 그것을 부리는 방법은 먼저 재계를 한 후에 그 귀신이 이르면 그것을 먼 곳의 사물에 이르게 할 수 있고 아울러 길흉을 알 수도 있다.」(六丁謂六甲中丁神也. 若甲子旬中, 則丁卯爲神, 甲寅旬中, 則丁巳爲神之類也. 役使之法, 先齋戒, 然後其神至, 可使致遠方物及知吉凶) 당나라 한유의〈장적을 놀리다(調張籍)〉「선관(仙官)이 육정에게 명령하여, 우레와 번개를 몰고 와서 (이태백 같은 文章을) 데려가게 하였네.」(仙官勅六丁, 雷電下取將) 청나라 방세거(方世擧)의《보주(補註)》본의 주석에서 인용한《이인기(異人記)》「상원 연간에 대주의 도사 왕원지가《주역》에 능하여 사람의 사생과 화복에 관하여 잘 알았기 때문에《역총》이라는 책 15권을 지었다. 그런데 하루는 우레가 치고 비가 내리는 중에 한 노인이 안개와 구름 속에 나타나서 꾸짖기를『네가 하늘의 비밀을 누설한 책이 어디 있느냐? 상제(上帝)께서 내게 명하여 육정(六丁)을 거느리고 우레와 번개를 몰고 가서 거두어 오라고 하셨느니라.』고 하였다. 왕원지가 기겁을 하여 땅에 쓰러졌는데, 그 곁에 있는 여섯 청의사자(青衣使者)들이 이미 그 책을 찾아서 들고 서 있었다.」(上元中, 台州道士王遠知善易, 知人死生禍福, 作易總十五卷. 一日雷雨雲霧中, 一老人語遠知曰, 所泄者書何在? 上帝命吾攝六丁雷電追取. 遠知惶懼据地旁有六人靑衣, 已捧書立矣)《익증》「원기중이 편찬한《기사본말》을 공무량이 상주하니 효종이 읽어보고 훌륭하게 여겨 탄식하고 동궁 및 강상의 여러 장수들에게 내렸으므로 이렇게 말한 것이다.」(機仲所編紀事本末, 龔茂良奏于上, 孝宗讀而嘉歎以賜東宮及江上諸帥故云)

香羅漆匣浮桐川[11] 향기로운 비단 옻칠한 갑
동천에 띄우네.
陰凝有戒竦皇鑒 음기 엉긴다는 경계 있어
황제 놀라게 하니,

恭聞上讀此書, 有履霜堅氷之語[12]

삼가 듣자하니 임금께서 이 책을 읽어보시고 「서리를 밟으면 굳은 얼음을 보게 된다」는 말을 하였다고 한다

陽剝欲盡生玄泉[13] 양기 떨어져 다하려 하다
현천에서 생겨나네.
明年定對白虎殿[14] 이듬해 정녕코
백호전에서 마주한다면,
更誦大學中庸篇 다시 〈대학〉과
〈중용〉편 외어보리.

11 부동천(浮桐川): 《차보》에서 「『洞』은 본래 『桐』으로 되어 있다.」(洞, 本作桐)라 한 것으로 보아 「洞」으로 된 판본도 있는 것 같다. 동천은 곧 동강(桐江)으로 지금의 절강성(浙江省) 동려현(桐廬縣) 북쪽에 있다. 전당강(錢塘江)에서 엄주(嚴州)와 동려를 흐르는 유역의 별칭이다. 이 구절은 원추가 《통감기사본말》을 다 지어 수로로 서울에 올렸다는 것을 말한다.

12 《주역·곤괘(坤卦)》 「서리를 밟으면 굳은 얼음을 밟는 날이 곧 온다.」(履霜堅冰至) 〈곤괘〉의 상사(象辭) 「서리를 밟으면 굳은 얼음이라 함은 음기가 비로소 응결한다는 것이다. 그 도에 익고 극진히 하여 굳은 얼음에 이른다.」(履霜堅冰, 陰始凝也. 馴致其道, 至堅冰也)

13 양박~현천(陽剝~玄泉): 박(剝)은 「떨어질 락」(落)자와 같은 뜻이다. 이 구절은 《주역》의 〈박(剝)〉괘와 〈복(復)〉괘의 두 상을 말한다. 〈박괘〉의 주희의 《본의(本義)》 「박은 떨어진다는 뜻이다. 오음이 아래에서 바야흐로 생기며, 일양은 위에서 다 되어가려하여 음기가 성하며 양은 사라져 없어지니 9월의 괘이다. 음기가 성하고 양기가 쇠하여 소인은 씩씩하고 군자는 병든다.」(剝, 落也. 五陰在下而方生, 一陽在上而將盡, 陰盛長而陽消落, 九月之卦也. 陰盛陽衰, 小人壯而君子病) 〈복괘〉의 주희의 《본의》 「복은 양기가 아래에서 다시 생기는 것이다. 박괘가 다하면 순곤으로 10월의 괘이며 양기가 이미 아래에서 생겨난다. 쌓여서 달을 넘긴 뒤에 한 양의 몸이 비로소 이루어져 와서 회복된다.」(復, 陽復生於下也. 剝盡則為純坤, 十月之卦, 而陽氣已生於下矣. 積之踰月, 然後一陽之體始成而來復) 《차의》 「중천을 말한다. 대체로 겨울은 수에 속하고 수는 색깔로 치면 검은 색이기 때문에 이렇게 말하였다. 아마 양이 위에서 떨어졌는데 다시 아래에서 싹튼다는 것을 이른 것일 것이다.」(謂重泉. 盖冬屬水, 水色黑故云. 盖謂陽剝於上而復萌於下也)

14 백호전(白虎殿): 한나라의 궁전 이름이다. 《한서》 권97하 〈외척전·효성조황후(孝成趙皇后)〉에 백호전이란 말이 나오는데, 당나라 안사고(顏師古)는 「백호전은 미앙궁 안에 있다.」(白虎殿在未央宮中)라고 하였다. 《차의》 「한나라 장제 건초 4년 조칙으로 제유들을 백호관에 모아 《오경동이》를 강의했다.」(漢章帝建初四年,

頃在武夷宮讀正心誠意[15]　잠깐 무이궁에 있을 때 〈정심장〉과 〈성의장〉을 읽었다

詔諸儒會白虎觀, 講議五經同異) 나중에는 주로 궁정을 대신 가리키는 말로 쓰이게 되었다.

15 궁(宮): 「자주 루」(屢)자로 되어 있는 판본도 있다. 정심·성의(正心·誠意): 모두 《대학》 8조목 가운데 하나.

주석 항목 색인

ㄱ

ㄴ

ㄷ

ㅂ

ㅇ

ㅈ

ㅊ

ㅋ

ㅌ

ㅍ

ㅎ